古越 著

毛泽东与十大元帅

四川人民出版社

图书在版编目（CIP）数据

毛泽东与十大元帅 / 古越著. —成都：四川人民出版社，2021.6（2024.5重印）
ISBN 978-7-220-12143-2

Ⅰ.①毛… Ⅱ.①古… Ⅲ.①毛泽东（1893—1976）—生平事迹②中国人民解放军—元帅—生平事迹 Ⅳ.①A752②K825.2

中国版本图书馆 CIP 数据核字（2021）第 017753 号

MAO ZEDONG YU SHI DA YUANSHUAI

毛泽东与十大元帅
古 越 著

出 版 人	黄立新
策划组稿	张明辉 李洪烈
责任编辑	罗晓春 董 玲 谢 寒
营销策划	张明辉
封面设计	象上设计
版式设计	戴雨虹
责任校对	舒晓利
责任印制	祝 健
出版发行	四川人民出版社（成都三色路238号）
网　　址	http://www.scpph.com
E-mail	scrmcbs@sina.com
新浪微博	@四川人民出版社
微信公众号	四川人民出版社
发行部业务电话	（028）86361653　86361656
防盗版举报电话	（028）86361653
照　　排	四川胜翔数码印务设计有限公司
印　　刷	成都蜀通印务有限责任公司
成品尺寸	170mm×240mm
印　张	20.5
字　数	333 千字
版　次	2021 年 6 月第 1 版
印　次	2024 年 5 月第 6 次印刷
书　号	ISBN 978-7-220-12143-2
定　价	59.90 元

■版权所有·侵权必究

本书若出现印装质量问题，请与我社发行部联系调换
电话：（028）86361656

前　言

历史大漠中撒满无数如金子般闪光的生命颗粒，无数令人叹为观止的人文景观。

20世纪新中国元帅们的伟大奋斗历程和友谊交往故事，组合成一个令人神往的世界，有永远说不完的话题，为普通百姓所景仰与渴望知晓。

新中国十大元帅是现代中国革命战争造就的军事奇才，是参与书写历史、创造历史的风流人物。他们的命运与现代中国的命运息息相联。

毛泽东没有接受大元帅之衔，可是在人民的心里，他是名副其实、当之无愧的大元帅，毛泽东和十大元帅一起被看作共和国元帅整体，形成现代世界军事史上的一大景观。

十大元帅中有一个林彪，前半生数度辉煌，最终却成了千古罪人。然而，历史又单独辟出"元帅"这块圣地，他们追随毛泽东一生，忠贞不渝，他们代表着伟大与荣耀。

在毛泽东的统率下，元帅们20余年横枪跃马厮杀于硝烟弥漫的战场，运筹帷幄，心心相印，休戚与共，形成一个高度统一的指挥集团，显示出叱咤风云的伟大气魄，出神入化的军事指挥艺术；用心血、智慧、人格和胆识树起了令后人叹为观止的战争丰碑，跻身于征战一方、威镇八面的世界名将之列；政治斗争，惊涛骇浪，暗礁险滩，风雨同舟，炼就铁骨铮铮；诗词唱和，点缀人生，激扬文字，谱写光彩华章；虚怀若谷，高风亮节，血乳交融，战友情深；他们也有争论与分歧，可贵的是由争论走向团结，由分歧走向大同。

共和国元帅们的交往，蕴藏着中华民族千百年来最深沉的精神魅力，高雅神韵；他们的交往充满传奇色彩和浪漫情怀，是一个个波澜起伏、曲折动人的"神话"故事，它向后人展示：何以共和国的巍峨大厦在他们这一代人手中耸立。

奉献给读者面前的这本小书，试图以通俗明了的语言，在写意性的描述基础上作些哲理阐释，能够雅俗共赏。

目 录

第一篇

001/ 运筹帷幄

003/ 一、陕北险境共筹谋

015/ 二、千里跃进中的天合之作

024/ 三、渡江战略的推敲

036/ 四、打锦前的磨合

057/ 五、决战淮海珠联璧合

078/ 六、万古滔滔筹韬略

088/ 七、为惊天动地的举动费思量

101/ 八、武仗与文仗

第二篇

113/ 风云际会

115/ 一、"朱毛红军"的曲折经历

127/ 二、生死攸关的历史转折

137/ 三、面对着野心家的生死抉择

153/ 四、百团大战的历史风云

165/ 五、"反教条主义"公案的旋涡

第三篇

177/ 友情　斗争

179/ 一、彭德怀与朱德

187/ 二、朱德和林彪

192/ 三、刘伯承和陈毅
205/ 四、刘伯承和聂荣臻
217/ 五、罗荣桓和林彪
230/ 六、聂荣臻和林彪

| 第四篇 |

241/ **诗词唱和**
243/ 一、陈毅、叶剑英与毛泽东的诗交
254/ 二、朱德和陈毅的诗交
266/ 三、叶剑英和朱德、陈毅的诗交

| 第五篇 |

275/ **众星拱月**
277/ 一、毛泽东与朱德
280/ 二、毛泽东与彭德怀
284/ 三、毛泽东与林彪
287/ 四、毛泽东与刘伯承
292/ 五、毛泽东与贺龙
298/ 六、毛泽东与陈毅
304/ 七、毛泽东与罗荣桓
308/ 八、毛泽东与徐向前
311/ 九、毛泽东与聂荣臻
315/ 十、毛泽东与叶剑英

319/ 后　记

320/ 主要参考文献

第一篇

运筹帷幄

一、陕北险境共筹谋

处于险境的毛泽东和彭德怀,协力共同指挥,让蒋介石的得意门生胡宗南率军在陕北高原进行武装大游行

1. 胡宗南25万大军围攻陕北,毛泽东和党中央处境危险。彭德怀以青化砭大捷回答了胡宗南。毛泽东密电彭德怀准备打第二仗。

1947年3月初,蒋介石为实现其黄河战略,摧毁中共首脑机关,彻底解决陕北问题,选派他的西北军政大员胡宗南率25万之众,进攻延安。此时,陕甘宁边区我军的兵力总共不到3万人,要与25万大军周旋,敌我力量的对比悬殊。然而,毛泽东就是要以我3万之人马拖住胡宗南25万的大军,以减轻国内其他战场上我军的压力,进一步战而胜之。

要拖住胡宗南,保卫陕甘宁边区,进而解放大西北,谁来担当此项重任?毛泽东选中了"彭大将军"。彭德怀是解放军的副总司令,军委参谋长,在此以前一直协助毛泽东、朱德等运筹帷幄,决策军机。

彭德怀临危受命深感责任重大,他信心百倍地说:"中央把这么重的担子交给我,我要指挥不好,那就是我彭德怀无能,对人民犯了罪,对不起中央的重托。"

3月18日清晨,胡宗南十几万精兵逼近延安,枪炮声越来越近。黄昏,等一切安置停顿,毛泽东从容走出窑洞,他微笑着操着他那永不改变的湖南口音对他的老乡彭德怀说:

"胡宗南占领延安,也挽救不了蒋介石灭亡的命运。"

他又伸出一个手指头对着彭德怀诙谐地说:

"你只要1个月能消灭敌人1个团,不用3年就可以收复延安。"

快要上路了,他又叮咛彭说:"这次撤出延安,要把房屋打扫得干干净净,家具一点也不要破坏。"他要先在心理上战胜蒋介石,他要让这些家具告诉胡宗南,他毛泽东不是逃跑,只是暂时的撤离。

送走毛泽东和中央机关大队,彭德怀按照毛泽东的吩咐,处理完军机,命

令勤务人员摆放好家具,这时敌人的枪炮声清晰可闻。19日拂晓,一切部署停当,部队和群众都安全转移,彭德怀最后在窑洞里踱了一圈,才率领他那精干的指挥部,从常人难以发现的小道悄悄向东北方向走去。

19日上午,胡宗南的部队占领延安。这位国民党第一战区司令长官得意扬扬,他下令把延安的鞭炮燃放一空。这时,蒋介石则在南京对美国驻华大使夸口说:"到8月底或9月初,共产党不是被消灭,就是被驱往僻远的内地去。"

胡宗南是黄埔一期学员,蒋介石的得意弟子嫡系亲信。1939年国共合作时,彭德怀与他有过接触,认为这人"志大才疏"。然而,这次是3万对付25万,彭德怀深知此中的分量。他一直在琢磨如何打好第一仗。

撤离延安前的当天下午,毛泽东在他的窑洞召集其他四大书记和中共西北局的贺龙、彭德怀、习仲勋等开会,研究撤出延安后的工作和西北野战兵团的作战部署。毛泽东估计,蒋介石现在还占有优势,胡宗南又这样轻而易举占领延安,必然非常骄横。他便授意彭德怀要集中兵力打运动战,用一部分兵力同敌军保持接触,诱敌深入,主力隐蔽在延安东北方向待机伏击。彭德怀和习仲勋便将主力集结在延安东北的甘谷驿、青化砭一带,用一个营的兵力在延安西北诱敌、迷敌,引敌主力上安塞。

21日晚,野战军电台截获并破译胡宗南给三十一旅的作战指示电报,彭、习连夜研究部署,22日早晨致电毛泽东并报中央:"……胡宗南21日令三十一旅经川口渡延水,限24日到达青化砭筑工据守。胡似系判断我主力在安塞及其以西地区,有进攻安塞找我主力决战企图。我拟以伏击或乘敌立足未稳歼三十一旅。王震纵队及教导旅限22日晚隐蔽集结青化砭东南之阎罗寺、郝家河、胡家河之线;新四旅隐蔽集结青化砭东北之二卯渠、聂(常)家塔之线;张纵队八旅集结青化砭西之梁村,独一旅拟集结于冯家庄,但须24日才能赶到,只能为预备队,监视延安、安塞方面,因该旅擅自开高桥之故。上述部署有何指示,盼告。"

到达清涧县高家岭的毛泽东接电后,感到彭、习和他想到一块儿去了。在撤离延安路过青化砭时他看过这一地区的地形,这里地形险要,是个打伏击的好地方。23日,毛泽东复电彭德怀和习仲勋说:"同意你们的作战部署。"

接到毛泽东的复电,彭德怀下达作战命令:规定各兵团务于3月24日6时30分以前部署完毕。他一再向各纵队首长们交代说:"一定要注意隐蔽,敌人来了就不顾一切地杀下去！要突然，要猛，一鼓作气把敌人歼灭在这沟槽子的公路上。"

毛泽东叮嘱一定要打胜第一仗！

朱德、刘少奇、周恩来、任弼时叮嘱一定要打好第一仗！

彭德怀下决心一定打好第一仗！他与习仲勋带领指挥员来到青化砭。不久，便有情报说胡宗南的三十一旅3月24日由李家渠向青化砭开进。

24日拂晓，按照计划各旅神速进入伏击阵地，可是一直等到傍晚，却不见敌人的影子，彭德怀命令部队撤下来休息。他和同志们一样都非常着急，生怕敌人不来，打乱作战计划。但他分析，胡宗南有汽车、坦克、大炮，又急着寻找解放军主力部队，这里又是陕北唯一的一条公路，他胡宗南能走哪里？三十一旅一定会来的。于是，他和习仲勋将他们的分析报告毛泽东和中央。电报说：敌三十一旅24日到达拐峁，停止前进，可能是待补粮食。我们明日仍按原计划部署待伏三十一旅。

等了一天也没收到彭德怀的捷报，毛泽东等人也有些焦急，接到此电后，毛泽东认为彭总的意见是正确的，就要这样打，他对周围的人说："只要没暴露目标，敌人会进来的。胡宗南不是说我们已经'不堪一击'了吗？那他还有不进的道理！"

毛泽东和彭德怀凭多年来"修炼"成的灵敏的战争直觉指挥着部队。

不出毛泽东和彭德怀所料，胡宗南的三十一旅在川口宿营补给一天后，于25日10点左右进至青化砭，结果是意料之中的，一个多小时的激战，敌2900多人全部被歼，旅长大人李纪云被生擒。

远在子长县王家沟工作的朱德总司令得知这一捷报后，兴奋地来到子长县好平沟的一座小庙看望从延安迁来的陕北新华广播电台，叮嘱播音员，查清战果后就要把青化砭大捷的消息播向全国。

26日，喜讯传来，毛泽东情不自禁地在捷报上挥笔写下两个红枣般的大字："甚慰"。并立即亲自起草贺电，电报说："庆祝你们歼灭三十一旅主力之胜利。此战意义甚大，望对全体指战员传令嘉奖。"在嘉奖的同时，毛泽东又指示彭德怀和习仲勋说，敌"一三五旅可能向青化砭方向寻找三十一旅，望准备打第二仗。"①

---

① 《毛泽东军事文集》第四卷，军事科学出版社、中央文献出版社1993年版，第11页。

2. 毛泽东希望如法炮制，彭德怀建议改变战法，便有了以后的"蘑菇战术"。彭德怀再次伏击羊马河。

就在毛泽东向彭、习致电嘉奖并指示准备打第二仗的同一天，彭德怀以个人名义致电毛泽东，提出打胡宗南的下一步作战方案。电报说：

"胡宗南目前寻求我主力决战，一师、九十师进扑安塞，25 日即返延安，判断我主力在延长、延川、永坪地区。我们拟顺应敌人企图，诱敌向东。以新四旅之两个营，宽正面位置于青化砭东及其东南，节节向延川方面抗击，该旅主力位于青化砭至永坪之线纵深防敌北进。集结五个旅隐蔽于西北山梁后与安塞之间。此区地形好、粮多、群众好，能封锁消息，待敌深入至甘谷驿、岔口之线及其以东地区时，我可争取三至五天休息，然后再东进敌后，寻求机动，歼击九十师、一师。每次只歼敌一个团至多两个团，求得一月内连续打两三仗，停止敌进攻，才可争取较长时间休整。伏击战斗我伤亡甚少，估计不超过二百人，歼敌四千人以上，旅长、副旅长、参谋长、团长均被俘……士气大振，信心提高。陈赓、谢富治 25 日电仍在沁水、端氏间集结待命，该纵行动请毛复或由我复。以上有何指示盼告。"

毛泽东感到彭德怀的计划很好，遂于 27 日复电说："积极歼敌方针极为正确，部署亦妥。"并告之，"中央决定在陕北不走"①。

28 日，彭德怀、习仲勋又致电军委说："1. 青化砭附近敌系一二三旅、一三五旅，一六五旅。昨（27）日一二三旅向青化砭东北攻击，一三五旅在青化砭附近筑工，一六五旅位置赵家圪塔。第一师、九十师在拐峁、甘谷驿线。五十五旅一个团由吉县开至临真、金盆湾接防，该地之二十四旅、一四四旅向延长推进，似已进占。守备延安城防只有四十七旅、十二旅及三十一旅之两个营。安塞敌于 26 日放弃，我已收复。敌已感兵力不足。2. 27 日 20 时电部署，我以小部背靠岔口方求吸引敌向东，主力纵深位置于贺家渠、财神庙线，节节阻敌北进。我一二两纵、教导旅在原地休练，待敌侧背暴露时再求歼敌。"

29 日彭、习又电：新四旅两个营位置于永坪以东五里之石窑坪，主力集结于永坪至瓦窑堡大道两侧。

当天下午 16 时，毛泽东复电说：你们部署甚好，我们昨夜移至绥德以南

---

① 《毛泽东军事文集》第四卷，军事科学出版社、中央文献出版社 1993 年版，第 13 页。

地区，为迷惑敌人之目的，先向东移，下一步则准备向西移。

毛泽东在与胡宗南捉迷藏，而被迷被捉的总是胡宗南。

4月2日，毛泽东指示彭、习，像青化砭伏击那样，采取正面及两翼三面埋伏的战法打击敌人，电报说：

"（一）据西安情报称：胡宗南率参谋人员进驻延安，并定以全力取瓦窑堡，然后攻绥德，预定四月半攻下绥德等语。判断胡军攻瓦窑堡必将先取永坪及清涧以西之折家坪，然后由该线两路或三路攻瓦窑堡。（二）我军歼击敌军必须采取正面及两翼三面埋伏之部署方能有效，青化砭打三十一旅即是三面埋伏之结果。此次我在蟠龙、永坪设伏，因敌未走此路，且只有正面（较弱）及右翼，缺少左翼埋伏，故未打成。但只要敌前进，总有机会歼敌。（三）请考虑敌攻瓦窑堡，我应如何部署方为有利：甲、在瓦窑堡、清涧之间（丹头、杨家园子一带）设伏，准备打清涧西进之敌；乙、在永坪附近设伏，准备打延水西进之敌。以上两方案究以何者为宜，请酌定。"①

彭德怀根据战场敌情战术的新变化，对下一步的具体战术提出了自己的看法。他和习仲勋2日21时致电军委详细报告了敌情变化和自己的设想，电报说："敌自青化砭战斗后，异常谨慎。不走大道平川，专走小路爬高山；不就房屋设营，多露宿营；不单独一路前进，数路并列间隔很小。如25日青化砭战斗后，27日以一二三旅、一三五旅、一六五旅进犯，以两旅沿青化砭、拐峁大道两侧山地，一旅偕行李走。另一师自拐峁以东十余里向岔口北进，九十师在一师左侧，此其一例。以致三面伏击已不可能，任何单面击敌均变成正面攻击。敌人此种小米滚子式的战法，减少我各个歼敌机会，必须耐心长期疲困他消耗他，迫其分散，寻找弱点。目前敌军甚疲劳，掉队落伍逃亡日渐增加。为对付敌人此种强大集团战法，拟分散三四个营兵力，以一连至两连为一股（现群众游击战未开始），派得力指挥员在敌前左右后四面袭扰，断敌交通，将敌疲困，使敌不能不分散部分守备交通，达后予打击分散与打援敌之机会。此法拟试行，妥否盼示。"

毛泽东没有武断地下结论，而是采纳了彭德怀的建议，并对此建议极为赞许，认为作为一个指挥员，就是要善于根据情况的变化，独立地作出决断。他

---

① 《毛泽东军事文集》第四卷，军事科学出版社、中央文献出版社1993年版，第22页。

复电彭、习说："敌十个旅密集不好打，你们避免作战很对。"

4日，彭德怀和习仲勋接连两次电告中央军委和毛泽东，磋商下一步作战行动方针。电报说：本日向瓦窑堡、蟠龙间合击一二三旅、一三五旅，扑了一个空，情况仍未弄清。明日拟在蟠龙、石咀及以西地区休息。根据敌情，西北野战兵团目前行动方针：一是集结绥德、清涧、瓦窑堡、双庙湾四点之间，待敌向绥德前进时，寻机歼敌一两个旅，但因敌挤得太紧，有不好打的可能；其次向延长、延川寻求七十六师作战，打五十五旅，然后出甘泉、富县、关中，即所谓各打各的。两者以何者为是或另有方案请示。毛泽东根据观察、情报分析和彭、习的报告，第二天复电提出了四个行动方案供彭、习考虑，建议部队"索性休息数天，弄清情况再定"。他又于4月9日指示彭、习说："敌情正在变化，可实行你们前提议分散三四个营各带电台四面袭扰敌人之办法，主力则在现地待机为有利。"

12日凌晨，彭德怀和习仲勋突然收到一份绝密电报，称清涧之二十四旅一个团本日调赴瓦窑堡，该团到瓦后，一三五旅很可能调动。①

这是西安情报部门发给中央军委的绝密电报，毛泽东转告了彭德怀、习仲勋。

怎么回事呢？原来胡宗南断定共军主力已转移到蟠龙、青化砭西北一带，便命令他的8个旅主力准备于12日向这一带逼近，同时派在瓦窑堡的一三五旅南下策应，由二十四旅1个团接防瓦窑堡。胡宗南的这一"杀手锏"被周恩来派在西安的地下党组织截获，毛泽东得知这一重要情报，观察一天后给彭、习发去上述指示。

断定敌一三五旅南下后，彭德怀于12日和13日连续召集有关人员研究部署作战行动。他幽默地对各旅首长说："敌人游行了十多天，寻找我军主力，到处扑空。他们认为这次找到了，急匆匆扑了过来。好吧，这次就答复他们的要求，就在这个地方来个虎口夺食。"说着用力在地图上的羊马河一带画了一个圈圈。彭德怀令一部巧装主力部队，虚张声势，诱胡宗南主力到蟠龙西北地区，集中主力在瓦窑堡以南的羊马河设伏。

正像这位彭大将军预言的那样，4月14日，敌军一进羊马河以北高地，便

---

① 《彭德怀传》，当代中国出版社1993年版，第312页。

成了瓮中之鳖。西北野战军以 4 比 1 的绝对优势，激战 8 个小时，全歼敌旅 4700 多人，生俘一三五旅代旅长，彭德怀不无幽默地随口对周围欢庆胜利的人说："这会儿就不需要他代理了！"

青化砭大捷之后的这第二仗，对于解放战争的第二年来说有特殊的意义，蒋介石要把毛泽东和中共首脑机关消灭在陕北的迷梦正在破灭，毛泽东感到由衷的高兴，第二天便以中央的名义向各战略区通报了羊马河大捷盛况。由毛泽东亲自起草的这份通报说："这一胜利给胡宗南进犯军以重大打击，奠定了彻底粉碎胡军的基础。这一胜利证明仅用边区现有兵力（六个野战旅及地方部队），不借任何外援即可逐步解决胡军。这一胜利又证明忍耐等候不骄不躁，可以寻得歼敌机会。望对全军（即西北野战军）将士传令嘉奖。"

同一天，毛泽东根据他和彭德怀共同指挥青化砭和羊马河成功经验，计深虑远地纵谈"蘑菇战术"。他在给彭德怀、习仲勋的电报中指出："目前敌之方针是不顾疲劳粮缺，将我军主力赶到黄河以东，然后封锁绥德、米脂，分兵'清剿'"，而"我之方针是继续过去办法，同敌在现地区再周旋一时期（一个月左右），目的在使敌达到十分疲劳和十分缺粮之程度，然后寻机歼击之……应向指战员和人民群众说明，我军此种办法是最后战胜敌人必经之路。如不使敌十分疲劳和完全饿饭，是不能最后获胜的。这种办法叫'蘑菇'战术，将敌磨得精疲力竭，然后消灭之。"

将帅协同指挥，亲身之感觉上升为理论科学，这正是毛泽东军事指挥艺术的魅力之所在。

3. 蟠龙攻坚调虎离山。毛泽东收到十万火急的电报。彭德怀笑着说："'大路朝天，各走一边'，敌人向北，我们向南，各走各的路，各办各的事噢！"

毛泽东、周恩来与彭德怀等用兵如神的军事家们，在继青化砭、羊马河之后，又在蟠龙巧妙安排了对付胡宗南的第三仗。

蟠龙镇，是胡宗南的军需补给重镇，它位于延安城东北 45 公里处，胡氏特派他的所谓"四大金刚"之一——第一六七旅防守。此镇四周峰峦叠嶂，敌军借助于山势，部署了坚固的防御工事和重炮火力，为此，自吹为"固若金汤"。

毛泽东和彭德怀要栽"蘑菇"，要使敌人"饿饭"，就必须把胡宗南的这碗

"汤"倒掉。然而此时这碗"汤"的四周有刘戡、董钊等胡氏重兵10万之众，要想把这碗"汤"倒掉，就得把他们调开，来个调虎离山！毛泽东和彭德怀同时想到了这一着。毛泽东先命令黄河两岸的陈赓部煞有介事地调运船只，做出大军东渡威胁西安的姿态，诱敌回移，同时又同彭德怀商定派一部精锐分队配合绥德军分区部队等佯装主力部队，诱敌出窝，北进绥德地区。蒋介石信以为真，密电胡宗南说："中共中央及其主力在绥德附近集结"。4月26日，急于要寻歼共军主力的胡宗南即命刘、董二将分别从蟠龙、永坪向绥德进逼。27日18时，彭、习将敌情及我方部署电报毛泽东：

（一）董、刘两军27日14时左右进抵瓦（窑堡）市，有犯绥德模样。蟠龙留一六七旅直及四九九（团）守备，似有粮弹未发完。
（二）我野战军本日隐蔽于瓦市东南及西南，拟待敌进逼绥德时，围歼蟠龙之敌，得手后再围歼甘谷驿、桥儿沟八十四旅之二五一团，并彻底破坏永延段公路。妥否望即复。①

这十万火急的电报正是毛泽东所希望看到的，28日7时，他复电说："计划甚好，让敌北进绥德或东进清涧时，然后再打蟠龙等地之敌。"

当刘、董二将摆成纵横几十里的"方阵"向北疾进时，彭德怀和他的指挥部就在敌人的眼皮底下，驻扎在"方阵"边的一个小山村里。侦察员不断送来十万火急的报告，说敌人随时都可能进攻这里，彭德怀躺在炕上不紧不慢地构思筹划歼敌妙棋，若无其事地说："敌人怕我们打它的埋伏，是不敢下到山沟来的。"

敌人确实没敢来，侦察员快报说，敌人过去了。彭德怀翻身从炕上跳下，风趣地说："'大路朝天，各走一边'，敌人向北，我们向南，各走各的路，各办各的事噢！"说完便下令部队向蟠龙挺进。30日，攻击部队迅速包围蟠龙镇。当天毛泽东指示彭、习说："经过精密之侦察，确有把握，方可下决心攻击瓦窑堡或蟠龙，如无充分把握，以不打为宜，部队加紧休整，以逸待劳，准备运动中歼敌。"②

---

① 《彭德怀军事文选》，中央文献出版社1988年版，第222页。
② 《毛泽东军事文集》第四卷，军事科学出版社、中央文献出版社1993年版，第45页。

彭德怀于5月1日致电毛泽东说:"1日拂晓攻击蟠龙,因天雨路滑停止,待雨停后2日攻击。胡军为避免消灭,现工事技能已达最高点,青(化砭)、瓦(窑堡)以南至延水,所有山头村庄,均有相当坚固野战工事。蟠龙工事已完成外壕、鹿砦、铁丝网,平毁甚不易。"

5月2日13时,毛泽东复电赞赏说:"攻击蟠龙决心很对。如胜利,影响必大;即使不胜,也取得经验。"

与此同时,胡宗南的刘、董二将率部经一个星期的疾进,力求"克复绥德"。见敌人确实已到毛泽东让他们去的地方,彭德怀于当天夜里下令全部4个旅的兵力强攻蟠龙,可是攻城部队缺少攻坚火炮,只有靠土工作业和爆破作业,打了一夜,几次攻击都未能奏效。彭德怀急中生智,下令停止攻击,动员指挥员献计献策,发扬军事民主,经过一番热烈讨论,提出采用对壕作业逼近铁丝网、外壕和敌堡,攻击部队编组轮番佯攻,消耗敌人火力。彭德怀决心调整部署,改进战术,集中火力攻敌一点。3日,再次发起攻击,采取对壕作业,先后攻克集玉峁、东山、北山主阵地,4日黄昏合围部队由四周制高点向蟠龙发起总攻,午夜时分俘获最后一个守敌。这一硬仗,全歼守敌6700多人,俘虏敌正副旅长,缴获大量军用物资。中央首脑机关和西北野战军沸腾了。

彭德怀在战斗中发挥军事民主的创新性举动,深受毛泽东的赞赏,并被推广到其他战略区。1948年初春,毛泽东对前来中央开会的华东野战军司令员陈毅说:"你们要好好学习西北部队的民主作风,特别是战斗指挥上的民主。"陈毅也十分赞同地说:"这样的民主是正确的,适合打胜仗的要求。"此后毛泽东还多次谈起过此事。

为鼓舞士气,毛泽东派周恩来、陆定一从百里外翻山越岭来参加5月14日在安塞县真武洞举行的祝捷大会。

4. 毛泽东和中央首脑机关处境危险,沙场老将彭德怀急得满头大汗,板着脸一言不发。于是有了沙家店关键的一仗。毛泽东挥毫赠言:"谁敢横刀立马?唯我彭大将军!"

1947年8月11日12时,正在指挥部队攻打榆林的彭德怀突然收到毛泽东的急电,电报说,榆林非急攻可下,而钟松仍有可能迅速增援,似宜决心暂停攻城,集结7个旅准备打钟松。12日,毛泽东又指示彭德怀,撤离榆林后,"即在榆林、米脂间休整待机,隔断刘、钟两部,吸引该敌,以利陈谢行动",

并指示陕甘宁晋绥联防军司令员贺龙，立即部署各后方机关迅速移至黄河以东。于是，彭德怀遂即下令停止攻击，将部队主力集结到榆林东南、米脂西北地区休整待机。

敌钟松所部整编三十六师乃胡宗南的主力精锐，在此之前他指挥部队驰援榆林给彭德怀制造了不少困难，便骄傲异常，自吹"共军可以吃掉别的军队，就是吃不掉三十六师"，并声称要"一战结束陕北问题"。13日，刚刚进入榆林城的钟松，第二天便奉胡宗南之命亲率两个旅南下，与刘戡的5个旅主力会合，以便在榆林、米脂、佳县三角地区歼灭彭德怀的西北野战军。

14日午时，彭德怀致电毛泽东：刘戡令三十六师向米脂前进，西北野战军准备歼击之，拟集中第二、三两纵队和新教导旅、新编第四旅，由西北向东南歼击三十六师于李家沟、鱼河堡、上盐湾及其以北地区。

此时，毛泽东与周恩来率领"昆仑支队"冒雨抢在董钊、刘戡之前，于14日深夜通过绥德城。在行军途中的毛泽东接到此电后于15日丑时（即凌晨1至3时）复电彭德怀：完全同意你的部署，但请注意分割该敌为几部分，逐一歼灭之。二十八旅主力可能随钟松前进。同时，毛泽东还告诉彭德怀说："刘戡16日进绥德，17日补粮，要18日才能开始北进，故南面顾虑很小。我们今15日至乌龙铺。"

彭德怀歼灭钟松三十六师的决心和部署，得到了毛泽东和中央的同意，17日他便把主力隐蔽集结于镇川堡东北地区，准备战场。然而，最令他担心的是毛泽东和中央机关的安全。

此时，毛泽东与周恩来、任弼时率首脑机关由乌龙铺向北转移，暴雨一直下个不停，队伍行军非常困难。而刘戡、钟松二将南北对进相距只有百里，他们一旦会合，将封锁黄河各渡口，并控制由无定河到米脂、佳县一线，将中央首脑机关和西北野战军隔在佳县、米脂、榆林三县之间几十平方公里的狭小地区。它的西、南两面是刘、钟的部队，东面是滚滚不息的黄河，北面则是漫无边际的沙漠地带，毛泽东等人和整个首脑机关处境越来越危险。想到这些，一向处惊不变、镇定自若的彭德怀急得满头大汗，把军帽摘下扔到办公桌上，一会儿细细察看地图，一会儿又不停地来回踱步。他对参谋长张文舟叮咛说："必须切实保障党中央的安全，要给中央以安全感。"随即派许光达率一个纵队兵力前去接应和掩护中央机关安全转移。接着，又急电毛泽东，请中央机关向佳县西北转移，靠近野战军主力。

就在彭德怀调兵的17日，钟松将三十六师分两个梯队由镇川堡向乌龙铺急驰，刘戡主力也进到吉镇以南地区，即将在乌龙铺与钟松会合。彭德怀判断，刚愎自用的钟松必会经沙家店地区向东，必须在钟松与刘戡会合前，在运动中消灭他。18日3时30分，彭德怀下达歼灭三十六师的作战命令，命三纵队一部兵力吸引钟松，主力抗击刘戡部，阻其与钟松会合，而集中一、二两个纵队和新四旅、教导旅歼灭三十六师的两个梯队。

上午，主力与三十六师交锋，由于下大雨，钟松命后续梯队仓皇撤至沙家店地区。这正是彭德怀所希望的。可是，当天晚上，彭德怀收到中央军委的电报，得知由于葭芦河涨水，难以渡河，毛泽东等无法向北转移，只好转为向西北方向冒雨前行，几乎陷入绝境，彭德怀用手指在地图上比量着刘、钟两路敌人的距离，紧锁眉头，板着脸一言不发，对着地图沉思，又常常坐立不安，眼睛红肿。他命令部队继续严密监视敌人，一有情况，立即报告。

钟松被打后急忙向刘戡求援，而刘戡借口没有胡宗南的命令不能出动，钟松只好命令部队在沙家店附近高地构筑工事，坚守待援。19日戌时，彭德怀急电毛泽东和军委说："拟于明号（天）拂晓包围沙家店附近敌之两侧而歼灭之。得手后逐次向东北各个歼击之。"而在此以前，毛泽东和中央机关已转移到镇川堡正北80里之外的梁家岔地区与主力会合，从而结束了19天的长途艰险行军，20日3时，毛泽东亲拟复电说："完全同意你对三十六师的作战计划。"这正是一天前他与周恩来共同计划好的，当时毛泽东对周恩来说："钟松自以为援榆有功，头脑发昏。他远离主力孤军冒进，一到镇川堡，就分兵两路，派一二三旅东进乌龙铺，他奔沙家店，企图与刘戡会合。他这样东西摆成一字长蛇阵，正好给我军创造了歼敌机会。"两人商定就在沙家店设伏歼灭敌三十六师，并作了具体部署，只是由于电话还没有架通，只好派人直送彭德怀。毛泽东、周恩来与彭德怀在两地同时提出这一方案，真是不谋而合。在此以前，毛泽东亲临前线和彭德怀一起研究作战部署。19日傍晚，中央机关到达梁家岔，这里到野战军指挥部不过10公里，距主战场沙家店只有20多公里，这场战斗太重要了，我军处境万分艰险，稍有不慎，就可能全军覆灭。他要亲自去前线看看。在扭转陕北战局的这场较量开始之前，毛泽东来到指挥部挥动着他那有力的大手，对着彭德怀们说："眼前陕北的处境，就像我们常说的过'山岽'一样，快爬到山峁峁上时，千万不敢松劲，要咬紧牙关一鼓作气爬上去。过了山峁，往后的路子就好走了。"

研究完作战部署，彭德怀把毛泽东送到门外，再三请主席注意安全。毛泽东笑着说："你们仗打好了，我就安全；你们仗打不好，我就不安全。"

8月20日拂晓，彭德怀下令发起总攻击，激战一天，共歼敌整编三十六师师部及两个旅共6000多人，活捉少将旅长刘学奇。听到这一喜讯，毛泽东挥毫重写了他在1935年10月书赠彭德怀的诗句：

谁敢横刀立马？
唯我彭大将军！

23日，毛泽东与周恩来、任弼时一起骑马来到彭德怀的司令部，彭德怀和习仲勋等人远远地迎了出来，毛泽东老远就向他们招手，高兴地说："打得好啊！"彭德怀等人握着毛、周、任的手说："是毛主席和党中央指挥得好！"毛泽东笑呵呵地指着彭德怀说："是彭老总指挥得好！"

二、千里跃进中的天合之作

"刘邓大军"奉命举行大别山千里战略跃进,军情紧急!水情逼人!刘伯承和邓小平"先斩后奏",毛泽东复电

1. 毛泽东发来新指示,刘伯承说:蒋介石送上来的肥肉我们不能放下筷子!

1947年7月初,刘伯承、邓小平率12万"刘邓大军"按中共中央毛泽东的战略构想,一举突破黄河天险,揭开了人民解放军举行战略反攻的序幕。

此一举,打乱了蒋介石的防御体系,直接威胁着华东战场几十万蒋军的左翼及后方,蒋介石急得如热锅上的蚂蚁,急忙调兵遣将,以王敬久14个旅的兵力,死守郓城、菏泽、定陶一线,并以各路军马齐头并进、屯兵坚城、伏击侧背的诡计,逼迫刘邓背水一战,欲置其于死地。

刘邓决定背水一战,发起鲁西南战役!

刘伯承、邓小平两个四川老乡,一个是大军事家,一个是大政治家,一武一文,珠联璧合,相得益彰。

刘伯承说:"此时不打,更待何时?"

邓小平说:"在对待生死的问题上,我们只能有一种选择。为着人民利益,我们要生存下去,让敌人去跳黄河!"

战争指挥艺术已达炉火纯青地步的刘伯承,根据敌人的部署,采取"攻敌一点,吸其来援,啃其一边,各个击破"的战法,与邓小平一起看蒋军跳黄河。

7月8日晨,刘邓大军攻克郓城,10日,收复曹县、定陶。此时,蒋军王敬久3个师的主力在巨野东南约80里处,从南向北,组成一条孤立的一字长蛇阵,刘邓大军则摆脱了背水作战的危险局面,在黄河以南开辟了广阔的战场。

此时,毛泽东来电:"要放手消灭敌人,歼敌越多,对山东粉碎敌人重点

攻势，乃至尔后跃进大别山均极为有利。"按照这一指示，刘邓以隐蔽果敢的动作，于18日直扑王敬久的"长蛇阵"，迅速将其3个师分割包围，于14日歼其大部，仅剩一个半旅，被包围于羊山集，敌凭借坚固工事防守，我军连攻两天伤亡不小，未能奏效。7月19日，蒋介石本人急飞开封亲自指挥，调8个师1个旅的重兵驰援羊山集。刘邓要拿下羊山集，必有一场恶战。

就在这时，最高统帅部毛泽东致电刘邓、陈（毅）粟（裕）谭（震林）和华东局，确定对确保与扩大战略主动权的军事部署，电报说："刘邓对羊山集、济宁两点之敌，判断确有迅速攻歼把握，则攻歼之，否则立即集中全军休整十天左右，除扫清过路小敌及民团外，不打陇海，不打新黄河以东，亦不打平汉路，下决心不要后方，以半个月行程，直出大别山，占领大别山为中心的数十县，肃清民团，发动群众，建立根据地，吸引敌人向我进攻打运动战。"并要求华东野战军和陈谢集团配合向中原推进，共同实施战略进攻的任务，并规定陈谢集团挺进豫西后归刘邓指挥。

这是毛泽东整个宏伟战略的关键部分。几个月前，毛泽东带着一支小小的部队在陕北的大山中与胡宗南大军周旋，身处险境中的毛泽东与朱德、刘少奇、周恩来、任弼时等中央领导人开始进行开展战略反攻的运筹，人民解放军要由战略防御转入战略进攻，尽管形势还不是非常有利，尽管国共两军敌优我劣的总体对比形势还没有根本改变，尽管他的中央机关还处于被围困的险境，毛泽东还是做出这一重要决策，并形成了新的战略部署，决心不待蒋介石的重点进攻全部被粉碎，不待总兵力超过蒋介石，立即组织主力转入战略进攻，以敌人兵力薄弱的中原地区为主要突击方向，实施中央突破。他命令：

——刘邓野战军南渡黄河，向中原出动；由内线转变为外线，在黄河以南、长江以北的地区机动，经略中原。

——陈毅、粟裕野战军与刘邓协力击破蒋军顾祝同系统。

——陈赓部与陕北彭德怀、贺龙两军协力击破胡宗南系统。

于是有了"大举出击，经略中原"的著名战略计划。

刘邓大军成功渡河之后，毛泽东在他陕北的窑洞里酝酿着更为精彩非凡的战略计划。

7月23日，陕北靖边县小河村，在毛泽东、周恩来、任弼时所住的院子里，用柳树干搭起的凉棚下，毛泽东主持召开中国共产党前委扩大会议，他向坐在他身边的高级将领们描绘着振奋人心的远景蓝图：从1946年7月算起，用5年时间从根本上打倒蒋介石，为此，必须加快战争进程。战略决策的序幕，毛泽东选择了中原，选择了大别山，选择了"刘邓大军"。

大别山，雄峙于南京与武汉之间的鄂豫皖三省交界处，它北濒淮河，南扼长江。这是直接威胁着蒋介石"卧榻"的战略要地。刘邓大军战略跃进，必然逼迫蒋介石调动他在解放区的重兵回头护驾。这就达成了将战争引向蒋管区，在外线歼敌的战略目标。更为巧妙的是，此时蒋介石正将主力压在陕北和山东两个解放区，毛泽东着刘邓钻到他的后方，在其软腹部生根立足，等蒋介石醒悟过来时，一切已经太晚。周恩来说："这是毛主席的伟大战略部署。"

毛泽东知道刘邓大军跃进大别山只是整个雄壮的战略决战乐章的一个序曲。他还有更为深远的筹划，他的棋还是在中原。中原，自古以来一直是逐鹿场，许多英雄豪杰在此拼杀。毛泽东和他的将帅们的心中都装有许多个血战故事。此时的中原地区乃东部长江、黄河之间的广阔的战略要冲，它从东到西，横穿江苏、安徽、河南、湖北、陕西五省，北枕黄河，南临长江，东起南北大运河，西至伏牛山和汉水。它的正面就是蒋介石统治的中心城市南京、武汉，再往南走一步，就会进入江南腹地，毛泽东的战略经营已到南中国。逐鹿中原，胜者，少则可得半壁江山，多则便可直接威慑江南乃至全中国。所以，就有了战争史上著名的"品"字形气势磅礴的阵势，有了"三军配合、两翼牵制"的中原大合唱。毛泽东从他的土窑里向斗志旺盛的各野战军发布作战命令：

——刘邓大军，中央突破直趋大别山，到长江以北的鄂豫皖地区实施战略展开；

——陈（毅）粟（裕）大军挺进豫皖苏，实施战略展开；

——陈（赓）谢（富治）大军挺进豫西，自晋南强渡黄河，在豫陕鄂边地区实施战略展开。

这三支大军在江淮河汉之广大的中原地区，成"品"字形阵势，互为犄角，摆战场于中原，机动歼敌。而以：

——陕北解放军出击榆林，调动胡宗南北上；

——山东解放军于内线把顽敌顾祝同拖向胶东，外线牵制邱清泉于陇海路北。

这两支大军作两翼牵制,以确保刘邓大军突入敌人战略纵深。

前委扩大会议结束当天,毛泽东立即将上述战略部署电告刘邓,以加紧行动准备。

鏖战中的刘邓领会毛泽东最高统帅部的意图,但是不打好羊山集这一仗,下一步棋要走好也不容易。邓小平坚定地说:"攻羊山的部队不能后撤!"

刘伯承幽默地鼓励将士们说:"蒋介石送上来的肥肉,我们不能放下筷子!"

刘邓既希望尽早南下,又不想放弃这次机会,别看有蒋介石亲自坐镇,我们一定要啃下这块硬骨头。7月27日,羊山激战一天,蒋军六十六师被全歼,解放军也打得极苦。二纵队司令员陈再道将军后来感慨万千地说:"羊山集这一仗是我打得最艰苦的一仗!牺牲的战士最多!"

2. 邓小平说:"我一生,这一个时候最紧张。听到黄河的水要来,我自己都听得到自己的心脏在怦怦地跳!"

刘邓理解毛泽东的心情,深感千里跃进担子之重之大。羊山集枪声一停,他们便立即转入准备工作,陕北不断发来毛泽东亲自起草的指示电。

鲁西南战役结束的当天,刘邓就何时出动问题给毛泽东发电报:"因南渡后连续作战,损耗甚大,伤亡约1.3万,炮弹消耗殆尽,新兵没有来源,俘虏至少需20天教育争取方可补充,以补足伤亡;当前敌人现有17个旅,除整编第四十师外,战斗力均不强,山东敌人又难西调,仍有内线歼敌之机会,故积极作南进准备立即休整半个月,第一步依托豫皖苏,保持后方接济。"

毛泽东仔细研究了刘邓的意见,认为他们的看法是正确的,有道理的,于第二天回电说:"在山东敌不西进及刘邓所告各种情况下,刘邓全军休整半个月后,仍照刘邓原来计划,第一步依托豫皖苏,保持后方接济,争取大量歼敌,两个月后看情况,或有依托地逐步向南发展,或直出大别山。"并说:"现陕北情况甚为困难,如陈谢及刘邓不能在两个月内以自己有效行动调动胡军一部,协助陕北打开局面,致陕北不能支持,则两个月后胡军主力可能东调,你们困难也将增加。"

7月30日,毛泽东又致电刘邓说:"……(二)你们准备再歼王仲廉三五个旅,打开南进通路,计划甚好。作战之前至少休整十日,多则更好。鉴于一二月间你们连续作战四十天未得休息,以致不能坚持之教训,此次南下必须于两个战役间争取休息，恢复元气。（三）如陈唐到鲁西，则与陈唐协同打一仗，然后留陈唐于路北，你们出路南。（四）边区野战军（三万余人）自辰微蟠龙战役后，至陇东歼灭马鸿逵八十一师主力及胡宗南骑兵一个团，进击三边，马部十八师逃回宁夏。在此期间，胡军主力进行游击性'清剿'，六月由安塞北至横山南端，又南至富县太白镇，七月南至关中，又北至保安。胡拟八月由保安向靖边，我军八月打榆林方面之敌，吸引胡军增援，以利陈赓出潼洛。边区受胡军蹂躏，人民损失颇大，粮食缺乏，又加天旱，人口减少至九十万。我军预定给榆林敌一个打击后，即回头打胡，或出关中，或出西兰公路，配合陈赓及你们。（五）陈赓部出动时间可暂定未齐左右，届时依情况可酌量推迟，由你们酌定电告我们。"①

就在同一天，刘邓对行动计划又有了新的认识，准备休整半月后直趋大别山，他们致电中央军委说：

"连日来我们再三考虑军委梗电方针，恰好顷接艳电，决心于休整半个月后出动，以适应全局之需。照现在情况，我们当面有敌十九个旅，至少有十个旅会尾我行动，故我不宜仍在豫皖苏，而以直趋大别山，先与陈谢集团成掎角势，实行宽大机动为适宜，准备无后方作战。建议陈士榘、唐亮兵团在鲁西南拉一下敌人，山东抽出原皮定均旅到大别山作军区骨干。"

毛泽东接电后当即回电说：

"如你们决心直出大别山，请注意下列各点：（一）开一次团长以上干部会，除告以各种有利条件外，并设想各种困难条件，建立远征意志。

（二）营长以上每人发鄂豫皖三省有县境的明细地图一份，油印的亦好，如能每连发一份更好，使一切干部明白地理环境。

（三）大体确定征粮、征税办法，告知一切干部，土地革命时期打土豪办法所得不多，名誉又坏，在我方政权未建立以前，仍应暂时利用国民党下层机构及税收机关（在我党有力人员监督指挥之下），以大体上盼累进方法征粮，惟免除赤贫人口负担，方能解决大军给养。国民党人员未逃跑者除极坏分子外，均可利用，逐步过渡到人民政权。

（四）如皮定均旅一时调来不及，请考虑以赵纵使用于大别山。该纵由潼

---

① 《毛泽东军事文集》第四卷，军事科学出版社、中央文献出版社1993年版，第160页。

洛渡后直趋大别山。陈谢则使用三十八军于豫西建立根据地。

（五）如你们决定直趋大别山，决心不要后方，亦应使陈谢建立此种决心。如陈谢于八月下旬渡河，可能争取一个月时间，在豫西立住脚跟。胡军主力由靖边、横山线南调，估计至少须一个月行程，该敌十分疲劳。"①

对直出大别山的艰巨性，毛泽东心里非常清楚，做出了充分估计，他提醒刘邓，进军大别山，可能有三种前途。一是付出了代价站不住脚，准备回来；二是付出了代价站不稳脚，在周围坚持斗争；三是付出了代价站稳了脚。要从最困难方面着想，坚决勇敢地战胜一切困难，争取最好前途。

行动方针刚刚定下，一进入8月，刘邓大军便面临一个又一个险情：先是险恶的敌情。

蒋介石似乎觉察到了什么，一进8月，就改变了原来的作战计划，暂缓山东方向的进攻，改集大军于鲁西南，欲与刘邓大军进行决战。羊山集失败使这位国民党军最高统帅恼羞成怒，他的眼睛盯住了刘邓大军，他准备了两把刀，一把是硬的，一把是软的。

他从山东、洛阳、郑州、西安等战场抽调大批精锐力量，与鲁西南原有部队编成5个集团共30个旅，分兵五路向刘邓猛扑过来，准备用他"围剿"红军的所谓"分进合击"老战术，把刘邓大军就地歼灭或逐回黄河以北。这是他的硬刀。他还准备了一把"软"刀，9年以前就使用过。那就是他准备像1938年6月用黄河决堤阻挡日本人一样，再用滔滔黄河水淹没刘邓大军。他准备由开封决开黄河大坝，把刘邓赶回黄河以北。

蒋介石想借天功！

但他一定不会忘记，9年前，他派军队在河南境内的花园口炸开了黄河大堤，不仅没能阻挡住日军侵华的步伐，反而使黄河北移改道，在中原大地人为地制造了一片连年灾荒的黄泛区，一场涂炭生灵的大灾难。黄河竟然变成了他蒋介石的一件可以随意移挪的战争武器。而这一次，一旦决堤开坝，这十几万解放军，这河边数百万人民群众怎么办？

险恶的敌情像浓浓阴云罩在刘邓统帅的心头，而天公似乎也在与刘邓唱对台戏。自他们南渡黄河以来，阴雨不断的老天，一进入8月就像撕开一道口子

---

① 《毛泽东军事文集》第四卷，军事科学出版社、中央文献出版社1993年版，第162页。

似的，突然间暴雨如注，下个不停。水火无情，黄河水猛涨，进入8月的第二天，黄河滦口水位便由20米增至30.3米，每秒流量达2034立方米！

水情逼人！

从来不叫苦的刘伯承说出一句话："忧心如焚！"

40多年后，邓小平对他的子女们这样谈到他此刻的心情。他说："我这一生，这一个时候最紧张。听到黄河的水要来，我自己都听得到自己的心脏在怦怦地跳！"

军情紧急令刘邓忧心如焚！水情逼人使刘邓忧心如焚！而更让他们担心的事还在后边。这时一直在陕北带着一小部兵力与蒋介石重兵集团——胡宗南的几十万大军周旋的毛泽东，突然发来一个由他亲自起草的三个A级的特急绝密电报，再次警示："陕北情况甚为困难。"毛泽东任何时候都不愿让他的战友们为他自己的安全担忧。1946年去重庆入虎穴与蒋介石谈判，他做了大量的说服工作。这次为留在陕北，又不知费了多少口舌，他从不愿为个人安危影响大局，而分布在各战场的高级将领们，无时不在为毛主席和党中央的安危着想。接到这样的电报，一向镇定自若的刘邓首长坐不住了。关于这一点，毛毛在《我的父亲邓小平》一书中有一段十分感人的讲述：

> 父亲告诉我们："毛主席的电报很简单，就是'陕北情况甚为困难'。只有我和刘伯承看了这份电报，看完后立即就烧毁了。当时，我们真是困难哪，但是，我们二话没说，立即复电中央，说十天后行动。用十天作千里跃进的准备，时间已经很短了，但我们不到十天就开始行动了。"
>
> 说完后，父亲又重复了一句："当时，真是二话没说，什么样的困难也不能顾了！"
>
> 说这话时，一向不大流露感情的父亲，声音都略带梗塞了……

刘邓打过黄河，一是实现战略反攻，一是吸引和歼灭敌人，更重要的就是要减轻陕北、中央和毛主席的困难处境。

黄河涨水，没什么可怕，蒋介石要决堤放水，也吓不倒刘邓。本来，刘邓还考虑再打几个仗，再就地歼灭一些敌人。但是，中央困难，刘邓便义无反顾地、不顾任何困难地提前尽早出击去了。

8月6日，刘邓充分发扬军事民主，集思广益，打破常规，吸收基层指挥员和各部门干部参加作战准备会议，慎重对待，正确处理，正式下达预备命令，决心提前结束休整，而立即执行挺进大别山的战略任务。同时，请示中央说："我决心提前于8月7日全军开始战略跃进！"并致电陈毅："顷，我们决心转至外线。"

就在刘邓做出这一重大决定之前，毛泽东于8月5日至7日三天连续致电刘邓、陈粟等人，对刘邓跃进作具体指示：

8月4日，他指示陈毅、粟裕、谭震林和华东局，令粟裕去郓城就现有兵力在鲁西南积极策应刘邓作战，不可丧失时机，并指定粟裕到后受刘邓指挥。

8月5日，他再次命令陈、粟、谭和华东局说："你们速派粟裕西去，统一指挥五纵，将全军供给重心经渤海转至鲁西南，争取在鲁西南立足，协助刘邓作战，否则有被敌驱过黄河危险，你们必须严重对付此种情况。"

8月6日，毛泽东四次致电刘邓等，第一封电报对刘邓出动后对敌之对策进行充分估计；第二封说，你们从8月6日起，至少还有10天时间，容许你们休整补充，你们仍争取到8月15日以后出动，最快8月10日以后出动，不要太急；第三封电报中毛泽东说："你们全军可以安全休整十天内外，鼓励士气，整顿队势，以利争取新胜利。"他在电报中关切地对刘邓、陈粟等人说："中央特向你们致慰问之意，并问全军将士安好。"第四封，催促陈粟"应速西去，愈快愈好"。

8月7日，他告诫刘邓说："你们至少一星期不动。"

当天，毛泽东接到刘邓提前出动的报告，于8月10日复电刘邓和陈粟，认为刘邓南进决心完全正确，电报说："……（二）在敌主力东迫郓城、西迫鄄城情况下，我在郓巨作战已不适宜，即北撤亦来不及，只有南进才利机动，刘邓决心完全正确。（三）敌此次判断我北撤，完全不料我南进，又有宋时轮王秉璋两纵迷惑阻滞敌人，南面除桂系到商丘，潘文华两个旅位于平汉外，完全空虚，极利机动。（四）陈唐、叶陶到豫皖苏后，照刘邓虞电，在该区活动一时期，掩护刘邓南进，尔后即活动于陇海南北地区。陈粟率六纵及军直到黄河北岸后，如邱、欧、罗广文已南进，即相机渡河与宋时轮、王秉璋会合，在鲁西南活动。"①

8月11日，他又致电刘邓、陈粟说："刘邓部署很好。前已通知你们所有

---

① 《毛泽东军事文集》第四卷，军事科学出版社、中央文献出版社1993年版，第183页。

山东全军统一归刘邓指挥",并特别指示,"一切决策临机处理,不要请示。我们尽可能帮助你们。"①

刘邓与毛泽东配合默契,共筹帷幄,可谓达到天合之作的境地。刘邓之主动灵活,机断决策,正是体现了毛泽东炉火纯青的指挥艺术精华。也正是有了这些,和此后刘邓在逐鹿中原时的伟大杰作,才有了此后淮海战役和渡江战役中,毛泽东对邓小平说的那句沉甸甸的话:"一切都交给你了!"

---

① 《毛泽东军事文集》第四卷,军事科学出版社、中央文献出版社1993年版,第187页。

三、渡江战略的推敲

毛泽东非常钟爱由他和陈毅亲自筹划的渡江战略。在陈毅鼓励下，粟裕斗胆直陈建议修改

1. 杨家沟。最高统帅毛泽东与华野司令陈毅秘密商谈，一个大胆的战略计划孕育腹中。

1947年12月，毛泽东电召在东南前线的陈毅，前去中央参加"十二月会议"并商谈行动问题。陈毅到陕北中央所在地杨家沟时，已是新年的1月7日，"十二月会议"已结束，毛泽东要陈毅留下来，与他促膝长谈，谈自己的战略构想，将他在会议上的报告《目前形势和我们的任务》详详细细讲给陈毅听，特别指出，战争已到一个新的转折点，人民解放军已经打退老蒋的进攻，并使自己转入了进攻，再用二三年时间夺取全国胜利。毛泽东幽默地对陈毅说：去年八九月，中央只说反攻，反不过去还可以退回来。现在刘邓和你们反出去站住了，不会被赶回来了，我们才决心说：进攻。

陈毅不能不佩服这位领袖所虑之深，所谋之远、之慎。他从毛泽东身上再次领略到了全局驾驭者的风度。半个月的交流，陈毅渐渐领会了毛泽东的宏大战略意图。交谈中，毛泽东向陈毅谈起将由华野所承担的大动作大使命——向江南作战略跃进的问题。这是一个极端机密的战略问题，只能由几个直接有关的，要决策和执行的高级负责人来研究。这也是毛泽东要陈毅前来中央面谈的最重要的绝密问题中的一个。

派华东野战军主力纵队跃进到江南，毛泽东考虑了很长时间。还在1947年7月，刘邓大军将南下建立大别山根据地时，毛泽东就有这种打算。那是作为整个战略反攻全盘计划的一翼加以部署的。他相信这也应是得意之作。他在7月23日亲自起草的给刘邓、陈（毅）粟（裕）谭（震林）和华东局的电报中预示：陈赓兵团8月下旬出豫西建立鄂豫陕根据地，陈（士榘）、唐（亮）来往陇海南北机动，叶（飞）、陶（勇）两纵（华野一纵、四纵）出闽浙赣，两

广纵队受叶、陶指挥随行，并考虑组织中共中央东南分局，毛泽东欲将外线出击到长江以南。由于雨季打得很苦，华野部队损失较大，陈、粟对待此方案十分认真而慎重，于7月17日电告中央建议华野西兵团："如中央最近期内，准备以一、四、六纵队向长江以南出动时，则将一、四纵开（黄）河北整补1个月，待机南下，执行新任务。如无此必要，则拟将两纵分到西南方面，执行游击任务，自求整补。"收到此电后，毛泽东和其他几大书记又反复进行研究，认为时机尚不成熟，复电陈、粟"半年内，不拟派一、四纵去江南"。

此后数月，战局发生重大变化。10月15日，毛泽东电示陈、粟："战局可能发展得很快，6个月内（10月至3月），你们各纵在河淮之间作战……6个月后（约明年4月），你们须准备以一个或两个纵队出皖浙赣（不是闽浙赣）边区。那时拟由刘邓方面派一个或两个纵队出湘鄂赣边区。当你们派部出皖浙赣时，拟由许谭所部四个纵队中抽出一个加强你们两兵团兵力，但此是预计，须待那时考虑方能确定。"①

11月20日，陈、粟如实汇报了华野进入豫皖苏的情况："南下后，脱离后方，无休息整顿，连续作战，艰苦疲劳，情绪受影响。打了几个胜仗后逐渐好转。但部队水土不服，严重存在，从而影响指战员决心与信心。有的部队风闻要南渡江南，究派何部，临时决定。"

8天后，毛泽东又复电粟裕并转告陈毅："……在明年8月以前，不准备派主力部队渡江，各部均要在现地安心工作与作战，仅准备在明年8月以后，派一部分部队渡江南进，究派何部，临时决定。"

就在毛泽东与陈、粟筹划渡江事宜之时，刘邓大军已由大别山区直捣长江北岸的望江地区，控制了长江北岸300余里。蒋介石立即宣布从九江到汉口各口岸同时戒严，并派海军总司令桂永清到九江组织护航，在国防部特设"九江指挥部"，由白崇禧统揽豫、皖、赣、湘、鄂5省军政大权，指挥33个精干旅，加紧围剿大别山，严防解放军渡江南进，力保中原。毛泽东遂于1948年初指挥刘邓回师中原逐鹿，蒋介石在那里部署了37个整编师共66万人，约占当时蒋军总作战兵力的1/3，其中有蒋系精锐主力第五和第十八军，桂系精悍主力第七和第四十八军；它们的将领白崇禧、顾祝同、胡宗南三人也都个个不

---

① 《毛泽东军事文集》，第四卷，军事科学出版社、中央文献出版社1993年版，第307页。

同凡响，而摆在中原的共产党军队共 50 个旅 35 万人，由刘邓统一指挥。斗争十分尖锐，逐鹿结果胜负难料。

远在陕北的毛泽东深信刘邓大军能够闯过这一关，但从全局看，亟须派一精锐兵团再次向南进击，这次是真的要向长江以南作前所未有、一年前想都不敢想的战略跃进，在那里给蒋以痛击，牵制蒋军一部兵力。因为蒋介石非常害怕毛泽东占领长江以南，那样中国大陆就没有他的立足之地了，解放军一过江，蒋介石必定会再次调重兵迎击，从而减轻其他解放区的压力。毛泽东希望把解放战争第三年（1948 年 7 月中旬算起）上半年战略重点放在跃进江南的行动上。

陈毅深深领会毛泽东那高超指挥艺术，他自己也曾预见到解放战争会在二三年后胜利结束，在由东南去陕北的路上，他就收到了毛泽东 11 月 28 日的电报，感到毛泽东关于 8 月以后派一部兵力渡江南进的计划是可行的也是必须的。他在所到之处作的报告中多次提到毛泽东的这一构想："今年到一定时期，我们组织强大的兵团渡江过长江"，"秋天大进军到长江以南"，甚至设想："今年秋天能组织 100 万兵力渡过长江，今年就能结束战争。"当聆听了毛泽东那带有恢宏气势的战略构想时，陈毅认真考虑后完全赞同毛泽东的渡江跃进方针，并和毛泽东等人共同研究了南进方案。于是 1 月 27 日一封密电从陕北杨家沟发往华东前线，送到粟裕手上："关于由你统率叶（飞）、王（必成）、陶（勇）3 纵渡江南进执行宽大机动任务问题，我们与陈毅同志研究有 3 个方案。"在详叙 3 个方案后，电报说，以上 3 个方案各有优劣，请"熟筹见复"。并进一步指示说："至于你率 3 纵渡江以后势将迫使敌人改变部署，可能吸引敌 20 至 30 个旅回防江南。你们以七八万人之兵力去江南，先在湖南、江西两省周旋半年至一年之久，沿途兜圈子，应使休息时间多于行军作战时间，以跃进方式分几个阶段到达闽浙赣，使敌人完全处于被动应付地位防不胜防疲于奔命。"

电报的最后特别叮嘱粟裕说："此事只先由前委几个同志及叶、王、陶作极机密讨论，不让他人知道。"

收到电报后，粟裕立即召集叶飞等人进行研究，四天之后复电中央。电报首先对叶、王、陶 3 个纵队的情况作了详细汇报，感到无论在兵员、干部、物资、装备等方面都很不足，尤其是整党整军、思想工作上还很差，都需要时间，最近即行出动恐较困难，遂对行动时间提出两个建议：（1）即将叶、王、陶纵调至陇海线附近继续休整一个半月,到3月下旬出动;(2)叶、王、陶各纵照目前部署随南下参加一二个战役,3月中旬起休整一个半月或两个月,5月中旬出动。并说以第一方案为最好。

接着,粟裕就中原战局谈了自己的看法,建议将3个野战军由刘邓统一指挥,采取忽集忽分(要有突然性)的战法,在鄂豫皖、陕豫鄂、豫皖苏地区辗转寻机歼敌,争取在短期内打几个歼灭战,取得较大胜利。如果我军再能在数量及技术上取得对敌优势,则战局的发展可以急转直下,也将推进政治局势的迅速变化,甚至可能根本改变敌我态势。这是一个稳妥大胆的设想。

粟裕对渡江路线,也有自己的想法,他提出两个方案:一是由武汉以西渡江,好处是江面狭小易渡,易于阻敌兵舰;缺点是须较长时间方能到闽浙赣地区,一路将要减员一半。二是从湖口、当涂之间甚或从南京至江阴间,采取宽正面的公路与分梯队的偷渡,缺点是江面较宽,敌人防守较严;优点是江南江北我群众基础好,叶、王、陶纵队的干部熟悉,渡江后主力向浙赣沿线及闽赣腹地挺进亦可调动敌人。

粟裕,作为战区高级指挥员,善于并擅长从战略高度思考问题,他的设想是合理的。

毛泽东和陈毅都没有想到粟裕的复电如此之快,原打算于2月1日东返的陈毅留下来和毛泽东研究粟裕提出的建议,用了整整32个小时,2月1日午夜23时,毛泽东亲自草拟电文给粟裕,并告刘邓、饶漱石、邓子恢,电报说:

"(一)完全同意第一方案,叶王陶三纵即开陇海线附近再休整一个半月,三月下旬出动。三万新兵中,以两万补充叶王陶三纵。渡江路线,争取走湖口、当涂之间,或南加紧布置水上及两岸工作。(二)三、八、十、十一等四纵集中配合刘邓、陈谢两军,由刘邓统一指挥,采忽集忽分战法,机动歼敌。(三)豫皖苏区党委及地方部队照原布置不变动,子恢率华中分局机构丑月可至该区。十一纵仍属粟唐野战军。陈日内动身东返。(四)请漱石、子恢帮助粟裕解决南进有关诸问题。"①

为渡江战略跃进,毛泽东决定组建东南野战军。

2月2日,陈毅起身东返,毛泽东亲笔写下手令并当面交给陈毅。

---

① 《毛泽东军事文集》,第四卷,军事科学出版社、中央文献出版社1993年版,第385页。

命令：

陈毅任东南野战军司令员兼政治委员。

粟裕任东南野战军副司令员兼副政治委员，又兼东南野战军第一兵团司令员兼政治委员。

叶飞为东南野战军第一兵团副司令员兼副政治委员（第二兵团领导干部名单另定）。

粟裕为中共中央东南分局书记，金明为副书记。

到此，渡江跃进的战略方针和方案就正式确定下来了。

2. 胸中孕育大动作，粟裕面陈老军长，善下快棋的陈毅举棋不定，心不在"马"。

渡江战略跃进一切都在按计划进行，所成立的东南野战军全力以赴投入紧张的准备工作。

二三月间，毛泽东多次命令刘邓、陈谢等部集中打几个胜仗，以配合粟裕部休整。

3月，粟裕亲自率一兵团开赴黄河以北濮阳地区休整补充，进行各种准备，时间为二三个月。

3月至5月，华东野战军召开前委扩大会议，集中反对军阀主义倾向，进行空前的思想整顿，以提高部队战斗力。

4月4日，中央军委直接致电东南分局的领导人粟裕、金明、叶飞，要求所部一、四、六纵队休整到5月15日为止，5月15日以后，部队出动南下。

4月16日，毛泽东命令刘邓："所行动方向是豫西南、鄂西、鄂西北及整个汉水流域，歼灭分散之敌，调动平汉线以东之敌向平汉以西，以利粟裕行动。"

就在这紧锣密鼓的准备过程中，在华野前委扩大会议期间，粟裕突然向陈毅提出暂不渡江，而是留在中原，协助刘邓在中原打几个歼灭战，把1948年的南线作战重点从渡江跃进完全转为"歼敌主力于长江以北"的大胆设想。

这个方案已经折磨粟裕几个月了。

早在2月1日给中央军委的那封探讨式的电报中，粟裕就有了这种倾向，提出把战略重点放在歼敌主力于长江以北的主张。他曾建议将在中原的 3 支野战军划归刘邓指挥，打几个歼灭战。由于没有考虑成熟，粟裕当时没有对南下跃进提出异议。随后，他在指导并亲自主持准备工作的同时，反复琢磨，反复思考，在两个月中逐渐对渡江跃进的利害作出了一系列新的分析判断。作为战区指挥员，粟裕总是从战略、从全局来看待问题，按照他自己的说法，"是把它和未来的南线决战联系起来考虑的，这涉及到以什么样的战法，在江南还是在江北和在什么时机同敌人进行南线决战的问题。"在这个问题上，粟裕对自己、对敌人、对党中央和毛泽东的战略意图都有深刻的理解和准确的把握。

他知道自己部队的长处，对如何作战更是无比熟悉。第三年的转折就是同蒋军进行决战，而过去两年的基本经验则是只有成建制地歼灭敌军主力，才是决定战争胜负的第一要旨。一兵团的 3 个纵队，和华野其他主力一样，经过近两年的浴血奋战，不断探索不断发展，已壮大成为火力装备不下于蒋军精锐主力的部队。而粟裕认为，今后要同敌人展开决战，要攻克重点设防的城市要塞，要在野战中与迅速构成防御阵地的蒋军作战，正是需要这种部队，需要强大火力才能迅速有效地大量歼敌，并需要大兵团协同作战才能歼灭旅、师以至兵团建制的敌军。而这样的部队和作战，对战争的贡献非常之大，同时粮食、兵员、弹药及其他战争物资的消耗也极大，这些可以部分地取给于敌方敌区，但大部分还需要取给于解放区的大后方。他想起目前刘邓、陈谢以及他和陈毅，实际上都是半后方作战，还是在相当大的程度上依靠晋冀鲁豫和山东的支援，方敢与国民党逐鹿中原，争取在统一指挥协同作战中打大歼灭战。

毛泽东在 1 月 27 日的电报中估计，3 个纵队过江会吸引敌军 20—30 个旅回防，而粟裕则不这么看，当年跟随朱德一起上井冈山，又善于实施全局性指挥的粟裕，同样了解敌人，摸透了敌人的脾气。在他看来，解放军以一个兵团 10 多万人的兵力渡江，蒋介石不会调他的两个整编师等机械化重装备的主力部队，而放弃重武器到江南水网地区寻解放军作战，也不会让战斗力很强的广西部队回江南，那是放虎归山，会与他争夺江南宝地。蒋介石只能调动他在中原的二流三流的部队，刘邓在中原，他不敢抽一个精兵去江南。这样，对于大局也就没有决定作用。

粟裕还有他更为重要的看法。他从陈军长的传达中得知，中央和毛泽东的意图是"变江南为中原，变中原为华北，胜利就来了"。他认为，这种设想非常富有远见。可是，如果不能在中原先打几个歼灭战，大量消灭敌之主力，就匆匆忙忙跃进江南，那么江南在无后方的半游击性作战中，就未必能迅速变成半后方大兵团作战的中原。而中原敌人则可以重点防御，机动增援，在我分兵江南，主力削弱的情况下，也难以迅速变成巩固的华北。

粟裕还看到，跃进大别山和回师中原，确系避我之短，扬我之长，而跃进江南，对于一兵团这样一个重装备运用已很熟练、围歼敌人能力很强的部队来说，反倒成了丢弃其所长。跃进江南，计划上是这样讲，但实际上并不轻松，要边打边走，至少损失5万人，如果这些人用于中原作战，完全有把握歼灭敌好几个整编师。这样，减轻老解放区负担、避免后方崩溃的战略任务，既然可以通过出击中原而完成，就没有必要放弃集中主力在中原歼敌的机会，而急于跃进江南去。

粟裕还有最重要的一条，那就是他的经验、他的战场直觉。擅长韬略、智勇双全的粟裕，已有20多年的作战经历，诸多的经验教训造就了他那灵敏的战场直觉。他担任参谋长时的红十军团的覆没，他所指挥领导的苏浙军区部队绝粮久困天目山，一年前刘邓首长千里跃进大别山几乎丢弃全部重装备，使他看到现在10多万人跃进长江以南杀出一条血路，作完全没有后方的作战，必然要丢弃全部重装备，减员一半，出现大批伤亡，伤员无法收容与归队，逃亡失散不断；尤其是火力减弱与伤员、弹药的极大困难使指挥员难以捕捉战机和坚持歼敌，在当前国共决战的非常形势下，补给严重困难和"与民争食"会使10万大军难以立足。

经过反反复复思考，反反复复对比，最后，粟裕终于鼓足勇气，向他的老军长详详细细汇报了两个月来一直在折磨着他的这一重大问题。

一直在忙于主持军政要务的陈毅，被粟裕这一大胆设想给提"懵"了，感到非常意外。这种改变中央战略方针而牵动全局的意见，又是在两军即将拉开决战帷幕的关键时刻，其严重性是可想而知的。

由中共中央和中央军委的主席、用兵如神的毛泽东亲自主持，并经他陈毅和你粟裕反复商议，最后同意了粟裕自己提出的具体实施方案的战略行动，还可能对之提出异议吗？

况且毛泽东这一重大战略决策，是有深刻的理论阐明并有实践依据的，而且部署非常之周详，又投入了这么多这么大的精力，不仅第一兵团，不仅华野，而且整个中野都惊动了！

陈毅十分清楚地记得，毛泽东在这个问题上的理论分析。在杨家沟，毛泽东对他说，我们的战略先是内线歼敌，然后是转入外线作战，而"转入外线又有两个方式，一为北伐军方式，背靠后方，逐步前进；一为跃进方式的前进，超越敌人。有阵地的前进是很合理想的，但依据我军性格，应采取跃进式的。这是由于我军依靠农村，装备不如敌，攻坚条件不好，与有帝国主义援助的敌人作战等条件决定的。应承认跃进是主要办法，要避开自己短处，发挥自己长处。"

毛泽东的这种大胆构想在刘邓直趋大别山的战略壮举中获得了巨大成功，使全国解放区的形势大大改观，各战场的胜利大大发展，以至扭转了战争局势，蒋介石正在走向灭亡。毛泽东预见，1948年的渡江跃进，则预期必将促使蒋介石统治迅速走向崩溃。所以称之为"第二次战略跃进"，与刘邓那一次有着同样重要的战略意义。

这使亲身参与这一战略方针方案制定并和毛泽东有着相同军事性格的陈毅一时难以接受。在最初的几天中，以善下快棋著称的陈毅司令员常常举棋不定，心不在"马"。随后的一次次促膝交谈，使他进入深思，他必须十分慎重地考虑，方能做出正确决定。作为一个野战军几十万大军的统帅，威震四方的共产党军事家，陈毅既有丰富的军事想象力和预见力，也有很丰富很具体的实践经验，他对战争的直觉和体会，比粟裕更加深刻也更为准确更为全面。

作为并肩战斗20多年的老战友，陈毅非常了解和熟悉粟裕，粟裕的指挥风格、性格爱好，乃至生活习惯，他都了如指掌。从井冈山到长征，到梅岭绝章，到最近的解放战争，他们两人常常形影不离。陈毅对粟裕十分欣赏十分器重，特别是去年雨季之后发生的一件事使他对自己的助手更为器重。1947年夏，南麻、临朐战役结束，由于雨季没有打好，粟裕在给中央军委的初步总结报告中引咎自责。陈毅对此非常不安，他始终认为，几仗未打好，彼此有责，不能由粟裕一人承担责任。在处理完其他紧急公务之后，陈毅与粟裕作了彻夜长谈，第二天陈毅亲自拟定一份"指人译"的电稿，报告中央军委和华东局。这份由译电员特别注明"错字尚多"的电报说：

"（一）……最近粟、我共谈，粟态度可佩，昨夜长谈，对今后共同工作很有好处。

（二）我认为我党廿多年来创造杰出军事家并不多。最近粟裕、陈赓等先后脱颖而出，前程远大，将与彭（德怀）、刘（伯承）、林（彪）并肩迈进，这是我党与人民的伟大收获。两仗未全胜，彼此共同有责，不足为病。谭（震林）、我本此观点，互相研究教训，粟亦同意。

（三）……我们对战役指导部署历来由粟裕负责。过去常胜者如此。最近几仗，事前我亦无预见，事中亦无匡救，事后应共同负责，故力取教训以便再战。军事上一二次失利实难避免，虚心接受必为更大胜利之基础。……"

而这几次战役所以没能得手，不就是在粟裕所担心的问题上没有解决好吗？去年7月，华野匆促分兵，又是雨季，远离后方行军作战的几个纵队每纵损失数千人，有的多达上万人，内线作战的纵队都因兵力不足而在南麻、临朐接连失利。

像这样的事情还有很多。不是在1946年秋天起，就是在他陈毅力主之下以宿北、鲁南、莱芜、孟良崮一系列辉煌胜利充分证明了吗？

他越想越感到粟裕的分析很有道理，再仔细推敲，发觉又是可行的，认为这个方案能够行得通。陈毅是一个豪爽、耿直的人，是个善于坚持自己的意见，也善于听取别人意见，并善于放弃自己意见以服从事实、服从真理的人。他渐渐被说服，渐渐感到这是一个了不起的、非常可贵的举动。他为粟裕这种置个人得失于不顾，大胆直陈的恢宏气度所感动。最后他十分坚定十分明确地对粟裕说，你的建议很重要，要鼓足勇气大胆向党中央和毛主席报告。

3. 斗胆直呈，粟裕上书最高统帅机关，毛泽东电召陈、粟速到中央当面商谈。

说服了陈军长并得到鼓励，粟裕的信心更足了。但要在当前这种形势下改变这样一个事关全局的战略计划，说服毛主席，他心里实在没有多少把握。他没有立刻致电毛泽东，而是采取更为稳妥、更为周密的步骤。

4月16日，粟裕发出1300字的长电给刘伯承和邓小平，向两位首长陈述自己的意见，"请钧座予指正"。他深知获得刘、邓的意见和支持是何等重要，多一份支持就多一份力量，多一份希望，而刘邓的态度在毛泽东那里是极有分量的。刘、邓接电后，立即进行紧急商讨，同日，绝密致电中央军委及陈、粟，电报说：

"照现在的情况看来，我们担心的是过江很少把握。

"如果过江与自身准备尚不充分，则以迟出几个月为好（先派多支小部队去）。……如果粟部迟出，加入中原作战，争取在半后方作战情况下多歼灭些敌人，而后再出，亦属稳妥，亦可打开中原战局。"

有了陈、刘、邓各首长的支持，4月18日，粟裕以长达3000多字的详细报告致电中工委刘少奇、朱德，并请转中央军委，并报华东局，电报是以粟裕个人名义发出的，以便明确责任。粟裕在这封给中央军委的长电中详述上述意见后，提出如下建议：

一、以刘邓、陈谢及华野主力，依托后方（陇海路北）作战，以便得到足够的炮弹、炸药、手榴弹之补给，发挥现有装备之作用而大量歼灭敌人，并求得在雨季与夏收前在中原地区（主要战场应在豫皖苏及淮北路东、路西）打几个较大歼灭仗。

二、对敌人近后方（淮河以南包括淮南和苏中南线直到江边），则派出数路强有力的游击兵团辗转广泛游击，配合正面主力作战。

三、对敌人深远后方（长江南苏浙皖赣闽及湘黔），则派出多路坚强的远征游击队，配成掎角之势，采取广大范围辗转游击。

四、以上三线武装部队，依据战局的进展向前推移，如能密切配合，则可能使战局得到较快与较大之发展。

五、如中央认为上述意见可行，则建议集中华野之大部佯攻（或真攻）济南，以吸引五军北援而歼灭之，尔后主力进逼徐州，与刘邓会师，寻求第二个歼灭战。对苏浙皖赣闽地区，则由华野派两旅兵力分路前往即可，同时建议刘邓、陈谢能各抽出一个旅进入湘鄂赣和湘鄂西地区。

电报最后特别表示："我们对南渡准备仍积极进行，决不后悔。"并一再说明，这是自己不成熟的意见，虽经月余考虑，恐有不周，加以对政局方面情况了解太少，"斗胆直呈，是否正确尚祈指示。"

收到粟裕"斗胆直呈"的电报后，毛泽东深感惊奇，反复权衡，决定先不忙下结论，于4月21日亲自拟电说：为商量行动问题，请陈、粟于4月25日至4月31日数日内，同来平山中工委开会。因陈毅此时正在主持华野一个重要会议，事关华野全局，不能无人主持，所以陈、粟于4月22日急电毛泽东，请求由粟裕自己北上，于4月24日后动身，陈毅不去。此时，毛泽东已于4月13日深夜到达河北省阜平县城南庄，毛泽东一定要陈毅前来，他在22日给陈、粟的特急电报中命令说：

"请你们两人提前于卯感（4月27日）赶到中工委会晤。"

渡江问题离原定计划只有半个多月，对粟裕的意见必须尽快讨论，毛泽东准备召集高层内部会议，陈、粟务必参加。还在来城南庄的途中，毛泽东就已电告中工委，要陈、粟到中央来研究战略行动问题。看来是非去不可了，陈、粟接到毛泽东的催电后，立即研究，于23日复电中央："我们两人于有（25日）晚即动身北来。"

5月的最初几天，毛泽东主席主持召开中央高层会议，参加会议的有朱德、刘少奇、周恩来、任弼时等"四大书记"，以及陈毅、粟裕、薄一波、李先念，共9人。

"五大书记"在听取粟裕的详细汇报后，对渡江跃进问题重新进行讨论，反复研究，最后，毛泽东在听取总结会议意见的基础上，同意和采纳了粟裕的意见，对华野一兵团的工作重新作了布置。

敢于实事求是地提出与中央战略行动方案不同的意见的将领是大智大勇的，粟裕作为战区指挥员敢于采取这样一个极有分量的大动作，深受毛泽东、朱德、刘少奇、周恩来、任弼时等中央领导人的赞许。而善于实事求是地采纳部属不同意见的最高统帅更是大智大勇，这需要特别的战略勇气和恢宏气度，这种高度的民主，保证了中国共产党的领袖们能够左右这场前无古人的大决战。而毛泽东的伟大也正在于此。1948年5月5日，毛泽东亲自起草电文，将中央新的决定电告刘邓和华东局，表示粟裕兵团暂不渡江，集中主力在中原歼敌。电报说：

"将战争引向长江以南，使江淮河汉地区之敌容易被我军逐一解决，正如去年秋季以后将战争引向江淮河汉，使山东、苏北、豫北、晋南、陕北地区之敌容易被我军解决一样，这是正确的坚定不移的方针。惟目前渡江尚有困难。目前粟裕兵团（一、四、六纵）的任务，尚不是立即渡江，而是开辟渡江的道路，即在少则四个月多则八个月内，该兵团，加上其他三个纵队，在汴徐线南北地区，以歼灭五军等部五六个至十一二个正规旅为目标，完成准备渡江之任务。在此期内，由该兵团派出十个营，附以地方干部，陆续先遣渡江，分布广大地区，发展游击战争。以上计划，是我们和陈、粟及一波、先念所商定者。粟裕兵团，待陈、粟由中央回去，结束政策学习及军事训练，约于本月底渡河作战。陈唐所率三八两纵应回至豫皖苏区，调换一纵西去，以便该兵团有一、三、四、六、八及十一等六个纵队集结打大仗。十纵已去豫陕鄂边，可不回来。但六七两月作战，陈唐回来已来不及，应由一纵参加此两月作战，待雨季休整时再由陈唐与一纵调换。本月内请刘邓命一纵、十一纵在汴徐以南适当地点休整，待粟裕命令，月底协同作战。当粟裕打五军等部时，许谭兵团应向津浦线行动，相机歼灭并钳制十二师、七十五师、八十四师、七十三师等部。其动作时间，应在本月下旬，请华东局令知许谭准备。同时，令知韦陈兵团，在苏北发起歼敌战役，配合动作。粟裕兵团的供应，由华北山东两方统筹。"

一场气势恢宏的史诗般的战略大决战即将在中国大地上上演。

四、打锦前的磨合

决定中国命运的战略决战即将开始,在最高统帅毛泽东与东北野战军司令员林彪之间,为棋子落在哪里发生了争论

1. 林彪说,不急于南下,毛泽东回电:同意你们先打长春的意见,但……

1948年初春。毛泽东站在陕北高原,遥望关东黑土地。2月初,在被白雪覆盖的杨家沟,毛泽东起草了致东北野战军林彪(司令员)、罗荣桓(政治委员)、刘亚楼(参谋长)的密电,提出了以东北野战军南下北宁线,封闭蒋军在东北加以各个歼灭的战略构想。他指示东北野战军领导人说:

"……你们应准备对付敌军由东北向华北撤退之形势。蒋介石曾经考虑过全部撤退东北兵力至华北,后来又决定不撤。这主要是因为南线我军尚未渡过长江及北线我军尚未给蒋军以更大打击的缘故。但最近你们已连续取得几次大胜仗,如果你们再有几次大胜仗,杨(威武)罗(瑞卿)杨(得志)又出平绥、出冀东,南线我军又有积极行动,蒋军从东北撤退可能性就将突然增长,其时间可能在夏季,或更早一点。因此你们应准备于一个月内外完成现地区之作战,而于一个月以后再进行一个战役(包括打几仗),然后进入大休整,准备应付上述可能的新形势。但不知部队情况许可这样做否。你们上次电报曾说锦州方向无仗可打,该方向情况究竟如何。如果我军能完全控制阜、义、兴、绥、榆、昌、滦地带,对于应付蒋军撤退是否更为有利。对我军战略利益来说,是以封闭蒋军在东北加以各个歼灭为有利。"[①]

林彪于3天后复电中央军委,表示完全赞同毛泽东的意见,并表示今后一切作战行动当以此为准。此时的东北,解放军通过历时90天的冬季攻势,将东北国民党军压缩在锦州、沈阳、长春三个孤立城市及地区。东北野战军南下

---

① 《毛泽东军事文集》第四卷,军事科学出版社、中央文献出版社,第391页。

作战问题，毛泽东给林彪留下了足够的思考时间。4月18日，林彪、罗荣桓、高岗、陈云、李富春、刘亚楼、谭政给在河北阜平城南庄的毛泽东发去一份详尽而直言的电报，电报说，东北我军在目前进行的政治、军事训练结束后，拟于5月中下旬集结9个纵队攻打长春和阻击援敌，力求在半月左右时间内打下长春，结束战斗。他们预计，若在锦州附近之范汉杰兵团不与沈阳敌人会合，仅沈阳之敌北上增援，是较易应付的，如锦州附近之敌与沈阳敌人会合，再向北增援，则使我军攻城和打援皆发生严重困难。为此建议晋察冀以4个纵队或3个纵队兵力，开到承德以东山海关以北地区歼灭和钳制敌人，或进行休整，准备今年秋冬两季，直接与东北部队会合打大仗。以上是对作战的根本意见。其他意见亦曾深入考虑，均认为不甚适宜。

关于毛泽东早先提出的南下作战问题，林彪等人的报告指出，我军如打铁岭或抚顺或本溪或新民，敌均能立即组织3个师以上的兵力防守，而集中10个师以上的兵力增援。敌增援距离甚近，又因辽河、太子河的妨碍，我军攻城打援皆不便。本溪与铁岭两点，如我军主力向该方向前进时，敌甚至可能暂时撤退，让我军扑空；如我军主力向义县前进，义县之敌必然自动撤至锦州；如我军攻锦州，则所遇敌人更较长春强大；如等候敌人打通锦沈线，则不知要等到何时，且即令敌人出来打通，但我主力一向锦沈线前进时，而敌必自动收缩，使我军扑空；如我军向锦州、唐山之线或冀东或平绥前进时，在敌目前采取放弃次要据点，集中兵力固守大城市的方针下，则必到处扑空，或遇到四五个师兵力守备的城市。且大军进到那些小地区，衣服弹药军费皆无法解决。同时东北战士入关，经长途跋涉，士气必降。在我主力南下情况下，长春之敌必能乘虚撤至沈阳，打通锦沈线。如我军以很多兵力（如3个纵队）入关，沿途仍不易求小仗打，遇大的战斗（又攻占又打援）则又吃不消。而留在东北的部队，既不能打大仗，又无小仗可打，陷于无用之地。故目前只有打长春的办法好。

林彪看到的只是东北，而毛泽东看到的是整个中国战场，毛泽东理解了林彪，理解了东北野战军，身处局部战区的指挥员，要想理解更高一层的战略意图，有时需要时间和战场情势的变化，面对这种不同见解，毛泽东选择了商讨和等待。4天后，他回电说：

"18日电悉。（一）同意你们先打长春的意见。（二）我们可令杨罗杨（正在商量中)以3个纵队出至承德、北平之线以东地区,或者可能出至承德以东地区,起配合作战之作用。望令该地区准备8万人的粮食及其他协助事项,该三纵到达时间可能在辰删以前,亦可能在辰删至辰哿之间。但你们主要不要依靠杨罗杨。(三)我们同意你们先打长春的理由是先打长春比较先打他处要有利一些,不是因为先打他处特别不利,或有不可克服之困难。你们所说打沈阳附近之困难,打锦州附近之困难,打榆锦段之困难,以及入关作战之困难等,有些只是设想的困难,事实上不一定有的。有些是实际的困难,在你们打开长春南下作战时会要遇着的,特别在万一长春不能攻克的情况之下要遇着的。因此,你们自己,特别在干部中,只应当说在目前情况下先打长春比较有利,不应当强调南下作战之困难,以免你们自己及干部在精神上处于被动地位。"①

毛泽东同意先打长春不等于放弃了他原来南下的构想。在他的心目中,南下北宁线作战是最好的一着棋。但是,由于此时蒋介石还没有最后下决心从东北撤退,战争态势也还没有到达最紧迫关头,还有时间可以等待,先打敌人重兵据守的长春,以取得攻取大城市的经验,为尔后打更大规模歼灭战创造条件,也不失为一着可行的棋。尽管同意先打长春,并为此作了相当周密的部署,但是,毛泽东并未放弃南下的决心,这是他开战以来一直关注的战场,只有以这个地方开刀,才是对东北国民党军要命的一击。

5月下旬,林彪集中2个纵队试攻长春。由于兵力和火力部署没有形成绝对优势,攻城时也没有采用近迫作业和坑道爆破方法,主要指挥员林彪未亲到前线指挥,对长春敌情、地形都没有弄得很清楚,就匆忙地下令发起攻击,只占领大房身机场及长春外围一些据点,歼敌6000人,而自己亦伤亡2000余人。这才意识到敌人的战斗力和防御工事都比原来估计的要强大,夺取长春的条件还不成熟。5月29日,林彪、罗荣桓、刘亚楼致电毛泽东:经反复考虑并经东北局常委开会讨论,又照顾各纵、师首长对攻长春的信心并不甚高,我们建议改变硬攻长春的决心,改为对长春以一部兵力久困长围,待敌撤退时在途中追歼该敌,而以我主力转至北宁线,承德古北口之线一带作战的方针。但南下作战很可能会遇到或者完全扑空,或者遇到同样不便打的大城市,而同时长春之敌利用我军主力南下时机逃走,为避免两头失利,亦可采取主力仍留长

---

① 《毛泽东军事文集》第四卷,军事科学出版社、中央文献出版社1993年版,第455页。

春、沈阳间，加强整训。

刚搬到西柏坡的毛泽东正焦急地等待着攻打长春的结果，接到此电后，毛泽东首先考虑的是为南下作准备，他便于5月31日12时指示东北我军应充分准备大军南下所需粮食，6月1日7时，又询问林、罗、刘是否可能以两个月时间夺取长春。第一封电报说：

"（一）为准备东北主力出至锦、榆、津、平线及平、张、绥、包线作战，你们必须精心筹划由东北运输粮食至该两线之各项技术问题，至少有由通辽至赤峰，由赤峰至察北绥东，由赤峰至平张线，由赤峰至冀东之几条较好的汽车路。修复通辽至义县，义县至承德的铁路线则更加重要。以上各公路铁路情况如何，望查告。必须估计到敌人集中到几个大据点，我军须旷日持久和他斗争，待其粮尽援绝，发生变化，方能最后夺取这些据点这样一种持久战的情况。在此种情况下，我军必须保持粮食的充分接济，方能取得胜利。而热河、冀东尤其是察北、绥东出产之粮食，不足供给大军长期需要，必须准备由东北加以充分之接济。四月间，我杨罗杨军两个纵队出至绥东，因当地无粮，不能久留，丧失良好之歼敌机会，你们必须引为教训。（二）29日23时半关于行动方案电已收到，正在研究中。"①

第二封电报说：

"请回答下列问题：（一）你们对长春使用几个纵队，是否已展开全力攻击。（二）8天作战我军伤亡多少。（三）长春外围工事是否均已夺取。（四）是否已和六十军接触，该军战力如何。（五）部队打堡垒战术是否已由集团冲击的老办法，改变为小组攻击的新办法。（六）8天作战中是否已采用坑道爆炸方法。（七）是否已实行军事民主，即遇到困难时，由连队指战员在火线上开会，反复研究攻克敌阵的方法（大家想办法）。（八）现在是否已停止攻击，或者还在继续攻击。（九）你们指挥所在何处，是否已召集纵师干部开会，详细检讨经验。最前线是否有你们的代表执行阵地指挥职务。（十）沈阳方面反应如何，有无准备增援意图。（十一）徐向前同志指挥之临汾作战，我以9个旅（其中只有2个旅有攻城经验）攻敌2个正规旅及其他杂部共约2万人，费去72天时间，付出1.5万人的伤亡，终于攻克。我军9个旅（约7万人）都取得攻坚城

---

① 《毛泽东军事文集》第四卷，军事科学出版社、中央文献出版社1993年版，第470页。

经验，是一个很有意义的大胜利。临汾阵地是很坚固的，敌人非常顽强。敌我两军攻防之主要方法是地道斗争，我军用多数地道进攻，敌军亦用多数地道破坏我之地道，双方都随时总结经验，结果我用地道下之地道获胜。如果我军不惜伤亡，以 2 个月时间夺取长春，你们估计是否有此可能，局势将会怎样。"①

对于林彪他们来说，这些问题是沉甸甸的，回答需要足够的勇气和信心。在收到毛泽东电报 10 多个小时后，林彪、罗荣桓、刘亚楼向毛泽东汇报：

"此次如攻长春，我们拟以新老八个纵队直接投入攻城，以两个纵队阻援。我攻城兵力与守城兵力对比，不到三比一之比，但即三比一之比，打援兵力则绝对悬殊，故要攻城则不能同时打援。如敌不增援，我军在攻城战中逐屋争夺，消耗必大。能否维持消耗到底，而获得解决战斗的结局，尚无把握。有可能消耗到战斗末期，连队人数太少，无力续攻，使战斗出现僵持的局面。届时敌增援，则可能与守敌会合。""目前对长春地形条件还不够具体了解，不知地形条件对我是否有利，须待实地侦察后才能看出。因此，我们对此战局无最后的确定见解。拟待侦察地形后，才可通过其他条件，得出较有把握的意见。"他们还转去了第一纵队和第六纵队两位司令员李天佑、黄永胜关于打长春的意见。

朱德总司令在收到电报后，于 6 月 3 日致电毛泽东，就攻打长春提出自己的意见：

"我看了李、黄两纵队的电，长春还是可能打下的条件多。1. 敌人正规军不到 6 万，其他警察、宪兵、自卫志愿兵等 2.8 万人，正规军中只有两个师比较坚强的，志愿兵中政治上要拼命，军事上是混杂的，比较差的，督战虽严，打混乱时即不生效。2. 援军很远，我军可以打援，即围城打援亦有利。3. 敌守孤城，粮、弹、人的补充均靠飞机，不能持久。4. 我军兵力优势，后方接济便利，部队技术有相当的学习，有相当攻坚经验，有相当的家务，如果现有 20 万发山野炮以上的主炮弹及重、轻追击炮弹，炸药 30 万斤，手榴弹 200 万个，即可能打开。再准备伤亡 3 万以上的人。5. 攻坚即强攻，打城军不在多，两个纵队及几个独立师能攻能防敌人反攻即够，其余的可打增援队。打的打法是用坑道为第一，用技术、炸药、手榴弹、抵近射击，以各种炮为主，以工事

---

① 《毛泽东军事文集》第四卷，军事科学出版社、中央文献出版社 1993 版，第 472 页。

对工事，进一步巩固一步，做好工事再进，如攻到纵深处，将敌人分割或混乱后，敌人坚强性即减少，也有可能投诚的。6. 李纵攻过四平，有经验，但遇着顽敌抵抗，即估计艰难些。长春与四平不同点，即敌士气不如以前旺，质量也差些。黄纵估计可能打开，即损失代价须大。7. 攻城必须先有计划，收集各种专门炮、工人才，组织指挥所，必须要用攻城战术，实事求是地、一步一步地进攻，带一种学习态度，决不可性急。准备二三个月打下，也算是快的。只要是土质城底，又无城墙，是可能打下的。8. 再一种攻法是长围，在一定的圈子内，围死他，使其粮弹俱困，人心动摇时再攻。9. 这两种攻城战术，强攻与长围，如有家务，可采取第一种。打久了第二种也出现了。如家务不大，攻一城将炮弹、炸药耗尽，一时难补充，则不如打野战。打长春要看家务大小来决定。"①

当天，毛泽东将这电报转给东北野战军，要求东北野战军对朱总司令所提出的一些问题给以回答："（一）以两个或三个纵队及几个独立师攻城，以七个至八个纵队准备打援是否可能。（二）两种打法是否可能：甲、能强攻则用强攻办法；乙、不能强攻，即攻占一半或三分之一之后，改用长围构筑坚阵，以一部围困该敌，主力休整待机。（三）你们弹药方面是否经得一次大消耗。"

6月5日19时半，东北野战军领导人致电中央军委，提出了东北部队行动的三个方案。一是目前即正式进攻长春，但无把握，成功的可能性较小。二是目前以少数兵力围困长春，封锁粮食，主力到北宁线、热河、冀东一带作战，但南下作战除可能到处扑空，或因敌集中不好打外，粮食极为困难，同时长春之敌又可能乘机逃回沈阳，可能造成两头都无战果的结局。三是用二到四个月时间，对长春实行较长期的围城打援，然后攻城的办法。认为目前以采取第三个方案为好。

6月7日15时，毛泽东复电表示基本上同意第三个方案，并就攻城的关键、攻城方法、歼灭援敌、兵力分配、断敌粮道等问题作了详细的分析，指示东北野战军领导人要"精心组织这次战役，预先估计到战役中将要发生的各种困难，逐步总结经验直至完全胜利"。在电报的最后，毛泽东又一次提到南下作战问题，指示他们说："在攻长春的三个月至四个月时间内，你们必须同时

---

① 《朱德军事文选》，军事科学出版社1997年版，第663～664页。

完成下一步在承德、张家口、大同区域作战或在冀东、锦州区域作战所必需的粮食、弹药、被服、新兵等项补给的道路运输准备工作",并十分关切地告诫必须注意指挥所的安全。①

按照毛泽东的部署,东北野战军从6月25日开始,对长春改为久困长围的战略。

从东北野战军提出打长春,到改为久困长围,这中间经历了两个多月的时间。毛泽东一直尊重东北野战军领导人的意见而耐心等待着。从那些电报中,毛泽东没有看到野战军方面必胜的信念,相反,他从那些字里行间中感觉到了他们的谨慎和犹豫。东北野战军在经历了艰苦创业的岁月之后,终于成为一支强有力的军队。毛泽东必须爱护这支部队,他不能让这把锋利的剑去盲目地碰撞一块顽石,他虚心地听取他们的意见,并且为他们提出的计划进行更周密详细的部署,以弥补不足和疏漏。当长春之争结束后,毛泽东再次把视线转向北宁线,转向锦州。在那里,争论仍在继续。

2. 林彪迟迟不肯确定何时南下,毛泽东发"AAAA"十万火急电报:"你们如果不同意这些指出,则望你们提出反驳。"

久困长春、围城打援的战略实施得并不怎么顺利。长春守敌郑洞国已被围城部队的斗志吓得心灰意冷,援敌卫立煌又始终按兵不动,他的以不变应万变的策略,给林彪带来了很大麻烦。一时间,一座长春城钳制了东北野战军所有主力部队而无所作为,而关内战场解放军节节胜利。于是,林彪召集东北局常委开会,重新商讨作战问题。7月20日,林彪以林彪、罗荣桓、刘亚楼名义致电中央军委,报告新的决定:

最近东北局常委重新讨论了行动问题,大家均认为我军仍以南下作战为好,不宜勉强和被动地攻长春。我们意见东北主力待热河秋收前后和东北雨季结束后,即是再等一个月到八月中旬时,我军即以最大主力开始南下作战,首先以奔袭手段分别包围歼灭义县、锦西、兴城、绥中、山海关诸地之敌,然后迅速进行夺取承德和打援的战斗。我军南下最大的困难是粮食的接济,但可以解决。在平绥线作战,则须要晋察冀方面有所准备。

7月22日,林、罗、刘又致电中央说:如华北敌人确实空虚,则我军南下

---

① 参见《毛泽东军事文集》第四卷,军事科学出版社、中央文献出版社1993年版,第479页。

与晋察冀配合作战，则有全部歼灭敌人，夺取天津、北平的重大可能；同时，亦必然引起长春、沈阳敌人撤退，达到解放东北的可能。如中央同意 7 月 20 日电的建议，在我们南下尚未暴露之前，请设法派兵围攻大同，将傅作义部队分散到大同方面，以便我军能各个击灭敌人。凡 5 万人以下的守城的部队，我们均有歼灭他的把握；10 万人的守城部队，只要不受大的增援威胁，我们亦有歼灭他的相当把握。因此，如能将傅作义调动一两个军向西去，我们就有可能全部歼灭北平、天津、张家口、保定、唐山、大同之敌的把握。

犹豫徘徊了 3 个月，东北野战军终于定下南下作战的方针。毛泽东表示赞同。在接到第二封电报当天的 23 时，他便致电林、罗、刘并告东北局说：

"向南作战具有各种有利条件，我军愈向敌人后方前进，愈能使敌方孤悬在我侧后之据点被迫减弱或撤退，这个真理已被整个南线作战所证明，亦为你们的作战所证明。攻击长春，既然没有把握，当然可以和应当停止这个计划，改为提早向南作战的计划。在你们准备攻击长春期间，我们即告知你们，不要将南进作战的困难条件说得太多太死，以致在精神上将自己限制起来，失去主动性。现在你们已经将注意力移到向南作战方面，研究南面的敌情、地形、粮食等项情况，看出其种种有利的条件，这是很好的和很必要的。并且应向全军指战员首先是干部充分说明这些条件，以鼓励和坚定他们向南进取的意志和坚定他们的决心。但在同时，必须说明将要遇到和必然会遇到的各种困难情况，诸如粮食困难，人民的欢迎不一定有如同现处地方的人民那样热烈，某些敌人的顽强抵抗和某些时候作战的不顺手等等，使他们在这方面先有精神准备，并研究克服各项困难的方法。这些必须遇到的困难情况，其中特别是粮食条件的困难，你们高级领导方面尤其要严重地估计到。现在距八月中旬已不足一个月，你们的政治动员和准备粮食等项工作，必须加紧进行，否则八月间还不能在北宁、平承、平张等线打响。关于具体作战计划，希望你们详加考虑，拟出全般方案电告。你们指挥机关似以先期南下和程子华罗瑞卿诸人会面为适宜。东北局应速加强冀热察辽区域的工作，尤其财经粮食方面的工作，该区在这方面存在着相当严重的矛盾。"①

毛泽东还在当天就林彪所顾虑的北平傅作义与沈阳卫立煌夹击之事，电告

---

① 《毛泽东军事文集》第四卷，军事科学出版社、中央文献出版社 1993 年版，第 541~542 页。

华北军区司令员聂荣臻、政委薄一波，要他们命杨成武立即组织西进兵团向绥远作战，吸引傅作义。毛泽东同时将杨成武召到西柏坡面授机宜。又于7月30日明确指示林、罗、刘应首先考虑对锦州、唐山作战，电报说："关于你们新的作战计划，我们觉得你们应当首先考虑对锦州、唐山作战，只要有可能，就应攻取锦州、唐山，全部或大部歼灭范汉杰集团，然后再向承德、张家口打傅作义。如果你们不打范汉杰，先打傅作义，则卫立煌将以大力集中锦唐线，卫、范协力向西援傅，那时你们可能处于很困难地位。西面粮食极为困难，东面则是产粮区，此点你们必须充分计算到。先打范汉杰是否有可能，望以你们意见电告。"①

为使林彪进一步解除后顾之忧，毛泽东于8月3日与杨成武面谈后，致电林彪、罗荣桓、刘亚楼：

"本日杨成武来中央面商向绥远行动问题。杨部（8个旅）本月20日左右可完成一切准备，拟待你们在锦榆线作战业已开始，杨得志、罗瑞卿兵团任务确定（或者包围承德，或者包围唐山）并开始行动，吸引傅作义主力向北或向东之时，即由涞源附近以20天行程，主力到达归绥附近，攻击归绥，一部袭取集宁、兴和，以配合你们之作战。杨罗任务究竟如何规定，何日行动，你们主力何时开始锦、榆线作战，盼即告。"

8月6日19时，林彪急电毛泽东，提出东北野战军南下时间。电报说，一、估计傅作义发现我东北主力南下时，必采取放弃次要据点、集中主力守大城市的方针。二、我军应取调动和分散傅作义，以便歼灭傅部和夺取其所守城市，包括相机夺取平津之方针。三、为了将傅部调一两个军向西去，以便我军能在承德、张家口、保定和北平取得胜利，不宜由我们先行动调动傅作义向北向东；而应由杨成武部先行动，调动傅作义向西，以便我们与杨罗部队开展战局。杨成武部能愈早出发愈有利。……我们要在8月底9月上旬才能出动。但如杨成武部出动时间能提早，则我们出动时间亦能提早。

8月7日18时，毛泽东回电，规定了东北主力出动及开始攻击锦榆线的时间。他认为南下作战不能再拖，必须争取战略上的主动。电报上说："绥远为傅作义所必救，不怕不能调动傅部向西，调动傅部是必然的。问题是傅作义自

---

① 《毛泽东军事文集》第四卷，军事科学出版社、中央文献出版社1993版，第548页。

已有三个军及几个独立师，如果他以两个军及一二个独立师援绥，则杨成武在绥难于立足。因绥远及晋西北均粮缺，必须取得集宁、归绥两点才能解决粮食问题。过去两次入绥失败的教训不应忘记。不管你们何时开始攻锦榆线，杨（得志）、罗（瑞卿）兵团必须与杨成武兵团配合行动。兹规定杨成武兵团8月21日由涞源以东出动，9月10日左右向归绥、集宁两点开始攻击，杨罗耿兵团须在9月10日以前以主力到达承德、北平线并开始攻击，另以一部向平张线动作，配合杨成武兵团之作战。在这一阶段内杨罗耿受军委直接指挥。你们主力按上述两兵团行动时间，规定自己出动及开始攻击锦榆线之时间，并预先报告军委。你们对上述规定如有意见，速即电告，否则即照此部署执行。"①

毛泽东迫切希望林彪将开始攻击锦榆线的时间确定下来。然而，林彪的回答使毛泽东非常失望。8月8日17时，林、罗、刘报告毛泽东说："傅作义主力目前业已调至锦州、唐山之线，正便于我杨成武部向西袭击。因此我杨成武部能于日内即出发西进则更好，否则，亦以愈早出发为好。为了造成杨成武部能乘虚袭取归绥、集宁，决令目前在山海关西南之我十一纵，极力威胁山海关、唐山之线，以便吸引傅作义主力。东北主力行动时间，须视杨成武部行动的迟早才能确定，故目前还不能具体确定。"

8月9日，毛泽东收到这份电报，并没有改变他的初衷，他于当天连续发出两道命令，要杨成武按原计划于21日西进，9月10日左右主力开始攻击归绥；要杨得志、罗瑞卿、耿飚部配合杨成武部绥远作战。并指示说，在对傅作义作战期间，杨、罗、耿部及杨成武部均归军委直接指挥。

深夜23点，毛泽东又致电林彪等，重申了中央的战略部署，强调目前北宁线正好打仗，部队应迅速行动。他指示说：

"（一）杨成武部已确定21日由涞源以东出动，以20天行程（9月10日左右）到达归绥、集宁附近，并开始攻击。（二）傅作义自己所有的三个军（三十五军、暂三军、暂四军）及各个独立师均位平绥线及北平附近，并未东去，随时可增援归绥。我军是走路，敌人是乘车或空运，我军走路的20天中可能被敌发觉，使援军先我或稍后到达。故杨罗耿必须向平古、平张配合行动，并须先几天打响，才能保障杨成武攻占归绥、集宁。（三）你们所说的九十二军、

---

① 《毛泽东军事文集》第四卷，军事科学出版社、中央文献出版社1993版，第552页。

九十四军、十六军等部是交给傅作义指挥的蒋介石部队,不是傅作义自己的。这些部队的中心任务是保卫平榆、平古、平张、平保诸线,只要杨罗耿向平古、平张行动,除九十二军外,均将迅速缩回。九十四军、十六军等部均在对付杨罗耿,且距锦榆线极远,决不会妨碍你们打锦榆线。九十四军并无到锦州讯,第八军王伯勋部两个师(旅)由秦皇岛经上海到蚌埠,并无又回北宁线消息,只有九十二军确到滦县一带,你们以一部钳制该军,决不会妨碍你们打锦榆。你们不要被敌人的伪装所迷惑,你们应迅速决定并开始行动,目前北宁线正好打仗,你们所谓你们的行动取决于杨成武的行动,这种提法是不正确的。"①

面对毛泽东的批评,林彪也十分着急,但还是不能确定南下出动的准确时间。8月11日11时,他再次致电中央军委,强调他的理由:

"1. 我们前几天得的消息说,九十四军增加到了锦州,第八军已回到了唐山以北。但近日又得到这样的消息说,在锦州之五十四军要开往山东。昨日合众社广播中说,范汉杰部将增援华中。又据报,沈阳敌人7月29日起宣布戒严,承德敌第四师有开古北口的消息。据以上情况看来,敌人是将作新的行动,但其具体情况与企图不明,正继续侦察中。如敌人不是打通沈锦路,则也有可能从锦州附近调兵增援华中。2. 东北主力数月来均未作战,指战员均甚急迫要求作战,部队随时皆可出动。但在现在地区,无战机可求,南下则因大军粮食的需要无法解决。向热河运粮,道路甚远,必须利用铁路、汽路。但今年雨水之大,为30年来所未有,铁路、汽路冲毁甚多,近日来雨势更猛。原估计8月15日左右可修好铁路、汽路、桥梁,以现在雨势来看,能否如期完成仍无把握。我们现在只待郑家屯南北运粮道路修复,雨势稍减(因全军皆无雨具)即可随时出动,决不以杨成武部行动之迟早为标准,但目前对出动时间,仍是无法肯定。"②

彻夜未眠的毛泽东读到这份电报,非常生气,立即提笔对林彪提出严厉批评,特拟"AAAA"级十万火急拍发电报。毛泽东说:

---

① 《毛泽东军事文集》第四卷,军事科学出版社、中央文献出版社1993年版,第556~557页。
② 《毛泽东军事文集》第四卷,军事科学出版社、中央文献出版社1993年版,第564~565页。

关于敌人从东北撤运华中之可能，我们在你们尚未结束冬季作战时即告诉了你们，希望你们务必抓住这批敌人，如敌从东北大量向华中转移，则对华中作战极为不利。关于你们大军南下必须先期准备粮食一事，两个月前亦已指示你们努力准备。两个月以来你们是否执行了我们这一指示一字不提。现据来电则似乎此项准备工作过去两月全未进行，以致现在军队无粮不能前进。而你们所以不能决定出动日期的原因，最近数日你们一连几次来电均放在敌情上面，并且因此又均放在杨成武是否能提早出动上面。你们6日19时电，虽曾提到粮食问题，但是你们说'如杨成武部出动时间能提早，则我们出动时间亦能提早'。你们8日17时电，则全未提到粮食问题，但说敌情严重，并作出结论说："东北主力行动时间，须视杨成武部行动的迟早才能确定"。当着我们向你们指出不应当将南面敌情看得过分严重，尤其不应当以杨成武部之行动作为你们行动的标准，并且同时即确定了杨成武的行动时间以后，你们却说（相距不到三天）"决不以杨成武部行动之迟早为标准"，而归结到了粮食问题。对于你们自己，则敌情、粮食、雨具样样必须顾虑周到，对于杨成武部则似乎一切皆不成问题。试问你们出动遥遥无期，而令该部孤军早出，傅作义东面顾虑甚少，使用大力援绥，将杨成武赶走，又回到东边来对付杨罗及你们，如像今年4月那样，对于战局有何利益。你们对于杨成武部采取这样轻率的态度，是很不对的。对于北宁线上敌情的判断，根据最近你们几次电报看来，亦显得甚为轻率。为使你们谨慎从事起见，特向你们指出如上，你们如果不同意这些指出，则望你们提出反驳。①

3. 锦州是东北国民党军的咽喉，毛泽东正准备关闭这扇东北大门，林彪突然发来"AAAA"级十万火急电报。

从2月提出"关门打狗"的战略构想，到9月下旬林彪的东北野战军确定攻打锦州，毛泽东不断向东北前线发出攻打锦州的信息和指令，但林彪对此没有足够的认识，没有很好领会毛泽东的战略意图。到9月初，毛泽东的设想更加清晰：

---

① 《毛泽东军事文集》第四卷，军事科学出版社、中央文献出版社1993版，第563～564页。

9月5日，他指示东北野战军说："你们主力不要轻易离开北宁线，要预先设想继续打锦州、山海关、唐山诸点，控制整个北宁路（除平津段）于我手，以利尔后向两翼机动。"并提醒说："你们主要要对付的敌人，目前仍然是卫立煌。因此，你们现以七个纵队又六个独立师位于新民及沈长线是正确的。但在你们未攻锦州以前，长、沈敌人在你们强大兵力威胁下，是否敢于有所作为，还不敢断定，恐怕要在你们打锦州时，才不得不出动。"毛泽东给林彪留下很大商量的余地。他说："以上是我们对敌情之估计及你们行动之大体设计，希望你们预先加以考虑。具体判明及决定，要在你们打了几部敌人之后。"

9月6日，林、罗、刘向中央军委表示完全同意中央军委的这一指示。对此，毛泽东非常高兴。9月7日，他致电林彪、罗荣桓，提出了关于辽沈战役的战略方针，具体提出了他们的行动战略。毛泽东说：

"我们准备五年左右（从1946年7月算起）根本上打倒国民党，这是具有可能性的。只要我们每年歼灭国民党正规军一百个旅左右，五年歼敌五百个旅左右，就能达到此项目的。过去两年我军共歼敌正规军一百九十一个旅，平均每年九十五个半旅，每月八个旅弱。今后三年要求我军歼敌正规军三百个旅以上。今年7月至明年6月，我们希望能歼敌正规军一百十五个旅左右。……要求你们配合罗瑞卿、杨成武两兵团担负歼灭卫立煌、傅作义两军三十五个旅左右（7月杨成武已歼一个旅在内），并攻占北宁、平绥、平承、平保各线除北平、天津、沈阳三点以外的一切城市。欲达此目的，战役部署指挥的适当，作战休息调节的适当，是决定性关键。你们如果能在九十两月或再多一点时间内歼灭锦州至唐山一线之敌，并攻克锦州、榆关、唐山诸点，就可以达到歼敌十八个旅左右之目的。为了歼灭这些敌人，你们现在就应该准备使用主力于该线，而置长春、沈阳两敌于不顾，并准备在打锦州时歼灭可能由长、沈援锦之敌。因为锦、榆、唐三点及其附近之敌互相孤立，攻歼取胜比较确实可靠，攻锦打援亦较有希望。如果你们以主力位于新民及其以北地区准备打长、沈出来之敌，则该敌因受你们威胁太大，可能不敢出来。一方面长、沈之敌可能不出来，另一方面锦、榆、唐诸点及其附近之敌（十八个旅）则因你们去的兵力过小，可能收缩于锦、唐两点，变为不甚好打而又不得不打，费时费力，这样就有可能使自己陷入被动地位。不如置长、沈两敌于不顾，专顾锦、榆、唐一头为适宜。再则，今年9月至明年6月的十个月内，你们要准备进行三次大战役,每次准备费去两个月左右时间,共费去六个月左右时间,余四个月作为休息时间。如果在你们进行锦、榆、唐战役(第一个大战役)期间,长、沈之敌倾巢援锦(因为你们主力不是位于新民而是位于锦州附近,卫立煌才敢于来援),则你们便可以不离开锦、榆、唐线连续大举歼灭援敌,争取将卫立煌全军就地歼灭。这是最理想的情况。于此,你们应当注意:(一)确立攻占锦、榆、唐三点并全部控制该线的决心。(二)确立打你们前所未有的大歼灭战的决心,即在卫立煌全军来援的时候敢于同他作战。(三)为适应上述两项决心,重新考虑作战计划并筹办全军军需(粮食、弹药、新兵等)和处理俘虏事宜。以上意见望考虑电复。"①

遵照统帅部的指示及战役发起后敌情的可能变化,林、罗、刘总前委制定正式攻击锦州前的作战部署,并于 12 日发起北宁线作战,至 25 日已将锦州地区国民党守军范汉杰集团分割于锦州、锦西、山海关三处。那么,下一步东北野战军的矛头应该首先指向哪里呢?毛泽东和林、罗、刘为此思虑再三。9 月 26 日,林罗刘致电中央军委:东北我军准备于 9 月 27 日以一部攻歼绥中之敌,一部攻占义县,一部歼高桥、西河口之敌,一部向锦西前进。"义县、高桥解决后,准备接着歼锦西、兴城之敌。然后如山海关之敌未逃时,即攻山海关,如敌已逃,则回头打锦州。"

毛泽东当即复电表示,先打锦州可使我军完全处于主动地位,电报说:

"计划极好,惟歼灭义县、高桥、兴城、绥中、锦西五处之敌以后,如能同时打锦州山海关两处,则应同时打两处。如不能同时打两处,则先打山海关还是先打锦州值得考虑。因先打山海关,然后以打山海关之兵力回打锦州则劳师费时,给沈阳之敌以增援的时间;如先打锦州,则沈阳之敌很可能来不及增援,继续陷于麻痹状态(目前已是麻痹状态),我则可以主力移攻山海关、滦县、唐山、塘沽,并且只要有可能便应攻占葫芦岛、秦皇岛,完全肃清锦州、塘沽之线,直迫天津城下,迫使国民党用空运方法从沈阳调兵增防平津。除此以外绝无其他方法增防平津,而空运方法则是很迟缓的,并且是运不完的。这个时候你们全军休整一个月至多四十天(不要超过四十天),然后分为两个集团,以一个集团第一步攻占平承线,第二步攻占平张线,以另一个集团攻沈

---

① 《毛泽东军事文集》第五卷,军事科学出版社、中央文献出版社 1993 版,第 1~2 页。

长,如此方使敌人完全处于被动地位,我军则完全处于主动地位。你们现在就应计算到这些步骤。"①

9月28日,林、罗、刘又对新的战局进行分析研究及时报告毛泽东,电报说:我昨日占领高桥,目前锦州与锦西被切断。"我们已决定先攻锦州再打锦西,因锦州敌虽多但不强,易突破,易混乱,纵深战斗时间可能不甚长,且便于随时打沈阳来援之敌。如攻锦西,则敌虽只有四个师,但五十四军战力较强,战斗时间可能不比锦州短,且不便于抽出打沈阳来援之敌。"义县之敌,因我炮兵过河困难,尚须数日才能攻击。兴城、绥中均被包围,不日即可解决。长春之敌最近企图突围的象征更多,我们已准备追歼该敌。

毛泽东立即密电鼓励,他说:"先打锦州后打锦西,计划甚好。卫立煌赴宁与蒋顾何会商,27日返沈,必是决定接出长春之敌和增援锦州之敌无疑。因卫如不接出长春之敌,则难向锦州增援。但接出长春之敌,估计需要十天左右时间,向锦州增援又需要十天左右时间,故你们攻取义县锦州锦西三点必须顾及此种时间性。你们准备追歼长春逃敌是必要的,但不知在沈敌向北迎接长春逃敌时,你们使用多少兵力,及在使用这些兵力之后,你们是否尚有足够兵力确有把握地于二十天左右时间内歼灭义县锦州锦西三点之敌。我们认为,你们必须将作战重心放在攻占这三点上面,因为这是你们整个战局的关键。如果以现到锦州地区各纵难于在二十天左右时间内攻占三点,则宜从现位沈阳以西各纵中抽调一部加强之,确保迅速攻占三点至少三点中之两点。当然卫立煌亦有不顾长春,径向锦州增援之可能。假定如此,你们更应于攻克义县之后,力求迅速攻克锦州,否则敌援接近,你们集中全力去打援敌时,锦州锦西两处之敌势必集中一处扰我后路,并使尔后难于歼击该敌。若你们能够迅速攻克义县锦州两点,则主动权便可握在你们手中,否则,你们可能产生如像过去半年那样处在长沈两敌之间,一个也不好打的被动姿态。你们必须估计到打沈阳倾巢援锦之敌时,有好打不好打,打得胜打不胜两种可能性。因此你们是否能取得战役主动权(当然战略主动权是早已有了的),决定于你们是否能迅速攻克三点尤其是锦州一点。只在两种设想之下,你们可以在未占锦州的情况之下,也能获得战役主动权,这即是你们能于沈敌北上迎接长敌时,能打一个极大的胜

---

① 《毛泽东军事文集》第五卷,军事科学出版社、中央文献出版社1993版,第22页。

仗，歼灭敌军十万左右，或者于沈敌援锦时你们也能打一个这样的大胜仗，但是我们不知道确有此种把握否。我们觉得，首先攻占锦州是有较大把握的，并且是于全局有利的。以上望见复。此外，我军从9日出动至今日已二十一天，尚未开始攻击义县，动作实在太慢，值得检讨。"①

　　同一天，锦州前线。林、罗、刘就攻锦作战部署及决心致电请示军委，他们预计："此次锦州战役，可能演成全东北之大决战，可能造成收复锦州、长春和大量歼灭沈阳出援之敌的结果。"并表示将极力争取这一胜利。但在林彪内心深处，仍有些不安，他预感到这必是一场恶战，一方是百万大军兵强马壮，养精蓄锐数个月，一方则集中了国民党军"五大主力"中两大主力的精锐之师，这样两支大军一旦交锋，必是震山撼岳。

　　10月2、3两日，对于毛泽东和林彪来说都是漫长而痛苦的两天。

　　在此前一天，林彪向军委建议杨得志、罗瑞卿、耿飚兵团的主力直向唐山、滦县前进击敌，以配合东野对付锦西援敌。周恩来于10月2日起草军委复电说：敌人有变，杨罗耿部需策应杨成武部，"你们应靠自己的力量对付津榆段可能增加或山海关北援之敌，而关键则是迅速攻克锦州。望努力争取十天内外打下该城。"

　　就在同一天，林彪还收到一封情报密告：在锦西葫芦岛，敌人又多了4个整师。这正是林彪最怕听到的消息。他一直担心锦西方面敌情有变，现在敌人兵力增加，打锦州时，主要援敌不仅来自北面的沈阳，而且也来自锦西，一桌菜上了两桌客，这将是一个赔本买卖。林彪担心在打锦州时，部队陷入沈阳、锦西两强大援敌夹击之中。

　　林彪一直不愿打锦州，也一直相信他自己的判断是正确的。他认为毛泽东在河北，不了解前线的实际情况。有一次罗荣桓劝林彪坚持攻锦，林彪却不耐烦地说："打锦州！打锦州！你人在东北，了解情况，也跟着喊打锦州？"罗荣桓心平气和地说："毛主席对东北情况了如指掌，他从全国战略决策出发。我们不打锦州，就会影响全国解放战争的进程。"

　　东北野战军总指挥部列车停在郑家屯以西。深夜，林彪在车厢里来回不停地踱步，有时坐在地图前一颗一颗地嚼炒熟的黄豆粒，他想起1947年的四平

---

① 《毛泽东军事文集》第五卷，军事科学出版社、中央文献出版社1993版，第28～29页。

保卫战，那是一场打得英勇壮烈、惊心动魄的血战。那次他以7个师对陈明仁的七十一军，血战10天，只占四平市区西半部，后因国民党援军10个师，从南北逼近四平，只好撤退。林彪至今心有余悸。这次又出现了那种险情，锦州、锦西之间敌人阵地间隙不过五六十里，无隙可图，歼灭锦州8个师的敌人并不容易，葫芦岛、锦西敌人正以集团行动向锦州增援而来，阻援兵力很少，能否堵住这股强敌？后勤运输也没有准备充足……

不知道在那个小小的车厢里踱了多少圈步，也不知道在那张作战地图前吃了多少颗黄豆。22时，林彪亲自拟好了一份非同寻常的"AAAA"级电报，他作出了改变攻打锦州的决定，电报说：

（一）得到新五军及九十五师海运葫芦岛的消息后，本晚我们在研究情况和考虑行动问题。（二）估计攻锦州时，守敌八个师虽战力不强，但亦须相当时间才能完全解决战斗。在战斗未解决前，敌必在锦西、葫芦岛地区留下一两个师守备，抽出五十四军、九十五师等五六个师的兵力，采取集团行动向锦州推进，我阻援部队不一定能堵住该敌，则该敌可能与守敌会合，在两锦间敌阵地间隙不过五六十里，无隙可图。（三）锦州如能迅速攻下，则仍以攻锦州为好，省得部队往返拖延时间。（四）长春之敌数月来经我围困，我已收容逃兵1.8万人左右，外围战斗歼敌5000余，估计长春守敌现约8万人，士气必甚低。我军经数月整补，数量质量均大大加强，故目前如攻长春，则较6月间准备攻长春时的把握大为增加，但须多迟延半月到20天时间。（五）以上两个行动方案，我们正考虑中。并请军委同时考虑与指示。①

电报是以"林罗刘"三人的名义发出的，但没有征得罗荣桓和刘亚楼的同意，攻锦部队仍继续向锦州推进，"东总"的列车也于夜深之时继续南进，林彪在等待毛泽东和军委的批复。

毛泽东在西柏坡他那十分简陋的办公室里读着"林罗刘"的电报，烟头不

---

① 《毛泽东军事文集》第五卷，军事科学出版社、中央文献出版社1993版，第36页。

断增多。毛泽东非常熟悉林彪的军事性格，十分欣赏他的指挥才能，了解他那不做赔本买卖的信条，他也深知林彪的心理，知道四平血战的阴影一直罩在林彪的心头，他也更深切地感到国共两党开天辟地第一次大决战的胜负意味着什么，作为一名掌握着百万大军命运走向的高级指挥员，谨慎从事是必不可少的，临战前产生一些新想法也是合情合理的，可这一次非同寻常，又是经过长时间酝酿和磋商准备的，箭已上弦，决心共同下定，枪炮弹药已运往战区，粮草早已先行，攻击大军已兵临锦州城下，此时此刻又提出回师打长春的方案，毛泽东确实有些震怒了，他经过深思熟虑之后，亲拟电文，严厉批评了回师打长春的错误想法，电报经朱德、刘少奇、周恩来、任弼时四大书记同意后于3日下午17时发往东北野战军总司令部（东总）：

（一）你们应利用长春之敌尚未出动，沈阳之敌不敢单独援锦的目前紧要时机，集中主力迅速打下锦州，对此计划不应再改。在义县、兴城、绥中之敌已被歼灭的情况下，葫芦岛、锦西地区虽然已增加新五军及九十五师，并准备以四个师打通两锦交通，你们可以于攻锦州之同时，部署必要兵力于两锦交通线上，首先歼灭由锦西增援锦州之四个师，然后打下锦州。在五个月前（即四五月间），长春之敌本来好打，你们不敢打，在两个月前（即七月间），长春之敌同样好打，你们又不敢打。现在攻锦部署业已完毕，锦西、滦县线之第八第九两军亦已调走，你们却又因新五军从山海关、九十五师从天津调至葫芦岛一项并不很大的敌情变化，又不敢打锦州，又想回去打长春，我们认为这是很不妥当的。（二）你们指挥所现到何处，你们指挥所本应在部队运动之先（即八月初旬）即到锦州地区，早日部署攻锦，现在部队到达为时甚久，你们尚未到达，望你们迅速移至锦州前线，部署攻锦，以期迅速攻克锦州。迁延过久，你们有处于被动地位之危险。①

措辞如此严厉的批评，在以往是少有的，对于其他解放区来说更是如此。

---

① 《毛泽东军事文集》第五卷，军事科学出版社、中央文献出版社1993版，第35页。

当林彪拟完电报后的早晨，罗荣桓和刘亚楼才知道林彪突然改变如此重大的决定，他们一起来到林彪的车厢，一场平静的争论之后，还是决定执行打锦州这一方案，林彪坐在地图前沉默片刻，叫秘书追回那份该死的电报，可是电报已发出去了，罗荣桓便亲自主持起草了另一份电报："我们拟仍攻锦州。只要我们经过充分准备，然后发起总攻，仍有歼灭锦敌之可能，至少能歼敌一部或大部。目前如回头攻长春，则太费时间，即令不攻长春，该敌亦必自动突围，我能收复长春并能歼敌一部。"又说：此次战斗目的，拟主要放在歼灭敌人上。锦州有可能在夺取之后，像开封一样，两面援敌重占锦州，因我打援力量仅能迟滞敌人，而无歼灭敌人的可能。敌宁可放弃沈阳，而必保持和恢复锦州。电报于3日9时发出。

毛泽东收到这份电报已是10月4日凌晨1时30分，在发出3日17时电报后，毛泽东又在两小时后再电东总，以便说服东总尽快下决心打锦州。毛泽东再一次提醒林彪说：

"本日17时电发出后，我们再考虑你们的攻击方向问题，我们坚持地认为你们完全不应该动摇既定方针，丢了锦州不打，去打长春。除了前电所述之理由外，假定你们改变方针打下了长春，你们下一步还是要打两锦。那时，第一，两锦敌军不但决不会减少，还可能增加一部，这样，将增加你们打两锦的困难；第二，目前沈阳之敌因为有长春存在，不敢将长春置之不顾而专力援锦，你们可利用长春敌人的存在，在目前十天至二十天时间（这个时间很重要），牵制全部至少一部分沈阳之敌。如你们先打下长春，下一步打两锦时，不但两锦情况变得较现在更难打些，而且沈敌可以倾巢援锦，对于你们攻锦及打援的威胁将较现时为大。因此我们不赞成你们再改计划，而认为你们应集中精力，力争于十天内外攻取锦州，并集中必要力量于攻锦州同时歼灭由锦西来援之敌四至五个师。只要打下锦州，你们就有了战役上的主动权，而打下长春，并不能帮助你们取得主动，反而将增加你们下一步的困难。望你们深刻计算到这一点，并望见复。"①

夜还是那样安静，汽灯发出咝咝响声，哪怕有一点声响都会听得十分清楚。在发出这后一封电报直到接到东总的第二封电报，毛泽东没有一秒的休

---

① 《毛泽东军事文集》第五卷，军事科学出版社、中央文献出版社1993版，第37页。

息，决战之前的紧张气息由于林彪决心的动摇而变得更加令人窒息了。毛泽东不停地吸着烟，烟头不断增多，此刻的他统率几百万大军，身后是受苦受难拥护共产党的百姓，在这关键时刻他不能有丝毫动摇，野战军领导产生意外动摇，而他必须把握住最宝贵的时机，并尽力说服他们遵照执行，他在凝眉思索着，焦急地等待着，终于有了秘书那急促的脚步声，东总仍按原计划行动，这最后的决心使他一颗悬着的心终于落地，他立刻复电东总：

（一）你们决心攻锦州，甚好甚慰。

（二）你们决定以四纵和十一纵全部及热河两个独立师对付锦西、葫芦岛方面之敌，以一、二、三、七、八、九共六个纵队攻锦州，以五、六、十、十二共四个纵队对付沈阳援锦之敌，以九个独立师对付长春之敌，这是完全正确的。你们这样做，方才算是把作战重点放在锦州、锦西方面，纠正了过去长时间内南北平分兵力没有重点的错误（回头打长春那更是绝大的错误想法，因为你们很快就放弃了此项想法，故在事实上未生影响）。我们过去一个月中曾有多次电报叫你们如此做，你们到现在才想通这一重要点，不是平分兵力，而是以主力放在两锦方面。虽然在时间上应当一开始就如此做，从你们部队开始行动起到今天差不多已有一个月之久，你们才把攻击重点问题弄清楚，重新增加两个纵队到两锦方面去，可能对于作战要受一些影响（是否有影响及影响之大小，要看作战结果如何才能定），但是平分兵力的错误算是纠正了。从这件事你们应取得两个教训：第一个教训是，你们的指挥所应先于部队移动到达所欲攻击的方向去（这一点我们在很早就向你们指出了），由于你们没有这样做，致使你们的眼光长期受到限制；第二个教训是，在通常的情况下必须集中主力攻击一点，而不要平分兵力。

（三）攻击锦州的时间愈快愈好，但因你们兵力尚未到齐，你们指挥所方才接近锦州附近，部队的攻城动员准备工作尚未进行，当然应当稍待时日，等候兵力到齐和完成准备工作，然后开始攻击。但是你们应当力求缩短这一准备过程，不要延迟太久，当然决不要有任何的慌忙。

（四）关于不应当回头攻长春的理由，不是如你们所说的"太费时间"以及"即令不攻长春，该敌亦必自动突围，我能收复长春并能歼敌一部"，而是如我们昨日17时及19时两电所说的那些理由，即你们如果真的回头攻长春，你们将要犯一个大错误。就拿突围一点来说,目前该敌突围愈迟愈有利,不突围更有利。

(五)在此以前我们和你们之间的一切不同意见,现在都没有了。希望你们按照你们3日9时电的部署,大胆放手和坚持地实施,争取首先攻克锦州,然后再攻锦西。

(六)蒋介石已到沈阳,不过是替丧失信心的部下打气。他讲些做些什么,你们完全不要理他,坚决按照你们3日9时电部署做去。[①]

如此细致,如此深入。这封电报最后敲定了东北野战军同国民党军决战的方针,坚定了东北野战军全军迅速拿下锦州并敢于卫立煌全军来援时同他作战的信心,使将帅之间在封闭蒋军在东北加以各个歼灭的问题上取得了真正的共识。锦州战役结束后,被俘的国民党东北"剿总"副司令范汉杰沮丧地说:"打锦州这一着,非雄才大略是下不了这个决心的。"

---

① 《毛泽东军事文集》第五卷,军事科学出版社、中央文献出版社1993版,第39~40页。

五、决战淮海珠联璧合

60万对80万,毛泽东遥控指挥刘(伯承)、陈(毅)、邓(小平)、粟(裕)、谭(震林)五虎将,同"吃"一锅夹生饭。最高统帅密令:情况紧急时机,一切由刘陈邓临机处理,不要请示

1. 济南战役即将结束,粟裕向统帅部和刘陈邓建议举行淮海战役,毛泽东和刘陈邓不谋而合,拉开南线决战的序幕。

济南前线,粟裕的指挥部,1948年9月24日早7点。华东野战军代司令员、代政委粟裕刚刚起草完一份以自己的名义上报中央军委并华东局、中原局的绝密电报。粟裕报告说,攻济战斗日内即可结束,如敌停止北援,"我们下步行动,拟作如下建议:为更好地改善中原战局,暴露津浦线,并迫使敌人退守(至少要加强)江边及津浦沿线,以减少其机动兵力,与便于我恢复江边工作,为将来渡江创造有利条件,以及便于尔后华野全军进入陇海路以南作战,能得到交通运输供应的方便,和争取华中人力、物力对战争的支持,建议即进行淮海战役。该战役可分为两阶段:第一阶段以苏北兵团(须加强一个纵队)攻占两淮,并乘胜收复宝应、高邮,而以全军主力位于宿迁至运河车站沿线两岸,以歼灭可能来援之敌。如敌不援或被阻,而改经浦口、长江,自扬州北援,则我于两淮作战结束前后,即进行战役第二步,以三个纵队攻占海州、连云港,结束淮海战役,尔后全军转入休整。"颇有战略远见的粟裕还提出另外三个方案:其一,只进行海州作战,仅以占海州、新浦、连云港等地为目的,并以主力控制于新安镇、运河车站南北及峰枣线,以备战姿态进行休整;其二,全力向南求援敌之一部而歼灭之,但在济南攻克后,敌人加强警惕可能退缩,恐不易求战;其三,全军即进入休整。①

河北境内解放军统帅部。毛泽东手拿粟裕的电报,陷入深思。他十分欣赏

---

① 《粟裕文选》第二卷,军事科学出版社2004年版,第571~572页。

粟裕大胆直呈的勇气，更为赞赏粟裕这种不无天赋的指挥才干。作为一名区指挥员，粟裕对战争的直觉和对战争时机的捕捉，常常是机敏而准确的。上一次关于推迟渡江战略跃进、协助刘邓经略中原的建议，实践证明粟裕提对了，这一次，粟裕的判断也是有道理的，举行淮海战役正是毛泽东考虑的方案。只不过，站在战略全局的毛泽东准备先打黄百韬兵团，而不是先打两淮之敌。

此时，敌徐州"剿总"所属的邱清泉兵团、李弥兵团、黄百韬兵团集结在徐州周围，而据毛泽东的判断，黄百韬兵团不久将调回新安镇地区，而位于陇海路运河以东的新安镇，正好是华东野战军由山东地区南下打两淮的必经之路。要打两淮，须首先歼灭新安镇、运河车站地区的黄百韬兵团。毛泽东准备的是一场大的歼灭战。

9月25日19时，毛泽东致电华东的饶漱石和粟裕，并告刘伯承、陈毅、谭震林、许世友、李达、王建安，提出下一步的战略部署。他说：

"我们认为举行淮海战役，甚为必要。目前不需要大休整，待淮海战役后再进行一次休整。淮海战役可于10月10号左右开始行动。你们应利用目前半月时间，使攻济部队获得短时休息，然后留一个纵队位于鲁西南起牵制作用，吴化文亦应移至鲁西南，其余全部南下，准备进行几个作战：（一）估计不久邱兵团将退回商砀地区，黄兵团将回至新安镇、运河车站地区，你们第一个作战应以歼灭黄兵团于新安、运河之线为目标。（二）歼灭两淮高宝地区之敌，为第二个作战。（三）歼灭海州、连云港、灌云地区之敌，为第三个作战。进行这三个作战是一个大战役。打得好，你们可以歼敌十几个旅，可以打通山东与苏北的联系，可以迫使敌人分散一部兵力去保卫长江，而利于你们下一步进行徐州、浦口线上之作战。因此，你们应在酉灰以前做好有关这一战役的充分的准备工作，要开一次像上月曲阜会议那样的干部会，统一作战意志，调整内部关系。"①

英雄所见略同。就在毛泽东的电报到达之前，刘伯承、陈毅和中原局李先念已电复粟裕，同意乘胜举行淮海战役。

战局正如毛泽东所预见的。9月27日，黄百韬开始回返新安镇地区，李弥兵团由徐州地区进到徐州以东运河以西的碾庄、曹八集地区，而邱清泉兵团则

---

① 《毛泽东军事文集》第五卷，军事科学出版社、中央文献出版社1993年版，第19页。

由鲁西南退回陇海路徐州以西的商丘、砀山地区。

根据敌情变化,毛泽东及时对华东野战军提出了更为明确的要求。9月28日12时,他致电饶漱石、粟裕、谭震林并告刘伯承、陈毅和华东局说:

"黄兵团调回新安镇地区业已证实。你们淮海战役第一个作战,并且是最主要的作战,是钳制邱清泉、李弥兵团,歼灭黄百韬兵团。新安镇地区距离徐州甚近,邱李两兵团赴援甚快。这一战役必比济南战役规模要大,比睢杞战役的规模也可能要大。因此,你们必须有相当时间使攻济兵团获得休整补充,并对全军作战所需包括全部后勤工作在内,有充分之准备,方能开始行动。"

10月11日,毛泽东制定了淮海战役的作战方针,致电华东野战军并告华东局和中原局说:

关于淮海战役部署,现在提出几点意见,供你们考虑。

(一)本战役第一阶段的重心,是集中兵力歼灭黄百韬兵团,完成中间突破,占领新安镇、运河车站、曹八集、峄县、枣庄、临城、韩庄、沭阳、邳县、郯城、台儿庄、临沂等地。为达到这一目的,应以两个纵队担任歼灭敌一个师的办法,共以六个至七个纵队,分割歼灭敌二十五师、六十三师、六十四师。以五个至六个纵队,担任阻援和打援。以一个至二个纵队,歼灭临城、韩庄地区李弥部一个旅,并力求占领临韩,从北面威胁徐州,使邱清泉、李弥两兵团不敢以全力东援。以一个纵队,加地方兵团,位于鲁西南,侧击徐州、商丘段,以牵制邱兵团一部(孙元良三个师现将东进,望刘伯承、陈毅、邓小平即速部署攻击郑徐线牵制孙兵团)。以一个至二个纵队,活动于宿迁、睢宁、灵璧地区,以牵制李兵团。以上部署,即是说要用一半以上兵力,牵制、阻击和歼敌一部,以对付邱李两兵团,才能达到歼灭黄兵团三个师的目的。这一部署,大体如同九月间攻济打援的部署,否则不能达到歼灭黄兵团三个师的目的。第一阶段,力争在战役开始后两星期至三星期内结束。

(二)第二阶段,以大约五个纵队,攻歼海州、新浦、连云港、灌云地区之敌,并占领各城。估计这时,青岛之五十四师、三十二师很有可能由海运增至海、新、连地区。该地区连原有一个师将共有三个师,故我须用五个纵队担任攻击,而以其余兵力(主力)担任钳制邱李两兵团,仍然是九月间攻济打援部署的那个原则。此阶段亦须争取于两个至三个星期内完结。

(三)第三阶段,可设想在两淮方面作战。那时敌将增加一个师左右的兵力(整八师正由烟台南运),故亦须准备以五个纵队左右的兵力去担任攻击,而以其余主力担任打援和钳制。此阶段,大约亦须有两个至三个星期。

三个阶段大概共须有一个半月至两个月的时间。

(四)你们以十一、十二两月完成淮海战役。明年一月休整。三至七月同刘邓协力作战,将敌打至江边各点固守。秋季你们主力大约可以举行渡江作战。①

刘伯承、陈毅、邓小平深刻领悟毛泽东的意图,立即着手部署:刘伯承坐镇豫西,牵制黄维、张淦兵团,以陕南部队伪装主力,使敌误以为刘伯承率中原野战军主力仍在豫西;陈毅、邓小平率中原野战军四个纵队并一部地方部队东进举行郑州战役,以吸引孙元良兵团,西返援救。

毛泽东复电批准了他们的计划,并嘱咐说,只要郑州攻克,中原野战军在北面就取得了主动。华东野战军已两次致电军委汇报初步作战计划,收到此电后,对毛泽东制定的作战方针表示完全同意,认为毛泽东的指示有两大好处:(一)我们兵力规定全部展开避免拥挤,给徐州敌侧背威胁大,增大敌人顾虑,减轻我对敌正面抗击、阻击压力。(二)便于粮食供给和后方交通运输。

10月14日凌晨3时,毛泽东对淮海战役进一步作出详尽而周密的指示。他在起草致饶漱石、粟裕、谭震林并告中原局的电报中指出:

(一)你们文子电(即12日1时)部署的缺点是将打援兵力放在正面,而不是放在侧面。你们元午电同意我们真电意见,即可改正此项缺点。其具体部署应以一个强力纵队袭占运河车站,歼灭守敌,控制该地一带;以三个纵队攻占及控制台儿庄及其以南地区,一部直达

---

① 《毛泽东军事文集》第五卷,军事科学出版社、中央文献出版社1993年版,第66~67页。

铁路；以两个纵队攻占临韩（得手后留一个纵队于临韩，直迫贾汪，以一个纵队移至台儿庄及其以西地区）。以上共六个纵队，可由三纵、八纵、十纵、十三纵、渤纵及从韦吉到路北之两个纵队中抽出一个纵队充任。务使邱李援敌感到威胁，不驱逐我侧面兵力，不攻占台儿庄，即无法越运河向东增援，又使徐州城内感受威胁，不得不留李部第八军驻守。

（二）韦吉率一个纵队南下（不要到滨海去补棉衣，应在现地补棉衣，即从运河车站附近直下睢宁），会合留在路南之十一纵，不要位于宿迁以东，而要位于睢宁地区，控制徐宿公路，从南面威胁徐州，使邱李援敌感到如不驱逐韦吉，则无法经睢宿东援，同时对于徐蚌线亦起威胁作用，使李部第九军不敢离开该线。

（三）以九、广两纵出鲁西南，会合当地地方兵团，位于丰县、鱼台以西，虞城以北，成武以南地区，从西北威胁徐州，使孙元良部只能对付我九、广两纵，而不能到徐州接替李部第八军守城。

（四）我刘邓主力一、三、四、九纵，不日开始攻击郑州，得手后以一部向东，威逼开封，吸引刘汝明全部、孙元良一部西顾。

（五）以上各项部署，都是为着钳制徐州各部援敌，使其第一个感觉是我军似乎有意夺取徐州，而不能确切断定我军并非夺取徐州，而是歼灭黄兵团。等到我军对黄兵团攻歼紧急而决定增援时，又发现如不解除南北两侧威胁，则很难赴援。这样就给我军以必要的时间歼灭黄兵团。至于敌人援军的组成，大概只能使用邱兵团各师。李兵团似难离开徐蚌，因为刘峙不但要对付我军对徐蚌的威胁，而且要防备冯治安孙良诚的可能叛变。孙元良部则可能停留在汴徐线上。

（六）以一、四、六、七、十一、鲁中等六个纵队再加特纵，担任歼灭黄兵团三个师，这是全战役的中心目标。

（七）除九、广两纵应从兖济直出丰、鱼、虞城地区外，其余各部，第一步，应全部开至临沂、梁丘、白彦、邹县之线的展开位置，并休息几天，而不应先后参差不齐；第二步，各按规定任务由该线同时前进。因此，你们不但应等候棉衣、棉花完全到手分配，而且应等候攻济各部的兵员补充及由济南附近开到临沂、邹县一线，因此全军从临邹线向南出动之日期，应推迟到十一月五日至十日之间为适宜。

（八）后勤工作准备（粮食、弹药等）及政治工作准备，力求比较完备周到。

（九）你们对于上述意见望再考虑电告。①

2. 毛泽东授意刘、陈、邓，擂响中原战鼓。将帅协谋，"小淮海"变成"大淮海"。三位"四川佬"相聚中原。

在确定了详细方针后，毛泽东又于10月15日致电前线说：

（一）据华东参寒删两电所获情报，邱孙两兵团向鲁西南进攻计划业已证实。其出动时间估计在酉哿左右，月底可能占领金、鱼、成、单、曹、定、菏甚至郓巨一带，其目的是阻塞你们出汴徐线道路，并使你们误认其将收复济南，因而仓卒部署应敌，不得休整，并不敢出苏北。（二）在此种情况下，你们淮海战役计划不但不应变更，而且给你们以极大便利。（三）望将九、广两纵开至兖济地区，以主力控制运河，担任防守，以一部协同鲁西南地方兵团在金、鱼、成地区应付该敌。（四）其余全部速作准备，按照我们所提意见，首先集结临沂、邹县之线，待邱孙进至相当位置之际，即齐头南进举行淮海战役。韦吉部仍在现地隐蔽，和主力同时行动，不要先动，以免惊动敌人。（五）刘陈邓攻击郑州时机，应待邱孙向北深入再行决定，不可过早。对郑攻击时应以有力兵团绕至郑州、中牟之间，从东边向郑州攻击，因敌准备放弃郑州，苦无口实，你们一到即可能逃跑。②

不久，陈、邓得知蒋介石决定停止实行其所谓"以攻为守"的计划，而孙元良兵团又正向徐州、蚌埠间转移，遂于10月21日午夜，命令部队开始包围郑州。第二天拂晓，郑州守军1万多人弃城北窜，陈、邓指挥部队将其歼灭于郑州以北黄河以南的狭小地区。

---

① 《毛泽东军事文集》第五卷，军事科学出版社、中央文献出版社1993年版，第76~78页。
② 《毛泽东军事文集》第五卷，军事科学出版社、中央文献出版社1993年版，第90页。

听到郑州解放的喜讯,毛泽东说,郑州解放,陇海、平汉的铁路的枢纽为我掌握,对整个战局发展极为有利。

与此同时,由粟裕起草,饶、粟、谭联合署名致电中央军委,提出修改作战部署。电报说:根据敌情变化,我除先以一部在鲁西南暴露,佯攻迷惑敌人,调敌回顾,以便迅速实现围歼黄兵团外,必须加强运河车站南北两侧正面阻援兵力,以保证主要突击方向成功。根据各纵现在位置与休补状况,战斗预定于11月5日发起,提议修改部署如下:以苏北兵团全部及一、六、九纵、鲁中南纵等七个步兵纵队共二十个旅附特纵主力,担任分割围歼阿湖、阴平、高流、新安、瓦窑地区的黄百韬兵团八个旅。以四纵、八纵担负袭歼炮车、运河车站之敌第九军,控制铁路两侧及运河两岸,准备阻援。以十纵、七纵袭歼韩庄之敌,尔后以主力围歼贾汪之敌,后相机攻占柳泉地区。十三纵围歼台儿庄守敌,或以主力直攻宿羊山、汴塘之敌。以三纵、广纵进入鲁西南地区,协同冀鲁豫两个独立旅,组织对鱼台、丰县、砀山、商丘地区之敌牵制攻击,抑留孙元良兵团,不得东西增援,其余主力拟暂集结现地待机。

毛泽东接电后,立即复示:

饶(漱石)粟(裕)谭(震林),并告陈邓,中原局:
(一)完全同意你们马午电部署,请即照此执行。(二)陈毅邓小平二同志现用陈谢电台在郑州附近指挥作战,你们及进入鲁西南之三纵均应经陈谢台与陈邓密切联络,以利配合。(三)三纵、广纵及鲁西南两个旅应于三十日以前进至商砀线以北地区,距敌大约一百华里左右,摆成一字形阵线,断绝行人来往,不要向商砀线攻击,使敌早日觉察我在该方不过是佯攻部署,要在东面微日发起战斗之同时(或者早一天即支日),才向商砀线及丰县之敌举行牵制性攻击,否则可能不起大的作用。(四)目前极好的形势是白部黄张两兵团被我二、六、十纵吸引到桐柏山区,在相当长时间内不可能回头进到黄泛区威胁东北面我军之行动,有利于我陈邓在攻郑胜利后,以一部或大部或全部向东行动,协同三、广两纵,不但牵制孙刘全部,而且可能牵制邱李一部。具体运动,可在攻郑后决定。我们预计是以一部留在郑州、淮阳之线,以主力于邱李两兵团大量东援之际,举行徐蚌作战,相机攻取宿县、蚌埠，坚决彻底干净全部地破毁津浦路，使敌交通断绝，陷刘峙全军于孤立地位。假如二十三日开始之郑州作战，能在数日内达成任务，休整数日，本月底或下月初东进，以十天左右时间到达宿、蚌附近，休息数日，举行徐蚌作战，此时正是我华野打得激烈的时候，势必吸引邱李很大一部分力量回援，对于保证淮海战役取得大胜将有极大作用。但未知时间上来得及否，请陈邓于攻郑胜利后，作全盘考虑电复。①

23日5时，毛泽东再电陈毅、邓小平及饶、粟、谭：

（一）陈邓养亥电悉。占领郑州甚慰。你们休息两天即东进攻占开封甚好。（二）请粟谭在济南不要留住太久，济南方面一切问题交漱石处理。粟谭速赴南线指挥，以便按预定时间（戌微）发起战斗。（三）淮海战役最紧张时间是戌微至戌哿约两星期左右。陈邓西有东进，估计月底可能攻占开封。如开封之敌东逃，则陈邓月底可能进至商丘附近，可以适时密切配合淮海作战。（四）请粟谭即令三纵、广纵及鲁西南地方兵团准于月底进至商、砀以北，并受陈邓指挥。（五）陈邓东进与三纵、广纵诸部会合后，第一个目标是歼灭孙元良兵团，第二个目标是攻占宿蚌。②

正如毛泽东所预料的，10月24日，敌开封守军不战而东逃，至此，中原大地三大名城郑州、开封、洛阳均获解放。此后，毛泽东、陈毅、刘伯承、邓小平等，紧紧掌握战争主动权，逐渐完善了打黄百韬的作战部署。

10月26、27日两天，毛泽东连续致电饶漱石、粟裕、谭震林，并告陈毅、邓小平等，进一步对歼灭黄百韬兵团的部署提出具体指示和意见。10月27日毛泽东提醒前线指挥员要估计到情况的变化，他说：

"你们研究修正部署后望即告。你们在研究部署时，除根据当前情况外，

---

① 《毛泽东军事文集》第五卷，军事科学出版社、中央文献出版社1993年版，第118～119页。
② 《毛泽东军事文集》第五卷，军事科学出版社、中央文献出版社1993年版，第121页。

还要估计到情况的某些可能的变化，要设想敌可能变化的几种情况，其中应包括一种较严重的情况，要准备在这种情况下有对付的办法。目前情况可能的变化是：（一）黄兵团八个师在你们接近他时，可能由现时比较分散配置利于分割围歼的状态，改变为比较收缩比较靠拢难于分割围歼的状态。（二）黄兵团八个师在围歼后，有几个师被歼灭，但可能有几个师因其集结在一起，难于最后歼灭。（三）李弥两个军靠在一起，可能使我无法控制运河，如我从台儿庄向宿羊山方向之部队动作不得力，则八九两军可能全部加入运河车站及其以东，和黄百韬靠得很近，可能妨碍你们全歼黄百韬。（四）如果你们从临城向韩庄、贾汪、柳泉攻击之部队不得力，或动作不适当，不能吸引邱清泉一个军左右去对付该方面；又如果你们派向丰县、砀山方向攻击之部队动作不积极，不能吸引邱清泉一部留在该处，则邱部可能以一个军或超过一个军的兵力进至大许家、八义集、碾庄之线，联接李弥，使李弥能够积极增援黄兵团。（五）陈邓率十一个旅戌支进至涡阳、永城、亳州三县中间地区，争取打孙元良并威胁徐蚌，对于你们作战当然会起很大的配合作用，可能吸引邱清泉一个军及孙元良全部去对付他们。但你们的计划应放在华野自己直接有效地钳制邱清泉上面，才是最可靠的。因为敌处内线，调动灵便，而陈邓对刘峙不能起致命的作用。（六）济南大捷后，干部中可能发生轻敌心理，如果不克服此种心理，则可能影响此次作战。以上数点望注意。"①

10月28日，华东野战军向中央军委报告了歼灭黄百韬兵团的最后部署：以6个纵队另4个旅担任阻援、打援，割裂黄百韬兵团同李弥兵团联系，截断黄百韬兵团退徐州通路之任务，预定7日晚发起战斗。以9个纵队围歼黄百韬兵团，预定于8日晚发起战斗。

毛泽东于10月30日晨5时批准了这个计划，但他的考虑更为周全、慎密，他在复电中说：

> ……计划与部署甚好，请即照此施行。只有一点，分为虞齐两晚发起作战，是否有使黄兵团闻声警觉，于齐日白天你们尚未接近该敌时迅即收缩集结之虞，似不如同时于虞晚或齐晚各处一起动作，使各

---

① 《毛泽东军事文集》第五卷，军事科学出版社、中央文献出版社1993年版，第134～135页。

处之敌同时受攻,同时认为自己处于危险境地,互相不能照顾,要在两三天后才能查明我之主攻方向,但又因为我各部均已迫处他们面前,又已无法互相增援,尤其使黄兵团各部丧失收缩集结的必要时间,极为重要。故此役胜利建筑在两个条件上面,即是:(一)使黄李邱三个兵团及三个兵团中之各军互相不能增援。要达到这一点,除华野全军照俭戌电部署外,陈邓方面亦请于虞日或齐日同时动作。(二)使黄兵团各军没有收缩集结之时间。要达到这一点,就应当在同一个晚上动作,不要在两个晚上先后动作。以上请加考虑酌定。此外,你们后方各事如尚有未处理完毕者,宜交与适当之同志去处理,以便粟谭专心指挥作战。此战打得好,可能歼灭黄兵团八个师,李兵团两个师,冯治安两至三个师,接着不久并可能歼灭东海及两淮之敌,则长江以北之战局便可展开。那时即使蒋介石将锦西、葫芦岛、营口等处之敌全部南调,亦只能布防于长江沿岸,于大局无补。故望你们精心组织这一伟大的战役。又我军今日可占领沈阳,知注并告。①

1948年10月31日23时,陈毅、邓小平致电军委,电文内称:"根据华野部署,我们的作战方案有三:第一方案,如邱兵团仍在砀山地区,孙兵团仍在马牧集以南地区,则我宜照军委电示,以一个纵队直出萧县,进迫徐州;以有力一部出黄口东西,组成向西防御,位于邱兵团之右侧,以迟阻邱兵团东援之目的。第二方案,如邱兵团沿路缩至黄口、徐州之线,孙兵团移至砀山、黄口之线,则我以一部协同三广两纵,钳击邱敌一部,其余全部歼灭孙兵团一部或大部。第三方案,如邱孙两兵团均沿路缩至徐州及其附近,则我只有由西南两面向徐州攻击,以达钳制邱、孙之目的。因华野作战计划中,未派队攻击徐蚌段,我们拟以豫皖苏部队担任之。无论哪个方案,集结永城均属便利。我们力求实现第二方案,因为不仅可能歼敌一部,也能达到钳制邱敌一部之目的。第一、第三两方案,虽都纯是大消耗仗,但我们当动员部队,用一切努力,不顾伤亡,达成钳制邱孙两敌之任务。"

同一天,粟裕向中央军委和毛泽东建议:"此次战役规模很大,请陈军长、

---

① 《毛泽东军事文集》第五卷,军事科学出版社、中央文献出版社1993年版,第153~154页。

邓政委统一指挥。"

11月1日17时30分,毛泽东就指挥权问题复电陈毅、邓小平、粟裕并告华东局、中原局,指出:

"(一)整个战役统一受陈邓指挥。(二)同意陈邓31日23时电,徐州西南我军之动作,依情况在三个方案中选择一个,由陈邓临机决定。"

陈毅、邓小平感到责任重大,于11月2日向中央军委表示:"本作战我们当负责指挥,惟因通讯工具太弱,故请军委对粟谭方面多直接指挥。"

11月5日,黄百韬兵团四十四军从海州撤往新安镇的动向立刻被华东野战军察觉。6日21时,华东野战军向中央军委报告了这一新情况,并同时决定当晚提前发起战役。电报说:

> 淮海战役决仍按已定方针执行,为着驱逐与解决沂河以东沿岸少数土顽,便于掩护架桥和主力开进,今(六)日晚即以鲁纵围歼郯城、大埠之王洪九顽部;六纵围歼马头及南北沿河岸之敌;七纵围歼峄县、枣庄之敌;十纵包围临城,逼独立旅(土顽改编的)起义;广纵及冀鲁豫独立旅向丰县、砀山线前进,以求扫清敌外围。明晚即迫近敌人,封锁消息,八日晚即完成分割包围,晨开攻击。已令淮海分区派队迫近新浦、海州,确实查明情况。如敌确已撤退,好布置接收入城,维持秩序纪律,掌握政策,并控制连云港,向海上布置警戒。另以一部配合滨海地方武装及苏北兵团一部,严防敌四十四军之西进,使其不能迅速与黄兵团会合配合作战。①

毛泽东于第二天晚20时复示,同意此决定,并进一步明确了淮海战役第一仗和第二仗的歼敌任务。电报说:

> (一)完全同意鱼戌电所述攻击部署,望你们坚决执行。非有特别重大变化,不要改变计划,愈坚决愈能胜利。在此方针下,由你们机断专行,不要事事请示,但将战况及意见每日或每两日或每三日报

---

① 《毛泽东军事文集》第五卷,军事科学出版社、中央文献出版社1993年版,第178页。

告一次。

（二）第一仗估计需要十天左右时间，力争歼灭黄百韬十个师（包括四十四军），李弥一个至两个师，冯治安四个师（包括可能起义者在内），刘汝明六个师（包括可能起义者在内），以上共计二十一个至二十二个师。如能达成此项任务，整个形势即将改变，你们及陈邓即有可能向徐蚌线迫进，那时蒋介石可能将徐州及其附近的兵力撤至蚌埠以南。如果敌人不撤，我们即可打第二仗，歼灭黄维孙元良，使徐州之敌完全孤立起来。

（三）为了连续作战歼灭大量敌人之目的，你们应仿照济南战役之办法，对我各作战部队随战随补，随补随战，使部队经常保有充足的兵员和旺盛的士气，此点甚为重要。为此，应将后方补训兵团移到接近战场的位置，以便将已经训练好的新兵及俘虏能够迅速补充部队，同时将此次战役中所获俘虏迅速接收训练及补充部队。①

11月6日，中原战鼓敲响了。华东野战军和中原野战军在东西两个方向同时展开行动。海州、连云港解放，陇海路徐海段被切断，徐州与南京的联系就只剩下一条津浦路了。要斩断津浦路大动脉，毛泽东和刘陈邓等人首先想到的就是宿县。宿县是津浦路上徐州至蚌埠间的重镇，早就是国民党军补给基地，而且又无重兵守备。自10月下旬的电报来往中，毛泽东与刘、陈、邓、粟等多次就在徐埠段歼敌的设想进行磋商。

7日，粟裕等明确提出，中原野战军歼灭商丘、砀山刘汝明部后，以主力直出津浦路徐蚌段，切断刘退路；华东野战军运河以东部队歼灭黄百韬后，即以一部加入运西，歼灭李弥兵团，主力则协同中原野战军攻击徐蚌段，孤立徐州。尔后，或继续歼灭黄维兵团或歼灭蚌埠之孙元良兵团，或者夺取徐州，当依实况而定。

11月8日，粟裕等再次致电军委，提出如老解放区对战争能继续作较大支持的话，建议抑留敌人于徐州及其周围，尔后分别削弱与逐渐歼灭之。

粟裕的建议与毛泽东及刘伯承、陈毅、邓小平的想法不谋而合。

---

① 《毛泽东军事文集》第五卷，军事科学出版社、中央文献出版社1993年版，第177～178页。

11月9日16时,毛泽东致电陈毅、邓小平、粟裕、陈士榘、张震,并告谭震林、王建安,明确规定:

(一)徐州敌有总退却模样,你们按照敌要总退却的估计,迅速部署截断敌退路,以利围歼是正确的。

(二)陈邓直接指挥各部,包括一、三、四、九纵,应直出宿县,截断宿蚌路,四纵不应在黄口附近打邱清泉,而应迅速攻宿县,一纵在解决一八一师后,应立即去宿县。华野三、广两纵的任务,是对付邱清泉,但应位于萧县地区从南面向黄口、徐州线攻击,以便与宿县我军联结。如敌向南总退却时,则集中六个纵队歼灭之。

(三)粟陈张应令谭王集中七、十、十三纵及由南向北之十一纵,以全力向李弥兵团攻击,用迅速手段歼灭该兵团的全部或大部,控制并截断徐州至运河车站之间的铁路,运东主力则歼灭黄兵团。

(四)只要以上几点办到,就能破坏敌人总退却的计划,遭我全部歼灭,并占领徐州。现在不是让敌人退至淮河以南或长江以南的问题,而是第一步(即现在举行之淮海战役)歼敌主力于淮河以北,第二步(即将来举行的江淮战役)歼敌余部于长江以北的问题。

(五)敌指挥系统甚为恐慌混乱,望你们按照上述方针,坚决执行,争取全胜。此时我军愈坚决,愈大胆,就愈能胜利。①

当天23时,毛泽东再次致电粟裕、张震并告华东局、陈毅、邓小平和中原局,提出:"应极力争取在徐州附近歼灭敌人主力,勿使南窜。华东、华北、中原三方面应用全力保证我军的供给。"

至此,最初意义上的淮海战役已发展为南线两大野战军同中原国民党军的一场规模宏大的决战。"小淮海"变成了"大淮海"。

11月16日,毛泽东又致电刘伯承、陈毅、邓小平并告粟裕、陈士榘、张震,谭震林、王建安,韦国清、吉洛,华东局,中原局,豫皖苏分局,苏北工委,华东局,电报说:"各电均悉,处置甚妥。……中原华东两军必须准备在

---

① 《毛泽东军事文集》第五卷,军事科学出版社、中央文献出版社1993年版,第182~183页。

现地区作战三个月至五个月（包括休整时间在内），吃饭的人数连同俘虏在内将达八十万人左右，必须由你们会同华东局、苏北工委、中原局、豫皖苏分局、冀鲁豫区党委统筹解决。此战胜利，不但长江以北局面大定，即全国局面亦可基本上解决。望从这个观点出发，统筹一切。统筹的领导，由刘、陈、邓、粟、谭五同志组成一个总前委，可能时开五人会议讨论重要问题，经常由刘陈邓三人为常委临机处置一切，小平同志为总前委书记。"

这是刘陈邓三位一体中最为辉煌的时期之一。总前委五虎将，特别是刘、陈、邓三常委在战役指挥中与统帅部毛泽东配合默契，珠联璧合。关于刘伯承、陈毅、邓小平三常委的关系，毛毛在《我的父亲邓小平》一书中有着精彩的描写：

"说起他们三个人，也是怪有意思的。三个人都是四川人，都是历经几十年的走南闯北而乡音未改。只不过，他们三个人，一个比一个大几岁，而且，一个人一个脾气。

"刘伯承，高高的个子，戴一副近视眼镜，文韬武略，雅儒温厚。讲起战略战术，精妙高深；谈论问题事物，又常常雅俗并至。那种四川歇后语加幽默形象的比喻，常常出语惊人，令四座喷饭。他的老部下们，常想编一册刘司令员妙语集，可惜又怕那些言语过分形象生动，而无法形诸文字。其时刘54岁已过，是三人中的最年长者。

"陈毅，个子次之，但体胖有加。那圆圆的脸形，厚厚的双下巴，加上一个便便大腹，好一派威风八面，将帅之尊。他是四川人，当然具有四川人的幽默。其实，岂止是幽默，陈毅将军天生就一副潇洒豪爽、谈笑风生的开朗性格。他武，能指挥千军万马，文，则诗兴常发，文章顿成。而且谈天论地，也是妙语如珠，使人听而难忘。这时的陈毅，47岁。

"邓小平，个子又次之，年龄也又次之。这时他44岁，不惑已过。比起刘、陈，邓自有另一番风采。邓不多语，沉稳精明，严肃起来令三军生畏，细致之时体贴入微。他行事果断，意志鲜明，与老友相聚，亦是谈笑风生，用四川话谈古论今，故事可也多着呢。

"邓和刘，相濡以沫，自不必说。

"邓和陈，同是留法勤工俭学生，话题更多一个，关系更深一层。

"要说也可算是天凑地合，中原战场这个总前委的班子，竟然搭配得这么样的巧，这么样的好！"

3. 第一口夹生饭吃下，黄百韬兵团被歼。为选择第二个打击目标，毛泽东与总前委通过无线电波紧急磋商。

11月22日，黄百韬十个师全部解决，毛泽东十分欣慰，第二天亲自拟电祝贺：

"庆祝你们歼灭黄百韬兵团十个师的伟大胜利。……十六天中，你们消灭了刘峙系统正规军十八个整师，并给邱清泉、李弥、孙元良、刘汝明四个兵团以相当打击，占领徐州以南、以东、以北、以西广大地区，隔断徐蚌联系，使徐敌处于孤立地位，这是一个伟大胜利。在战役发起前，我们已估计到第一阶段可能消灭敌人十八个师，但对隔断徐、蚌，使徐敌完全孤立这一点，那时我们尚不敢作这种估计。"前线的辉煌成果超过了毛泽东的估计，他鼓励说：望华野、中野全军，在刘伯承、陈毅、邓小平、粟裕、谭震林"五人总前委（邓为书记）统一领导下，争取新的大胜利"。

要取得新的大胜利，目标是谁呢？蒋介石损失了18个师，还有50个师盘踞淮海平原，打击哪一个兵团最为有利？毛泽东和西柏坡的几大书记在思索，总前委五虎将们也在不时向统帅部报告新情况、新思路。

早在战役打响不久，统帅部与前线将领就讨论过第二阶段行动方案。11月8日，徐州"剿总"第三绥靖区副司令官何基沣、张克侠率2.3万人起义，黄百韬兵团被围，敌淮海战区总司令刘峙急调李弥兵团回防徐州，孙元良兵团由蒙城调回宿县，刘汝明兵团撤至蚌埠。中原野战军3个纵队正向徐州至宿县段逼近。毛泽东认为邱、李两部不敢轻举妄动，老蒋可能对刘汝明不放心而将黄维兵团调至蚌埠地区。毛泽东遂于11月11日17时，致电刘、陈、邓、粟等，在分析上述形势后，指示他们说："在此种形势下，只要你们歼灭黄百韬孙元良两兵团，占领宿县及徐蚌段铁路，徐州就处于被我包围中，就可以准备第二步歼灭邱李，夺取徐州。""在黄孙被歼，邱李被围的情况下，蒋介石有令邱李向南或向西突围，而令黄维接应他们突围之极大可能。因此在歼灭黄百韬、孙元良后，粟陈张、谭王李所部，除以一部位于徐州以东外，主力应迅速移至以宿县为中心之徐蚌路及其两侧，中原我军及华野三、广两纵，则应待粟谭到达徐蚌路后，迅速移至永城、商丘之间，隔断黄维与邱李之联系，完成攻徐作战之战略展开。"

11月14日10时，刘伯承、陈毅、邓小平致电军委，称：

"黄维集阜阳、太和后有三种可能：一是暂停观变，然后决定行动；二有出亳州、涡阳向永城，或出涡阳、蒙城向宿县；三是东开蚌埠，掩护南京。我之方案：1. 如敌出永城或宿县，我以集中一、二、三、四、六、九及华野三、广共八个纵队，歼击黄维为上策。因为黄维在远道疲惫、脱离后方之运动中，只先来三个军七个师，其中强师只有三个，我军也能适时。如能实行此方案，必须华野在三天内，即十六日以前消灭黄百韬三个军以上，使华野能够抽出三个纵队，接替陈谢四纵及华野三、广纵之任务；或现在就有余力能够接替，以便我们及时调动这三个纵队作战。2. 如华野一时尚难歼灭黄百韬主力，而我们又不能不以四、三、广纵拉住邱孙两兵团，则只能以一、二、三、六、九五个纵队除留一部于宿县外，全部担任阻击黄维之任务，以待华野全部消灭黄兵团，再定行动。3. 如黄维暂在阜阳、太和等八军，我则监视之。如黄维移蚌埠，我则仅以一部扭敌，二、六等纵主力移至蒙城地区待机。"

不久，战局的发展使毛泽东放弃了先打黄维，再打邱、李兵团进而拿下徐州的打算，11月18日24时，他致电刘、陈、邓并告粟、谭说：

"现刘峙令黄维由蒙城向宿县，令李延年率三十九军、九十九军由蚌埠经固镇、大店集向褚兰，以上两路均为攻击兵力，令刘汝明由蚌埠向宿县，为宿蚌段的守备兵力。对于上述敌人，我们意见：

"甲、完全同意刘陈邓办法，以一纵在蒙城、宿县间作正面防御，以二、六纵组成突击集团，打黄维后尾，只要能歼其二三个师，就可停止其前进。这是最主要的一着。乙、以九纵对付刘汝明，节节阻止他，不和他打硬仗，着重写信派人劝告刘汝明、刘汝珍、曹福林反蒋起义，同时展开公开的政治攻势。丙、以三纵、四纵再加叶飞一纵对付李延年，不要打得太早，先以小部接敌，逐步后退，诱敌进入大店集一带地区，达到全部歼灭该敌之目的。此战胜利，即协同九纵歼灭刘汝明，打开南线局面。

"谭王指挥之四、六、八、九及十三纵，于歼灭黄兵团余部后，迅速移至徐州、宿县间，作为南线的预备队，准备协同南线各纵歼灭黄维。只要南线各敌约有一半左右被歼，无法北进，北线各敌就成瓮中之鳖，可以逐步歼灭。

"应尽一切努力，控制徐蚌路一段于我手中，务必隔断南北两敌，使之不能会合。

"你们意见望告。"①

11月19日和22日，是第一阶段作战最紧张的时刻，也是毛泽东与总前委五虎将频繁磋商决策先打谁的关键时期，他们一致认为先打黄维兵团。此时，邱、李两兵团正全力东援，而李延年、刘汝明两部正集中固镇附近，李延年有攻击徐州我军侧背的企图，黄百韬所剩兵力不多，但凭坚固守，华东野战军难以同时兼顾，黄维十几万大军已逼近蒙城东西地带。19日10时，毛泽东致电华野并告刘、陈、邓，指出：

> 你们集中二、三、七、十、十二、冀十一、苏十一及鲁中共八个纵，精心组织一次对邱李之作战，以歼其四、五个师为目标，心愿不要太大，你们觉得兵力是否足够。我们觉得最好是使用这样多的兵力，不要增多，以便将谭王五个纵于结束黄百韬后，迅速移至曹村、夹沟地区休整，准备打黄维。刘峙令黄维戌驾到宿县，他是没有估计到中野一纵在蒙城、宿县间的阻击及二、六纵准备对黄维后尾的打击在内，事实上黄维大约要二十三四日才能到宿县，如果我中野一、二、六纵作战得力，还可能使黄维多推迟几天到宿县。如果我陈谢、叶飞准确地歼灭了李延年，又歼灭了或者驱逐了刘汝明，则黄维在宿县即处于我谭王（在夹沟）、陈谢、叶（在固镇）的包围之中，尔后即可全力歼灭黄维，如像在碾庄歼灭黄百韬那样，获得一个伟大胜利。这时对于北面之邱李等部，则取钳制手段，待歼灭黄维后，再打邱李。我们认为你们应按这个方针去部署兵力。假如今晚明晨解决了黄百韬，则驾马两日谭王五个纵在碾庄附近休息，养梗两日即移至曹村、夹沟地区，准备休整一星期左右，即协同中野全力打黄维。这样部署是否适当，望考虑电告。②

这封急电发出不久，毛泽东接到粟、陈、张18日21时电，称华野全力在北线打黄、邱、李兵团，目前不能分兵协力中野打南线之敌。据此，毛泽东于

---

① 《毛泽东军事文集》第五卷，军事科学出版社、中央文献出版社1993年版，第241~242页。
② 《毛泽东军事文集》第五卷，军事科学出版社、中央文献出版社1993年版，第245页。

当天 17 时再电刘、陈、邓、粟、陈、张并谭震林、王建安：

> 顷接粟陈张二十一时电，已知华野全军用于北线打黄、邱、李，目前不能分兵协力中野打南线之敌。应即照粟陈张部署实施。请刘陈邓适当应付南线之敌。但请粟陈张注意对邱、李各军不要打得太多，以先歼一部为宜。①

而在此之前的 19 日 9 时，即毛泽东发出 19 日 10 时电之前，刘、陈、邓向军委建议："综合我当面之敌，有黄维十一个师（五十四军未计入）。我们的打法，须从整个会战和三五个月时间着眼。如华野能于 12 日夜以前解决黄百韬，战局即可过关。届时如果已将邱、李包围，自应继续歼击。如果邱、李缩进徐州，或仅包围一部，则我应歼灭已包围之部，主力位于徐州以南、以东休息，抽出四五个纵队协同我们歼击黄维、李延年运动之敌，尔后攻击徐州。如果于歼黄百韬后，以七八个纵队钳制邱、李，以六七个纵队先打黄维、李延年，似为上策。以我们现有六个纵队，单独对付两路大军困难颇多。如取正面防御，必须分散兵力，不能歼敌，且仍有一路透过增援徐州之危险。如采取机动作战，不受保障徐州作战之限制，则可逐个歼敌，但对粟陈张作战不无影响。如果实行钳制黄维，打李延年五个军，至少需五个纵队，但以一个至两个纵队防御黄维均无把握。依我军态势，如李延年沿津浦东侧急进，很不顺手，故我们仍拟只以九纵与李、刘五个军周旋，集中五个纵队，先歼黄维一两个军，再协同华野对付李延年。实行此方案必须粟陈张对李延年预有处置。是否妥当，请军委速示，粟陈张提出意见。"

8 个小时之后，也就是毛泽东发出第二封电报的同时，刘、陈、邓再次申述他们先打黄维的决心和对战局的分析，电报说：

> 1. 我们决心先打黄维的理由，已详 19 日 9 时电。2. 徐东作战据我们观察，歼黄百韬使用了华野六个较能攻坚的纵队，历时已十二昼夜，尚未解决战斗。如再以其余部队，其中只有两三个较能攻坚纵

---

① 《毛泽东军事文集》第五卷，军事科学出版社、中央文献出版社 1993 年版，第 247 页。

队，加以部队必已相当疲惫，刀锋似已略形钝挫，以之歼击较黄为强的邱、李，诚非易事。我们认为，徐海作战必须从三五个月着眼，必须分作三四个战役阶段，每阶段都需要有休息，整补俘兵，才能保证必胜。因此，在目前情况下，特别是李延年、黄维北进的条件下，最好力争迅速歼灭黄百韬，尔后即将王力集中于徐东、徐南，监视邱李孙三兵团，争取休息十天半月，同时以尚未使用之五个纵队或三个纵队用于南线，协同我们歼击黄维、李延年，这个步骤最为稳当。如我们不这样，过低估计本身困难，而在南线又无保障，两路大敌不北进的情况下，我们六个纵队，除四纵外均六个团，九纵只来五个团，平均每纵不到两万人，炮兵很弱，故只能用于一处。马上打邱、李，既无胜利把握，且可能陷入被动。如何？请考虑。

毛泽东看到刘、陈、邓的意见与他不谋而合，而且他们对战局的看法也很有道理，遂于 19 日 19 时发出了当天的有关打黄维的第三封电报：

> 我们十八日二十四时电和十九日十时电的基本方针是和刘陈邓大体上一致的。本日下午接粟陈张十八日二十一时电，以华野全军使用于打北线邱李孙（我们早几天亦有此主张），并且已经部署好，所以我们于本日下午复电又认为可以按照粟陈张部署实行，而将对付南线黄刘李全责委托刘陈邓。现接刘陈邓 19 日 9 时电，知刘陈邓以主力歼击黄维，以一个纵队对付刘汝明，而无力顾及李延年。在此种情况下，粟陈张方面必须将对邱李孙之作战，在目前短期内只限制于歼敌四五个师的范围，以便抽出必要兵力对付李延年。我谭王五个纵除为解决黄百韬残部所必须之兵力外，余部应即速西移，担负歼灭李延年的任务。只有歼灭了至少阻止了李延年，粟陈张的侧翼才不受威胁，才能保证继续歼灭邱李孙。此事请粟陈张妥善处理，是为至盼。[1]

收到此电后，粟裕、陈士榘、张震于 20 日 2 时致电军委，表示说："我们

---

[1] 《毛泽东军事文集》第五卷，军事科学出版社、中央文献出版社 1993 年版，第 249 页。

完全拥护军委指示对南线先打李延年再打黄维之方针，并已准备派十一纵及十三纵于 20 日晚南下，21 日晚可到时村东西地区待机。为求得迅速歼灭李延年，明（21 日）晚我们尚可从攻碾庄部队中抽一至两个纵队南下，参加歼灭李延年军之末期作战。估计以中野三、四、九纵，加华野两个纵队，可以首先发起战斗。如中野尚有三个纵队担任阻击黄维兵团，尔后攻碾庄之四、六、八、九纵中，可抽出两个或三个纵队，加到对付黄维兵团方面去。我们对邱、李兵团难于截断其退路，只能争取歼其一部，故只使用八个纵队包围、钳制徐州之敌即可。"

到这里，关键性决策已有了眉目，刘、陈、邓、粟、陈、张两个野战军前线统帅与最高统帅部毛泽东和军委共同制定了打黄维兵团的方针，他们都感到黄维就要从淮海战场上消失了。

但是，战局的发展并不容乐观，黄维这块骨头并不好啃。11 月 21 日 5 时，毛泽东提醒粟、陈、张说："现在我们所担心的，是你们歼灭邱、李四五个师（或更少一点），将邱、李打得不能动弹，以便迅速抽出八个纵的主力，连同打黄百韬的各纵主力，去打李延年，这件事是否做得恰好？"

华东野战军根据毛泽东的指示调整了部署，电告军委和刘陈邓称：决定以 7 个纵队监视徐州近郊之邱、李、孙兵团，采取逐次削弱，坚决阻击其南窜，以保证刘陈邓中野歼灭黄维兵团，与南线我军歼灭李延年兵团。

23 日，刘陈邓和毛泽东均复电粟、陈、张等，表示完全同意他们所作部署。

前线负责主攻黄维兵团的中野，在刘陈邓指挥下实施作战部署，21 日黄维兵团由蒙城附近分渡涡河，向据守北淝河的中原野战军展开攻击，23 日渡过北淝河继而向浍河攻击，刘、陈、邓机断行事，放弃南坪集，在浍河以北布置袋形阵地，将黄维兵团诱入"口袋"加以围歼。并于 23 日 22 时致电中央军委说：现歼击黄维之时机甚好，而李延年、刘汝明仍迟迟不进。因此，我们意见除王张十一纵外，请粟、陈、张以两三个纵队对李、刘防御，至少以四个纵队参与歼灭黄维作战。只要黄维全部或大部被歼，较之歼灭李、刘更属有利。如军委批准，我们即照此实行。

前线在等待答复。黄维兵团不是一般的部队，它是蒋介石的精锐之师，它的 12 万大军中，包括全副美式装备的号称国民党军"五大主力"之一的第十八军。而中野虽也有 12 万人，可是装备上特别是重装备处于劣势，要和黄维的 12 万人斗，是需要气魄和胆略的，刘陈邓有这种气魄和胆略。邓小平说过，只要歼灭了南线敌军主力，中野就是打光了，全国各路解放军还可以取得全国胜利。毛泽东和几大书记非常信赖总前委，信赖刘陈邓。9 月中央会议时，毛泽东曾亲口对邓小平说："交给你指挥了。"一年前千里跃进大别山，完成了解放战争战略决战前夕关键的一着，刘邓大军和陈、粟、谭这次也一定能够拿下这口夹生饭，于是毛泽东提笔复电刘陈邓并告粟陈张：

"（一）完全同意先打黄维。（二）望粟陈张遵刘陈邓部署，派必要兵力参加打黄维。（三）情况紧急时机，一切由刘陈邓临机处置，不要请示。"

毛泽东这最后一句话，完全概括了统帅部与总前委、统帅与前线将领之间那种炉火纯青的默契配合。

六、万古滔滔筹韬略

战略大决战后,毛泽东与刘伯承、邓小平、陈毅等,就突破长江天险、解放南中国反复磋商,正在酝酿另一个震撼世界的战略行动

1. 西柏坡。毛泽东和邓小平、陈毅反复磋商。毛泽东紧握邓小平的手说:"交给你指挥了。"

1948年12月17日,华野指挥部,淮海战役总前委召开全体会议,这是刘伯承、邓小平、陈毅、粟裕、谭震林组成总前委指挥淮海战役以来,"五虎将"第一次聚在一起。讨论的题目,既不是淮海决战,也不是要歼灭的杜聿明,而是如何打过长江去。

五天前,毛泽东从西柏坡发来绝密电报,指示他们召开这次会议。淮海战役激战正酣,毛泽东便开始酝酿下一个大动作——渡江战役。12月12日,他电示总前委说:

"(一)黄维兵团歼灭后,请伯承同志来中央商谈战略方针。估计黄维数日内可全歼,邱李则尚须较多时间才能全歼。黄维歼灭后,请刘、陈、邓、粟、谭五同志开一次总前委会议,商好在邱李歼灭后的休整计划,下一步作战计划及将来渡江作战计划,以总前委意见带来中央。如粟谭不能分身到总前委开会,则请伯承至粟谭指挥所,与粟谭见一面,了解华野情况,征询粟谭意见,即来中央。我们希望伯承能于亥皓至亥有间到达中央会谈。

"(二)我们对今后作战方针大致意见如下:甲、在全歼黄、邱、李诸敌后,华野中野两军休整两个月(分为四期,每半月为一期),并大致准备好渡江作战所需诸件(雨衣、货币、炮弹、治疗药品、汽船等)及初步完成政治动员。乙、在江淮间现有诸敌未退至江南的条件下,两军协力以一个月至两个月时间举行江淮战役,歼灭江淮间诸敌,占领长江以北、淮河以南、平汉以东、大海以西诸城镇,主要是安庆至南通一带诸城镇,控制长江北岸。丙、然后再以相当时间,最后地完成渡江的诸项准备工作,即举行渡江作战。其时间大约在明

年五月或六月。丁、华野中野两军协力经营东南，包括皖南、苏南、浙江福建两全省、江西一部，并夺取芜湖、杭州、镇江、苏州、南京、上海、福州诸城而控制之。戊、东北我军协同华北主力，于明年一二两月完成夺取平、津、张、唐任务，三四两月休整，五月沿平汉南下，六七两月执行江汉战役，并完成渡江准备工作，八月渡江。"

电报进一步提出了渡江后的具体行动步骤，并告诫说："上述计划是从军事上、政治上和经济上的许多考虑出发，采取稳扎稳打方针，和我们过去与陈、邓、粟三同志所谈者有些不同，请你们于伯承动身前加以考虑。"

毛泽东最后特别嘱咐总前委："此电只发刘陈邓，请小平负责于粟谭至你处开会时，给粟谭二人一阅，阅后焚毁，保守机密。"①

12月15日黄维兵团就歼后，毛泽东17日又指示"拟请伯承、陈毅二同志偕来中央一商"。

总前委的会议开了整整一天。第二天，两个野战军的统帅刘伯承、陈毅携手北上，于年底抵达中共中央所在地河北平山县西柏坡。

12月30日，毛泽东向全中国和全世界宣布："1949年中国人民解放军将向长江以南进军，将要获得比1948年更加伟大的胜利。""将召集没有反动分子参加的以完成人民革命任务为目标的政治协商会议，宣告中华人民共和国的成立，并组成共和国的中央政府。"

为描绘这一宏伟蓝图，1月6日至8日，毛泽东主持召开中共中央政治局会议，进一步部署作战任务。在这次决策会议上，刘伯承和陈毅作了重要发言，提出渡江战役及夺取全国胜利的总体设想。会议期间，毛泽东与刘伯承、陈毅反复磋商，决定在淮海战役结束后，两个野战军即在陇海线一带休整，时间为两个半月，到3月31日止，并完成渡江作战诸项准备工作，4月初出动，4月份渡江。

1月10日，淮海战役胜利结束，两野战军立即转入休整和准备。

1月底，毛泽东签署新命令：中原野战军改编为第二野战军，刘伯承任司令员，邓小平任政治委员；华东野战军改编为第三野战军，陈毅为司令员兼政委，粟裕为副司令员兼第二副政委，谭震林为第一副政委。

1949年1月21日，蒋介石玩弄花招宣布"引退"，面对厉兵秣马待机渡江南

---

① 《毛泽东军事文集》第五卷，军事科学出版社、中央文献出版社1993年版，第382～383页。

进的人民解放军百万雄师，国民党军极为恐慌，关于长江的布防，是将主力直接配备于长江南岸，还是撤至浙赣线，他们在两策之间举棋不定。而刘伯承、陈毅、邓小平预见，国民党军采取后一部署的可能性较大。如果是这样，则京沪杭一线空虚，我军便可趁机早日渡江，争取在政治协商会议召开之前占领南京，这在政治上、军事上都是非常有利的。为此，总前委于2月4日向中央提议加紧整训，2月底结束整训，提前于3月初向长江北岸出动。并建议先抽林彪、罗荣桓的5个军、6个纵队共40万人，即开至安阳、新乡休整，提前南下。

毛泽东、中央军委2月8日回电，肯定了总前委加紧整训的建议，同时指示，部队"3月仍须整训，并须着重学习政策，准备接收并管理大城市"。总前委详细研究了中央军委电示，一致同意关于学习政策的方针。在渡江战役的时间上，总前委分析了各种因素后，2月9日在给中央的回电中提出了自己的看法：如果部队整训到3月底，4月开始出动，4月底5月初才可能渡江，这样敌人在政治上和军事上会有更多准备。特别是在季节上已届春雨桃汛时间，于我军困难增多，仅在准备上略较充分。但如提早在3月初出动，3月中旬过江，虽在政治、季节诸方面有利，许多必要的准备工作却又来不及。因此，以在3月半出动，3月底开始渡江作战为最好。因为在政治上，以乘敌内部尚未求得一致，对军事部署尚在守沿江南岸和京、沪、杭诸点，或将主力撤至浙赣路沿线两策之间徘徊的时候，实行渡江较为有利；在季节上，4月初水小雨少，更便于作战；在准备工作上，确较仓促，只要前后方加紧努力，当可成行。

这是一个实事求是、令人信服的意见。毛泽东、中央军委经过两天认真研究，于2月11日复电说：

"同意你们三月半出动，三月底开始渡江作战的计划，望你们按此时间准备一切。"

"刘伯承、邓小平、张际春、陈赓四同志参加华东局为委员。""总前委照旧行使领导军事及作战的职权，华东局和总前委均直属中央。"并通知说："二中全会定三月一日开会，会期五天至七天，你们一切工作须于二月二十五日以前布置完毕，除因工作不能到会者外，一切到会的同志均须于二月二十八日到达中央，地点仍在石家庄。"[①]

[①] 《毛泽东军事文集》第五卷，军事科学出版社、中央文献出版社1993年版，第500页。

12 日，毛泽东命令林彪、罗荣桓先出两个军共 12 万人迫近汉口，钳制白崇禧向南京增援。

就这样，百万大军渡江南进的战略计划初步定在 3 月底。

1949 年 3 月 5 日，西柏坡。中共中央七届二中全会召开，群星荟萃，渡江战役总前委刘伯承、粟裕请假，邓小平、陈毅、谭震林出席。会议决定再次重申：人民解放军应争取解放长江以南的华中、华南各省及西北地区。完成渡江后，有步骤地稳健地向南方进军。毛泽东同时宣布了人民中国的建国大纲。

七届二中全会闭幕后，3 月 14 日，毛泽东与四大书记及各大区的主要负责人研究下一步具体计划，包括西北的彭德怀，东北的高岗，华北的聂荣臻，华中的邓子恢和林彪，中原的陈毅、邓小平。毛泽东让邓小平提出华东管辖范围和人事安排。毛泽东对邓小平的"点将"欣然表示赞同。会后，毛泽东再次召集邓小平、陈毅等人小范围商讨渡江作战问题。他握着邓小平的手说："交给你指挥了。"毛泽东确定淮海战役总前委改为渡江战役总前委，仍由邓小平任总前委书记。

2. 为借助天功，邓小平和陈毅建议延期渡江，总前委致电最高统帅部……

在西柏坡时，毛泽东、中央军委和邓小平、陈毅等商讨决定，将渡江时间由原定的 3 月底推迟到 4 月 10 日。因为当时中共中央已同意国民党提出谈判的要求，毛泽东希望通过舌战来缩短战争时间和减少战争破坏，并借此揭穿国民党蒋介石假和平的阴谋，谈判定于 4 月 1 日举行。3 月 17 日，毛泽东在给"三野，并告二野"的电报中说：

"我们与陈、饶、邓、谭共同决定渡江战斗之确定日期为四月十日，而和平谈判的日期则应在四月一日或四月五日，以便在南京代表到达北平开始谈判十天或五天后我军即实行渡江，迫使对方或者签订有利于人民的和平协定，或者破裂和谈担负继续战争的责任！"

3 月下旬起总前委邓小平、陈毅率指挥部队南下蚌埠南郊的西孙家圩，在这个大半是土墙茅舍的小村子里，两位野战军统帅继续研究商讨渡江大计。

长江自古是天险。要一举成功，军事上必须做最充分的准备，有绝对的把握。如果 4 月 6 日发起攻占江北据点，需四五天，尔后还需一段时间疏通港口，掘渠翻坝，布置渡船，以便在渡江前于江北岸一字排开。这样，原定 4

10日的时间太仓促，于是邓、陈建议军委延期。

毛泽东认为，邓小平和陈毅他们考虑得十分细致、周到，遂决定于4月2日发起攻占江北据点，4月13日渡江。

4月13日是不是一个最有利的时间呢？为了确保万无一失，邓、陈在召集三野负责人汇报准备工作时，又做了深入认真研究，发现4月13日正是阴历十六日，月光通宵，担负突击任务的第一梯队无法隐蔽，不能求得战术上的突然性。3月26日，总前委在指挥部召开第二、第三野战军高级干部会议，由邓小平主持讨论渡江作战方案，又把渡江时间拿出来讨论，一致认为推迟两天为好，遂致电军委和毛泽东，请求将渡江时间再向后推迟两天："即15日黄昏发起渡江，此时正值阴历十八日下午9时以前，昏夜甚为有利。"

毛泽东接电后，将前线作战需要与谈判情况结合起来考虑，与四大书记反复磋商，很快批准了这个经过反复推敲的关键时刻。

根据毛泽东的指示，邓小平受总前委的委托，主持并亲自执笔写下了《京沪杭战役实施纲要》，并将4月15日作为正式渡江时间写进《纲要》。这份于4月1日报告军委的《纲要》，3日便获得军委毛泽东的批准。

《纲要》指出，敌军总兵力是24个军44万人，我军三个野战军共计7个兵团21个军100万人。我军占有绝对优势。拟将渡江部队组成东、中、西三大集团，采取宽正面、有重点的多路突击战法。第一阶段达成渡江任务，实行战略展开；第二阶段割裂和包围敌人，切断其退路；第三阶段分别歼灭被围之敌，完成全部战役。歼灭敌军集结于上海至安庆段之兵力，占领苏南、皖南、浙江全省，夺取南京、上海、杭州，彻底摧毁国民党反动政府的政治、经济中心。

4月2日，邓小平和陈毅坐着一节"闷罐"车厢，率新组成的精干指挥所，沿铁路从蚌埠到达合肥，并立即驱车前往瑶岗村总前委指挥部。英勇善战的第二、第三野战军开始进入渡江战役的全面准备。4月上旬，长江上风平浪静，人民解放军百万大军已沿江岸一字排开，一切准备停当。

3. 舌战初有进展。对蒋介石，毛泽东要在政治上做到仁至义尽。为何时发起攻击，在最高统帅与前线将领之间再次开始紧张频繁的电报磋商。

万事俱备，只待令下。不料谈判桌上透出一道曙光，经过周恩来、叶剑英等人的艰苦努力，以毛泽东提出的八项条件为基础起草的《国内和平协定》，将于4月15日正式提交给南京代表团。毛泽东在等待蒋介石的答复。

可是，气数已尽的蒋介石仍在玩弄花招。他一方面由南京政府派代表，假与中共谈判，一方面积极在长江沿线部署江防，他以最后的勇气、最大的努力，准备凭借长江天堑，不惜任何代价，进行负隅顽抗，保住其半壁江山，做与共产党划江而治的迷梦。

毛泽东要在政治上做到仁至义尽。尽管他的部队有像邓小平、陈毅、刘伯承、粟裕这样的高手，渡江准备确保无虞，他与党中央还是决定给南京政府最后考虑选择的时间。毛泽东决定再次推迟渡江时间。这次推迟不是个小问题，前线的胃口已吊了起来，毛泽东要做邓、陈的工作，邓、陈又要做全体将士的工作。

4月10日，毛泽东急电总前委，并告刘（伯承）、张（际春）、李（达）、粟裕："……我们和南京代表团的谈判已有进展，可能签订一个全面和平协定，签字时间大约在卯删（4月15日）左右。如果此项协定签订成功，则原先准备的战斗渡江即改变为和平渡江。因此渡江时间势必推迟半个月或一个月。关于江水情形究竟如何，推迟渡江时间有何不利，望即告，以便决策。"毛泽东在焦急等待总前委的回答。

渡江时机，这也正是总前委邓小平、陈毅着重要掌握好的关键一环，他们立即搜集各方意见，并亲自作实地调查。形势都相当严峻：

二野来电说：4月末5月初长江水势将加速上涨，南风大起，雨多流急浪大，对我渡江阻碍甚多，并且目前粮食已感困难，久则师老志衰。

三野报告说：本月下旬起开始雨季，长江下游现已到桃汛，江水日涨，现有船只三分之二为内河船，江中行驶困难，部队不易展开，粮食困难，如延长一月，将发生许多困难。

二野、三野的上述军情同时上报军委。

总前委本身调查的结果，形势同样逼人：5月的水比7、8月还大，两岸湖区均被淹，长江水面极宽，渡江将发生极大困难。现百万大军拥挤江边，粮食、柴草均极困难，过久推迟，将不得不后撤补就粮草。于是，邓小平、陈毅建议只有在能保证和平渡江的条件下才好推迟时间，宜先打过江去，然后争取和平接收，签字之事，亦应设想敌人翻脸。

前方的急情要求渡江时间不宜推迟过久，而在政治上又必须推迟一段时间，毛泽东和中央军委在反复征询了总前委、二野、三野前委的意见后，兼顾前方军情、水情和国共和谈政治大局，断然下定决心，将渡江时间推迟一周。

这需要极大的战略勇气。4月11日，毛泽东亲自拟电指示总前委："依谈判情况，我军须决定推迟一星期渡江，即由15日渡江推迟到22日渡江，此点请即下达命令。""我方立脚点，必须放在对方反悔上面，必须假定对方签字后不公布，或公布后不执行。那时我方的损失只是推迟了七天渡江时间，此外并无损失。""假定政治上有必要，还须准备再推迟七天时间，即二十三至二十九日，但此刻不作此决定。"

4天后，毛泽东又根据谈判斗争的进展情况，电示总前委并告二野、三野："和平谈判决以4月20日为限期……该日以后我军即须渡江。"一再改变的渡江战役发起日期终于敲定了。在总前委统一领导下，东有粟裕，中有谭震林，西有刘伯承，百万人民解放军已一字排开，箭已上弦，只待令下。

4. 毛泽东叮嘱：下达推迟命令时，要说是"为了友军尚未完成渡江准备工作"，邓小平和陈毅喜欢直来直去，磋商仍在继续……

毛泽东在4月11日的电报中还叮嘱邓、陈说：

"你们下达推迟渡江的命令时，不要说是为了谈判，而要说是为了友军尚未完成渡江准备工作，以免松懈士气。"

邓小平和陈毅感到没有这个必要，他们了解自己的部队，完全相信干部并致力提高觉悟。4月12日，他们以总前委名义，以不同于中央军委的态度，向各部队直接说明真相，完全不回避"为了谈判"，而是正面说清楚渡江与谈判的关系，讲清道理。他们觉得，这样做下面是能够理解的，显示出邓小平、陈毅的风格：

"第二、第三野战军前委、各兵团党委并中共中央军委：

"此次我军推迟一星期渡江，完全是政治上和军事上所必须采取的步骤。但因此也容易产生松懈战斗意志和迷失方向的危险。因此你们必须在师以上干部中说明下列诸点：

"（一）和平谈判颇有进展，有可能在最近签订协定。此种协定实际上就是国民党的投降，故于全局和人民有利。

"（二）我们渡江，应站在政治上最有利的地位的基础上进行渡江，就是说，如果谈判破裂，责在对方；如果协定签字，对方不执行或拖延执行时间，其责任亦在对方。我们在谈判结束（破裂或成立协定）之后渡江，则是理直气壮的，而且当我们在政治上做到这一步时，敌人内部将更加瓦解，好战分子内部更加孤立混乱，不仅争取了主和派，还可能分化一部分主战派。全国人民必更拥护我们，届时无论和平渡江或者战斗渡江都更有利。

"（三）要估计到现在国民党军队大部分还握在蒋介石死党手上，即使签了协定，他们都还有继续抵抗的可能，所以我们一切应从战斗渡江出发。而且因为敌人必然利用此时间加强其沿江军事准备，故我们亦应利用此时间更充分的进行军事准备。如果放松了自己的战斗准备，那不仅错误，而且是危险的。

"（四）如果政治上需要时，还可能再一次推迟几天。所以在部队中要一面防止急性病，一面防止战斗意志的松懈。

"（五）大家最担心季节和江水问题，中央对此亦极重视。计算时间，本(4)月底以前，江水尚不致有大变化。

"（六）时间推迟的另一大问题是粮食、柴草、油、盐，各兵团必须具体计算，拟出办法，望告我们以凭解决。

"（七）在延长渡江的时间内，中心工作仍应放在加强战斗准备，但亦可利用此时间传达二中全会决议。此点请各党委自行斟酌决定。"

这封长电也同时上报军委。毛泽东收到此电后，感到邓小平和陈毅的做法非常之好，两天后复电说：

"总前委，并告二野、三野：

"（一）总前委卯文指示电甚好。请二野、三野即照此指示向师以上干部着重说明推迟渡江时间的理由，加强战斗准备工作，并多筹粮草油盐。（二）渡江时间仍按4月22日（卯养）实施，不要改变。但有可能再推迟几天，即推迟至4月25日（卯有），至迟4月27日（卯感）。是否如此，要待4月18日左右才能确定。（三）昨（13）日起谈判已至正式阶段，我方协定草案已交张治中代表团，并由双方代表团开了一次正式会议。张治中等表示原则上接受我方草案，仅在个别问题上有意见。惟南京李、何、白、顾等是否能拒绝美蒋干涉（此种干涉现已加紧）愿意接受，则尚无把握。我们现要李、何、于右任、居正、童冠贤等五人来北平共商。如彼等不来，则由张治中派人回南京征求意见。如南京根本拒绝不愿签字，则争取张治中代表团签字，然后由我军渡江，威迫南京批准。如南京因受美蒋胁迫不敢批准，并逃往桂林，则将协定公布，号召一切国民党主和派分子拥护协定的执行。万一连张治中也不敢签字，则其曲在彼，我方可将协定草案公布，争取人民及国民党中主和分子及爱国分子的同情，对我军南进甚为有利。而我军损失不过推迟七天或十天至多十二天的时间。"①

4月15日早晨七八点钟：总前委致电军委说：

"江北岸有些据点可于4月20日一夜夺取，有些则需二至三天时间。我们意见争取在谈判上有政治收获，即令军事方面稍有不便，亦是值得的。故主张4月20日行动，凡能一夜夺取者，则一夜夺取之；不能一夜夺取者，应留置之。"

一天后，毛泽东指示邓、陈等立脚点应放在谈判破裂用战斗方法渡江上面：

"总前委，粟张，刘张李：

"……（二）对敌北岸及江心据点，凡能于一夜夺取又利于夺取后第二夜即南渡者，则于渡江前一夜夺取之；凡不能于一夜夺取，又于夺取后需要较多时间做准备工作方利于南渡者，则应提前夺取之，望按实情处理。（三）和平协定最后方案已于昨（15日）夜提交张治中代表团，今（16）日上午黄绍竑飞南京请示。南京是否意向签字，将取决于美国政府及蒋介石的态度。如果他们愿意，则可能于卯哿签字，否则谈判将破裂。（四）你们的立脚点应放在谈判破裂用战斗方法渡江上面，并保证于22日（卯养）一举渡江成功。（五）现请你们考虑者，即假如南京愿意于卯哿签字，但要求于签字后给他们几天时间以便部署，在这种情况下，我军是否可能再推迟三天，即由卯养改至卯有（25日）渡江。这种推迟是否于我军士气及渡江任务之完成上发生妨碍。你们作此种考虑时，仍应假定南京虽然签了字，但汤恩伯等反动将领仍然不愿执行，我军仍需用战斗方法渡江。在此种假定上，如果你们认为不应再推迟，则我们将拒绝南京的请求。只有你们认为推迟至卯有（25日）实行战斗渡江并无妨碍，我们方准备允许南京的请求。如何，请考虑电复。并将近日渡江准备情形，渡江把握程度及需要多少时间才能完成全军渡江等项见告为盼。"②

在未接到此电之前，邓小平和陈毅于15日晚再电请求中央军委：

"……南京至安庆段各点，除金河口、小黄洲、江心洲等因守敌兵力集中，须费时三天以上才能夺取外，其余均可于4月20日一夜或二天便全部夺取。敌江防西段较弱，故突破较易。东段敌较集中，必须准备连续恶战数日，方能突破立足。对4月20日行动，是正式渡江作战之开始，抑或仅做到夺取江北

---

① 《毛泽东军事文集》第五卷，军事科学出版社、中央文献出版社1993年版，第537～538页。
② 《毛泽东军事文集》第五卷，军事科学出版社、中央文献出版社1993年版，第542～543页。

桥头堡后，当需停顿一下，均请能于18日先期再加指示。"

17日，毛泽东命令他们，必须争取渡江一举成功：

他说："谈判至15日已告一段落。16日至20日是给南京考虑决策时间。在此时间内，我军应将一切必须攻占的北岸及江心敌据点全部攻占。20日以后我军何日渡江，完全由我方选择，不受任何约束。我们铣辰电问你们是否可以由22日渡江改为25日渡江，是假定南京同意签字，并且假定20日确实签了字而要求我方给以几天部署时间而说的，并非一定要改至25日。南京是否同意于20日签字，决定于美国及蒋介石的态度，因此把握不大。南京方面认为我军渡江有很大困难，他们不相信我军能够大举渡江。我们估计他们20日以前可能不理我们，要看一下我军能否于20日以后真能渡江。假如我军真能于22日（卯养）渡江成功，则协定仍可能于23、24、25等日签订。故你们应按原计划，确定于22日渡江不要改变，并必须争取一举成功，是为至要。"

当天，邓小平和陈毅先后于1时和13时两次致电中央军委，汇报整个作战部署。18日9时，毛泽东拟电表示同意并鼓励他们，下令渡江，电报说：

"总前委，粟张，刘张李，谭震林：

"（一）总前委篠子篠未两电，粟张篠午电，刘张李篠戌电均已收到阅悉。（二）完全同意总前委的整个部署，即二野、三野各兵团于20日（卯哿）开始攻击，22日（卯养）实行总攻，一气打到底，完成渡江任务以后，再考虑略作停顿，采取第二步行动。请你们即按此总计划坚决地彻底地执行之。此种计划不但为军事上所必需，而且为政治上所必需，不得有任何的改变。至于粟张方面要求提前于16日起攻占江北及江心据点，也是必须的，我们早已同意了。（三）总前委主张待渡江任务完成后，以陈谢三兵团出徽州沿浙赣公路东进；以宋郭九兵团监视芜湖、南京，主力位于南京以南；以陈赓四兵团接替九兵团在芜湖的任务，并准备加入攻南京；王谭七兵团、杨苏五兵团的任务照原规定不变等项，我们认为目前可以照此预拟施行。待粟张方面渡江后所遇敌情变化明了以后，如须有所变更，再按情况临时改变。（四）此次我百万大军渡江南进，关系全局胜利极大，希望我二野、三野全军将士同心同德，在总前委及二野三野两前委领导下完成伟大任务。"[1]

---

[1] 《毛泽东军事文集》第五卷，军事科学出版社、中央文献出版社1993年版，第546页。

七、为惊天动地的举动费思量

为震惊世界的超国界战争大支援，毛泽东和他的元帅们一起作出他们一生中最艰难的抉择

1. 朝鲜战火映红鸭绿江，毛泽东和他的战友们做着各种各样的战争准备。

1950年6月25日凌晨，朝鲜战争爆发。27日，美国总统杜鲁门宣布：他已命令美军介入战争！同时命令美海军第七舰队向台湾海峡开进，企图以武力阻止中国政府解放台湾省。

世界震惊了！更为震惊的还是新成立不到一年的中华人民共和国以及共和国的领导人。

年轻的共和国，刚刚走出战争灾难的共和国，再一次面临战争威胁。6月28日，毛泽东主席立即做出了强烈反应。他警告美国说："全世界各国的事务应由各国人民自己来管，亚洲的事务应由亚洲人民自己来管，而不应由美国来管。"

同一天，政务院总理兼外长、军委副主席、主持军委日常工作的周恩来发表严正声明，指出："杜鲁门27日的声明和美国海军的行动乃是对于中国领土的武装侵略，对于联合国宪章的彻底破坏。"

7月初，美国操纵联合国安理会通过非法决议案，组成"联合国军"，由美国指派司令官统率"联合国军"协助南朝鲜政府军作战。7月7日，周恩来受毛泽东主席的委托，以军委副主席的身份，主持召开"保卫国防第一次会议"，朱德、林彪、罗荣桓、聂荣臻等参加会议。朱德为军委副主席、人民解放军总司令，罗荣桓乃中央军委委员、总政治部主任，聂荣臻乃中央军委委员、代总参谋长。会议做出如下重大决议：

一、部队调动部署。四个军三个炮兵师限7月底全部调往安东辑安、本溪等地集结。

二、指挥机构组织。以粟裕为东北边防军司令员兼政委、肖华为副政委。

三、后勤工作准备。

四、兵员补充准备。统由总后勤部订出实施计划，限期完成。

五、政治动员工作。总的是在保卫国防安全的口号下，进行政治动员，具体计划由总政治部起草一个指示。

决议事项由聂荣臻报告毛泽东，主席批字说："本日会议决议事项同意，请即按此执行。"

据此，中央军委于7月13日命令驻华南地区的原第四野战军十三兵团所属三十八、三十九、四十军和驻黑龙江地区的四十二军组成"东北边防军"，驻扎在邻近中朝边境地区。

8月上旬，朝鲜北方攻占南朝鲜约80%的地区，毛泽东估计朝鲜战局会发生重大的曲折变化，并预见到美军麦克阿瑟可能在仁川登陆。8月5日，他指示东北军区领导人高岗，于8月内完成一切准备工作，待命出动作战，18日，他又指示高岗说："边防军完成训练及其他准备工作的时间可延长至9月底，请你加紧督促，务在9月30日以前完成一切准备工作。"

当朝鲜北方进攻到南朝鲜南端的洛东江一带后，远在中国陕北高原的彭德怀，就对朝鲜局势表示不安，他说："这样向南打下去可能会出问题。"

8月27日，彭德怀收到毛泽东主席的指示电，电报说："德怀同志，为了应付时局，现须集中12个军以便机动（已经集中了4个军），但此事可于9月底再作决定，那时请你来京面商。"

8月23日，朱德、罗荣桓、聂荣臻、林彪等再次出席周恩来主持的军委会议，继续讨论东北边防军工作问题。朱德于9月5日写信给毛泽东主席，在认真分析美军在朝鲜战争中的战略战术后，提出："我们的对策应该是作长期打算。我们除整顿陆军外，应抓紧建设空军、海军以及装甲兵、工兵、炮兵、铁道兵等特种兵。现存的陆军除整编以外，大部分可转为新式兵种。"

9月8日，毛泽东指示驻扎在上海地区由宋时轮指挥的第九兵团于10月底开到徐洛线，将西北地区杨得志的十九兵团调至陇海铁路沿线，集结待命，以做到随时机动。

战争形势正如中国领导人预料的那样，9月15日麦克阿瑟指挥陆、海、空军7万多兵力，在朝鲜的西海岸仁川港登陆，26日攻占汉城，29日，"联合国军"和南朝鲜军队逼近"三八线"。

而在9月20日,中央军委副主席周恩来拟定了关于作战方针的基本原则:"抗美援朝战争应是自力更生的持久作战,在战役战斗中,必须集中兵力与火力的绝对优势,围歼被我分割的少数敌人,逐步将敌人削弱下去,以利长期作战。"毛泽东批准了这一方案。

2. 出兵与选将,毛泽东和将帅们进行艰难的抉择。彭德怀说:出兵援朝是必要的,打烂了,最多就等于解放战争晚胜利几年。

共和国的第一个生日,金日成的告急电报送到毛泽东的书房,朝鲜同志说:

"……在目前,敌人趁着我们严重的危机,不予我们时间,如果继续进攻'三八线'以北地区,则只靠我们自己的力量是难以克服此危机的。因此,我们不得不请求您给予我们以特别的援助。在敌人进攻'三八线'以北地区的情况下,急盼中国人民解放军直接出动援助我军作战。我们谨向您提出以上意见,请予以指教。"

就在同一天,麦克阿瑟判断中国不可能出兵援朝与美作战,遂发出"最后通牒",威逼朝鲜北方"无条件放下武器停止战斗"。

朝鲜存亡危急,出不出兵?谁来挂帅?这些决策已迫在眉睫。这是毛泽东、朱德、周恩来、彭德怀等人一生中最难作出的决策。国内自己的困难且不说,出国与美军这一世界最强大最现代化的军队较量,是胜是败没有把握,一旦失利将愧对国人愧对历史。为了定下这一决策,毛泽东、刘少奇、周恩来、朱德等人多少天睡不着觉,反复研究权衡,日夜焦虑,这个思想准备虽然早就有了,可是最后下这个决心又谈何容易!

早在9月,毛泽东就曾写信给高岗,说看来不出兵是不行了,必须抓紧准备。9月初,受毛泽东之召,正在青岛疗养的徐向前返回北京,住在颐和园内一处僻静的小院里,朱德、贺龙多次和他就军事方面作好准备的问题交换意见,他们一致认为,打了几十年仗,打出了个新中国,不希望再打仗了,但是美帝国主义又要打仗,那就得奉陪到底。毛泽东除了和在京领导人研究外,又请各大军区负责人来京商议。上海市市长陈毅在向毛泽东汇报各方意见时,鲜明表示自己主张出兵,并说:"我如今虽担负地方工作,但只要前线需要,一声令下,我马上可以穿上军装去朝鲜作战!"

可是，事情并不是这么简单。

国庆佳节，毛泽东主持，中共中央领导核心在他的菊香书屋东厢房连夜举行会议，会议一直开到天亮，紧张而严肃的争论在休会中结束。就在会议进行中，10月2日2时，毛泽东密电东北边防军高岗和邓华：

"（一）请高岗同志接电后即行动身来京开会；（二）请邓华同志令边防军提前结束准备工作，随时待命出动，按原定计划与新的敌人作战；（三）请邓将准备情况及是否可以立即出动即行电告。"

10月2日午后3时，中共中央书记处毛泽东、朱德、刘少奇、周恩来、邓小平以及高岗、聂荣臻等在颐年堂开会，讨论出兵时间和谁来挂帅。

挂帅人选原先考虑派粟裕去，而粟裕此时重病在身，难以支撑。毛泽东考虑让林彪去，林彪在整个解放战争时期是东北地区的领导人，志愿军的主力是四野的部队，是林彪的老部下，朝鲜北部的地理环境、民情风俗与长白山地区情形大体相似，志愿军战略后方基地是东北，林彪在这里待的时间长，情况熟悉，特别是原有部队要扩大，几十万大军不好管，林彪才44岁，打仗又狠又刁，花样也多，在党内军内也有很高威望，所以毛泽东、周恩来、朱德都认为林彪领兵入朝最合适。可是林彪本人不同意，这是毛泽东没有想到的。

林彪以一副病恹恹的神态谈了自己对出兵朝鲜的看法。他说，他不赞成出兵，最好不出兵。当然，如果一定要出兵，那就采取出面不战的方针，屯兵于朝鲜北部，能不打就不打，这是上策。他每晚失眠、怕光、怕风、怕声音，不去苏联治病不行了。林彪的态度使毛泽东和书记处非常失望，那让谁去呢？

毛泽东选中了彭德怀，他从自己和彭德怀20多年南征北战的共同战斗中，深知彭老总是大家公认的一位严守党纪、临危不惧、敢于在危急时刻挺身而出、横刀立马的帅才。这次会上，毛泽东说："出兵朝鲜已是万分火急，既然林彪说他有病不能去，我的意见还是彭老总最合适了。"他的话音刚落，朱德总司令脱口而出："对！还是老彭靠得住噢！"就这样中央书记处决定彭德怀挂帅出征，毛泽东让周恩来派专机去西安接彭来京开会。

会上毛泽东提议，将出兵决策电告斯大林，当日晚，毛泽东亲拟电文：

（一）我们决定用志愿军名义派一部分军队至朝鲜境内和美国及其走狗李承晚的军队作战，援助朝鲜同志。我们认为这样做是必要的。因为如果让整个朝鲜被美国人占去了，朝鲜革命力量受到根本的失败，则美国侵略者将更为猖獗，于整个东方都是不利的。

（二）我们认为既然决定出动中国军队到朝鲜和美国人作战，第一，就要能解决问题，即要准备在朝鲜境内歼灭和驱逐美国及其他国家的侵略军；第二，既然中国军队在朝鲜境内和美国军队打起来（虽然我们用的是志愿军名义），就要准备美国宣布和中国进入战争状态，就要准备美国至少可能使用其空军轰炸中国许多大城市及工业基地，使用其海军攻击沿海地带。

（三）这两个问题中，首先的问题是中国的军队能否在朝鲜境内歼灭美国军队，有效地解决朝鲜问题。只要我军能在朝境内歼灭美国军队，主要地是歼灭其第八军（美国的一个有战斗力的老军），则第二个问题（美国和中国宣战）的严重性虽然依然存在，但是，那时的形势就变为于革命阵线和中国都是有利的了。这就是说，朝鲜问题既以战胜美军的结果而在事实上结束了（在形式上可能还未结束，美国可能在一个相当长的时期内不承认朝鲜的胜利），那么，即使美国已和中国公开作战，这个战争也就可能规模不会很大，时间不会很长了。我们认为最不利的情况是中国军队在朝鲜境内不能大量歼灭美国军队，两军相持成为僵局，而美国又已和中国公开进入战争状态，使中国现在已经开始的经济建设计划归于破坏，并引起民族资产阶级及其他一部分人民对我们不满（他们很怕战争）。

（四）在目前的情况下，我们决定将预先调至南满洲的十二个师（五六个不够）于10月15日开始出动，位于北朝鲜的适当地区（不一定到三八线），一面和敢于进攻三八线以北的敌人作战，第一个时期只打防御战，歼灭小股敌人，弄清各方面情况；一面等候苏联武器到达，并将我军装备起来，然后配合朝鲜同志举行反攻，歼灭美国侵略军。①

尽管这封电报没有发出，但一个历史性战略决策正在形成。

---

① 《毛泽东军事文集》第六卷，军事科学出版社、中央文献出版社1993年版，第106～107页。

毛泽东在等待，等待彭德怀的到来。

10月4日下午，彭德怀由大西北飞抵北京，没有来得及喘口气，便直奔中南海。而在此之前，他根本不知道此行的目的。中南海内"丰泽园"的颐年堂，共和国的最高首脑：毛泽东、朱德、刘少奇、周恩来、邓小平、林彪、聂荣臻仍在为是否出兵而激烈争论着。基本上有三种倾向，一种是赞成出兵，但占少数；一种是不出兵，一种是主张暂不出兵，这后两种占多数。此时国内百废待兴，部分地区还没有解放，新解放区尚未进行土地改革，我军的武器装备远远落后于美军，更无制空制海权；有些干部和战士有和平厌战思想等等，所以大多数人赞成慎重从事。聂荣臻后来回忆说，会议中大家发言的倾向是："不到万不得已的时候，最好不打这一仗。""对于这样一场战争，打还是不打，要定下这个决心是很不容易的。"是的，几天来，中央书记处和有关领导整天思考、讨论、开会，翻来覆去地权衡利害关系。

看到彭德怀，周恩来快步抢先出来迎接，与他热情握手，并说："会议在下午3点就开始了，来不及等你。"他们携手走进会议厅，毛泽东招呼彭德怀坐下，对他说：

"你来得正好，美军已开始越过'三八线'了，现在正在讨论出兵援朝问题，请你准备谈谈你的看法。"

毛泽东想听听彭德怀的意见，他必须征得彭德怀的同意。

听毛泽东一说，一直在考虑西北建设开发的彭德怀才明白应召进京是为了这桩大事，并且也是到现在他才知道，中央对出兵援朝有不同意见。由于没有思想准备，他只是静静听着。会议最后，毛泽东说："你们说的都有理由，但是别人处于国家危急时刻，我们站在旁边看，不论怎么说，心里也难过。"

10月5日上午9时，在邓小平的陪同下，彭德怀来到毛泽东的书屋，三个人在沙发上坐下，毛泽东亲切地说："老彭，昨天你没来得及发言。我们确实存在严重困难，但是我们还有哪些有利条件呢？"

听毛泽东这么一问，彭德怀立即说："主席，昨天晚上我反复考虑，赞成你出兵援朝的决策。"

昨天散会后，彭德怀想了很多。后来他回忆说："散会后……当晚怎么也睡不着，我以为是沙发床，此福受不了，搬在地毯上，也睡不着。想着美国占领朝鲜与我隔江相望，威胁我东北；又控制我台湾，威胁我上海、华东。它要发动侵华战争，随时都可以找到借口。老虎是要吃人的，什么时候吃，决定于它的肠胃，向它让步是不行的。它既要来侵略，我就要反侵略。不同美帝国主义见过高低，我们要建设社会主义是困难的。如果美国决心同我作战，它利速决，我利长期；它利正规战，我利于对付日本那一套。我有全国政权，有苏联援助，比抗日战争时期要有利得多。为本国建设前途着想，也应当出兵。常说，以苏联为首的社会主义阵营，要比资本主义阵营强大得多，我们不出兵救援朝鲜，那又怎样显示得出强大呢？为了鼓励殖民地、半殖民地人民反对帝国主义、反对侵略的民族民主革命，也要出兵；为了扩大社会主义阵营威力也要出兵。……我把主席的四句话，反复念了几十遍，体会到这是一个国际主义和爱国主义相结合的指示。'你们说的都有理由'，但如果不把它同朝鲜处于危急时刻联系起来考虑，那就是民族主义而不是国际主义者。我想到这里，认为出兵援朝是正确的，是必要的，是英明的决策，而且是迫不及待的。我想通了，拥护主席这一英明决策。"①

这第一关过去了，毛泽东又问："你看，出兵援朝谁挂帅合适？"

彭德怀只知道征求出兵意见，没有想到会提谁挂帅，又问毛泽东："中央不是已决定派林彪同志去吗？"

毛泽东谈了林彪的情况后说："我们的意见，这担子，还得你来挑，你思想上没这个准备吧？"

彭德怀确实没有这个思想准备，但他只沉默片刻便坚定地说："我服从中央的决定。"

毛泽东一颗悬着的心落地了，他略带感慨地讲："这我就放心了。现在美军已分路向'三八线'北冒进，我们要尽快出兵，争取主动。今天下午政治局继续开会，请你摆摆你的看法。"

5日下午，政治局会议仍有两种不同意见，彭德怀在会上表明自己的态度。他说："出兵援朝是必要的，打烂了，等于解放战争晚胜利几年。如美军摆在鸭绿江岸和台湾，它要发动侵略战争，随时都可以找到借口。如让美国占领了朝鲜半岛，将来的问题更复杂，所以迟打不如早打。"

出兵援朝，彭德怀挂帅就这样定了下来。会后，毛泽东对彭德怀说：给你

---

① 《彭德怀自述》，解放军文艺出版社2009年版，第276页。

10天作准备，出兵时间初步预定10月15日。为保证安全，免遭敌机轰炸，毛泽东要彭德怀的指挥所设在鸭绿江北岸的隐蔽位置，但彭德怀不同意，他主张过江入朝，与金日成在一起，以便统一指挥作战。彭德怀还就宣传报道向主席建议："在战斗打响之前，应绝对保密。打响之后，新华社在报道和广播方面也应注意分寸。要设法转移敌人的视线，使其产生判断上的错觉，以便我军各路部队迅速隐蔽过江，取得战斗的主动权，力争初战的胜利，以提高士气，稳定人心，扭转被动局面。"毛泽东认为彭的建议很好，和自己想到一块儿去了。

10月8日，毛泽东发出《给中国人民志愿军的命令》，任命彭德怀为中国人民志愿军司令员兼政治委员，同时电告金日成，中国决定派遣志愿军入朝作战。

同日，彭德怀飞往沈阳。周恩来受毛泽东之托秘密前往苏联商谈购买苏方武器装备和苏联提出的全力支援中国人民志愿军入朝作战问题。

3. 情况有变，毛泽东令彭德怀两度火速回京，出兵援朝又成问题……

彭德怀到前线的第二天便在沈阳召集志愿军军以上干部开会，各路诸将最担心的是出国作战无有空军支援，面对美国强大的空军，没有制空权和制海权作战将极为困难，9日11时，会议正在进行中，彭德怀和高岗急电毛泽东说："我军出国作战时，军委能派出多少战斗机和轰炸机掩护？何时能出动并由何人负责指挥？盼速示。"

此时，美、韩总兵力已达40万，拥有各型飞机1000多架（海军飞机除外）、各型军舰300多艘。其先头13万多人已越过"三八线"，联军总司令麦克阿瑟再次骄横地向朝鲜北方发出最后通牒，要他们立即放下武器，停止作战，金日成于10日深夜向中国表示："我们决不会放下武器，决不会投降，我们要抵抗到底。"

战局极为危险，彭德怀心急如焚，目前没有空军支援，必须保持地面兵力上的绝对优势。他提出改变计划，急电毛泽东，电报说：志愿军各项出动准备不充分，对美帝坦克尤其空军顾虑很大。炮兵进入阵地运动时无空军和高射武器掩护，顾虑更大。请设法速调一至两个高射炮团。……"原拟先出动两个军、两个炮兵师。恐鸭绿江铁桥被炸毁，不易集中优势兵力，失去战机。故决定将4个军3个炮兵师全部集结江南待机歼敌，改变原定计划，妥否盼示。"

此时，毛泽东也在为空军问题而焦虑。

在收到彭德怀第二封电报不久,毛泽东复电说:"(一)同意4个军及3个炮兵师全部出动集结于你所预定的位置,待机歼敌;(二)已电华东调一个高射炮团10月14日从上海开动赴沈阳转赴前线,请高注意接转;(三)其他各项已另复。惟空军暂时无法出动。"

12日凌晨,毛泽东收到周恩来从莫斯科发来的电报,大意是苏联空军目前尚未准备好,暂时无法支援中国志愿军作战,请中央对出兵问题再作考虑。看到这份电报,毛泽东深感问题更为困难,更为复杂。他和代总长聂荣臻商谈后,决定立即召彭德怀回京,先不要入朝,随即毛泽东起草电令:

(一)十月九日命令暂不实行,十三兵团各部仍就地进行训练不要出动。

(二)请高岗、德怀二同志明天来京一谈。

电报于12日20时发出。

聂荣臻考虑电报比电话慢,还是用电话联系更为确实,毛泽东也同意他的想法,他便离开毛泽东处,于12日晚19时来到军委作战部值班室,尚未停步就问:彭总在哪里?在安(丹)东吧!立即给我接通他的电话!作战参谋接通了彭德怀。聂荣臻接过话筒说:"彭总吗?我是聂荣臻。有新情况,有变化,要请你回北京商谈!明天天气好就去飞机到沈阳接你,听清楚了,嗯!要回沈阳,回北京当面谈,那好,就这样吧!"通完话,他急匆匆去向毛泽东汇报。

当天毛泽东致电华东军区陈毅司令员和饶漱石政委,指示说:10月9日命令暂不执行,宋时轮兵团亦仍在原地整训。在此电以前,同一天,毛泽东曾致电陈毅:请宋时轮兵团提前北上,直开东北,何时能开动请告。

13日上午,彭德怀和高岗回到北京,聂荣臻早已在彭德怀下榻的北京饭店等候,见面后两人单独商谈了作战问题。下午,毛泽东在颐年堂主持中央政治局紧急会议,对出兵和不出兵的利害关系再次展开讨论。当晚,毛泽东致电周恩来,告之斯大林和他中共中央的决定:

"(一)高岗、彭德怀二同志及其他与政治局同志商量结果,一致认为我军还是出动到朝鲜为有利。在第一时期可以专打伪军,我军对付伪军是有把握的,可以在元山、平壤线以北大块山区打开朝鲜的根据地,可以振奋朝鲜人民。在第一时期,只要能歼灭几个伪军的师团,朝鲜局势即可起一个对我们有利的变化。

"(二)我们采取上述积极政策,对中国,对朝鲜,对东方,对世界都极为有利；而我们不出兵，让敌人压至鸭绿江边，国内国际反动气焰增高，则对各方都不利，首先是对东北更不利，整个东北边防军将被吸住，南满电力将被控制。

"总之，我们认为应当参战，必须参战，参战利益极大，不参战损害极大。"①

聂荣臻后来在回忆录中写到："对于打不打的问题，毛泽东同志也是左思右想，想了很久。那时部队已经开到鸭绿江边，邓华同志的先遣队已经做好过江的准备，毛泽东同志又让我给邓华发电报，让他慢一点，再停一下，还要再三斟酌斟酌，最后才下了决心。毛泽东同志对这件事确实是思之再三，煞费心血的。"

出兵决策最后敲定。彭德怀让随行人员连夜电告前线首长，要求各部继续作好出国准备，以防部队对出兵援朝产生怀疑和松懈情绪。

14日，毛泽东与彭德怀、高岗研究确定，已集结在鸭绿江北岸的部队于10月18日或19日分批渡江，并通知陈毅，宋兵团仍照前定计划在泰安曲阜区域集结整训一时期待命开东北。

同一天，毛泽东两次将中共中央决定和作战部署详细电告周恩来和斯大林。

15日，毛泽东致电已到沈阳的彭、高，指示说："先头军最好能于17日出动，23日到德川地区。休息一天，25日开始筑工事制敌先机。第二个军可于18日出动，其余可在尔后陆续出动，10天内外渡江完毕，请酌办。"

16日，彭德怀和高岗赶到安东，17日飞回沈阳，与东北局、东北军区领导人研究作战准备问题。会议期间又接到毛泽东的急电："（一）先头两个军请准备19日出动，明日当再有正式命令；（二）请彭高二同志于明日乘飞机来京一谈。"并告："对出兵时间，以待周（恩来）18日回京向中央报告后确定为宜。"18日清晨，彭德怀与高岗再次乘专机返回北京，当面向毛泽东汇报了渡江部队的情况和邓、洪部的情况。

此时，敌进甚速，平壤再次告急。当晚，毛泽东主持中央会议，周恩来和彭德怀各自汇报了情况，毛泽东最后决断性地说："现在敌人已围攻平壤，再

---

① 《建国以来毛泽东军事文稿》上卷，军事科学出版社、中央文献出版社2010年版，第252～253页。

过几天敌人就进到鸭绿江了。我们不论有天大的困难，志愿军渡江援朝不能再变，时间也不能再推迟，仍按原计划渡江。"

当即，彭德怀根据毛泽东的指示，以毛泽东的名义，起草给十三兵团司令员邓华，副司令员洪学智、韩先楚，参谋长解方及东北军区副司令贺晋年的特急绝密电报。电报说：

"4个军及3个炮兵师决定按预定计划进入朝北作战。自明（19日）晚从安东和辑安线开始渡鸭绿江。为严格保守秘密，渡江部队每日黄昏开始至翌晨4时即停止，5时以前隐蔽完毕，并须切实检查。为取得经验，第一晚（19日晚）准备渡两个至三个师，第二晚再增加或减少，再行斟酌情形。余由高岗、德怀面告。毛泽东，10月18日21时。"

4. 开天辟地第一次出国作战，毛泽东与彭德怀共同探索制胜之路，中苏两国将领发生争持。

彭德怀率军出征后，毛泽东便接连不断地致电指示，21日这一天，毛泽东自2时半至20时，连发4封电报。而彭德怀10月21日上午与金日成在大洞会谈时，双方都没有电台。此时，美军进攻迅速，志愿军已不可能进入原定防御地区，下午电台架好后，彭德怀即急电邓华并毛泽东、高岗，向毛泽东提出："目前应迅速控制妙香山、杏川洞线及以南构筑工事，保证熙川枢纽，隔离东西敌人联络，异常重要。……我能确实控制熙川、长津两要点，主力即可自由调动，集中绝对优势兵力，打击敌人东面或西面一路。"

彭的这一意见和21日晨3时半毛泽东给他的电报指示精神正相符。毛泽东说："请注意控制平安南、平安北、咸镜三道交界之妙香山、小白山等制高点，隔断东西两敌，勿让敌人占去为要。"

同一天，在此之前，他还说："此次是歼灭伪军几个师争取出国第一个胜仗，开始转变朝鲜战局的极好机会，如何部署，望彭邓精心计划实施之。"

因电台未到，彭德怀未能接到这一指示。22日，毛泽东收到彭德怀的电报后，急电彭德怀、邓华等，表示同意彭德怀的意见，他在22日7时的电报中说："似敌暂不去长津，于我有利。但彭电派一个师占领长津及派必要兵力控制妙香山、杏川洞，仍甚必要，请速实行。"两个小时后，毛泽东又指示："敌进甚速，请照彭电立即用汽车运一部兵力去占领妙香山、杏川洞，先运几个营去也好。"在此以前，毛泽东还就指挥及安全问题关切地指示说："邓、洪、韩要迅速与彭会合,在彭领导下决定战役计划并指挥作战,彭、邓要住在一起,不要分散。"

22时戌时,彭德怀就目前战役计划致电毛泽东,提出半年内我军的基本方针,毛泽东复电说,"你的方针是稳当的,我们应当从稳当的基点出发,不做办不到的事。"在预测了朝鲜战局可能之发展后,毛泽东指示:"总之,我们应在稳当可靠的基础上争取一切可能的胜利。"电报最后特别嘱咐"阅后付火"。

10月25日戌时,彭德怀根据敌人兵力分散并且尚未判明中国军队是否入朝的情况,又决意改变作战方案,他致电毛泽东说:"敌以坦克数辆和汽车十数辆组成一支队,到处乱窜。我企图一仗聚歼两三个师甚困难,亦再难保守秘密。故决定以军和师分途歼灭敌之一个团和两个团(今晚已开始),求得第一战役中数个战斗歼灭敌一两个师,停止敌乱窜,稳定人心,是十分必要的。"

毛泽东复电说:"先歼灭敌人几个团,逐步扩大,歼灭更多敌人,稳定人心,使我站稳脚跟,这个方针是正确的。"此后,彭德怀的多数建议和意见都得到毛泽东的肯定甚至赞扬。27日,毛泽东指示:"请按新情况酌定。"28日,他又说:"你们两个新的部署电都是很好的……你们的聚歼部署极为正确。"30日,他说:"你们30日9时的部署是很好的。"11月5日,他说:"同意你的部署,请你按当时情况酌量决定。"

1951年1月4日,汉城解放。5日上午8时,聂荣臻与苏联顾问沙哈洛夫大将等照例到军委作战室听取汇报,沙哈洛夫只听了几句汇报,便走到图板前,指着志愿军和人民军各应向什么地方攻击,想要聂荣臻按他的意见拟写命令发往前线。聂荣臻听后冷静地告诉他说:下一步行动首先要看彭德怀司令员的意见,毛泽东主席正密切注视战局的发展。我军连续两次战役后,未得补充休整即发起第三次战役,后方供应线延长,又无空军掩护。部队越往南进,困难越多,我军有不怕困难英勇善战的优良传统,但领导上考虑作战行动,总要顾及部队实际和后方供应情况。沙哈洛夫没再坚持他自己的意见,他应该清楚志愿军的处境。

第二次战役后,彭德怀建议部队在"三八线"以北休整补充,明年春季再进攻。聂荣臻也向毛泽东建议休整两个月。毛泽东从政治上全局上考虑再打一仗,跨过"三八线",尔后再休整两个月。彭德怀二话没说,在1950年12月31日风雪交加之夜,发起第三次战役,敌人被迫迅速撤至"三八线"。此时，部队伤亡减员增加，供给线延长，敌军握有制空权，时值寒冬，冰天雪地，部队食宿粮弹更为困难，而美韩军队主力未受损失，仍有装备和供应上的优势。于是，彭德怀断然下令于1月8日结束战役，停止追击，转入休整。回国后彭德怀曾在一次会议上说，我打了几十年仗，从来没有害怕过，但部队进到"三八线"以南，我环顾前后左右，作为几十万大军的指挥员，不能不为部队的疲劳、减员和粮弹严重短缺的境况深感忧虑不安。彭德怀曾把当时的军事形势归结为："一线对三线，一军对三军"。即我军只能从陆上战线攻击敌军，而敌军除陆上战线外，还可从朝鲜东西两海岸线上向我攻击；我军只有陆军，敌方除陆军外还有海军和空军。

对于彭德怀的这一做法，苏联驻朝大使拉佐瓦耶夫极力反对，他主张志愿军应继续南进，他认为不应停止，应乘胜追击，世界上哪有打胜仗的军队不追击敌人、不发展胜利成果的呢？这将给敌人以喘息机会，而自己会丧失战机。志愿军入朝初期，苏联驻朝鲜大使史蒂可夫，曾同彭德怀会见交谈过，彼此对战局的看法一致，相处很和谐。第二次战役后史蒂可夫回国，拉佐瓦耶夫继任，双方分歧难以消除。

在国内，沙哈洛夫大将也提出了类似问题。聂荣臻解释说，我军入朝后，伤亡和疾病冻伤等减员已达10万人，补充的兵力尚未到达，后方交通线从50公里已延伸到500至750公里以上，"三八线"南北广大地区为无粮区，冬季严寒，部队吃不好睡不好，体力下降，病员增多。停止前进是完全正确的，对战争要作长期打算，当前急需的是恢复部队的战斗力。沙哈洛夫仍坚持己见。分歧反映到中苏两国最高层，毛泽东和斯大林都一致赞同和支持彭德怀，斯大林赞扬说："真理在彭德怀这一边，彭德怀是当代的军事家。"

彭德怀确实是杰出的军事家。第四次战役第一阶段结束后，鉴于前线面临诸多急迫问题，靠电报难以尽述，彭德怀建议回国当面向毛泽东和中央汇报、请教，毛泽东当即批准。2月20日，彭德怀从成川附近的君子里启程，于21日清晨赶到安东，登上一架里-2型客机，在4架喷气式战斗机护航下，经沈阳降落加油后直飞首都北京，下午即向毛泽东汇报……

八、武仗与文仗

帷幄之中料敌如神。武有炮击金门，文有中美会谈、外交斗争、舆论宣传，毛泽东、彭德怀、陈毅左右开弓，进退自如，演出战争史上罕见的一幕

1. 毛泽东说"不要怕鬼"，彭德怀奉命部署炮击金门、马祖。

中南海，1958年7月18日夜。毛泽东以中央军委主席的身份，召集军委几位副主席和空军、海军的领导人开会，国防部长、军委副主席、主持军委日常工作的彭德怀元帅，军委副主席朱德元帅，军委副主席林彪元帅等与毛泽东共同讨论一个重大问题：炮打金门、马祖，与美国和台湾的蒋介石进行新的较量，按照毛泽东后来的说法是要整美国人一下。严肃而热烈的讨论会上，共和国的军事领导人们做出一项重大决策：在东南沿海实施对金门、马祖炮击。毛泽东说：要以实际行动支援中东地区的反侵略。金门、马祖是中国领土，无论大打还是小打，都是中国内政，帝国主义国家找不到借口。他明确指示：要以地面炮兵为主，准备打二三个月，两个空军师要随时保证投入作战。

毛泽东主持的会议刚结束，彭德怀又连夜主持召开紧急会议，当即传达了中共中央和毛泽东的指示，会议预定1958年7月25日开始对金门、马祖实施大规模炮击。是夜，彭德怀以军委名义打电话指示福建前线指挥部负责人叶飞上将，加紧进行全面准备。

毛泽东、朱德、彭德怀等中央领导人对炮击金门、马祖一事已酝酿了很长时间。

1954年8月，美国政府与台湾当局签订"共同防御条约"，毛泽东和中国政府命令福建前线于1954年9月3日对金门首次实施较大规模炮击。随后，美国不断制造麻烦，公开推行"两个中国"的方针，台湾蒋介石年年发出"反攻大陆"的叫嚣，不断加强金门地面火炮力量，从1957年底不断炮击大陆沿海村镇且与解放军时常展开炮战。是年12月18日，毛泽东指示："考虑我空军

1958年进入福建。"1954年4月,福州军区司令员韩先楚上将、政委叶飞上将,将炮击封锁金门的作战方案上报军委。

1958年炎热的夏季,国际政治舞台风云突变。

5月,美国在台湾成立"美军驻台协防军援司令部"。

6月9日,黎巴嫩人民举行反美武装起义,引发中东事件。

6月30日,中国政府提出美国应在15天内派代表恢复中美大使级会谈的通牒,美国政府拒绝明确回答。

7月14日,伊拉克人民建立伊拉克共和国,15日,美军在黎巴嫩登陆,17日英国出兵约旦,向伊拉克施压,企图扼杀中东人民革命。苏联立即作出强硬反应,实施大规模军事演习。

台湾当局于17日宣布台湾、澎湖、金门、马祖全线处于"紧急戒备状态"。

这一连串的事件,促使中国领导人决定惩罚美蒋在东南沿海的两个守岛。7月16日,中国政府发表声明,要求美军撤出黎巴嫩。同时,毛泽东等人设想在军事上要整一下欺负中国人民多年的美帝国主义。毛泽东说,不要怕鬼,你越怕鬼,你就越不能活,他就要跑进来把你吃掉。我们不怕鬼,所以炮击金门、马祖。

2. 炮兵进入发射阵地,一夜过去,毛泽东突然改变主意。国防部长和军委主席疗养北戴河从容打鬼。

按照毛泽东、彭德怀的指示和部署,7月19日,总参谋长粟裕大将召集海、空军和炮兵等部门的领导人研究炮击金门的具体作战部署。同一天,被毛泽东和彭德怀选定的前线指挥负责人叶飞抵达厦门。

7月26日拂晓,参战炮兵按预定方案全部进入发射阵地。

此时,毛泽东又有了新的想法。27日上午10时,毛泽东致函彭德怀和军委秘书长、国防部副部长黄克诚,毛泽东说:

睡不着觉,想了一下。打金门停止若干天似较适宜。目前不打,看一看形势。彼方换防不打。不换防也不打。等彼方无理进攻,再行反攻。中东解决,要有时间,我们是有时间的,何必急呢?暂时不打,总有打之一日。彼方如攻漳、汕、福州、杭州,那就最妙了。这个主意,你看如何?找几个同志议一议如何?政治挂帅,反复推敲,极为有益。一鼓作气,往往想得不周,我就往往如此,有时难免失算。你意如何?如彼来攻,等几天,考虑明白,再作攻击。以上种种,是不是算得运筹帷幄之中,制敌千里之外,我战则克,较有把握呢?不打无把握之仗这个原则,必须坚持。如你同意,将此信电告叶飞,仔细考虑一下,以其意见见告。①

彭德怀立即打电报给叶飞,向他传达了毛泽东的指示。

形势的发展出乎意料地快。8月8日,美国海军参谋长扬言,美海军正密切注视着台湾地区局势,随时准备登陆。8月11日,美国国务院公布"关于不承认共产党中国政府的备忘录",重申不承认中国,并对中国进行舆论攻击。17日,美国宣布6艘军舰、2000名士兵进驻新加坡,使远东局势更为紧张。台湾当局的"反攻大陆"气焰也更为嚣张,而对毛泽东将要采取的行动仍蒙在鼓里。

毛泽东在观察在等待。

此时,毛泽东、刘少奇、周恩来、朱德、邓小平、彭德怀、林彪等,正在著名避暑胜地北戴河参加中央政治局常委会议,北戴河中区中央负责人的别墅区,是解放前达官贵人和洋人的别墅,只有毛泽东的住处是新建的高大平房。毛泽东、彭德怀等一面开会,一面关注国、共、美三方关系的发展,关注着美、蒋的动向。

8月上旬,福建前线地面炮兵全部进入阵地,一切准备就绪;8月中旬,空军完全掌握制空权。毛泽东看时机已到,于8月20日与刘少奇、周恩来、朱德、邓小平、彭德怀、林彪等人商定,正式决定立即集中力量,给金门国民党军以突然打击,把它封锁起来,只打金门,不打马祖。毛泽东设想说:经过一段时间后,对方可能从金、马撤兵或困难很大还要挣扎,那时是否考虑登岛作战,视情而定,走一步,看一步。彭德怀于8月21日以军委名义下达作战命令,决定以23日开始对金门进行炮击,先打三天,走出第一步,看看台湾当局的动态后,再决定下一步。

当天下午3时,毛泽东、彭德怀、林彪等一起听取刚从福建前线到北戴河

---

① 《建国以来毛泽东军事文稿》中卷,军事科学出版社、中央文献出版社2010年版,第407页。

的叶飞汇报，叶飞汇报完后，毛泽东问道：

"你用这么多的炮打，会不会把美国人打死呢？"

叶飞说："哎呀，那是打得到的啊？"

毛泽东考虑十几分钟又问："能不能不打到美国人？"

叶飞又答："主席，那无法避免！"

毛泽东没再说什么。晚上，林彪知道毛泽东很关注能否避免打到美国人的问题，他很会揣摸毛泽东的想法和意图，便给毛泽东写了一张条子，条子上说，是否可以通过王炳南给美国透露一点消息，王当时正在波兰的华沙同美国进行大使级谈判。看到这个条子，毛泽东没说什么，就让总参谋部作战部长王尚荣拿给叶飞。第二天继续开会，最后毛泽东对叶飞说："那好，照你们的计划打。"他要叶飞留在北戴河与彭德怀住在一起，以便及时商量决策。毛泽东与彭德怀直接指挥前线。

8月23日下午17时30分，459门火炮同时开炮轰击金门，85分钟之内连发3万多发炮弹，国民党军损失惨重，3名中将副司令官当场被炸死。

当天，毛泽东在政治局常委会议上讲，今天开炮，时机选择得当。联合国大会3天前通过决议，要求美、英军队退出黎巴嫩和约旦。美国人霸占我台湾更显得无理。我们的要求是美军从台湾撤退，蒋军从金门、马祖撤退。你不撤我就打。台湾太远打不到，我就打金马。这肯定会引起国际震动，不仅美国人震动，欧洲人震动，亚洲人也震动。阿拉伯世界人民会高兴，亚洲广大人民会同情我们。

毛泽东说，这次炮轰金门，老实说是我们有意制造紧张局势，就是要整美国人一下。美国欺负我们多年，有机会为什么不整它一下。现在我们要观察各方面的反应，首先是美国的反应，再确定下一步的行动，我们现在处于主动，可进可退，游刃有余。美国人在中东烧了一把火，我们在远东烧一把火，看他怎么办。

3. 艾森豪威尔惊呼共产党要解放台湾。美国人套上毛泽东的绞索。毛泽东严肃地说："没有命令不准还击。"

金门被炮击，美国人顿时紧张，艾森豪威尔总统三天三夜睡不着觉，根本摸不着毛泽东的意图，只是推测共产党的大规模陆、海、空作战是要准备解放台湾。24日，美国国防部发表声明，命令第七舰队和在远东的其他海军部队采取"预防性防御措施"。

25日下午，毛泽东继续主持召开政治局常委会，地点就在北戴河海滩游泳场的休息室。毛泽东刚下海游泳回来，穿着睡衣就主持开会，参加会议的有刘少奇、周恩来、邓小平、彭德怀、王尚荣、叶飞、胡乔木、吴冷西。

毛泽东一开始就说，我们在这里避暑，美国人却紧张得不得了。从这几天的反应看，美国人很怕我们不仅要登陆金门、马祖，而且准备解放台湾。其实，我们向金门打了几万发炮弹，是火力侦察，我们不说一定登陆金门，也不说不登陆。我们相机行事，慎之又慎，三思而行。因为登陆金门不是一件小事，而是关系重大。问题不在于那里有9.5万蒋军，这个好办，而在于美国政府的态度。美国同国民党订了共同防御条约，防御范围是否包括金门、马祖在内，没有明确规定。美国人是否把这两个包袱也背上，还得观察，打炮的主要目的不是要侦察蒋军的防御，而是侦察美国人的决心，考验美国人的决心。中国人就是敢于在太岁头上动土，何况金、马以至台湾一直是中国的领土。

金门被封锁，弹药、粮食、燃料补给的运输线完全被切断，台湾当局和美国人都慌了。8月27日，美国总统命令部队协防金、马；29日下达护航命令，并加紧调兵遣将，甚至准备使用战术原子武器摧毁大陆福建军用机场及供应线。9月4日，美国国务卿杜勒斯发表声明，公开对中国进行军事挑衅和战争讹诈。9月7日，美军以军舰护航，组成一支海上大编队，美军舰配置在海上编队左、右侧，美舰和蒋军舰相距仅2海里，由台湾向金门开来，福建前线立即将发现的这一紧急情况报告毛泽东和中央，打不打美舰只有毛泽东和中央最高统帅部才能决定。在此之前的9月4日，周恩来总理发表声明，宣布将领海范围扩大为12海里，未经中国政府许可，一切外国飞机和军用船舶不得进入中国的领海和领海上空。已回到福建前线的叶飞上将就是否对美蒋舰队炮击的事，打电话向毛泽东请示。

毛泽东指示："照打不误。"

叶又问："是不是连美舰一起打？"

毛泽东说："只打蒋舰，不打美舰，并且要等美蒋联合编队抵达金门料罗河港口时才打。"他又指示，你们要每一小时报告一次美蒋联合编队的位置、编队队形、航行情况，到达金门料罗湾时，要等北京的命令才能开火。

叶又问："我们不打美舰，但如果美舰向我开火，我们是否还击？"

毛泽东非常明确地回答说："没有命令不准还击。"

这使叶飞十分为难。命令是由总参作战部长王尚荣以直达军用专线电话转达的，叶飞接到这样的命令极为吃惊，恐怕电话传达命令不准确，铸成大错，再问王尚荣说："如果美舰向我开火，我是不是也不还击？"王回答说："是毛主席命令不准还击，清清楚楚。"

9月7日中午12时整，美蒋海军联合编队抵达金门料罗湾港口，运输船只开始在码头上卸下补给物资，叶飞将情况直接汇报毛泽东，毛泽东下令立即开火。这边一打炮，美舰丢下蒋舰及运输船只立即掉头向台湾方向逃去。这使毛泽东认识到，所谓美台"共同防御条约"是有一定限度的，为了自身利益，美国是不会冒同人民解放军发生直接冲突的危险的。为此，毛泽东发表了他那著名的"绞索"战略。他在9月5日和8日召开的最高国务会议上说，我们炮打金、马，美国人紧张起来，杜勒斯似乎要钻进金、马绞索，把台、澎、金、马全都包下来。这也好，给套住了。我们什么时候要踢他一脚就踢他一脚。我们主动，美国人被动。蒋介石过去给我们捣乱，主要是从福建这个缺口来的。金、马在蒋军手里，实在讨厌。卧榻之侧，岂容他人鼾睡。但是，我们现在不是马上登陆金、马，只是试试美国人，吓吓美国人。但有机会就打。机会来了为什么不把金、马拿回来。其实，美国人心里也怕打仗，所以艾森豪威尔公开讲话时也没有说死要"共同防御"金、马，有点想脱身的味道。采取脱身政策也可以，把金、马11万蒋军撤走就是。赖着不走，就让蒋军待在那里，也无碍大局，美国人给套住就是了。

4. 毛泽东的文仗：陈毅协助周恩来发动外交"炮战"，吴冷西奉命展开宣传攻势。

在毛泽东、彭德怀指挥武仗的同时，陈毅协助周恩来发起外交"炮战"。8月23日夜，福建前线炮击开始，国务院副总理兼外交部长陈毅元帅身着白色西装赴罗马尼亚驻华大使馆参加宴会。他在即兴发表讲话中，针对美国驻兵古巴、"休息和避暑"新加坡，说道："我们中国也派一支军队去外国，找一个地方'避暑'行不行？如果这种道理能成立，那么美国不是在任何时候都可以把它的军队派到任何国家去吗？同样任何国家不也可以在任何时候把军队派到美国去吗？"会后，陈毅对有关同志说："帝国主义搞紧张，我们就搞缓和，他再搞紧张，我再搞缓和；如果他还硬要搞紧张，那我们就比他更紧张！——最经不起紧张的还是帝国主义。"

9月9日，杜勒斯在记者招待会上迫于国内外压力表示愿意恢复同中国的大使级华沙会谈。但是会谈在9月15日复会后，美方在会上又要求台湾海峡立即"停火"，以保护它在台湾的"盟友"。对此，毛泽东带着讽刺性的口吻说："无火而谈停火，岂非说笑。"陈毅则在公开场合组织反击。9月20日，他受毛泽东、周恩来委托发表声明，他说："消除台湾海峡紧张局势的关键，不是什么停火问题，而是美国军队撤出台湾地区的问题。中美之间没有打仗，根本谈不上什么'停火'。中国人民不论用何种方式解放自己的领土，都是中国人民自己的事情。"

与此同时，王炳南在华沙也按此精神进行了驳斥，并提出了和平解决争端的积极建议。

毛泽东还有另外一手，即宣传斗争。决定炮击金门后，毛泽东召新华社社长吴冷西火速赶到北戴河，对他说，找你快来参加会是要你了解这突发事件。你的任务是要新华社迅速、广泛收集国际反应，重大反应要用电话传到北戴河来，报道和评论暂时不搞，观察几天再说，这是纪律。他强调说，要告诉新华社、《人民日报》和广播电台的编辑部，务必服从命令听指挥。部队如此，新闻宣传单位亦如此。

毛泽东接着说，前几天在中央工作会议开始时，我讲了八个国际问题，这些问题多年来一直在脑子里转来转去，逐渐形成一些看法、观点，思想就开朗了。但是这些观点在对外宣传中不能不分时间、地点和盘托出，要有所区别。比如，我说大战打不起来，但军事工作中要有打起来的准备，宣传工作中要讲战争危险，号召反对帝国主义侵略政策和战争政策，维护世界和平。又如谁怕谁多一点，我说帝国主义比我们多怕一点，但宣传上应讲我们一不怕战争，二反对战争。又如我说紧张局势对世界人民也有有利的一面，但宣传上就要讲反对帝国主义制造紧张局势，争取缓和国际紧张局势。诸如此类，这个世界上坏事太多，我们如果整天愁眉苦脸，就在精神上被压垮了。我们要学会用分析的方法，看到坏事有两重性，看到紧张局势固然是坏事，但它又可以促使许多人觉醒过来，下决心同帝国主义斗争，这又是好事。

毛泽东又说，这次炮击金门，就是要整一下美国人，但在宣传上，我们还是谴责美国在台湾海峡制造紧张局势。这也不冤枉他。美国在台湾有几千驻军，还有两个空军基地。美国最大的舰队第七舰队经常在台湾海峡晃来晃去。

这就是证明。

8月25日，毛泽东又说，现在宣传上要打外围战，等美国、蒋介石以及世界各国的动向摸清楚之后，再开始就炮打金门问题发表评论或文告。现在要养精蓄锐，引而不发。彭德怀提出，对金、马前线官兵的英勇作战，可以写些通讯报道，但要注意保密。

9月4日的政治局常委会上，毛泽东又说：我们还准备另一手，通过即将在华沙恢复的中美会谈，以外交斗争配合福建前线的斗争。有武戏也有文戏。我们还有一手，就是宣传斗争。现在宣传上可以大张旗鼓地谴责美国在台湾海峡制造紧张局势，要求美国军力量撤出台湾和台湾海峡，强调台湾及沿海岛屿是中国领土，炮打金、马是惩罚蒋军，是中国内政，任何外国不得干涉。

毛泽东还在中央军委《关于对台湾和沿海蒋占岛屿与军事斗争的指示》上批示说："由于对台湾和沿海蒋占岛屿的斗争是一个复杂的国际斗争，对各方面的影响很大，因此，一切重要的行动和宣传（文告、谈话、口号、社论、新闻、广播）都必须遵守集中统一的纪律，不得自作主张。"

5. 美蒋争执愈演愈烈，毛泽东要"偃旗息鼓，观察两天，再作道理"。彭德怀制定"打而不登，封而不死"的决策。

解放军的炮击和国内反对，促使美国改变做法，私下劝说台湾当局从金、马撤兵，搞沿海岛屿中立化，而它自己既可以在军事上避免卷入远东战争，又可在政治上隔离台湾，利用台湾和澎湖列岛在历史上曾被日本割占的事实，制造"台湾地位未定论"。而蒋介石则清楚地知道，金、马已成为台湾与大陆在地域上和政治上的最后纽带，如果放弃两岛屿，等于放弃对大陆其他地区的主权主张，对这一重大问题决不能退让一步。他还想方设法把美国拉入中国的内战中来。9月17日，台湾当局声称反对金、马"中立化"。29日，蒋介石亲自出马，举行中外记者招待会，声称：台湾决心固守金、马，甚至决心独立作战。30日，杜勒斯在未征得"盟友"意见的情况下，以教训的口吻说，如果在台湾海峡地区获得相当可靠的停火，那么仍然在金门、马祖等岛屿保持庞大的军事力量是愚蠢、不明智和欠谨慎的。蒋介石在台湾立即进行反驳，指出杜勒斯9月30日的谈话只是片面的声明，台湾当局并无接受的义务。同时，蒋介石偕夫人宋美龄亲临金门地下战壕巡视，并派蒋经国三次赴金门慰问军队，鼓舞士气，摆出了不惜一切死守金门的强硬姿态。

这些新动向使毛泽东重新考虑战略。9月下旬到外地视察工作的彭德怀回家参加国庆大典。10月5日,毛泽东致函彭德怀和黄克诚。

德怀、克诚同志:

不管有无美机美舰护航,10月6、7两日,我军一炮不发;敌方向我炮击,我也一炮不还。偃旗息鼓,观察两天,再作道理。空军必须防卫,但不出海。还有一事:两天中,不要发表公开声明,因为情况如何,尚待看清。以上请即令行。或者即以此信转发叶飞、韩先楚。

此件处理后,送总理阅。

毛泽东
10月5日上午8时①

随后,彭德怀、黄克诚根据毛泽东的战略意图,确定了"打而不登,封而不死"的决策,对此,毛泽东作了充分肯定和详细说明。他说,对于杜勒斯的政策,我们同蒋介石有共同点:都反对两个中国,他自然坚持他是正统,我是匪;都不会放弃使用武力,他念念不忘反攻大陆,我也绝不答应放弃台湾,蒋介石"反攻大陆"连杜勒斯也说"假设成分很大"。剩下的问题是对金、马如何?蒋介石是不愿撤出金、马的,我们也不是非登陆金、马不可。可以设想,让金、马留在蒋手里,如何?这样做的好处是金、马离大陆很近,我们可以通过这里同国民党保持接触,什么时候需要就什么时候打炮,什么时候需要紧张一点就把绞索拉紧一点,什么时候需要缓和一下就把绞索放松一下,不死不活地吊在那里,可以作为对付美国人的一个手段。我们一打炮,蒋介石就要求美国人援助,美国人就紧张,担心蒋给他闯祸。对于我们来说,不收复金、马,并不影响我们建设社会主义,光是金、马蒋军也不致于造成多大的危害。反之,如果我们收复金、马,或者让美国人迫使蒋从金、马撤退,我们就少了一个对付美、蒋的矛盾,事实上形成两个中国。

10月6日清晨,毛泽东写就《告台、澎、金、马同胞书》,请陈毅等去研

---

① 《建国以来毛泽东文稿》中卷,军事科学出版社、中央文献出版社2010年版,第434页。

讨，大家认为写得精彩之至。写完此件后，毛泽东又致函彭、黄并转发韩、叶，信中说："昨天我说不发声明，看两天再说，随后想了一下，还是先作声明为好，所以有告台湾同胞书。此件即将发出，请福建前线广播电台多播几次，为盼！"

《告台湾同胞书》当天以国防部长彭德怀的名义发出：

台湾、澎湖、金门、马祖军民同胞们：

我们都是中国人。三十六计，和为上计。金门战斗，属于惩罚性质。你们的领导者们过去长时期间太猖狂了，命令飞机向大陆乱钻，远及云、贵、川、康、青海，发传单，丢特务，炸福州，扰江浙。是可忍，孰不可忍？因此打一些炮，引起你们注意。台、澎、金、马是中国领土，这一点你们是同意的，见之于你们领导人的文告，确实不是美国人的领土。台、澎、金、马是中国的一部分，不是另一个国家。世界上只有一个中国，没有两个中国。这一点，也是你们同意的，见之于你们领导人的文告。你们领导人与美国人订立军事协定，是片面的，我们不承认，应予废除。美国人总有一天肯定要抛弃你们的。你们不信吗？历史巨人会要出来作证明的。杜勒斯九月三十日的谈话，端倪已见。站在你们的地位，能不寒心？归根结底，美帝国主义是我们的共同敌人。十三万金门军民，供应缺乏，饥寒交迫，难为久计。为了人道主义，我已命令福建前线，从十月六日起，暂以七天为期，停止炮击，你们可以充分地自由地输送供应品，但以没有美国人护航为条件。如有护航，不在此例。你们与我们之间的战争，三十年了，尚未结束，这是不好的。建议举行谈判，实行和平解决。这一点，周恩来总理在几年前已经告诉你们了。这是中国内部贵我两方有关的问题，不是中美两国有关的问题。美国侵占台澎与台湾海峡，这是中美两方有关的问题，应当由两国举行谈判解决，目前正在华沙举行。美国人总是要走的，不走是不行的。早走于美国有利，因为它可以取得主动。……中华人民共和国与美国之间并无战争，无所谓停火。无火而谈停火，岂非笑话？台湾的朋友们，我们之间是有战火的，应当停止，并予熄灭。这就需要谈判。当然，再打三十年，也不是什么了不起的大事，但是究竟以早日和平解决较为妥善。何去何从，请你们酌定。

中华人民共和国国防部部长　彭德怀
一九五八年十月六日上午一时①

后来陈毅谈到这篇文告时说："毛主席的文章做得很妙。我们在金门打打停停，不是'送瘟神'，而是要'留瘟神'，杜勒斯脱身不得，还得替我们约束蒋介石不要闯祸。"

10月13日，彭德怀再次发布出自毛泽东之手的命令，宣布再停止炮击两星期。明确告诉两岛，这样做是出于民族大义，而对付美国人则唯有一条原则："中国内政，外人无权过问，联合国也无权过问。……金门海域，美国人不得护航，如有护航，立即开炮。"

6. 美、蒋不听招呼，毛泽东安排战争史上罕见的戏剧性情节，共和国的将帅们使打炮成为国、共、美三方之间特殊的对话渠道。

对于毛泽东的呼吁，美、蒋依然我行我素，蒋介石说这是"中共的骗局"，是"发动新攻势前的喘息"，又说是"无条件投降"，态度更为顽固，拒不接受和谈，美国则派杜勒斯准备再赴台湾，又命其军舰为台湾护航。为此，毛泽东、彭德怀指示前线，在杜勒斯访台的前一天即10月20恢复炮击，以示惩罚。这是美、蒋所没有料到的，杜勒斯原打算以海峡两岸事实上已"停火"为借口，对蒋介石施压，迫使其从金、马撤军，毛泽东的这一炮使得蒋介石又有了不撤退的理由，所以杜勒斯也就不好再提撤军之事了。

但是，毛泽东的问题并没有解决，美国要求实现"永久停火"，台湾蒋介石又拒不和谈，共和国的领袖又有了新招。10月21日，就在杜勒斯访台的当天，毛泽东召开政治局常委会议。他说，美蒋关系存在着矛盾，打而不登，断而不死更可以宽大些，以利于支持蒋介石抗美。我们索性宣布，只是单日打炮，双日不打炮，而且单日只打码头、机场，不打岛上工事、民房，打也是小打小闹，甚至连小仗也不一定打。从军事上看，这似乎是开玩笑，中外战史上

---

① 《建国以来毛泽东军事文稿》中卷，军事科学出版社、中央文献出版社2010年版，第438～439页。

从来未有过，但这是政治仗，政治仗就得这样打。他还说，现在我们手里只有手榴弹，没有原子弹，打金、马蒋军好办，但跟手里有原子弹的美国人打仗，就不是好办法。将来大家都有原子弹了，也很可能都不打原子弹了。

大家都认为毛主席的提议很妙，刘少奇和邓小平提出是否发表一个正式声明，宣布双日不打，单日打，毛泽东说，恐怕有这个必要。

10月25日，彭德怀命令国防部宣布："逢双日不打金门的飞机场、料罗湾的码头、海滩和船只，使大金门、小金门、大担、二担大小岛屿上的军民同胞都得到充分的供应，包括粮食、蔬菜、食油、燃料和军事装备在内，以利你们长期固守。如有不足，只要你们开口，我们可以供应。化敌为友，此其时矣。逢单日，你们的船只、飞机不要来。逢单日我们也不一定打炮，但是你们不要来，以免受到可能的损失。"毛泽东在这份以彭德怀国防部长的名义发表的《再告台湾同胞书》中提醒美国人说："不打飞机场、码头、海滩、船只，但以不引进美国护航为条件。如有护航，不在此例。"

10月31日，毛泽东又致函周恩来、陈毅和黄克诚说：

> 应将逢双日不打的地方加以推广，就是说，逢双日一律不打炮，使蒋军可以出来活动，晒晒太阳，以利持久。只在单日略为打一点炮。由内部通知福建实行，暂不再发声明。待有必要，再考虑发一声明。此事，请你们商量酌定。①

此后，打炮成为毛泽东和将帅们与美、蒋斗争的重要对话渠道。

---

① 《建国以来毛泽东军事文稿》中卷，军事科学出版社、中央文献出版社2010年版，第450页。

第二篇

风云际会

一、"朱毛红军"的曲折经历

朱德、毛泽东、陈毅和林彪在红四军那段不寻常的经历，耐人寻味

1. 出击湘南之争，八月兵败，未曾实施的处分：陈毅、朱德被"留党察看3个月"，日后元帅们释然解禅机。

1928年春，井冈山。

毛泽东率秋收起义的队伍，朱德、陈毅率南昌起义的部队和湘南农军，两支新生的红色之旅，摆脱失败的阴云，组成闻名世界的"朱毛红军"，成为纵横湘赣闽粤、威震全国的红色游击兵团。按照红军的编制序列，这支队伍起名叫红四军，毛泽东、朱德、陈毅是红四军的核心和灵魂。

当时，他们风华正茂，才华横溢。

朱德，年龄最大，42岁，有着富有传奇色彩的经历。辛亥革命时已是闻名遐尔的名将，南昌起义的领导人之一，曾出洋法德等国，到苏联研究军事和作战，对游击战争有着独到见解，提出过"打得赢就打，打不赢就走的"作战原则。长期搞军事，战争经验丰富，性格沉稳、冷静，为人淳朴、憨厚。

毛泽东，34岁，中共一大代表，由中共中央派到长沙组织"秋收起义"的。他虽然对革命怎么搞法心里没底，但博学多思，他那独特的军事智慧、政治智慧和战略智慧，能及时从政治方向和战略上提出问题，有红军诸葛亮之美誉。

陈毅，只有28岁，少年气盛，性格豪放、豁达、洒脱，能文能武，随朱德参加南昌起义。

不能不提到的还有另外一位，那就是林彪。他是"科班"出身，黄埔四期学生，参加过第二期北伐，后参加南昌起义，曾在朱德指挥下作战。军事上有一套，但性格孤僻，让人感到高深莫测，凛然难犯。起初是二十八团的直属营长。

朱毛红军5月会师，走过井冈山美好的全盛时期，但不久就陷入困境，幼小的红军组织内部出现分歧，发生争论，领导人之间在一些重大问题上意见也不一致，红四军与它的上级组织——湖南省委等也有矛盾，到8月，朱德、陈毅率领的一部兵力惨败湘南。

会师之初，毛泽东、朱德提出并实行在罗霄山脉中段建立根据地，发动群众实行土地革命，红色区域波浪式推进。正是这一方针，带来了六月鼎盛。1928年6月底，受湖南省委派遣，杜修经以巡视员身份二上井冈山，带来省委给红四军的信，信中要求红四军："占永新县后，立即向湘南发展，与三十、三十三团相联后，帮助湘南党部努力于最短期间发动耒阳、永兴、资兴、郴州的群众力量，以造成四县的乡村割据，对衡阳取包围形势，然后用全力向茶陵、酃县、攸县、安仁发展，以与湘东暴动相联系。"并要求红四军"毫不犹疑的立即执行！"信中还说，省委决定"成立四军前敌委员会，指挥四军与湘南党务及群众工作"，"前敌委员会，省委指定下列同志组织之：泽东、朱德、陈毅、龚楚、乔生及士兵同志一人，湘南农民同志一人组织之，前委书记由泽东同志担任，常务委员会由三人组成：泽东、朱德、龚楚，并派杜修经同志前来为省委巡视员，帮助前委工作。"①

接到此信时，毛泽东正主持召开湘赣边界特委、四军军委、永新县委联席会议，会址设在永新县城商会楼，会议围绕着湖南省委的信，展开了激烈的争论，省委巡视员袁德生，杜修经不顾客观形势，极力要求坚决执行湖南省委关于红四军主力前往湘南的决定。毛泽东、朱德、陈毅从当时情况出发，认真权衡各方面的利弊得失，认为敌人内部暂时稳定，军阀混战暂时停止，而湘南之敌兵力更强大，实力大于赣西敌军七八倍，离开地形高险、群众基础好的井冈山而去湘南，有很快被消灭的危险，并将失去井冈山大本营。毛泽东、朱德、陈毅等多数人顶住湖南省委的压力，仍决定坚持罗霄山脉政权的计划，以红四军军委和湘赣边特委的名义报告湖南省委，提出："请省委重新讨论，根据目前情形，予以新的决定。"

不久，湘赣敌军"会剿"井冈山，红四军分兵两路迎战，毛泽东率三十一团留永新对付即将来犯的赣敌，朱德、陈毅率军部并二十八团、二十九团跨入湖南

---

① 《毛泽东年谱》（1893—1949）上卷，人民出版社、中央文献出版社1993年版，第247～248页。

境内进攻湘军后方营地,迫使敌人回援。7月12日朱德率部攻克酃县县城,迫敌回援,便准备增援永新。就在这时,风波骤起,二十九团在党代表龚楚鼓动下,要求打回湘南老家。该团是湘南起义留下来的老部队,许多人思乡心切,地方主义情绪陡然高涨,湖南省委要求四军毫不犹豫地向湘南发展的消息早已传开。

朱德、陈毅得知内情后,立即写信给在永新的毛泽东,并当即召集军委扩大会,反复解释,做说服工作,但龚楚等人自行其是,党委会难以发挥作用。据当事人杨克敏的报告说:"多方面解释阻止,无效,后又由朱德召集士兵演讲亦无效,他们总要去。他们说官长如果不允许他们去,他们就缴了枪单身去。因为那时永新告急,遂川亦增了兵,大部军队如去湘南,边界有立即丧失的危险,所以军队当时负责的同志都感到非常棘手。后来经过千言万语的解释,说暂时回去解了井冈山之危,再回湘南不迟,勉强将军队开出"。走到沔渡时,二十九团官兵又大闹不止,红四军中再一次出现混乱,陈毅作为军委书记再次召集军委扩大会议,要求整顿红军纪律和确定行动方向,出席会议的100多人,在龚楚等人煽动下,绝大多数不愿回井冈山,举手表决时,一下举起80多只手同意回湘南。

朱德一看难以制止,提出暂不就此问题作出正式决定,先应报告特委及毛泽东同志,决定由杜修经亲自跑去送信。龚楚对杜说:"你去吧,我们等你一天,你不来我们也走了!"杜第二天赶到茅坪,毛泽东已去永新,新任特委书记杨开明对他说:"你们既然决定了,就走吧!老毛那里我跟他说一下。"

与此同时,军委已正式决定同意二十九团回湘南,二十八团也同去,取消了前委,组织了湖南省委委任的新前委,陈毅为书记。这正是陈毅后来常检讨的,两次被推举代替毛泽东为前委书记中的第一次。这也是朱德、陈毅在大势已去的条件下,第一次随部队执行错误行动。

毛泽东接到朱、陈的信后,即刻派江华带着他的亲笔信去追赶部队,希望朱德、陈毅耐心说服部队,如果此刻离开边界去湘南,必然会被敌人各个击破。为此,由陈毅提议,杜修经主持,召开连以上干部会,朱德提出要按毛泽东的意见办,不要去湘南,劝大家赶回去解永新之围。但多数人认为事已至此,只能朝前走,终没能挽回。[1]

---

[1] 《毛泽东年谱》(1893—1949)上卷,人民出版社、中央文献出版社1993年版,第250页。

7月24日攻打郴州，原以为是许克祥的部队，攻城命令下达后才发现是范石生的部队，这是朱德最不愿看到的事。范石生曾与朱德有约，今后彼此相遇时，不相互攻打。这完全出乎意外的险情使朱德军长十分为难，反复考虑后，他说："不打了吧！"杜修经却说："已经打响了，就打吧！"郴州不到一天就打下来了。此时，陈毅高烧不止，头昏目眩，舌燥唇焦，难以支撑。范石生的部队实力远超过红军，天刚擦黑就大举反攻，而二十九团农民意识严重，进了郴州就想打宜章，部队四散，临时召集已无战斗力，打到最后，二十八团损失不大，二十九团只剩肖克的一个连和团部几个人，部队怨声载道。

不久，二十八团的一个营长袁崇全叛变革命，部队领导人在对袁的处理上发生分歧，陈毅等要求将其枪毙，朱德不同意，最后召开紧急前委会议，决定将他改任无指挥权的团副，但朱德没有向下面宣布。

残酷的斗争现实，使前委书记陈毅深感自己作为前委书记领导不力，已多次向部队作过检讨，遂商定召开党员代表大会，会上陈毅检讨了自己此前作为前委书记，对错误倾向制止不力，对部队的惨重失败负有重要责任，会上不少人对朱德、陈毅提出尖锐批评，有的甚至要求将朱德、陈毅撤职查办，最后决定分别给予两位领导以"留党察看3个月"的处分，但处分决定似未得到批准和执行。

就在朱德、陈毅所部兵败湘南的时候，国民党军乘机猛然攻击永新、莲花、宁冈等地区，边界遭到严重失败。这与湘南失败一起合称为"八月失败"。为保存实力，毛泽东率三十一团一部退居永新的小江区，直到8月底才与朱德、陈毅在桂东相会。对于此次失败，毛泽东态度和婉而关切，指示部队说，失败和错误让二十八团去说，并对朱、陈说："你们不走就好了。"陈毅向毛泽东报告了部队失控和先胜后败的情况并作了自我批评。随即召开前委扩大会议，决定一起重回井冈山，取消前委，成立以毛泽东为书记的行动委员会（行委）。

陈毅和朱德虽受到处分，但"八月失败"主要责任不在两位领导，若干年后，毛泽东曾对江华说："主要是湖南省委、湘南特委的问题，军队内部也有责任，二十九团的龚楚，还有些人附他，结果去了湘南，就失败了。"1962年已是元帅的朱德总司令说："'八月失败'是湖南省委代表杜修经起主要作用。当时军队由特委指挥，湖南省委要部队回郴州，在战略上不对。"

2. 红四军的争论。毛泽东受到平生第二次大处分，朱德被书面警告。陈毅组建"过渡内阁"。

1929年春，红四军内部围绕是否设立军委展开激烈尖锐的争论，使四军领导团结陷入新的危机。

早在1928年11月，按照中共中央6月4日的指示，红四军组成以毛泽东为书记，朱德、谭震林、宋乔生、毛科文为成员的前委，并改组了军委，前委书记和军委书记都是中央指定的，军委隶属于前委，军委委员的名单由前委决定，经红四军"六大"选举，朱德任军委书记。1929年1月14日，由于主力离开井冈山，向赣南、闽西进军，军情紧急，前委决定军委暂时停止工作，把权力集中到前委，以利于统一指挥。于是，以朱德为书记的军委停止了活动。

5月初，中央军事部派刚从苏联回国的刘安恭到红四军工作，刘曾在苏联学过军事。经过半年多的努力，工作多了，前委决定恢复军委，由刘安恭担任临时军委书记，并接替了毛泽东的政治部主任职务。这一切都是正常的，没有人提出异议。问题出在刘安恭领导的新军委。

刘安恭刚从苏联回国不久，不了解红四军的情况，主张搬用苏联红军的一些做法，在军委会讨论工作时，对上级机关——前委作出决议：前委只讨论行动问题，不要管其他事。这引起了许多人的反对，议论纷纷。人们在问，下级怎能决定上级的权力范围呢？

当时党内不忌讳争论，党实行民主集中制，党员有权利在未作出决定之前自由讨论，甚至可以举行争论。于是围绕是否设立军委，展开了全军大争论，但两种意见争执不下。主张建立军委的认为："既名四军，就要有军委"，"完成组织系统应有军委"，并说：过去前委权力集中了，不但包办了下级党的工作，还代替了群众组织，并说前委领导有"家长制"倾向。主张不设军委的说，部队只有4000多人，又处在游击战争环境，军队的指导需要集中而敏捷，做事要从实际出发。既有前委，又再成立军委，结果只能是"前委不好放手工作，但责任又要担负，陷于不生不死的状态"。

争论双方各执己见，6月8日，在白砂举行前委扩大会议，以36票赞成、5票反对的表决，撤销了临时军委，刘安恭的临时军委书记一职自然免去，他所兼的政治部主任也改由陈毅担任。

然而，由此引发的议论却越来越多。四军的主要领导人也参与其中，并且分歧很大。当时任一纵队参谋长的肖克将军在《朱毛红军侧记》一书中写道：

"对四军成立以来的军事行动，如出击湘南，坚持井冈山斗争和赣南游击等；对四军的各种制度，如军需制度，宣传兵制度，以及士兵委员会制度等；还有的就四军的政策（如经济政策、对地方武装的政策）等进行分析和讨论；而更多的则是对前委的领导方式提出自己的看法，诸如：'过去党有没有家长制度的倾向'；'过去党有没有代替群众组织的错误'；'过去是不是上级党部包办了下级党部的工作'。争论最大的是'党应不应管理一切？'毛泽东把争论的内容归纳为三个方面：关于'党管一切'，关于'一切归支部'，关于'党员个人的自由'。由于主要领导人也参与争论，就加强了争论的气氛，影响很大。

"毛泽东认为，由于前委和军委的根本分歧使党的'三个最大的组织原则发生动摇'。第一，有人反对党管一切，说'党管太多了，权力集中于前委了'；第二，有人反对一切归支部，说'支部只是教育同志的机关'；第三，有人反对党员的个人自由受限制，要求党员要有相当的自由。有人'主张党所过问的范围是要限制的'，甚至说'一支枪也要过问党？'毛泽东认为，由于在组织上的指导原则根本发生问题，所以现在的工作没法开展，完全做不起来。所以，他提出辞职，他说他不能担负这种不生不死的责任，请求马上更换书记，让他离开前委。

"朱德对毛泽东的三条意见指出了不同的看法。第一，他认为'党管理一切为最高原则，共产主义中实在找不出来'，并说这种口号'是违背党的无产阶级专政的主张'，所以他不同意'党管一切'的说法。第二，对于'一切工作归支部'的原则，他是'极端拥护的'，但是，他认为四军在原则上坚持得不够，成为'一切工作集中于前委'。前委'对外代替群众机关，对内代替各级党部'，'这样何尝有工作归支部呢？'第三，他认为党员在党内要严格执行纪律，自由要受到纪律的限制，他认为只有'赞成执行铁的纪律方能培养全数党员对党的训练和信仰奋斗有所依归'。同时，他指出，恰恰在这个问题上，前委书记毛泽东没有做好，不仅自由发表意见，自由谩骂同志，而且对中央和省委的指示也不认真执行。

"几天后，毛泽东对这场争论的看法有了发展，他认为：'个人领导与党的领导这是四军党的主要问题'，'是四军历史问题的总线索'。他还指出：'这次议论的问题虽则分成了三个（党的势力所及的范围，支部的工作，个人无自由），但精神是一贯的，就是个人领导和党的领导争雄的具体表现。'毛泽东认为自有四军以来，党内共存在十四个方面的问题……在这十四个问题中，毛泽东认为主要是个人领导与党的领导斗争，具体地说，有人'与党争权'。"

在当天的会议上，毛泽东提出书面意见，表示"我不能担负这种不生不死的责任，请求马上调换书记，让我离开前委。"①

在这场尖锐激烈的争论中，当时在第一纵队当司令员的林彪，扮演了不光彩的角色。白砂会议召开前几个小时，他曾写信给毛泽东，对朱德进行人身攻击。他在信上说："现在四军实有少数同志的领袖欲望非常高涨，虚荣心极端发展。这些同志又比较在群众中是有地位的。因此，他们利用各种封建形式成一无形结合（派），专门吹牛皮的攻击别的同志。这种现象是破坏党的团结一致的，是不利于革命的，但是许多党员还不能看出这种错误现象起而纠正，并且被这些少数有领袖欲望的同志所蒙蔽阴谋，附和这些少数有领袖欲望的同志的意见，这是一个可叹息的现象。"并用"封建关系""政客的手段""卑污的行为"等超出四军党内领导集团政治生活常态的危言，有意制造紧张空气。

在当天的会议上，毛泽东当众公布了这封信，林彪即席发言说，这封信专指军委问题，并指名道姓地攻击说："朱德用手段拉拢部下，企图成立军委以脱离前委羁绊。"这无异加剧了红四军内部，尤其是领导人之间的意见分歧。"在这种煽动下，各纵队、支队党委讨论得更热闹了，甚至连朱毛去留问题都提出来了。"肖克将军后来曾如是说。

为平息这场争论，前委扩大会议决定召开中国共产党第四军第七次代表大会（简称"七大"）。6月22日，四军第三次打下龙岩后，就地举行大会。此时，由于毛泽东和朱德站在了互相对立的一方，他们都不便出面主持大会，而前委已决定由军政治部主任陈毅代理前委书记，年仅28岁的陈毅便成了大会的主持人，成为这台戏的主角。

会议在龙岩城里一所中学召开。出席代表共四五十人，陈毅作报告，毛泽东和朱德都作了发言。会议开得紧张热烈，前委把各方面的争论意见原文印发给各党支部，有什么意见都可以讲，代表们对主要领导人提出很多意见。大会根据陈毅的工作报告，通过了《红军第四军第七次代表大会决议案》。

---

① 《毛泽东年谱》(1893—1949)上卷，人民出版社、中央文献出版社1993年版，第278页。

陈毅的工作报告事先征求了毛泽东的意见,毛泽东主张把其给林彪信中提出的14项争论写进去。陈毅吸收了毛泽东的意见,但也坚持了自己的看法,他充分肯定了毛泽东的历史功绩,但对党内的争论,对毛泽东的意见有些同意,有些则提出了异议。他说,"书记专政"是"纯属偏见",不存在党代替群众组织的现象,说上级党组织包办了支部的工作完全不是事实,并认为前委之下再设军委确系机构重叠等。这就维护了毛泽东的威信和正确意见。但他又指出,军委与前委没有分权现象,说军委分了前委的权是不对的,四军党内不存在流寇思想与反流寇思想的斗争,党内不同主张的争论不是两种路线思想的斗争等。对毛泽东的主张提出不同看法。陈毅的这种做法被毛泽东称为"模棱两可的陈毅主义"。

陈毅的报告对毛泽东和朱德都提出了批评,报告认为毛泽东有四条缺点:一、毛泽东对马列主义信仰不够,他常说,马列主义只规定了中国革命的基本原则,但中国革命的具体做法还要我们在实践中去创造;二、有个人英雄主义,他讲的革命没有党来领导就要失败的话,是指革命没有毛泽东领导就要失败;三、领导是家长制,爱发火,爱教训人;四、他提出的没有调查就没有发言权是不对的,是共产党员就有发言权。

陈毅认为朱德有两个缺点:一是1928年8月失败后没有作检讨,二是重用刘安恭不当。

在这次大会上,陈毅被当选为前委书记,原来由中央指定为前委书记的毛泽东只当选为前委委员,而没有当选为前委书记。

在此之前毛泽东多次提出辞职,这次大会同意了毛泽东的要求,之后,毛泽东暂时离开了红四军。1960年12月26日,毛泽东67寿辰,同部分亲属和身边工作人员一起聚餐,谈到"人没有压力是不会进步"的,他说:"我就受过压,得过三次大的处分,被开除过党籍,撤销过军职,不让我指挥军队,不让我参加党的领导工作"。"三次大的处分"其中就包括"七大"这次。

在这次大会上,毛泽东受到严重警告处分,朱德受到书面警告处分。林彪受到了应有的批评,大会决议认为,林彪在白砂前委扩大会议前三个小时给毛泽东写那样内容的信,"这是不对的","不要离开党而谈党的严重问题,因为这样不但不能解决党内纠纷而更之加重。"指出林彪信内的词句,"未免过分估量,失之推测。这是错误的。"

几十年后，当事人肖克老将军在他的《朱毛红军侧记》中客观地指出了对毛泽东、朱德的处理情况。他说，"七大"主流是好的，但也有不少缺点，比如"对朱、毛的批评有不实事求是之处，过于重现象。组织处理有些简单、草率。毛泽东是中央指定的前委书记，被选掉了。……尽管毛本人有要求，但应该考虑到他提要求时的复杂背景，两方面做工作，效果会好些。"

关于这次大会，陈毅自己后来说："本来是想解决红军的建设问题，加强党对红军的领导，提高部队的政治素质。但是，条件不成熟，认识不一，会上发生了争议。有些同志不习惯于党对军队的绝对领导，强调'司令部对外'和军官的权威，认为'自上而下的民主'就是家长制，主张'走州过府'、扩大政治影响，不愿做艰苦的创建根据地的工作。这种意见占了上风，结果把毛泽东同志担任的前委书记给选掉了。会后，他离开红四军的领导岗位，到闽西搞调查研究去了，我被推举当了前委书记。说老实话，这件事我是有责任的，朱德同志也有一些责任。我挂了几天帅，感到自己不行。事情就是这样，你不在那个位子上干不知道，一干前后一比较，就觉察出问题来了。"当时，陈毅就曾意识到自己在这方面的差距，他在1929年9月1日写给中央的报告中说："静待中央派人去主持，所谓前委，只是一个'过渡内阁'。"①

3. 毛泽东反对敷衍调和、模棱两可的"陈毅主义"，说不打倒"陈毅主义"他不回来。陈毅说，他自己也要打倒这个"陈毅主义"。一家人和好如初。

红四军"七大"不久，毛泽东和贺子珍等到上杭蛟洋，一面休养，一面指导闽西地方工作。

7月中旬，国民党军对苏区的三省"会剿"开始，为商讨对付敌人的应急计划，朱德、陈毅立刻赶到蛟洋，同毛泽东等一起举行前委会。随后，根据中央要求和前委决定，陈毅到上海向中央汇报，朱德便代理了前委书记。

陈毅由上杭、龙岩到厦门，然后乘船到香港，在那里遇到了留法老同学、广东军委书记聂荣臻和中共中央派赴广西路过香港的邓小平，于8月下旬抵达黑云密布的大上海。

8月27日，陈毅向中共中央政治局作全面而详细的秘密报告，总书记向忠发、政治局成员李立三、周恩来、项英、关向应到会听取汇报。中央认为，红

---

① 《陈毅传》，当代中国出版社1991年版，第103页。

四军的经验和问题极为重要，遂决定成立由李立三、周恩来、陈毅三人组成的委员会，对报告进行审议，报政治局讨论通过决议。

9月1日，陈毅写完了5份书面材料：《关于朱德、毛泽东红军的历史及其状况的报告》《关于朱、毛红军的党务概况报告》《关于朱、毛争论问题的报告》《关于赣南、闽西、粤东江农运及党的发展情况的报告》和《前委对中央提出的意见——对全国军事运动的意见及四军本身问题》，陈毅公正无私，襟怀坦白，如实地反映了红四军各方面的详情，其中第一个报告，被中央称为"这是很值得我们宝贵的一个报告"。

9月，由周恩来主持，李立三、周恩来、陈毅三人讨论，由周恩来代表中央委托陈毅执笔，起草那份有名的《九月来信》。9月28日，中央政治局讨论通过，并特别指出："凡此各项，概指其大要，详细解释及具体办法已向陈毅同志面谈，当由其口达前委及全军同志。"

在上海的两个月，陈毅在思想认识上有了巨大飞跃，按他自己的说法，等于上了两个月的训练班。中央认为，朱、毛红军是红军的佼佼者，红四军在全国政治局势中有极大影响，从战略全局上认识到："先有农村红军，后有城市政权，这是中国革命的特征，这是中国经济基础的产物"，肯定了毛泽东由农村包围城市的理论认识，正确解决了红军分散与集中的战略问题，显示了毛泽东在政治上的大智大勇。同时十分严肃地指出了四军"七大"及前委扩大会处置的缺点及其危害，指出："红军是生长在与敌人肉搏中的，他的精神主要的应是对付敌人。前委……没有引导群众注意对外斗争，自己不先提办法，而交下级自由讨论，客观上有放任内部斗争关门闹纠纷的精神，前委自己铸成这个错误，这是第一点。第二，没有从政治上指出正确路线，使同志们得到一个政治领导来判断谁是谁非，只是在组织上来回答一些个人问题，这是第二个缺点。第三，这次扩大会及代表大会的办法是削弱了前委的权力，客观上助长极端民主化的发展。第四……没有顾及他们（指朱、毛）在政治上的责任之重要，公开提到群众中没有指导的任意批评，使朱、毛两同志在群众中的威信受到损失。再则一般同志对朱、毛的批评大半是一些唯心的推测，没有从政治上检查他们的错误，这样不但不能解决纠纷，而且只有使纠纷加重。"①

---

① 《陈毅传》，当代中国出版社1991年版，第111页。

同时，中央指出朱德、毛泽东两同志在争论中负有责任，指出两同志常采取对立的方式去相互争论，二是两同志常离开政治立场互相怀疑猜测，工作方法常常犯有主观的或不公开的毛病。中央明确要前委"纠正朱、毛两同志的错误，要恢复朱、毛两同志在群众中的信仰"，"经过前委会议，朱、毛两同志诚恳接受中央指示后，毛同志仍任前委书记，并须使红军全体同志了解并接受。"这就从路线的高度肯定了毛泽东的领导。

通过两个月的"中央训练班"，通过不断的检讨、思索、总结，特别是起草这份具有历史性意义的指示信，陈毅确实感到毛泽东在政治路线和军事指挥方面的远胜同辈的睿智勇敢和坚定正确，使他毫无抵触地参与确定并亲笔写下了毛泽东"仍任前委书记"。10月初，经过思想洗礼的陈毅，化装成华侨商人，星夜驰返苏区。

就在陈毅在上海接受"思想洗礼"的同时，朱德作为四军军长、四军前委代理书记率领部队与闽粤赣三省"会剿"之敌进行艰苦作战。

8月4日，部队攻占宁洋县，8月8日进入漳平尔后出击闽中。此时正值盛暑高温，病员急剧增多，战局对红军不利。8月28日出师漳平，9月6日重占龙岩。

9月20日攻下上杭城，使汀江两岸直到永定、龙岩之间红旗连成一片，成为当时全国最大的一块苏区。9月下旬，朱德主持召开红四军党的"八大"，准备解决"七大"所没有解决的一些争论问题，由于前委不健全，会议没有做好准备，开了三天，七嘴八舌，毫无结果。同时四军的领导和政治思想工作有些削弱。人们感到，毛泽东离开后"全军政治上失掉了领导的中心"，有许多个支部提议请毛泽东回来主持前委工作，便由彭祜、郭化若起草了一信，请毛泽东回四军，朱德也表示欢迎毛泽东回前委工作。但毛泽东回信说，他反对敷衍调和、模棱两可的"陈毅主义"，不打倒"陈毅主义"，他不能回来。

10月下旬，陈毅回到前委机关，听到此言，震动很大，但他勇敢地真诚地承认自己有调和折中的错误倾向，"陈毅主义"虽然主观上是为了维护党内团结，但没有支持正确主张，实际上压抑了正确主张，他明确表示：毛泽东所说的"陈毅主义"是非无产阶级的东西，他自己也要和同志们一起打倒这个"陈毅主义"。

10月下旬，朱德、陈毅执行中央指示，冒进东江，攻打梅县，造成"八月失败"以来红四军又一次重大损失。后来朱德说:"部队入东江,此次行动失败,原因又是方向错了。当时上海党中央命令红四军入东江打蒋光鼐、蔡廷锴,打梅县,配合张发奎入广东的反蒋战争。这个主观主义的命令,我们执行了,所以又遭失败。""这是接受主观主义瞎指挥的第二次的失败教训。"失败也有指挥上的错误,由于孤军深入,没有群众基础,并未弄清敌强我弱的实情,匆匆攻入,匆匆退出,又匆匆反攻,没有了章法。这样,请毛泽东出山的呼声更高了。

陈毅回到前委的当天,就向朱德原原本本地十分详尽地讲述了在党中央的所见所闻所感受所讨论所决定的一切。当晚即召集前委会议,正式传达中央"九月来信"。会后,陈毅派专人把中央"九月来信"送给仍在蛟洋的毛泽东,并亲自写信请毛泽东回前委工作,并多次表示:自己在主持前委工作期间有缺点错误,"七大"没有开好需要公开检讨的话,"这个检讨我来作"。

毛泽东仍然待在蛟洋。

梅县失败后,朱德、陈毅率部退到寻邬,陈毅又去信请毛泽东回前委,并开始筹备中共红四军第九次代表大会。11月18日在上杭官庄召开前委会议,朱德表示坚决拥护中央指示,欢迎毛泽东重回前委工作。11月23日,四军攻占长汀,朱德、陈毅以前委名义写信给毛泽东,并又告诉他中央"九月来信"和周恩来代表中央所作口头指示的精神,请他回前委主持工作。

11月26日,身体尚未完全恢复的毛泽东,在中共福建省委巡视员陪同下,心情舒畅地从蛟洋到达汀州,并向朱德、陈毅等前委委员表示诚恳地接受中央的批评,愿意遵照中央指示回前委工作。陈毅向毛泽东详细介绍了上海之行,和朱德一起诚恳地向毛泽东当面作了检讨,毛泽东自己也说,"八大"时他因为身体不好,情绪不佳,说了一些伤感情的话。这样,一家人和好如初,从此"朱毛红军"真正成为一支团结战斗的劲旅,朱德、毛泽东、陈毅保持了长达半个世纪的革命情谊。

二、生死攸关的历史转折

在遵义会议前,朱德、彭德怀、刘伯承、聂荣臻同错误路线进行了艰难的抗争

1. "如果继续这样的领导,我们就不能再跟着走下去!"面对"左"倾者的专横,身为红军总司令的朱德如是说。

遵义会议召开的那年,朱德已是年近半百的人了,他是中共中央政治局委员、中央军委主席和红军总司令,这是他所特有的突出地位。这时的他和周恩来一样,在红军中有崇高的威望,再加上他那杰出的指挥才能,使他在这关系党和红军命运的关键时刻,具有举足轻重的作用。他坚决支持毛泽东,一是经过毛泽东的说服,一是长期以来他对李德、博古等执行"左"倾军事路线不断进行抗争。

李德原名奥托·布劳恩,来自德国,1928年曾在苏联伏龙芝军事学院学习,1932年春被共产国际派来中国,1933年10月作为军事顾问进入中央根据地,那时一说是共产国际的人,中国共产党的领袖们都极为尊敬他们,何况李德又懂些军事,所以这位洋顾问一到,便被尊为"太上皇",特别是博古、项英等一贯执行王明"左"倾路线、把持最高领导权的人,更是将他奉为神明。只有24岁的博古(秦邦宪)虽然不懂军事,却要掌握红军最高指挥权,便在军事上处处依赖李德。

此时,正处于第五次反"围剿"的开始,李德与博古一起更进一步地向极端"左"倾路线滑去。1933年10月黎川失守后,他们确定了"御敌于国门之外"的消极防御战略,制定攻打硝石等地的计划,以中革军委的名义致电在前方的朱德、周恩来,指示他们"对于命令的执行,不容任何迟疑或更改,请注意"。

朱、周从当时实际出发,认为硝石有敌重兵扼守,并且周围有敌重兵驻守,不可贸然攻打,便以周恩来名义致电提出:"我东方、中央两军主力必须

首先靠拢，并派有力支队加紧向敌赣两翼活动，迷惑与分散敌人，以便主力决战。"

朱德、周恩来的建议遭断然拒绝，并被告之"以后你们决须根据军委企图"。李德的"左"倾冒险主义军事方针不断造成红军失利，而博古、李德他们却把责任完全推到朱、周等红一方面军领导人身上，指责朱德和周恩来没有了解军委的旨意。朱德、周恩来仍以革命大局为重，在不断汇报前方情况的同时，不得不执行李德等上级的决策。对于此时的处境，朱德曾回忆说："李德顾问来了以后，住在瑞金，不下去调查，靠着地图、电报指挥前方的战斗，而我们在前方最了解情况的人，反而不能指挥，这就有问题嘛。可是，他是受党中央的委托，还得照办啊！否则，就成了各行其是。"①

据当时为李德当翻译的伍修权回忆说：李德"推行的完全是军事教条主义那一套，他根本不懂得中国的国情，也不认真分析战争的实际情况，只凭他在学院学到的军事课本上的条条框框，照样搬到我国，搬到苏区"，"以独断专行取代了军委的集体领导，更抛弃了红军多年血战中取得的成功经验。"

朱德对中共临时中央请来的这位军事顾问仍抱有一线希望，尽力将以往红军取得的成功经验影响和说服他，伍修权将军说："朱德同志开始还是很尊重李德的，比较经常地到李德那里，同他讲第四次反'围剿'取得胜利的经验，红军作战的传统，还对他说第五次反'围剿'不能打阵地战死守，不能处处设防，但李德根本不接受。以后，朱总也很少去李德那里了。"

李德本人也承认说：朱德"常常来看我，我们还一起到前线去了二三次。他在谈话中主要的愿望是争取对方理解毛（指毛泽东）的观点。他经常讲述红军的发展和几次战役，显然是想用过去的经验启发人们今天第五次反'围剿'的条件下找到切实可行的解决办法。"

11月下旬，国民党第十九路军在蔡廷锴率领下反蒋独立，朱德、周恩来建议红军配合十九路军，博古、李德等人则坐山观虎斗，后又多次拒绝朱德和周恩来的正确建议。不久，逐渐想办法剥夺他们的指挥权力，到年底，取消朱、周领导的中国工农红军总司令部和红一方面军司令部的名义和组织，由中革军委直接指挥中央苏区的各军团和其他独立师、团。这样，朱德实际上被剥夺了

---

① 《朱德传》，人民出版社，中央文献出版社1993年版，第314页。

军事指挥权。博古、李德直接控制红军指挥权后，由进攻中的冒险主义，转为防御中的保守主义，"以堡垒对堡垒"，进行所谓"短促突击"，使红军陷入更加被动的危境。

1934年4月，3万红军被迫在广昌与11万国民党军展开阵地战，被实际剥夺指挥权的朱德，以野战司令员的虚名随李德、博古到广昌前线。眼看着一道道防线被敌人突破，战士牺牲越来越大，朱德一边看作战地图，一边摇头叹气，自言自语地说："不能这样搞啊，这样下去是不行的啊！"

广昌失守，中央红军被迫实行战略转移，成立了由博古、李德、周恩来组成的凌驾于中共中央之上的"处理一切"的最高"三人团"。朱德被排除在外。这样，长征开始后中共中央、中央红军的领导权，一直掌握在博古、李德的手中，只有有关红军的行动部署和作战命令大部分由朱德以中革军委主席、红军总司令的名义下达，或与军委副主席、红军总政委周恩来联署。

1934年11月底，经过长征以来最激烈、损失最为惨重的湘江之战，中央红军由出发时的8万多人锐减为3万多人，12月初，博古、李德决定按照原计划由通道北上湘西，与红二、六军团会合，国民党军得知这一消息后，便调重兵五倍于红军的力量，张开血口准备吞没中央红军。在毛泽东的建议下，中央军委决定改变原计划，向敌力量较为薄弱的贵州前进，力争在运动中打几个胜仗。

15日红军攻占黎平，甩掉国民党军，赢得主动，争得两个月连续行军作战中的第一次喘息机会。但此时，战略方向问题并没有根本解决。为此，中央政治局在黎平召开紧急会议，朱德从挫折和教训中悟出，毛泽东对局势和行动的分析、主张是正确的，从心底更加信服这位遭排斥的同事。他和周恩来、张闻天、王稼祥等仍有发言权的同志，一起赞成毛泽东的主张，促使最高决策层作出新的决定，确定新的战略方向，是在川黔边地区，最初以遵义为中心地区，实现了中央红军长征战略方向的重大转变，使中央红军避免陷入绝境，并开始走出低谷。

正是这一连串的严峻斗争和考验，使朱德在历史转折关头坚定地站在毛泽东一边，坚决支持毛泽东的正确主张，拥护毛泽东重新主持红军指挥。在遵义会议上，朱德严厉批评了博古、李德瞎指挥所造成的严重危害，对毛泽东的发言给以关键性的赞同，对李德的错误进行了言简意赅的批判和讽刺，他说：

"有什么本钱，就打什么仗，没有本钱，打什么洋仗。"

在会上给李德当翻译的伍修权回忆说："朱德同志历来谦逊稳重，这次发言时却声色俱厉地追究临时中央的错误，谴责他们排斥了毛泽东同志，依靠外国人李德弄得丢掉根据地，牺牲了多少人命！他说：'如果继续这样的领导，我们就不能再跟着走下去！'"①

26年后，朱德元帅挥毫抒发对这一胜利的激情感想：

群龙得首自腾翔，路线精通走一行，
左右偏差能纠正，天空无限任飞扬。

2. 聂荣臻，红一军团政委，接着朱德的话头说："毛泽东指出华夫是瞎指挥，我完全赞成，这，我深有所感。"

聂荣臻是红一军团的政治委员，与林彪搭档。渡湘江后，聂荣臻的脚化脓，让医生开了刀，行军只好坐担架，不能指挥部队了，有时就跟着中央军委纵队行动，便能常常与王稼祥在一起交换意见。

坐担架也给了这位红军高级指挥员思考重大战略问题的机会，从30万减少到8万又减少到3万，最后剩下1万多人，一路惨败，这样下去只有死路一条，症结在哪里？毛泽东、王稼祥、张闻天在思考，朱德、周恩来在思考，聂荣臻也在思考。几十年后，聂荣臻元帅在回忆录中写道：

"坐担架给了我思考问题的机会。显然，自从1931年1月，我党召开六届四中全会以来，王明跃居中央最高领导的地位（当时名义上的总书记仍是向忠发）之后，王明路线越来越占上风。王明这个人，大革命时期在武汉我就认识他。他那时给共产国际派来的华夫当翻译。此人爱夸夸其谈，傲慢得很，教条气十足，我那时就讨厌他。但从路线上认识他，也经历了一个过程。从白区到中央根据地，越是深入群众，深入实际，就越是感到王明等人推行的这条路线是错误的。逐步形成了我的坚定认识：只要毛泽东同志的主张得势，革命就大发展，反过来，如果王明路线占上风，革命就受挫折，红军和根据地老百姓就遭殃。……1933年初，临时党中央从上海迁到了中央根据地，军事顾问李德

---

① 伍修权：《生死攸关的历史转折》载《星火燎原》1982年第1期。

1933年9月也进了根据地,一切指导思想,战略方针都变得一反常态,变得特别'左',特别不切实际。尤其是1934年六届五中全会以后,王明'左'倾路线在中央根据地占统治地位,毛泽东同志在中央已经几乎没有发言权。'左'倾冒险主义者甚至胡说,第五次反'围剿'的斗争'即是争取中国革命完全胜利的斗争'。他们胡搞八搞,使红军蒙受巨大损失。渡过湘江,中央红军只剩下3万多人。这都使我深为焦虑不安。我躺在担架上冥思苦想,为什么不能让毛泽东同志出来领导?黎平会议虽然开始转变了我军战略方向,不再往敌人布置好的口袋里钻了,但领导问题不解决,我军就难以彻底地由被动变为主动。这不只是我个人思考的问题,也是当时广大红军指挥员思考的问题。这些问题已经提到中国革命的议事日程了!后来知道,由于从湘南起,毛泽东同志对李德以及博古同志的错误做法不断有所斗争,为了解决党内意见分歧,黎平政治局会议已经决定在适当时候召开政治局扩大会议,以便审查黎平会议的决定和总结第五次反'围剿'以及长征以来军事指挥上的经验教训。

"那时,王稼祥同志(总政治部主任)因为在中央根据地第四次反'围剿'后,被飞机炸伤,也坐担架,我们就经常在一起交换意见。认为:事实证明,博古、李德等人不行,必须改组领导。王稼祥同志提出,应该让毛泽东同志出来领导,我说我完全赞成,我也有这个想法。而这个问题,势必要在一次高级会议上才能解决。

"会议召开之前,经过了紧张的酝酿。毛泽东同志亲自在中央领导集团中做了一些思想工作。先是王稼祥通了。前面说了,我和王稼祥一路走,一路扯。他和我的意见是一致的,坚决主张请毛泽东同志出来领导,他说,他参加第二次、第三次反'围剿',两次都取得了那样大的胜利,完全是毛泽东同志采取诱敌深入、隐蔽部队、突然袭击、先打弱敌、后打强敌、各个击破等一系列战略战术原则指挥的结果。他赞成毛泽东同志出来统率部队。对博古、李德,王稼祥同志十分不满。用他自己当时的话来说:到时候要开会,把他们'轰下来!'周恩来同志是个好参谋长,他那个时候行军时往往坐在担架上睡觉,一到宿营地,不管白天晚上赶快处理电报。他从长期的实践中,已经认识到毛泽东同志的见解是正确的,也赞成毛泽东同志出来领导。周恩来、王稼祥同志他们两个人的态度对开好遵义会议起了关键的作用。

"听说要开会解决路线问题,教条宗派主义者也想争取主动,积极向人们做工作。会前和会议中，凯丰——即何克全，当时的政治局候补委员、共青团书记——三番两次找我谈话，一谈就是半天，要我在会上支持博古，我坚决不同意。我后来听说，凯丰向博古汇报说，聂荣臻这个人真顽固！

"会议还是开得很紧张的。除了个别同志处理作战指挥方面的事，临时告假以外，一律到会。那时，我的脚还没有好，每天坐担架去。"①

在会议上，聂荣臻紧接着朱德的话头发言，他十分气愤也略有些激动地说："毛泽东指出华夫是瞎指挥，我完全赞成，这，我深有所感。华夫同志对部队一个军事哨位应放在什么位置，一门迫击炮放在什么位置，这一类连我们军团指挥员一般都不过问的事，都横加干涉，这不是瞎指挥，是什么？"

3. 战将彭德怀，红三军团军团长，重提"崽卖爷田心不痛"，怒斥李德。

遵义政治局扩大会议，是彭德怀第一次参加中共中央级的会议。一开始，彭德怀有些拘谨，会议的内容非同寻常，心里不免又有些紧张，听了周恩来的报告、毛泽东的发言，他心里豁然开朗，朱德、聂荣臻的发言启动了他那久欲一泄的闸门，有勇有谋的彭德怀按捺不住地站起来开了一通炮，他讲的很长，又一针见血。

针对李德的"左"倾军事路线，彭德怀多次提出批评，并提出自己的正确主张。

长征开始，李德、博古等人命令带着所有辎重，就像大搬家一样，彭德怀忍受不了，冲着李德发火道："你这是搞的么子名堂？这样抬着棺材走路，哪像个打仗的样子嘛？你把革命当儿戏！简直是胡闹！"1934年10月底，彭德怀和政委滕代远致电中革军委，提出应根据敌人战术改变而采取新的战略方针，并提醒说："望以远大眼光过细考虑这些至关重要的问题。"不仅意见没有被接受，反倒遭受一通批评。

1934年4月，对李德等人在军事上死板的、教条的指挥非常不满的彭德怀，冒着被解职的危险，写信给军委，陈述己见。他在信中说，在历次战役中，把战术动作限制得过分严格，失掉了下级的机动，变成了机械执行，致使不能根据敌情变化和地带、地形特点，灵活机动地完成所给予的任务。并再一次建议组织几个强有力的挺进游击队，深入敌后进行扰乱，破坏联络，征集粮款，方能解决国

---

① 《聂荣臻回忆录》，解放军出版社2007年版，第192～196页。

民党的第五次"围剿"。彭德怀的建议如石沉大海,李德等人仍一意孤行。

到广昌战役,彭德怀作为红三军团的军事指挥官一再现身说法,说明广昌确实无法坚守,可是李德等人不听劝说,还亲自督战,结果被迫放弃又折兵损将,损失十分惨重。作为指挥作战的前线将领彭德怀肺都气炸了,要找李德当面算算账。正巧,战斗刚停,他被告之说,博古和李德要找他谈话。

见到彭德怀,李德仍然讲战略上如何分兵把口,战术上怎样短促突击那套东西,没有一点愧意。正憋了一肚子气的彭德怀没等他说完便连珠炮似的开火了,他厉声问李德说:"你总是让我们组织火力,请问,没有子弹,怎么组织火力?你总是宣传什么短促出击,请问,在敌人密布堡垒下,我们搞的那么多短促突击,十次就失败十次,一次未能成功,今后还能这样搞吗?你们指挥作战,从开始就是错误的。"

彭德怀豁上了,开始当面批评李德:"我们从第四次反'围剿'以后,就没有打过一次好仗。团村战斗,若一、三军团不分离作战,集中兵力,就能消灭敌军 3 个师 15 个团,而你们却坚持分兵,打成了消耗战。你们坐在瑞金,在地图上指挥战斗,连迫击炮放在什么位置上,都规定死死的,几乎造成一军团全军覆灭。若不是红军有高度的自觉精神,一、三军团就早被葬送了。"

说到这里,彭德怀十分激动地站起来,指着李德的鼻子说:"中央苏区开创到现在已 5 年多了,一、三军团活动也 4 年了,可见创建根据地是多么困难,现在却要被你们给葬送掉。你们是'崽卖爷田心不痛'。"①

伍修权刚把彭德怀的话翻完,李德暴跳如雷,连声大吼:"封建!封建!你是因为被撤掉革命军事委员会副主席不满。"

彭德怀十分倔强,回骂李德说:"你无耻。"

回到驻地,彭德怀把仅有的几本书和一套军装卷在一起,准备去瑞金被撤职、公审、杀头。他什么都不怕。因为被尊为"太上皇"的李德,一向自踞于中央之上,无人敢顶撞,这次骂了他,彭德怀做好了最坏打算。可是李德没敢怎么处理彭德怀,也许慑于他的直言,也许是被他那耿直的性格给震住了,也许因为打仗离不开彭德怀,李德只是给他加上了一顶右倾的帽子,既没撤职,也没有给处分,更没有敢公审和杀头。

---

① 《彭德怀自述》,人民出版社 1981 年版,第 196 页。

争吵过之后，彭德怀在和毛泽东、王稼祥等人交谈中逐渐开始从军事路线的高度来认识，遵义会议上，他便详细讲述了一段时间以来李德、博古"左"倾军事路线的主要表现，讲述了他和李德等人争吵的话，当着中央领导人和红军高级将领的面，再次痛斥李德"崽卖爷田心不痛"。

4. 刘伯承，红军参谋长，柔中带刚地说："这些错误，其实过去不是没有发现，但谁敢提？提了就被说成是对战争的动摇，就是机会主义，前途就是反革命。这顶帽子吓死人啊。"

说起来，李德与刘伯承还是校友，他们都曾是伏龙芝军事学院的学生，只不过李德比刘伯承晚两期。即使这样，这位洋顾问仍是不把刘伯承这位赫赫有名的红军军事家放在眼里，对于刘伯承提出的正确方案和方针，常常视而不见，充耳不闻。

1932年10月宁都会议，刘伯承开始担任军委参谋长，此时，反"围剿"正处在最激烈的关头，刘伯承是临危受命，但他和毛泽东、朱德、周恩来等同志一样，对博古等人执行"左"倾冒险主义一套十分不满，刘伯承的任命不合博古等人的心意，但刘伯承只是一个参谋长，对他们难以构成威胁，博古又不懂军事，没有指挥能力，少了刘伯承确实不行，便不敢贸然排挤刘伯承。

李德到来后，剥夺了朱德、周恩来的实际指挥权，却仍保留刘伯承总参谋长的职位，但李德的越俎代庖，使刘伯承在指挥上无事可做。这使他有机会思考最近一个时期以来接连出现失败的原因。第四次反"围剿"之后，刘伯承更深刻地认识到"左"倾军事路线的危害，也进一步认识到中国革命战争的特殊规律，认识到毛泽东对反"围剿"的战略指导是正确的，而对第五次反"围剿"中李德等人的堡垒主义和短促出击、先发制人、御敌于国门之外等脱离实际的战法，他心存疑虑，未敢苟同。

从1933年10月到次年10月开始长征，刘伯承抓紧时间致力于游击战术经验的总结和推广，提出许多中肯意见。可是这些意见并没有得到中央决策者的重视和采纳，反而因此招致了李德的嫉恨。1934年5月间，刘伯承严肃地告诫李德说："如果我们不停止这种拼消耗的战术，采取机动灵活的方针，根据地将会丧失，红军将会拼光，我们将变成千古罪人。"

李德对这种好心劝告不仅不虚心听取，反倒摆出"太上皇"的架子无理训斥说："你还不如一个普通的参谋，白在苏联学习了几年。"这话，翻译伍修权听后也十分反感，他担心双方闹僵发生争吵，只简单地翻译说："李德同志的意思是说参谋工作做得不周到。"可是，刘伯承是个俄语通，事后他对伍修权说："你真是个老好人啊！他骂我的话你没有翻译。"①

还有一次，李德来到总参谋部，几个机要员正在路边烧火做饭，挡了他的路，这使他十分恼火，一脚就把饭锅给踢翻了。这事在中国红军领导人身上都不会发生，战士们一看惹恼了"太上皇"，心里十分难受。刘伯承知道这件事后不由心头大怒。他是一个民族自尊心非常强的人，对于李德训斥自己，他看作是工作中正常的争论，对共产国际老"祖宗"派来的顾问理应忍让，他也能忍让。可是这件事不一样，这不是什么工作争论，而是洋人欺负中国人，这跟上海法租界洋鬼子打骂中国人没有什么不同，这使他想起，在苏联学习时多次遭受到的大国沙文主义的欺侮，于是，一向稳重冷静的总参谋长大发雷霆，当场就跟李德吵了起来。他直接用俄语对李德说："帝国主义分子就是这样欺负中国人的。作为国际派来的顾问，你这种行为是错误的，是帝国主义行为！"

洋顾问理屈词穷，灰溜溜地离开总参谋部到中央局书记博古那里告状去了，说刘伯承如何如何不尊重他，这样的总参谋长不仅不会对他有帮助反而会妨碍他的工作。对李德唯命是从的博古很快就撤掉刘伯承总参谋长的职务，下放到第五军团任参谋长。

这是王明"左"倾路线泛滥期间，继毛泽东被解除军权以后，又一名红军高级领导人遭到贬斥。直到当年12月黎平政治局紧急会议，多数同志不顾李德的一再反对，决定中革军委重新任命刘伯承为红军总参谋长。十几年后，刘伯承元帅回忆这一段历史时，深有感慨地说："那时候李德自以为是共产国际的代表，同'左'倾路线领导人抱在一起，在军事上以内行自居，在地图上比比划划来指挥战争，使革命遭到巨大损失。为了同李德进行斗争，真是伤透了脑筋呀，我的头部本来就负过重伤，从那以后脑病时常发作，疼痛不已。"

与李德的斗争确实伤透了脑筋。就在遵义会议上的短兵相接中，李德依然振振有词，有时还想拉刘伯承做陪绑。而刘伯承坚定支持毛泽东的正确主张。毛泽东在结束讲话时，直接面对李德，用讥讽的口吻说：

"李德同志，你的论点使人想起了'削足适履'这个成语。"

---

① 《刘伯承传》，当代中国出版社1992年版，第101页。

被激怒的李德向刘伯承寻求同情:"你在苏联学习过,你也赞成建立一支正规军的。"

刘伯承反驳说:"同志,'皮之不存,毛将焉附?'"

大会轮到刘伯承发言,这位红军总参谋长心平气和地说:"五次战争,诚如毛泽东所分析,我们在军事上犯了严重错误,我同意大家的意见,不再重复了。这些错误,其实过去不是没有发现,但谁敢提?提了就被说成是对战争的动摇,就是机会主义,前途就是反革命。这顶帽子吓死人啊。"

遵义会议,在经历了千般曲折万种困扰之后,真正形成了中国共产党的第一代领导核心,确立了毛泽东在这个核心中的领导地位,而朱德、彭德怀、刘伯承、聂荣臻等人在这个艰难的历史转折中同样起到了重要作用,这些将帅们,都有切身感觉和切肤之痛,因而也最有发言权,他们那持之有据、言之成理的发言,是对毛泽东最强有力的支持。

三、面对着野心家的生死抉择

　　破衣烂衫、人困马乏的中央红军1万人马，与兵强马壮的四方面军10万人马会师，张国焘野心勃起，朱德、彭德怀、刘伯承、徐向前、聂荣臻、叶剑英、贺龙面临生死抉择

　　1. 面对张国焘的黑色诱惑，彭德怀、聂荣臻愤然拒绝，林彪与他的老搭档拍桌大吵。

　　1935年6月18日，红四方面军按总指挥徐向前的命令，"以十二万分的热忱，欢迎我百战百胜的中央西征军。"

　　与红四方面军会师时，红一方面军已是人困马乏，就像老实憨厚的朱德总司令对张国焘说的那样："现在一方面军是不能打仗了，它过去曾是一个巨人，现在全身的肉都掉完了，只剩下一副骨头。"而在四方面军首脑张国焘的眼里，一方面军无疑是一帮乞丐，这支军队的统帅、大将、军师看上去竟像几个"乞丐头子"。更使张国焘失望的是，原来近10万人的强大红一方面军只剩下1万多人，几乎没有能打仗的兵器。而他张国焘的红四方面军，拥有10万大军，个个兵强马壮，他本人穿着考究，威风凛凛，不同凡响。这一切使张国焘顿起野心，于是有了此后他与毛泽东关于"北上"与"南下"的争执，就这四个字之争，爆发了一场涉及党和红军生死存亡的政治大搏斗，按照徐向前的说法，张国焘演出了"伸手要权——分庭抗礼——自立中央"的反党三部曲，而其中的序幕则是始于拉拢红一方面军的高级将领彭德怀、聂荣臻和林彪等人。

　　6月26日，两河口会议结束后的第二天，张国焘张主席忽然宴请红一方面军的两位战将彭德怀和聂荣臻，一个是新改编的红三军军长，一个是红一军政委。张国焘藏而不露，东拉西扯，摆出一副怜惜的姿态，一会儿猛夸猛赞，一会儿又为他们感到惋惜，兵少枪少，他十分慷慨地决定拨两个团给彭德怀和聂荣臻补充各自的部队。

　　两军刚刚会师，喜庆的日子，彭、聂根本就没有想到这是诱饵，摸不清他

葫芦里卖的是什么药，未置可否。回营的路上，聂荣臻问彭德怀，张国焘为什么单单请他俩吃饭。一心想着打仗、单纯直率的彭德怀没有多想，嘿嘿一笑说，拨点兵给你，你还不要？聂荣臻也十分爽快地说，你要我也要。

不仅仅是送几个兵的问题，张国焘的戏还在后头，他已开始向中央伸手要权，先是从周恩来手中夺来了红军总政治委员的职务，又对下面渐渐伸出他的魔爪。彭德怀率一个团到达亦念，张国焘立刻派他的秘书和干将黄超前来慰问，并和彭德怀住在一起。黄超献殷勤地说：这一带给养条件很差，张主席特派他来慰劳部队，送来几斤牛肉和几升大米，还送来二三百白花花的银洋。这使彭老总立刻警觉起来，送点牛肉、大米倒是情理中的事，送这些银洋是什么意思？这与旧军阀笼络人的把戏有什么不同？黄超要探听的消息更让彭德怀怀疑起张国焘的险恶用心。

黄超一住下就反复询问会理会议的情形，当时林彪写信给毛泽东，要求他把指挥权交给彭德怀，毛泽东怀疑是彭德怀从中捣鬼，使彭受到错误的批判。对于黄超的追问，彭德怀起初率直地回答说："仗没打好，有点右倾情绪，这也没有什么。"

可是，说着说着，彭德怀感到味道不对，粗中有细的他立即打住，没有再往下说。他想，他们为什么知道会理会议呢？莫非是中央给他们介绍过？如果中央谈过，又问我干什么？莫非是他们已经知道我在会上挨了批评，以为可以拉拢下去，那可真是看错人了！于是他忙又问："问我干什么？"

黄超怕露出马脚忙解释说："没有什么，张主席只是关心你，他很知道你彭老总。"

彭德怀冷冷地扔出一句："我以前跟他没有见过面。"

黄超的话题更为露骨，他进一步挑拨说，现在中央实际的主事人是毛泽东而不是洛甫（即张闻天），洛甫只是挂个总负责的名而已。彭德怀马上意识到，这话不是一个不满30岁又同中央红军没有多少来往的秘书所能理解的，而是从张国焘嘴里吐出来的。彭老总给予了驳斥。黄超见再一次碰壁，便转移话题谈起中央的战略方针。两大主力会师后，经两河口中央会议确定北上创建陕川甘根据地、抗击日军的战略方针，而张国焘一意孤行主张南下，多次刁难中央。这次黄超受张国焘的旨意想探听彭德怀的看法，他直截了当地问道："不知彭老总对当前战略方针有何高见？张主席的意见是欲北伐必先南征。"

决定北上，彭德怀是举手同意的，他认为中央的决定是正确的，听黄超重提此事，便说："那是孔明巩固蜀国后方的办法，今天红军的情形不同。"

黄超又说："西北马家骑兵很厉害。我们已经领教过。"

黄超话里有话，彭德怀听到这里，心里已十分清楚他的来意，便不再理会他。

事后，彭德怀元帅回忆起这段往事愤愤地说："把上面这些综合起来，知来意非善，黄是来当说客的。不同意中央北上的战略方针，挑拨一方面军内部关系，阴谋破坏党内团结。把全国形势看成黑漆一团，这是明显的。把王明路线造成的恶果，同客观形势新的发展混为一谈，否认遵义会议纠正王明路线的伟大胜利。送了一点点吃的这倒不稀奇，送二三百元银洋引起我很高警惕：完全是旧军阀卑鄙的手法。"

张国焘在拉拢彭德怀未成的情况下，又继续打聂荣臻、林彪的主意。

老奸巨滑的张国焘还确实一度骗取一方面军的一些人，得到一些被歪曲了的关于遵义会议、会理会议以及一方面军内部情况。他从中看到一方面军内部不团结，也有人对中央不满，还是有机可乘，便不放过任何一个可能的机会。沙窝会议上中央决定组成左、右两路军北上，右路军由徐向前和陈昌浩指挥，林彪和聂荣臻率领的一军被分到右路军。一天，聂、林二人到右路军指挥部开会，右路军政委陈昌浩用煮蚕豆招待各路将领吃晚饭。陈昌浩是张国焘的人，吃完饭天还没黑，他招呼说："林彪同志你可以先走，荣臻同志你留下来，我们还要谈一谈。"

聂荣臻不知究里，只好单独留下来。陈昌浩寒暄两句后便单刀直入地说："荣臻同志，你对遵义会议态度怎样？你对会理会议态度怎样？"

聂荣臻马上感到这是上次请吃请喝送兵送枪拉拢人心的继续。让林彪先走一步，大概是林彪的工作已经不成问题了。林彪在会理会议上挨了批评，对中央也有看法，又看到张国焘人多枪多势大，可能已被争取过去了。现在轮到进攻自己了。要做自己的工作，动员自己出来反对毛泽东。聂荣臻没去绕弯子而是简单明了地告诉陈昌浩："遵义会议我已经有过态度，会理会议我也早已有了态度，这两个会议我都赞成，我都拥护！"

谈话持续到晚上10点钟，聂荣臻感到索然无味。右路军总指挥徐向前也在场，但他不是为了谈话，而是为了指挥作战，一直不停地在地图上画标号，计划部署作战事宜，对这场谈话不闻不问。只有陈昌浩一个人在那里东拉西扯，高谈阔论。聂荣臻感到时间不早了，就对那个仍在喋喋不休的人说："昌浩同志，我要回去了，明天还要行军。"陈昌浩见难以说服聂荣臻，便悻悻地说："好吧，你走吧。"

聂荣臻叫上两个警卫员，牵着一匹骡子逃也似的离开了陈昌浩，为免遭暗害，聂荣臻不敢骑骡子，让一个警卫员牵着走在前面，他走在中间，另一个警卫员殿后。就这样战战兢兢地回到自己的指挥部。几十年之后，他回忆起这段往事时仍然心有余悸地说："我过去在作战时，从来没有将手枪顶上子弹的，这次我将手枪子弹上了膛，也叫警卫员将枪里顶上子弹。老实说，我怕陈昌浩整我，也怕遇上藏在藏民中的坏分子打我的冷枪。前不久，我红二师参谋长李棠萼就是走在路上被冷枪击中牺牲的。我走了半夜多，才摸回一军团军团部。"

聂荣臻坚决拒绝了陈昌浩、张国焘，他还担心林彪真的跟他们走，便奉劝林彪要多加注意，不要上张国焘的当，而林彪已被张的迷魂汤所迷惑，为此一军团两位"巨头"拍桌争吵。聂荣臻在他的回忆录里写道：

"八月中旬，我们向北走，张国焘向西走，我们向巴西、阿西前进，张国焘就向阿坝前进。到了阿坝，张国焘老说阿坝如何如何好，强调种种理由，就是不向巴西方向来，企图以既成事实，诱使右路军也向西进。真是奇谈怪论！阿坝再好，也只有那么大一块地方。我对同志们说，我们光在毛儿盖附近，前后就耽搁了一个多月，再不能在草地拖了。还是照毛泽东同志讲的，出甘肃，不然我们就要完了。我告诫林彪说，你要注意，张国焘要把我们'吃'掉。因为我当时已经获悉张国焘还有一个方案，要把我调到三十一军去当政治委员，把林彪调到另一个军去任军长。总之要把我们调离原部队，只不过是命令还没有发出。当时林彪已经有他自己的'立场'。他说，你这是宗派主义。我说，怎么是宗派主义呢？对这个问题，我们要警惕。张国焘和中央的思想一贯不一致。我们应该想一想。我说这是路线问题。林彪反驳我说，既然是路线问题，你说他路线不对吗？那他们为什么有那么多人哪？我们才几个人哪？这时，我一方面军的确只剩下两万多人。我驳斥他说，蒋介石的人更多哩，难道能说蒋介石的路线更正确？……这次争论，我和林彪都动了气，拍桌子把一个盘子也打翻了。"①

---

① 《聂荣臻回忆录》，解放军出版社2007年版，第225页。

2. 张国焘欲"武力解决"中央。彭德怀未雨绸缪。叶剑英急中生智截密电。若干年之后，毛泽东摸摸脑袋说："叶剑英同志在关键的时候是立了大功的，如果没有他就没有这个了。"

张国焘拉拢红一方面军的将领，使彭德怀早有戒心，当三军团跨越草地，到达巴西、阿西地区时，彭德怀得知林彪和聂荣臻的一军团已于9月2日离开阿西，9月5日到达俄界。他感到，在中央和毛泽东四周，一方面军的兵力空虚，为了防止突然事变，平时粗犷的沙场老将迅速采取三大防范措施，以未雨绸缪。先是秘密派兵加强保护党中央和毛泽东，防患于未然。后来他在《我的自述》中写道："这次北进，三军团走在右翼纵队的最后面，最前面是一军团，中间是红四方面军之四军、三十军、九军和前敌总指挥部。当时使我感觉，张国焘有野心，中央似乎没有察觉。毛主席、张闻天随前敌总指挥部一处住，先一两天到达上下包座，三军团后一两天才到达阿西、巴西，离前敌总指挥部约十五里至二十里。我到宿营地时，立即到前敌总部和毛主席处，其实我只是为了到毛主席处去，才去前总的。这时周恩来、王稼祥均害病住在三军团部。在巴西住了四五天，我每天都去前总，秘密派第十一团隐蔽在毛主席住处不远，以备万一。"

尔后，彭德怀又令人准备了电台，编制了一套新的电台密码本，以防突然事变。因为在此之前，张国焘派人收缴了一、三军团和军委毛泽东主席通信密码本，一、三军团隔绝了联系，彭德怀便借口说要与一军团联络，指示电台另编一套密码本，派武亭带着指北针寻找一军团走过的行踪，务必把密码本送给林、聂手里。正好，送到林彪、聂荣臻手里的当天，张国焘公开分裂中央的事件爆发了，电台和密码本发挥了重要作用。

为使毛泽东和党中央及时了解张国焘的动向，彭德怀还及时报告来自各方面的消息。9月8日，他到前敌总指挥部，上午还听陈昌浩谈北进的问题，午饭后便发现陈昌浩完全改变了腔调，说阿坝比通（江）、南（江）、巴（中）还好。彭德怀心想，一个基本的游牧区，比农业区还好，这谁相信呢？全国政治形势需要红军北上抗日的事，一句也不谈了。他一声不吭地听着，意识到这无疑是张国焘已来了电报，改变了行动方针，如果确实有变，中央和毛泽东的安全将难以保证。想到这里，他便立即到毛泽东那里告知此事，并请示应急办法。问道：

"如果四方面军用武力解散我们，或挟持中央南进，怎么办？从防御出发，我们可不可以扣押人质，以避免武装冲突？"

毛泽东考虑片刻说："不可。"①

后来彭德怀回忆说："当时我难过。如强制三军团南进，一军团不能单独北进了；中央不能去，一军团单独北进也起不了作用。一同南进，张国焘就可能仗着优势军力，采用阴谋手段，将中央搞掉。"

张国焘确实要采取行动了。就在彭德怀向毛泽东报告陈昌浩出现异常后不到两个小时，军委参谋长叶剑英冒着生命危险将张国焘给陈昌浩的密电交给毛泽东，说张来电南进。

原来，前敌总指挥部作战科副科长、一方面军干部吕黎平，帮助破译左路军总司令部发来的密电时，发现了张国焘给其心腹陈昌浩的复电，电报说（据吕黎平回忆），余经长期考虑，目前北进时机不成熟，在川康边境建立根据地最为适宜，俟革命来潮时再向东北方向发展，望劝毛、周、张放弃毛儿盖方案，同右路军回头南下。如果他们不听劝告，应监视其行动，若坚持北进，则应开展党内斗争，彻底解决之。

吕黎平和译电组长陈茂生看完这份电报大为吃惊，心想事关重大，立即将电报送给参谋长叶剑英。右路军前敌总指挥部正在开大会，由陈昌浩作报告，叶剑英看完电文，不动声色，机智地把电报装进口袋，对吕、陈二人说："不要向任何人谈及这份电报之事。"他自己假装上厕所，退出会场，骑马飞奔来到不远处毛泽东处，毛泽东看完电报，顺手用铅笔记录下来，又把原文交还叶剑英，并对他说："你干了一件很了不起的事！赶快回去吧，把电报交给陈昌浩，别让他起疑心，别对任何人谈起电报我看过。"叶剑英若无其事地返回会场。日后，毛泽东多次提起此事，称赞他"诸葛一生唯谨慎，吕端大事不糊涂"。1967 年毛泽东对周恩来说："叶剑英同志在关键的时候是立了大功的。如果没有他（毛泽东边说边摸摸脑袋）就没有这个了。"

到晚上，毛泽东去说服陈昌浩，但陈不同意北上，毛泽东便假装同意南进，以到三军团找周恩来等开会为名，金蝉脱壳，从陈昌浩那里脱离了有被扣人质的危险。随后，中央由毛泽东主持召开紧急会议，考虑张国焘率部北上已

---

① 《彭德怀传》，当代中国出版社 1993 年版，第 140 页。

无可能，遂决定率三军团先行北上，向甘南前进。在这次会议上，毛泽东十分慨叹地说："我这半生经历的坎坷不算少，可比起来，这一段要算是最艰难了！"

9月10日，毛泽东连夜起草《中央为执行北上方针告同志书》，出发时，他指示彭德怀以三军团在山上布署警戒，担任后卫，彭德怀又把红十团派去作后卫，毛泽东和彭德怀随红十团断后，相机处理可能出现的意外危情。撤离前的气氛神秘而紧迫。

更为危险的是仍在前敌总指挥部的叶剑英。从毛泽东处回会场时，叶剑英在门口碰到彭德怀，两人悄声商量如何取出地图，带出军委二局，在第二天拂晓前到达三军团司令部。叶剑英为脱离险境，顿生一计，他若无其事地回到前总，秘密地向吕黎平要到一份十万分之一的地图，尔后找到陈昌浩，堂堂正正地说：

"陈政委，部队要南进，没有粮食怎么过草地呀！第一次过草地就是吃了粮食不足的亏嘛。"陈昌浩听后深有同感，便说："是啊，我也在考虑筹粮问题哩。"叶剑英乘机进言说："这样吧，明天一早，我亲自带直属队去打粮。"陈昌浩便连连说："好好好，多打点，越多越好！"陈哪里知道，这是叶剑英率直属队的脱身之计。

叶剑英在一方面军干部中悄悄布置好，晚上如常与陈昌浩、徐向前睡在一起，并佯装入梦。凌晨一点钟，率直属二局直奔三军团。正在焦灼等待的彭德怀在路口见到叶剑英他们，悬着的心才放下，高兴地说："可把我急坏了！你们终于摆脱陈昌浩的监视，幸甚，幸甚！"

北上途中，彭德怀和毛泽东与十团断后，漆黑夜色中，听到后边追赶的马蹄声，彭德怀十分忧虑地问毛泽东："如果他们追上来，打不打？"

毛泽东说："那也不能打。"

彭德怀又问："如果他们扣留我们怎么办？"

毛泽东停了停回答说："没有办法，那就只好一起跟他们南进吧！我想他们总会觉悟的。"

不多久，陈昌浩派来追赶的人给彭德怀捎带一封信，希望三军团停止北上，彭德怀看了一眼便交给了毛泽东，毛泽东幽默地说："打个收条给他，后会有期！"

3. 朱德、刘伯承与张国焘面对面地交锋。朱德说："毛泽东同志我信得过，你可以把我劈成两半，但是你绝对割不断我和毛泽东同志的关系！"

8月初，军委决定左路军由红军总司令部率领，张国焘随朱德、刘伯承领导的左路军，由张国焘指挥红四方面军。为向中央伸手要权，张国焘迟迟不肯指挥四方面军北上，为此，朱德和刘伯承经常同张国焘进行顽强斗争。

8月4日至6日的沙窝会议后，朱德总司令和红军总参谋长刘伯承率总部赴左路军指挥部与张国焘共事。面对这位德高望重的总司令和赫赫有名的总参谋长，张国焘照样目空一切，他担任红军总政委后，擅专军权，以个人意志挟制总部领导。朱德和刘伯承继续支持毛泽东的主张，同意中央的决定，他们多次与张国焘在执行中央决定问题上争吵，而最惊心动魄的是张国焘自立"中央"那段日子里。

9月中旬，张国焘置中央和毛泽东对他的一再争取于不顾，亲拟电致林彪、聂荣臻、彭德怀，声称一、三军团单独东出，将成无止境的逃跑，将来真悔之莫及，要他们速归南下。朱德断然拒绝在这份电报上签字。回到阿坝，张国焘大造反对党中央的舆论，并围攻总司令朱德。他派人拉拢朱德，要他写反对中央北上的文章，总司令严辞拒绝。

不久，张国焘召开中共川康省委扩大会议，会场上挂着一条大横幅："反对毛、周、张、博北上逃跑！"在张国焘的哄骗下，各部门都到会了，张在会上蛊惑、蒙蔽群众，攻击中央率一、三军团北上是"逃跑主义"，鼓动众人要朱德、刘伯承表态。有人拍着桌子质问："朱德同志你必须同毛泽东向北逃跑的错误划清界限"，"你必须当众表示态度，反对北上，拥护南下"。朱德不予理睬。张国焘阴阳怪气地说："总司令，你可以讲讲嘛，你对这个问题的认识怎样？是南下，是北上？"

朱德这才镇定自若地说："党中央北上抗日的方针是正确的。现在日本帝国主义侵占了我国的东三省，我们红军在这民族危亡的关头，应当担起抗日救国的责任。北上决议，我在政治局会议上是举过手的，我不能出尔反尔。我是共产党员，我的义务是执行党的决定，更不会带领红军反对这个决定。我和毛泽东同志从井冈山会师以来就在一起，他挽救了党和红军的命运，我是完全信得过他的。人家都叫'朱毛，朱毛'，我朱德怎么能反毛泽东？"他回头和颜悦色地向张国焘说，"遵义会议精神，中央曾电告四方面军，你看到电报了吗？"

张国焘支支吾吾，没说什么便呵斥道："你不要转移话题，你必须回答大家提出的问题，承认毛泽东他们北上是逃跑！"

朱德回敬道："我再重复一下，中央北上抗日的决定是正确的，我决不会反对。毛泽东同志我信得过，你可以把我劈成两半，但你绝对割不断我和毛泽东同志的关系！"

朱德的强硬态度使张国焘勃然大怒："你竟是这么个老顽固！"

坐在一旁的刘伯承忍不住了，责问道："张国焘！你这样对待朱德总司令是什么意思？"

这时会场秩序大乱，有人冲着朱德喊："既然你拥护北上，那你现在就走，快走！"有人竟喊"打倒朱德！"的口号。具有长者风度的朱德仍然慢条斯理地说："我赞成北上，但你们坚持南下，那我就只好跟你们去。"

又有人吼道："你又说赞成北上，又要跟我们南下，你是两面派，骑墙派！你说，到底赞成北上还是南下？"有人接着喊："不让他当总司令了！"

刘伯承再也看不下去了，他愤怒地对着叫喊的人说："现在不是开党的会议吗？你们怎么能这样对待朱总司令！"面对有些人的攻击，刘伯承同样坚定地说："我同意北上，从全国形势来看，北上有利，南下是要碰钉子的。"他以军事家的口吻说："薛岳、李抱冰并没有走，向南走，就会碰到薛岳和川军，打得好可以蹲一段，打不好还得转移北上。"

张国焘并没有放弃对朱德、刘伯承的攻击，不断向朱德施压，逼迫他公开发表反对中央北上方针的宣言，说如果拒绝就枪毙。朱德昂着头说："你愿意枪毙就枪毙，我不能拦你，我决不接受命令。"张便谩骂朱德是"老糊涂""老右倾""老顽固"，对朱德进行刁难和迫害，并撤掉了刘伯承总参谋长的职务。

为迷惑群众，张国焘造谣说："他们（指毛泽东、党中央）走的时候，把仓库里的枪支弹药粮食，还有一些伤员，统统放火烧了。"这下朱德愤怒了，批驳说："这纯粹是谣言！从井冈山开始，毛泽东就主张官兵平等，不准打人骂人，宽待俘虏，红军的俘虏政策就是他亲订的，对俘虏还要宽待，怎么会把粮食烧掉？这种无中生有的谣言，是别有用心的人制造出来的！"驳得张国焘面红耳赤，无言以对。

康克清回忆起这段往事说："朱总很沉着，任你怎么斗，怎么骂，他总是一言不发，像不沉的'航空母舰'，等对方斗完骂完，他才不慌不忙地同他们讲道理。"

但张国焘的野心恶性膨胀。10月5日，他召开高级干部会议，公然宣布另立以他为首的"临时中央"，宣布开除毛泽东、周恩来、张闻天、博古的党籍，张国焘自封为主席，自编自导了一场"黄袍加身"的闹剧，并再次胁迫朱德表态。朱德语重心长地说："大敌当前，要讲团结嘛！天下红军是一家。中国工农红军在党中央统一领导下，是个整体。大家都知道，我们这个'朱毛'在一起好多年，全国全世界都闻名。要我这个'朱'去反'毛'，我可做不到呀！不论发生多大的事，都是红军内部的问题，大家要冷静，要找出解决办法来，可不能叫蒋介石看我们的热闹！"

朱德没有将这关键的一票投给他，而是严正表示："我按党员规矩，保留意见，以个人名义做革命工作。"

这之后，朱德和刘伯承的日子更难过了，他们两人住在一起，像被软禁了一样，不得不做万一不测的准备。一天，刘伯承对朱德说："现在情况很严重了，看样子，他们有可能要逮捕人。"朱德沉思片刻说："过去在军阀混战时，死是不值得的。现在为党的利益奋斗而死，是可以的。当然，个人是无所谓的，可是任事情这样演变下去，对整个革命不利呀！"

不久，刘伯承被调到红军大学，朱德则被派到前方指挥部队作战。但朱德并没有放弃同张国焘的斗争，勇敢地承担起排除张国焘的分裂主义障碍的历史重任。徐向前元帅在他的回忆录中这样写道：

"朱德同志坚决反对另立'中央'，对张国焘也起了有力的制约作用。朱德总司令在党和红军中的巨大声望，人所共知。也只有他，才能同张国焘平起平坐，使张不敢为所欲为。自从张国焘另立'中央'起，朱德同志就和他唱对台戏。他同张国焘的斗争，绝不像'左'倾教条主义者那样，牙齿露得越长越好，而是心平气和，以理服人，一只手讲斗争，一只手讲团结。我去红军总部汇报时，曾不止一次见过他同张国焘谈论另立'中央'的问题。他总是耐心规劝张国焘，说你这个'中央'不是中央，你要服从党中央的领导，不能另起炉灶，闹独立性。张国焘就劝朱德同志出面，帮他做党中央的工作，要中央承认他的'中央'，是合法的，是全党的唯一领导。两人的意见，针锋相对，谁也说服不了谁，但又不妨碍商量其他军事行动问题。张国焘理不直，气不壮，矮一截子，拿朱老总没办法。朱总司令的地位和分量，张国焘是掂量过的。没有朱德的支持，他的'中央'也好，'军委'也好，都成不了气候。张国焘是个老机会主义者，没有一定的原则，没有一定的方向。办起事来，忽'左'忽右。前脚迈一步，后脚跟说不定就打哆嗦。朱总司令看透了他，一直在警告他，开导他，制约他。因而张国焘心里老是打鼓，不敢走得更远。"①

朱德自己后来回忆说："那段时间张国焘造反。我们当时的处境很困难，但碰上困难有什么办法呢？坚持吧！""他那几天想叫下边互相打架，下边人要打架，我反对。我对他说：我们现在是如何支持下去，下面要打架，就活不下去了。要不要命？我们都要命。我威胁他，打架被制止了。""这时他又搞了个'中央'。我说：要搞，你搞你的，我不赞成。……一直和他斗，我们人少，但理直气壮。我们的办法是，他搞他的，我们做我们的工作。只要革命，总会到一块的。"

1943年春天，在延安王家坪朱德的窑洞里，雷英夫向朱德请教"朱毛不可分"这句话是什么时候讲的，这个思想是什么时候形成的。雷英夫问："朱毛不可分，有人说是在井冈山上讲的，有人说是遵义会议上讲的，党内的说法不一，哪种说法对呢？"朱德把腿盘了盘，肯定地说："朱毛不可分的话，我是说过的，而且不止一次，在大会上小会上和个别谈话中都说过。红军长征时，一、四方面军会合，一方面军艰苦奋战只剩下万把人了，四方面军有七八万人，张国焘仗着人多枪多，向中央闹独立，搞分裂，毛主席多次在政治局会议上严肃批评、耐心教育都没有成功。"说到这里，朱德一拍腿，提高了嗓门，"他张国焘还强迫我朱德同他一起反对毛主席，我不尿他这套，就对他说朱毛不可分，中央北上抗日我是举过手的，是正确的，我不能跟起你反对毛主席、党中央。"

4. 变幻莫测的政治风浪中，平生第一次最棘手的抉择。右路军总指挥徐向前偷偷地伤心落泪。若干年后，德高望重的徐帅敢于剖析自己。

徐向前是红四方面军的总指挥，与张国焘长期共事，但对张国焘在会师后的分裂活动没有任何思想准备。当时，他专事军事指挥，两军会师后，就希望离开张国焘和陈昌浩，他在《历史的回顾》中这样写道：

"对于这种复杂局面，我缺乏思想准备。两军会合之初，我想离开四方面

---

① 《徐向前回忆录》，解放军出版社2007年版，第352页。

军,去中央做点具体工作。因为自从在鄂豫皖和张国焘、陈昌浩共事以来,我的心情一直不舒畅。张国焘对我用而不信,陈昌浩拥有'政治委员决定一切'的权力,锋芒毕露,喜欢自作主张。许多重大问题,如内部'肃反'问题,军队干部的升迁任免问题,等等,他们说了算,极少征求我的意见。特别是在川陕根据地,取消了原来的中央分局,由张国焘以中央代表身份实行家长制的领导,搞得很不正常。我处在孤掌难鸣的地位,委曲求全,凭党性坚持工作。既然两军已经会合,我想趁此机会,离开四方面军。"

后来中央组成左、右路军,徐向前被任命为右路军前敌总指挥。徐向前完全赞成毛泽东提出的北上方针。8月20日的中央政治局扩大会议上,他发言说:"原则上的问题,中央早已决定,战略方针当然是向东。"

对张国焘的分裂活动,徐向前也总是从侧面进行批评抗争。他在回顾这段历史时曾说:"沙窝会议后,张国焘满肚子不高兴,脸色阴沉,不愿说话。陈昌浩向我发牢骚,说中央听不进张国焘的意见,会上吵得很凶。我对张国焘、陈昌浩说:现在不是吵架的时候,这里没有吃的,得赶紧走,我们在前面打仗,找块有粮食吃的地方,你们再吵好不好呀!当时的确到了闹粮荒的严重地步,我心里着急得很。部队天天吃野菜、黄麻,把嘴都吃肿了……周恩来同志患疟疾,病得起不了床。我去看望他时,带去几斤牛肉,算是头等补养品。我想,这么困难的情况下,要命第一。我一再催促张国焘、陈昌浩早走,以后再吵,原因就在这里。至于当时争论的焦点是什么,谁是谁非,我不了解。那是中央政治局内部的事(徐向前当时不是政治局成员),没有人和我谈过,自己也不想过问。"

8月29日徐向前指挥取得包座战斗胜利,打开北上道路,但张国焘迟迟不肯行动,借口条件困难,下令返回阿坝,准备改变北进计划。9月1日,徐向前、陈昌浩、毛泽东致电朱德和张国焘,指出目前的敌情、我情、地理情况,极有利于按原定计划向甘南发展。9月3日,张国焘再次找借口,与中央的北进方针相抗衡。

徐向前对张国焘的这种突变甚感焦虑,与陈昌浩商量,无论如何不应变更原决定。9月8日他和陈昌浩致电朱、张:"胡不开岷,目前突击南、岷时间甚易。总的行动究竟如何?一军是否速达罗达?三军是否跟进?敌人是否快打?飞示,再延实令人痛心。""中政局正考虑是否南进……我们意以不分散主力为原则，左路速来北上为上策，右路南去南进为下策。万一左路无法北进，只有实行下策。如能乘（敌）向北调时（取）松潘、南坪仍为上策。请即明电中央局商议，我们决执行。"

张国焘一意孤行。徐向前在《历史的回顾》中写道："当天，张国焘来电，命令我和陈昌浩率右路军南下。这样，党中央的北进和张国焘的南下之争，终于发展到针锋相对的明朗化地步，成为牵动全局和影响红军命运、前途的斗争焦点。这份电令是陈昌浩先看到的，拿来和我商量。事情发展到这般地步，我们夹在中间，感到为难。我说：这样重大的问题，不向中央报告不行，你还是跑一趟吧！晚上……我到那里时，毛主席、张闻天、博古、王稼祥、陈昌浩都在，说：就等你来了。在座的都是政治局委员，只有我不是，所以我是个听会的态度。会前，毛主席他们已经拟好了一份要张国焘执行中央北进指示的电文，会上念了一下，要陈昌浩和我表态。陈昌浩表示，同意电报的内容，建议力争左右两路军一道北上；如果不成，是否可以考虑南下。我同意中央的意见，对南下问题考虑不成熟，没有表态。"

9日，张国焘复电徐向前、陈昌浩并转党中央，再次明确表示反对北进，坚持南下。这时，陈昌浩的态度突然改变了，同意南下，而徐向前不愿把四方面军的部队分开，也只好表示南下。接下去的局势变化，使徐向前更是左右为难，他在回忆录中写道：

"晚上，毛泽东亲自来到我的住处，站在院子里问我：向前同志，你的意见怎么样？我说：两军既然已经会合，就不宜再分开，四方面军如分成两半恐怕不好。毛主席见我是这种态度，便没再说别的，要我早点休息，遂告辞而归。

"毛主席和党中央决定，单独带一、三军团北上，速出甘南。他们于10日夜间开拔，第二天凌晨，我们才知道。那天早晨，我刚刚起床，底下就来报告，说叶剑英同志不见了，指挥部的军用地图也不见了。我和陈昌浩大吃一惊。接着，前面的部队打来电话，说中央红军已经连夜出走，还放了警戒哨。何畏当时在红军大学，他跑来问：是不是有命令叫走？陈昌浩说：我们没下命令，赶紧叫他们回来！发生了如此重大的意外事件，使我愣了神，坐在床板上，半个钟头说不出话来。心想这是怎么搞的呀，走也不告诉我们一声呀，我们毫无思想准备呀，感到心情沉重，很受刺激，脑袋麻木得很。前面有人不明真相,打电话来请示:中央红军走了,还对我们警戒,打不打?陈昌浩拿着电话筒,问我怎么办?我说,哪有红军打红军的道理!叫他们听指挥,无论如何不能打!陈昌浩不错,当时完全同意我的意见,作了答复,避免了事态的进一步恶化……那天上午,前敌指挥部开了锅,人来人往,乱哄哄的。我心情极坏,躺在床板上,蒙起头来,不想说一句话……"

"'男儿有泪不轻弹。'然而,那两天我想来想去,彻夜难眠,忍不住偷偷哭了一场。我的内心很矛盾。一方面,几年来自己同张国焘、陈昌浩共事,一直不痛快,想早点离开他们。两军会合后,我对陈昌浩说,想去中央做点具体工作,的确是心里话。我是左思右想,盘算了很久,才说出来的。另一方面,右路军如单独北上,等于把四方面军分成两半,自己也舍不得。四方面军是我眼看着从小到大发展起来的,大家操了不少心,流了不少血汗,才形成这么支队伍,真不容易啊!分成两半,各走一方,无论从理智上或感情上说,我都难以接受。这也许是我的弱点所在吧!接着,中央又来电报要我们带着队伍北上。并说:中央已另电朱、张取消8日南下命令。陈昌浩的态度很坚决,骂中央是什么'右倾机会主义'啦,'逃跑主义'啦,决心南下。我想,是跟着中央走还是跟着部队南下呢?走嘛,自己只能带上警卫员,骑着马去追中央。那时,陈昌浩的威信不低于我,他能说会写,打仗勇敢,又是政治委员。他不点头,我一个人是带不动队伍的,最多只能悄悄带走几个人。想来想去,还是决定和部队在一起,走着看吧!这样,我就执行了张国焘的南下命令,犯了终生抱愧的错误。"①

在南下过程中,徐向前逐渐认识到毛泽东的远大战略眼光和非凡气魄。10月5日的高级干部会议后,张国焘找他谈话,他明确表示不赞成张另立中央的做法。他说:"党内有分歧,谁是谁非,可以慢慢地谈,总会谈通的。把中央骂得一钱不值,开除这个,通缉那个,只能使亲者痛,仇者快,即便是中央有些做法欠妥,我们也不能这样搞。现在弄成两个中央,如被敌人知道有什么好处嘛!我的主导思想是希望团结,不要感情用事,免得越弄越僵,将来不堪收拾。"他在回忆录中还写道:"南下以来,我一直支持朱总司令的意见,几次劝张国焘放弃第二'中央',但他就是不听。我毫无办法,心里很不痛快,常常

---

① 《徐向前回忆录》,解放军出版社2007年版,第333~335页。

借口军事工作忙或身体不适,不去参加总部的会议。"

5. 贺龙,二方面军司令员,半开玩笑半认真地对张国焘说:"国焘啊,只讲团结,莫讲分裂,不然,小心老子打你的黑枪!"

新中国成立后朱德元帅谈起同张国焘的斗争时说:"贺老总对付张国焘很有办法,不争不吵,向他要人要枪要子弹,硬是要过来一个军,尽管人数并不多。张国焘对弼时、贺龙都有些害怕呢!一起北上会合中央,贺老总是有大功的!"

1936年7月初,贺龙、任弼时率领二方面军的两个军团与朱德、张国焘、刘伯承、徐向前等率领的红四方面军在甘孜胜利会师。由于各路红军长期处于割据状态,贺龙他们对张国焘闹分裂和自立伪中央的闹剧并不知道。

7月1日,贺龙在甘孜附近的干海子见到了南昌起义的老战友朱德总司令。久别重逢,两位老朋友紧紧握手拥抱,朱德兴奋地对贺龙他们说:"你们来了,我的腰杆子硬了,团结工作更好做了。"他把红一方面军与红四方面军会师的情况、分歧以及张国焘另立"中央",搞分裂的活动,详细叙述了一遍,还给贺龙他们看了中央政治局两河口会议、毛儿盖会议的文件和中央严令张国焘率部北上的电报。朱德分析说,由于张国焘的错误,红四方面军在南下以后受到严重挫折,最后不得已退到甘孜一带。经过党中央一而再再而三的批评、督促,共产国际的一再斡旋,朱德、刘伯承、徐向前及红四方面军广大指战员的努力,张国焘才被迫取消了他所组织的非法中央,同意北上。但是,事情并没有了结,张国焘还是反对毛泽东、周恩来等几位中央主要领导人,张国焘反对中央的问题并没有解决。我们要做团结工作,也就是想办法推动他去与中央会合。

刘伯承也同贺龙、任弼时促膝长谈,对他们说:"对张国焘不能冒火,冒火要分裂。中央在前面,不在这里。"贺龙决心与朱老总他们一起战胜张国焘。为了防止张国焘控制部队,贺龙与朱德、任弼时商量,部队要分开行动。张国焘向党闹分裂的最大资本是人多枪多,贺龙就向他要人要枪支援二方面军,张国焘无奈,贺龙把三十二军——原红一方面军的九军巧妙地要到红二方面军这一边来,减少了张国焘所控制的力量。20多年后,朱德元帅回忆起这件事高兴地说:"后来任、贺来了,我和他们背后说如何想办法去会合中央,如何将部队分开,不让他指挥。贺老总很聪明,向他要人要东西,把三十二军带过来了，虽然人数少，但搞了他一部分。"

张国焘仍在活动，他向贺龙的部队派去工作组，散发了《反对毛、周、张、博逃跑主义路线》的反动文件，张国焘又派人给贺龙送来《干部必读》反动小册子，贺龙看后严肃地说："张国焘分裂中央是错误的，这个材料不能发。"并立即打电话命令红二方面军两个军团各部队把接到的小册子统统收起来。

贺龙还多次在小范围内对两个军团的干部们说："同志们，这里是张国焘搞的假中央，他在进行分裂党和红军的罪恶活动，真中央是毛大帅（贺龙总是这样称呼毛泽东）领导，现在在陕北。我们大家都要听党中央的，都要跟着毛大帅走。谁要是不听党中央的，反对毛大帅，他就是天王地老子也不行，他就是八只角的王鱼，也要掰下一只角下来！"贺龙与朱德、任弼时、刘伯承等共同坚决拥护中央关于北上的方针，挫败了张国焘的阴谋，不久红一、二、四方面军三大主力胜利会师。

1961年，贺龙元帅回忆起这段往事时说："朱老总、伯承向我们讲了张国焘搞分裂的事，我们以前并不知道。不过，张国焘这个人，我还是有所了解的。南昌起义前两天，他作为中央代表来到南昌阻止起义，我还和张国焘发了脾气。后来，在瑞金我入了党，又和他编在一个党小组里，整天走在一起直到潮汕失败才分手。到了甘孜，他人多，我们人少，我们又不听他的，得防备他脸色一变下狠手。我有我的办法，我让弼时、向应和朱老总、伯承、张国焘，都住在一幢两层的藏民楼里。那时，在甘孜组织了一个汉藏政府，叫'巴博依得瓦'。我们大家就住在主席府，整个住处的警卫是我亲自安排的，警卫员每人两支驳壳枪，子弹充足得很呢！你张国焘人多有个大圈圈，我贺龙人少，搞个小圈圈，他就是真有歹心也不敢下手！张国焘搞分裂，我们搞团结，可是对搞分裂的人不得不防嘛！还有开庆祝会师大会，张国焘是红军总政治委员，自然要讲话。在主席台上，我坐在他身旁。他刚刚站起身要讲话，我半开玩笑半认真地给了他一句悄悄话，我说'国焘啊，只讲团结，莫讲分裂，不然，小心老子打你的黑枪！'张国焘就没敢讲不利团结的话。其实，我哪里会打他的黑枪，他自己心里有鬼么！"

四、百团大战的历史风云

日本人编织"囚笼",共产党的军队陷入绝境。八路军统帅部朱德、彭德怀与刘伯承、聂荣臻、贺龙诸将共同发动百团大战,震动中外,谁曾想却成了历史沉冤

1. 前门打虎,后门进狼。彭德怀说:"打了反摩擦战役之后,必须打反日的百团大战。"

1967年7月19日,北京航空学院一间教室里,一帮人在批斗彭德怀。

"彭德怀,交代你的问题!"红卫兵"头头"厉喝一声。

彭德怀态度温和,答:"我不明白有什么问题。几十年忠于毛主席,勤勤恳恳为中国人民出力。"

"你为什么要发动百团大战?"

"打日本鬼子呗!"

"百团大战没有请示毛主席,受到毛主席批评!"

"嘿,不对的。打电报了嘛!毛主席、中央军委发来了电报祝贺……"

这是《彭德怀传》一书记录下的一段真实故事。

1939年12月,八路军总部。

朱德、彭德怀收到冀中军区的一份绝密电报,报告说:"敌最近修路的目的同过去不同。""一是以深沟高垒连接碉堡。由任丘到大城、河间的公路修得比地面高五尺,两旁沟深八尺到一丈,沟底宽六尺,沟面一丈六,把根据地划成不能相互联系支援的孤立的小块,部队也不能转移,便于敌逐次分区搜剿。第二种修法是汽车路的联络向外连筑,安国县已完成三层,敌汽车在路上不断运动,阻挡我军出入其圈内。"我八路军"绝不能让敌修成",否则"将造成坚持游击战争的极端困难局面。"

由日本华北方面军司令官多田骏亲自策划的这一恶毒阴谋,自然引起八路军总部的警惕。一面是抗战阵营内部"友军"不断进攻,欲置共产党军队于死

地;一面是侵略者步步威逼的"囚笼"战略,近乎疯狂的筑路挖沟,新旧铁路线、公路线交织连贯,像一张巨网正向各根据地合拢。八路军将领很快识破了日本人的把戏,一二九师师长刘伯承将军说,这是敌人企图以"铁路为柱,公路为网,据点为锁",对我华北敌后军民实行的"囚笼"政策。朱德、彭德怀告诫部队说:"交通战对战争关系极大。敌人新的筑路行动具有战略和战术上的重大意义,我们丝毫也不能忽视。"并着手计划进行破袭,打击日军的筑路计划,扭转根据地被不断割裂的危险局面。

1940年春,反摩擦战役胜利,彻底粉碎了国民党第一次反共高潮,八路军总部朱德总司令、彭德怀副总司令立即于4月1日发布命令:要求各部紧密配合,从4月10日开始动作,对日军的交通线发动一次总破袭。具体部署:

——聂荣臻所部晋察冀军区,破击沧石路以北的津浦、平汉及正太路;

——刘伯承、邓小平领导的一二九师,破袭沧石路以南,平汉路之石(家庄)磁(县)段,北宁路北段;

——贺龙、关向应的一二〇师,破袭同蒲路北段;

——徐向前、朱瑞的山东军区对付胶济路及津浦路南段。

朱德、彭德怀向中央和毛泽东作了报告。

就在朱德、彭德怀下达作战命令的第二天,毛泽东急电彭德怀说:"目前局势相当严重,蒋介石似已下了决心,即是挂抗日的招牌,做剿共的实际。目前对我最威胁的是绥德、皖东两点。"他指示彭德怀、贺龙要以主力对付威胁延安的国民党第九十军,要求彭德怀除三四四旅外,再抽兵力南下华中,打通与新四军陈毅的联系,以解皖东之围。

朱德、彭德怀的破袭计划暂时搁置,但并没有放弃。4月2日,毛泽东电示,希望朱德早日动身前往洛阳,与同共产党友好的卫立煌谈判停止国共摩擦问题,然后秘密返回延安,参加中共第七次代表大会。4月中旬,朱德启程,彭德怀把随行警卫营长潘开文叫到自己那里,亲自交代行路安全等问题,又拿出一封信交给他,要他在护送总司令过白晋路时,把它丢弃在敌人的封锁线内。这封信是写给国民党军庞炳勋的假情报,"透露"八路军和国民党在这一地区还将发生严重摩擦。而实际上八路军的出击方向是敌人。

八路军的处境越来越艰难。彭德怀自己忧心忡忡地说,是前门打虎,后门进狼。虽然国民党反共"摩擦专家"朱怀冰已被打垮,日本人的野心越来越大。彭德怀的决心也越来越大，4月25日，他签发了以朱德和他的名义致各兵团首长的指示："日寇现正在拼命修筑道路（据各地报告统计之多殊为惊人）"，"此种阴谋如不积极求得阻止与粉碎，待其完成，将给予我坚持敌后之抗战以极大困难和不利。""各兵团首长应就当前实际情况，确谋有效之对策，予以破坏。"敌情逼迫彭德怀下最大决心，对敌之战势在必打。

2. 彭德怀两度派参谋长前往一二九师，与刘伯承、聂荣臻共同商讨计策，不久一封写有"十万火急"的绝密电报从八路军总部发出……

1940年4月底的一天，太行山黎城县一座农家小院里，八路军高级将领们正在讨论着一个重大问题：如何破袭日军的"囚笼"。这是吃完晚饭闲谈式的讨论。一二九师的刘伯承、邓小平、陈锡联、陈赓，前来参加反摩擦战役的聂荣臻、吕正操等人，还有一个重要人物，他就是彭德怀派来的八路军总参谋长左权将军。山高春迟，春意仍盎然的山村小院传出一阵阵笑声。三八六旅的陈赓旅长先提出："正太铁路我们搞了它好多次了，这次大家集中力量先把它给搞掉，如何？"

聂荣臻沉思一会儿说："要彻底打掉嘛，目前还不可能，打掉了它还会修起来的。不过，打断它一个时期也是有利的。"

左权笑着说明了他的来意："彭老总要我到这里来，正是为和大家商量这件事。他有个想法，由荣臻和伯承同志再次协力，从南北两面对正太路来个大破袭，打通晋察冀和太行区的联系。"

经过热烈讨论，一致赞同聂荣臻和刘、邓一个负责破袭东段，一个破袭西段的设想。

正太铁路是日军构筑"囚笼"的纵横支架的中心，全长240多公里，横贯太行山脉，具有重要的战略意义。

聂荣臻领导的晋察冀军区和刘、邓领导的晋冀豫军区正好被正太路隔开，使八路军在敌后的这两个大战略区行动配合十分困难。此时敌军兵力分散，虽说正太路有重兵把守，只要从几个方向来破袭它，就一定能够成功。

许多外界因素也在不断刺激和增强彭德怀和他的战友们的决心：

——敌、伪、顽在华北地区制造谣言迷惑群众，企图挑拨八路军与地方民众的关系，散布说："八路军游而不击"，"专打友军，不打日军"，致使一些人对八路军产生怀疑。

——世界形势风云险恶，希特勒在席卷半个欧洲后进军英伦三岛，英、法屈从于日本的威力，相继关闭了中国的西南国际交通线滇越铁路和滇缅公路，日本一面扬言切断中国西北国际交通线，一面狂轰滥炸国民党的陪都重庆，中间派悲观叹息，投降派活跃，中国共产党则努力说服友军继续抗战，并决心在敌后打胜仗。

7月中旬，彭德怀与左权分析讨论完局势，认为青纱帐是打游击的黄金季节，便对他说："大家老盼着打，我看可以开始行动了。"为做到积极稳妥，彭德怀又一次派左权来到一二九师师部征求刘、邓等人的意见。刘、邓认真倾听了总部的战役设想，欣表赞同，邓小平果断地说："这个设想我看行，可以这么干！"一二九师的两位首长随后便召集各路将领研究进行战役准备。彭德怀、左权在总部召开军事会议，最后决定战役方案。

1940年7月22日清晨，一封注明"十万火急"字样的绝密电报，从八路军总部发往分处敌后的各师、军区领导人：聂荣臻、贺龙、关向应、刘伯承、邓小平，发往中央军委，发给毛泽东。这份由朱德、彭德怀、左权三人共同签发的破袭正太路战役预备命令指出：

"敌寇依据几个交通要道，不断向我内地扩大占领地区，增多据点，封锁与隔截我各个抗日根据地之联系，特别是对于晋东南，以实现其'囚笼政策'，这种形势严重。又迭据各方情报，敌寇有于8月间进犯西安企图。为打击敌之'囚笼政策'，打破进犯西安之企图，争取华北战局更有利的发展，决定趁目前青纱帐与雨季时节，敌对晋察冀、晋西北及晋东南'扫荡'较为缓和，正太沿线较为空虚的有利时机，大举破击正太路。""其他各重要铁道线，特别是平汉、同蒲，应同时组织有计划之总破袭，配合正太铁道战役之成功。"

命令要求"直接参加正太线作战之总兵力不少于22个团（聂区10个团、一二九师8个团、一二〇师4至6个团、总部炮团大部及工兵一部）"，"定于8月10日前完成侦察、器材准备、部队调动等准备工作"。并特别嘱咐："准备未完毕以前，战役意图只准告知旅级首长。"

电报发到延安，立即被抄送毛泽东、王稼祥、朱德、洛甫、王明、康生、陈云、邓子恢、任弼时、谭启龙和作战局。

朱德是5月底到达延安的，这位中央军委副主席、八路军总司令协助毛泽东分管军事工作。这以后，八路军日常工作，由彭德怀主持，但总部发出的重要文电，仍由他和彭德怀共同署名。像破袭正太路这样的大动作，也必须是共同署名的。正是这份电报，使八路军的副总司令、后来的国防部长彭德怀元帅，被指责为背着毛泽东主席发动百团大战，达十几年之久，只是由于这份三人共同署名的预备命令延安收文原件的赫然在案，"文革"以后得以澄清真相，才为元帅洗冤。

预备命令迟迟没有得到中央军委的批准。1959批判彭德怀时和"文革"期间，有人指责彭搞"独立王国"，"擅自发动百团大战"。为什么军委对此电没有批复？这在相当长时期成为不解之谜。这个谜底，到20世纪90年代才揭开。原来，王稼祥在"七大"期间，曾说明当时毛泽东主席在医院养病，电报是他收的，他疏忽了，没有转送毛主席，也没有批复。

但是"为防止敌人发觉，保障各地同时突然袭击，以便给敌伪更大震动"，未等到军委批准，8月8日，朱德、彭德怀、左权联名签发的战役作战命令，传到聂荣臻、贺龙、刘伯承各战略区首长。命令规定：

——聂集团主力约10个团，破坏平定县（不含）东至石家庄之正太线，同时，分派部队对津浦、平汉、德石、沧石路的指定地段，进行宽正面破袭，阻止可转向正太路增援之敌，相机收复某些据点。

——刘、邓集团以主力8个团附总部炮团一个营，破击平定（含）至榆次段之正太路，同时分派部队对平汉、德石、邯大、同蒲、白晋、临屯路之指定地段，进行宽大正面的破袭，阻止敌人向正太路增援，相机收复某些据点。

——贺龙、关向应集团破袭同蒲北段及汾离公路，并以重点置于阳曲南北，阻敌向正太线增援，同时派部破袭晋西北交通，相机收复若干据点。

命令还规定："上列各集团及总部特务团统由总部直接指挥之"，"限8月30号开始战斗"。

各集团接到此令后，斗志高涨。刘伯承、邓小平将师前线指挥部设在抵近正太路的和顺县石拐村，聂荣臻则把他的指挥部搬到靠近井陉煤矿附近的洪河槽小山村。

贺龙在积极进行准备的同时，向总部彭德怀提出一二〇师破袭新方案。贺龙考虑，远在晋西北的一二〇师夏季反"扫荡"刚结束，部队没有休整、补充，长途南进阳曲，困难不少。于是，他向朱德、彭德怀建议：一二〇师主力在同蒲铁路北段配合正太路战役，破袭阳曲、忻县和朔县、宁武段同蒲铁路；

而由正在文水、文城一带活动的工卫旅和一二〇师特务团，负责破袭阳曲以南平遥以北铁路。贺龙的建议得到了彭德怀的批准。

3. 彭德怀定名百团大战，毛泽东高兴地说："百团大战真是令人兴奋，像这样的战斗是否还可以组织一两次？"蒋介石也"特电嘉奖"。

战役于8月20日晚8时正式发起，八路军总部和各作战集团的作战室里弥漫着紧张气氛。

刘伯承和邓小平，在师指挥所彻夜未眠，天明时分，开始向总部传发捷报：陈赓旅连克碉堡四座，全歼守敌。完全占领寿阳西南的芦家庄车站，将车站西10里内的铁道、桥梁全部破坏。

聂荣臻，指挥部队冒雨作战。他后来在回忆录中这样写道："我们计划攻击的重点是井陉煤矿和娘子关。我清楚地记得那一时刻的情景，真是壮观得很啊！一颗颗攻击的红色信号弹腾空而起，划破了夜空，各路突击部队简直像猛虎下山，扑向敌人的车站和据点，雷鸣般的爆炸声，一处接着一处，响彻正太路全线。"

一夜没有休息的聂荣臻，于第二天早晨向总部报告战况：杨成武部连克乏驴岭、北峪、北都等据点，歼守敌200多名，据点段内铁路、桥梁、碉堡、电线悉被破坏，万余民众参加了破击。中央纵队已完全占领有名的井陉煤矿，歼守敌上百人，矿井机器全部炸毁；右纵队郭天民部正猛攻天险娘子关；冀南军区徐绍恩团破坏平汉路邯郸至磁县段铁路5里。

贺龙指挥一二〇师在阳曲、忻县、朔县、宁武段同蒲铁路，全线出击，到傍晚致电总部：张宗逊旅举歼静乐东康家会守敌，毙敌200多人，俘日兵10余名，缴获甚多……

彭德怀在总部一直耐心地等待着，不断收到的捷报使他感到欣慰。

战况发展顺利，捷报频传，正太、同蒲、白晋、平汉、平绥、津浦、北宁各铁路及各公路干线，敌人的大动脉渐渐变得"千疮百孔"。

22日午饭后，作战科长王政柱汇报说，参战兵力共计105个团。话音未落，左权参谋长抢先说："好！这是百团大战，作战科要仔细查对确数。"彭德怀定性地说："不管一百零几个团，这次战役，就叫做百团大战好了。"随机拟电各兵团，并报中央军委说：

正太战役我使用兵力约百个团，于 20 日晚已开始战斗。序战胜利已经取得。这次战役定名为"百团大战"，这是华北抗战以来积极主动大规模向敌进攻之空前战役，应加紧扩大宣传。此间除有专电发重庆转蒋何陈徐，发西安转办公厅，并发延安外，每日还有战况及论文广播，希注意接收，以便统一扩大宣传。

延安收电译文直送各领导人：毛泽东、王稼祥、朱德……

8月底，第一阶段破袭获得巨大成功，正太路许多地段被夷为平地，一条完整的铁路，一时变成了破烂不堪的荒地，被日军视为命脉的"钢铁封锁线"，彻底瘫痪。聂荣臻的晋察冀区两度攻占天险娘子关。元帅后来回忆说："在侵略军铁蹄下生活了近三年的娘子关地区的同胞，看到八路军的红旗，高高地飘在关头上，兴奋得流出泪水。"这个区还在矿工的配合下，严重破坏了日寇侵占的燃料基地井陉煤矿，至少半年以上不能出煤。

很快，一份关于第一阶段作战总结电发往中央军委。毛泽东很快复电，彭德怀在其《彭德怀自述》中这样写道："此役胜利的消息传到延安，毛主席立即给我来电说：'百团大战真是令人兴奋，像这样的战斗是否还可组织一两次？'"

毛泽东的称赞使彭德怀、左权深感荣幸。当时，总部特务团团长欧致富，刚从正太路前线回总部汇报战情，欧致富转身出门时，被彭总叫住："欧致富，到二科看毛主席电报！"欧致富很意外，回头看看，见彭德怀和左权朝他笑笑，十分高兴，便三步并做两步奔向机要室，看过电文，这位沉稳的团长禁不住高兴地叫起来："呵，毛主席表扬我们了！"他把电文一字一句记住，出门后仔细写在自己的小本上。20 世纪 80 年代初，《彭德怀自述》一书出版，欧致富看到其中提到的这份电报，老泪纵横，说："彭老总叫我去看的就是这封电报。彭老总叫住我那神情，我永远都记得。"

百团大战不断有新的捷报，前线八路军总部沸腾了！延安中共中央和各界沸腾了！到处召开庆祝大会。9 月 20 日，延安各界群众两万多人，举行庆祝百团大战胜利暨纪念九一八事变 9 周年大会，毛泽东和朱德代表中共中央出席大会，大会通电慰问八路军前方将士。全中国沸腾了，各地各界人士也交口赞誉。对八路军友好、坚持抗日的国民党高级将领卫立煌将军，曾命令在晋南的中央军向白晋、同蒲两路南段积极进攻，以配合八路军发动的百团大战。一向反共"剿共"的蒋介石"蒋委员长"，也不得不亲自打电报给朱德、彭德怀：

"贵部窥破好机，断然出击，予敌甚大打击，特电嘉勉。除电饬其他各战区积极出击，以策应贵军作战外，仍希速饬所部，积极行动，勿予敌喘息机会，彻底断绝其交通为要！"

这封"嘉勉电"被刊载在1940年9月13日的《新华日报》的头版头条。不过这种装装样子的假祝贺很快就没了，蒋介石秘密指示说："百团大战的事，以后绝对禁止登报！绝对禁止！"

4. 血战关家垴，彭德怀、刘伯承亲临战场。彭副总司令在电话里，对他一向倾心尊重的战友咆哮："拿不下关家垴，就撤掉你一二九师的番号！"

百团大战前两个阶段，打得比较顺手，也比较顺利，但部队伤亡也比较大，持续40多天的战斗，紧张而激烈，部队极度疲劳。10月2日，总部下令休整补充，准备发动第三阶段的进攻。

就在这时，日军疯狂地向各战略区反扑。10月6日，在修复好被八路军突袭的铁路后，日军发动大规模"毁灭扫荡"，对根据地实行"三光"政策，见人即杀，见屋就烧，见粮就抢。彭德怀遂命令部队停止休整，转入第三阶段的反扫荡作战。

10月下旬，日军独立混成第四旅团，在八路军破袭中遭打击最惨重的一个旅团，派岗崎大队600人进犯八路军总部的水腰兵工厂，进行"扫荡"。

水腰地处太行山脊黎城县的黄崖洞岩谷中，四面险峰环抱，只有南面绝壁有一天然裂缝，可以容人出入，所以起名叫"瓮屹廊"。一年前，朱德、彭德怀等亲自察看地形，把总部的军械所迁移至此，为建设自己的军事工业，朱德、彭德怀等人对这一兵工厂，不知倾注了多少心血。为对付敌人扫荡，彭德怀派总部特务兵坚守；以一个连的兵力把守瓮屹廊。得知岗崎大队竟不费吹灰之力进入这个军事重地，彭德怀勃然大怒，亲自追查原因，下令以军法处决了未经抵抗擅自撤守的连长，并命令部队准备作战，他要亲自惩罚这股敌人。

29日下午，从黎城驰回武乡的彭德怀，看到一路上被日军"三光"后血淋淋空荡荡的村落，一面骑马飞走，一面咆哮："……杀人放火，还了得！坚决消灭这一路敌人！"此时，敌人就在蟠龙、关家垴附近宿营，而一二九师的陈赓旅，薄一波的决死一纵队一部也在关家垴附近集结。彭德怀当天晚发令歼敌：

——刘伯承、邓小平指挥三八六旅、十旅各一部；

——陈赓指挥三八六旅一部、决死一纵队二十五团、三十八团各一部；

——彭德怀亲自指挥山炮连。

战斗于 30 日早晨 4 时发起。

29 日晚，日军突然以一个中队攻占了关家垴西南之凤垴顶高地。第二天晨，总攻开始，激烈的战斗同时在关家垴和凤垴顶展开。在关家垴，一二九师冒着敌机的轮番轰炸扫射，迅速突破日军防御阵地，经多次白刃搏斗，将日军大部歼灭；凤垴顶的敌人组织猛烈的侧射火力，严重威胁着关家垴的攻击部队，一二九师被迫增兵猛攻凤垴顶，一天连续 10 次猛攻，未能奏效。又有 2000 多名日军赶来增援。

就在这时，彭德怀与刘伯承、陈赓之间，由于在如何打敌问题上产生分歧，而发生争执。陈赓建议用八路军擅长的伏击战术来歼敌，以减少部队的伤亡，彭德怀没有采纳，并派人前去说服陈赓，要敢于啃硬骨头。刘伯承则打电话给彭德怀，建议暂时撤围，另觅战机。彭德怀确实对日军有些恼怒，他一定要亲眼看着部队拿下关家垴，便对着电话，朝他一向十分尊重的战友咆哮："拿不下关家垴，就撤掉你一二九师的番号！"按照老百姓的说法，这时血性方刚性格暴躁的彭老总确实打红了眼。他的咆哮，使一向宽怀大度的刘伯承大为震惊，也十分气恼。

不久，部队在彭德怀命令下撤出战斗。这次战斗，也使一二九师遭受重大损失。有人便对这次指挥提出批评。对此，刘伯承、邓小平在1942年的一封信中谈到："有同志说，百团大战第三期的指挥错误，这种看法不合事实，因为第三阶段是三次反扫荡，只有最后应不应打关家垴一仗问题。我们的结论是应该的，不打这一仗，在政治上损失太大，实际上这一仗停止了敌一个大队可以在根据地横冲直闯的局面。"彭德怀在他的《彭德怀自述》中则勇敢地承认说："在敌军扫荡时，日军一般的一个加强营附以伪军为一路。我总想寻机歼灭敌军一路，使敌下次扫荡不敢以营为一路，以使其扫荡的时间间隔扩大，有利于我军民机动。我这一想法是不符合当时实际情况的。因部队太疲劳，使战斗力减弱了，使一二九师伤亡多了一些。""后果的责任，是应当由我来负的。"

5. 百团大战，留下许多故事，引起质疑，使彭德怀蒙受更大冤屈。历史沉思，请听元帅们自己的评说。

百团大战一结束，就引起争论，到1945年延安整风、中共七大，达到一个小高潮。彭德怀被批判，背黑锅，对他提出过火的批评，人们提出各种各样的问题。彭德怀既充分肯定百团大战的积极意义，又十分勇敢地从个人方面认真核对其不足。他说："这个战争是不是应该打？我觉得可以打，但是延长三天不对。一、回头反扫荡，自己搞不赢（即来不及），二、对敌报复估计不足，故此，在战役上有些过分。以后，关家垴战斗上又打硬了一点。""总之，胜利损失少……"

根据有些人的质疑，彭德怀自问自答地说："不打，可不可以呢？就是说，不用大破袭战的办法而用别的办法去打破敌人的囚笼政策可不可以呢？百团大战以后的敌后武工队等等办法不是很成功吗？对这个问题不能看死，今天看，用'武工队'和'政治攻势'也可以调动敌人出去。但问题很简单：那时不会。"

有人提出，由于百团大战，两年后，敌人对华北加倍进行残酷进攻。彭德怀答复说：百团大战"弱点是暴露了力量，警醒了敌人注意自己。41年、42年就接连的严重的搞我们。但是否全由百团大战，这还不能过早结论。"他举例说，1941年，日寇进攻中条山国民党中央军，1943年，日寇进攻国民党庞炳勋军，前者溃退了，后者投降了，他们从来没有积极出击过敌人，从来没有打过百团大战，但是日本人还是要消灭他们，因为日本要灭亡中国，要彻底占领华北。"因此，不管怎样，敌人是要搞我们的。"

为了讨个公道，彭德怀决心和毛泽东交换一下意见，并请周恩来做中间人。一天，在毛泽东的窑洞里，三个人坐到一起。毛泽东开门见山地说："咱们定下个君子协定：第一，把话讲透；第二，可以骂娘；第三，各自检讨，不准记仇，不得影响工作。"随后他说："我先给你作检讨。造成这样的后果，责任全在我，事先没得向你通气，事后又没得向你作解释，这也是老同乡我的不对……'百团大战'是无可非议的。从组织手续上讲，你战前对军委有报告，当时军委和我个人也同意了的。如果讲到缺点的话，那就是军委回电未到，你是提前行动了，但这也是可以理解的……若说有错，首先错误在我，我不但同意了，给你发了电报，还向你提出这样的大战役是否可以多搞几次。"

听完主席的这番热心肠的话,彭德怀积在心中的不解和埋怨顿时消失。他十分感激地抬起一直低着的头,亲切地说:"同志间的了解、信任胜过最高奖励。有主席今晚这番话,就是现在让我去死,也是死而无憾了,你还是了解我的,倒是我对你有误会,甚至有埋怨情绪,还要请你原谅,我是个粗人哩!"

"不!你是个有勇有谋,智勇双全的将领,在革命处在危难关头,你都是站在正确路线一边,这不仅是对我个人的支持,也是帮助了革命。遵义会议上你老彭投的一票是颇有分量的啊!好吧,请你多给我提意见吧。"毛泽东笑着说。

这时,周恩来也笑着提醒说:"君子协定的第一条是把话讲透,不要错过这个机会。"

"那好。"彭德怀鼓足勇气说,"言不透,意不明,话不说完,心不静。说我老彭有错误我都能听下去,说我老彭有个人野心,反对你,是帮助蒋介石,杀了老子的头,我不认账,人怕伤心,树怕剥皮吗?……对你,我只有一条意见,会前应该给我老彭打个招呼,我也有个思想准备。"

这次谈话解除了彭德怀的思想包袱。然而悲剧还在后头。1959年庐山会议后,彭德怀受到错误批判,百团大战又被作为"历史账"翻了出来,种种奇谈怪论充斥社会:百团大战是彭德怀擅自发动的,中央不知道,毛主席不赞成;百团大战的错误造成敌后困难,帮了蒋介石的忙;百团大战从军事上、组织上、政治上都是错误的等等。

"文化大革命"中,百团大战竟然真的被定成了彭德怀的"历史罪行"之一。彭德怀元帅为此进行无数次抗争,他曾冷静地说:"对于这次战役的估价,不能离开当时我们所处的环境和当时担负的任务。"他勇敢地承担起那些应该由他来负的责任,又有力地回击了那些无中生有、张冠李戴的恶毒攻击。

关于这次战役,朱德、刘伯承、聂荣臻都有过十分客观而全面的评价:

早在中共七大上,朱德、刘伯承就有评价。朱德说:华北抗战一般地执行了中共中央的战略方针……至于百团大战,在战术上是有成绩的,部队打仗也打得好。问题在于当时我们的力量还不足以单独战胜敌人。在敌人进攻,我们防御以至退却的时候,却用我们的力量去阻止敌人的进攻,成了攻势防御,这一点是错了。另外,在百团大战中有几个比较小的战斗带有攻坚性质或正面防御性质,这也是不该打的。

刘伯承则总结了军事上的教训，他认为作战中轻视了日军的技术——铁路技术和技术装备，表现在战术指导上，较多地采用阵地战甚至是阵地防御战的形式，脱离了八路军当时的条件，招致了不必要的损失。他说，这一个教训是应该记取的。这种善意的军事家式的批评只能有助于多打胜仗。

几十年后，聂荣臻元帅在他的回忆录中写道："当然，这个大规模的战役，事后看也是有教训的。这些年来，对这个战役的评价，曾出现过不同的意见。我的看法是，战果是巨大的，总的来说是应该肯定的。但是，胜利之中也有比较大的欠缺和问题。""震惊中外的这场大规模战役，距今已过去四十多年了。今天，从它在抗日战争历史上所起的作用来估量，我认为，这次大战是不应该否定的。当然，在肯定的前提下，也有教训。辉煌的胜利和存在的问题，这两个方面，都不应该被我们所遗忘。"[①]

历史就是历史。

---

① 《聂荣臻回忆录》，解放军出版社 2007 年版，第 402、404 页。

五、"反教条主义"公案的旋涡

　　马勺碰锅沿。为了探索建军之道,老元戎之间掀起了争论的旋涡

　　1. 不同寻常的意见书,引起国防部长彭德怀的警觉。反教条主义,刘伯承院长勇于承担责任。

　　1956年8月25日,南京,刘伯承元帅领导的军事学院,由咤叱风云的将军组成的战役系,有一位学员直接写信给国防部长、主持军委日常工作的彭德怀元帅,反映学习苏军的问题。信中说:

　　"几年以前,我们在'把苏联的一切先进经验都学到手'的口号下,从教材、教法和许多教育制度方面全盘学苏联,这是完全对的。但是我们感觉在向苏联学习中也产生了教条主义倾向。这主要表现在:教材方面,教学方法方面,对待我们的经验的态度方面以及其他方面。

　　"基于以上看法,学院提出的'反对经验主义,防止教条主义'的这一带有方针性的口号,似应请领导上加以考虑。"

　　不久,由中共中央办公厅转来了军事学院战史系教授会主任蔡铁根写来的信,信是写给中共中央总书记邓小平的,从另一个侧面反映了军队中存在的教条主义问题。信中写道:

　　"邓小平同志:我是最近离开军委训练总监部的,我在那里曾经工作了4年多。在我离开之前,深深感到北京存在着严重的军事思想上的混乱,急需提请中央和军委领导上的注意。为此,我写了《关于向苏军学习的问题》,请您看看,并把它转给中央负责同志和军委负责首长。

　　"为了确实了解苏联军事科学的全部内容,在步骤上,第一步应该是全部学会、学通。只有真正地全部融会贯通之后,才谈得到批判。几年来,我们深深体会到苏联军事科学的系统性,它虽然不是天衣无缝,确实漏洞很少。小自对一个日常生活小节的规定,大至军事原则的规定,都是互相结合、互相为用、互相保障着的一整套。但我们在学习和运用苏军这一整套的时候,却往往

是割裂开来，随意取舍。采用了这一套，丢掉了那一套；吸收了这一规定，抛弃了那一规定，结果弄得四分五裂，驴唇不对马嘴，八方不对头。还美其名曰：'批判地接受'，最后只好都执行不通。不说自己学习上有问题，还说苏军的东西不适合我军的情况。

"这不是一个小问题，而是一个不容忽视的重大问题，是一个关系着建军思想和军事路线的问题，是直接关系着我国社会主义建设的安危问题。

"作为一个共产党员，基于自己为党为国的热诚，我不敢隐讳自己的愚见，并大胆地把它提出来。"

这封信对国防部长彭德怀触动很大，他感到长期以来存在着的学习苏军经验这个大问题，到了非解决不可的时候了。当即，他便在信上批示说：

"蔡铁根同志给邓小平同志的信，应发给军委主席、委员及总参谋长、副总参谋长、各部首长、国防部各副部长阅。"

1957年2月21日，彭德怀专门写信给毛泽东，报告他准备带工作组到南京军区检查国防工事和勘察地形，到时也了解一下军事学院工作、军事训练、军内关系、军民关系等。毛泽东对这些问题很重视，批复："同意"，并附注："请注意军中思想动态，政治教育情况。"

国防部长带领副总参谋长陈赓大将、总政治部主任谭政大将一行10多人，于2月27日到达南京，第二天便开始了解军事学院的教学情况，主要是看有没有教条主义问题。

为什么党的主席、军委主席毛泽东和国防部长彭德怀对此这样重视呢？早在新中国成立之初，仗打完了，和平建国、和平建军都有一个如何学习外国经验问题，说白了就是学习苏联。在此之前，毛泽东就提出："苏联共产党就是我们最好的先生，我们必须向他们学习"，在政治上要"一边倒"。而在实际学习过程中，在如何学习、如何对待苏军经验，甚至如何对待苏联顾问等问题上，共和国军政领导人一直有不同意见。渐渐地人们发现，整个国家包括军队对如何学习苏联经验、探索中国建设社会主义的正确道路，出现了一些生搬硬套苏军经验等教条主义的倾向，正在这时，苏联和一些东欧国家风云突变：

1956年2月，苏共二十大召开，赫鲁晓夫在会议期间作了全盘否定斯大林的"秘密报告"。

同年10月，匈牙利事件爆发，军队倒戈。

这些事对毛泽东和中共中央震动极大。苏联是中国的榜样和政治盟友，毛泽东和中央分析，斯大林错误的一个严重后果是促长了教条主义，苏共对待斯大林的错误也犯了教条主义和修正主义的错误，全盘否定斯大林是不对的，但破除对斯大林的个人崇拜，揭露其错误的严重性又有积极意义。中国共产党必须以斯大林的错误为鉴戒，探索中国自己的正确道路。为此，毛泽东和中共中央采取一系列措施纠正教条主义倾向，强调必须有分析有批判地学习苏军经验，不能一切照搬，机械搬运。中共中央于6月连发五个文件，要求全党克服实际工作中的教条主义和经验主义，毛泽东则明确指出："学术界也好，经济界也好，都还有教条主义。"

而此时，刘伯承元帅领导的军事学院，作为全军学习苏军经验的窗口，也存在一些教条主义现象。为此，他在5月份就提出了防止与反对教条主义的问题，也就是开头第一封信所反映的。8月，刘伯承到北京出席党的七届七中全会和"八大"预备会议，对中央政策有更深的认识，曾先后四次致信院党委，对如何做好反教条主义工作作出具体指示。他在信中说："我们学了5年多的东西，总算有了几条，教条主义的思想有些发展（即将苏联经验搬用过来），这是合乎情理与事实的。在学习五个文件中，反主观主义（即教条主义与经验主义），着重反教条主义是对的。"关于反教条主义的态度，他说："在检讨时必须发扬民主，进行恰如其分的批评和自我批评，肯定那些是对的，就继续发扬；否定那些有错误和缺点的，就改正。不要过分追究个人责任，作过火的斗争……如说有错误，那是院长、政委主要领导者的责任。"

10月上旬，刘伯承回到学院后又亲自主持这项上下都认为极为重要的工作，以实事求是的马克思主义态度和敢于承担责任的勇气，很快便收到较好的效果。11月初，64岁的刘帅因大脑、眼睛发现病变，请示中央军委批准后赴上海治疗。告别亲自筹建的共和国第一所高级军事学府，刘伯承依依不舍，十分感慨地对其他领导同志说："看来，今后我只能当个名誉院长了！"但是，谁也没有想到，此后不久，战功赫赫的元戎竟成了共和国元帅中遭受磨难的第一人。

2. 彭德怀视察军事学院起风波，残衰多病的刘伯承递交辞呈，挥泪告别心爱的"讲台"。

彭德怀一行到达军事学院时，刘伯承院长仍在上海治疗，没能亲自作陪。

工作组态度严肃认真，详细了解学院各项工作。在最后听完学院领导集体汇报后，彭德怀作了发言，详细阐明了他对学院教学工作的意见和看法，他在肯定学院的成绩、详细列举学院所取得的各项成果之后，着重就学院的教学情况和学习苏军经验发表了看法。他说：

"根据汇报的情况来看，在学院教学中，不是有教条主义的问题，而是教条主义相当严重。最主要的表现是教学内容和我国我军实际情况不相适应。

"当然就军事学院的历史和客观情况来看，就现在的事实来看，产生了现在这种相当严重的教条主义现象，也不是意外的，不能把责任归咎于哪一个人。要论责任，我也是有责任的。"

"在军事学院产生这些缺点"他分析说："是有客观原因的……这都是可以理解的……从学院方面来说，在成立了六年多之后，对于结合我国我军的实际情况进行教学，仍然没有引起应有的重视。特别是经过 1956 年 9 月全院学过五个整风文件，学院中的许多同志已经感到有反对教条主义必要之后，而院党委仍然徘徊、犹豫、拖延，未能下定决心，就使党委领导在教学工作上落后于客观实际了。"

彭德怀感到他所讲的问题具有代表性，值得引起重视，回到北京后他就把讲话记录斟酌修改，奉呈毛泽东，并附信说：

"这次我去南京着重了解了军事学院的情况，同他们的教职学员分别座谈了三天，感到该院在教学工作中教条主义倾向相当严重。因为这个学院是训练我军高级干部的学校，对于全军的学校和部队影响很大，所以我特别向该院党委讲了一次话，着重提出该院应当展开反教条主义的工作。"

收到此件，毛泽东在第二天批复："退彭。此件已阅，同意。"①

随后彭德怀又把它送报周恩来和邓小平，后来又稍加整理，把其中"工作是有成绩的"改成"成绩是显著的"，作为《视察南京军区工作向党中央和军委的汇报》中的一个部分，分送中央政治局和军委。

对于彭德怀的讲话，军事学院的一些领导很难接受。特别是国防部长说该院教学工作中教条主义倾向相当严重，他们想不通。北京也有人对此提出疑义，主持训练总监部常务工作的萧克上将对彭德怀的报告提出了不同看法。萧

---

① 《彭德怀传》，当代中国出版社 1993 年版，第 545～549 页。

克将军认为，彭总对军事学院的教条主义问题的估计是过于严重了。他认为只是教学内容与我军的实际情况有一些不适应。

应该说，萧克将军对军事学院是比较了解的。训练总监部负责教育训练，对军队存在的教条主义倾向也比较清楚。1956年3月，萧克主持该部，就训练中的教条主义问题，专门召开四级干部会议，展开为期40多天的大讨论和大批判，纠正和克服训练中的教条主义倾向。当时党内军内有较好的民主风气，有了不同意见还是可以提的，萧克将军上书国防部长，公开对他的看法提出了不同的意见。对于这些，彭德怀当时都未予理会，认为把那些不顾实际情况照抄照搬的教条主义倾向反掉，他最终将会被人理解。

作为军事学院的院长，刘伯承以积极、慎重的态度，实事求是地对待国防部的批评。他一面在上海治疗，一面指示学院的主管领导召开院党委扩大会议，学习贯彻报告精神，并作出《关于深入开展反对教条主义的决定》，对学院的工作成绩和国防部关于教学中教条主义相当严重的批评，委婉地陈述了院党委的看法。

《决定》认为，"学院成立以来的工作成绩是基本的，主要的"，缺点和错误的性质是在学习马克思列宁主义和外国经验中的教条主义倾向，军事学院的训练方针、训练内容和对解放军经验的估计，对苏联先进经验的学习，基本方向和原则都是正确的，应该充分肯定。工作中出现的一些缺点错误，是属于贯彻执行中具体措施方面的问题。

《决定》报到军委，彭德怀审阅后批复说："你们关于开展反对教条主义的决定很好，同意你们这个决定，望按照决定的精神贯彻执行。""应坚决执行和风细雨的精神，以便达到真正提高认识和改进教学工作的目的。""要反复向群众讲清楚，不要追究责任，追究责任就会更不好。同时教条主义现象，不但是在学院教学工作中存在，而且是在全军许多工作中存在。如果要论责任，军委的责任更大。"

7月初，军事学院开始分校建院，月底，中央军委任命刘伯承为高等军事学院院长兼政委，刘伯承感到健康每况愈下，难以再担负繁重的领导工作，便于8月6日写信给毛泽东和彭德怀，信中说：

"原来就是残衰多病的身体，勉任6年学院工作，极感吃力。自1953年患虚脱症以来，脑力、眼力、神经和创伤诸旧病反复纠缠，已经难于看书提笔，休假也多；因而不能时常参加教材编审工作，不能更多参加思想提高工作，而深入基层的民主生活、纪律生活和实习工作也逐渐减少以至于无。这是整顿三风所不允许之事，也是忝列此职成为疚心之事。据此，请求免任我以高等军事教育这么更重要的新职，并请在移交南京军事学院职务之后，乘间疗养一个时期。一俟病愈，再赴北京专任军委委员参加实习机关工作。"他的请求得到批准。

从此，刘伯承元帅离别了他精心建设起来的军事学院。几个月后，军委训练总监部代理部长叶剑英元帅来军事学院视察，在向全院教职员工讲话时，专门赞誉刘伯承说：

"我们刘伯承同志40多年的战场生活、军队生活，俄文、中文、战斗经验，像他这样是很少的，很红、很专，但就是不健。他曾九次受伤，为革命、为人民流了很多血，是我们国家和人民的宝贝，应该很好地维护他的健康，负责国家大事。"①

3. 党的副主席林彪推波助澜，中央军委扩大会议突然间转向。

1958年，对于中国来说是很不寻常的一年，人们的头脑开始升温、发烧，中共中央连续召开工作会议，发动"大跃进"运动，轻率地改变了中共八大一次会议作出的关于国内主要矛盾已经转变的正确结论，断定国内主要矛盾仍然是无产阶级同资产阶级、社会主义道路同资本主义道路的矛盾。

这年5月25日，林彪在八届五中全会上增选为党的副主席。

就在这种形势下，军委扩大会议于5月27日正式开幕。这次会议是3月中央成都会议上定下来的。在那次会议上，毛泽东主席发出破除迷信，解放思想，反对教条主义的号召，并谈了对军队工作的一般看法。他说，军队中教条主义不多，军队工作搬了一些教条，但原则是坚持了，想促一促军队的工作，以便与全国的"大跃进"形势相适应。于是决定召开一次军委扩大会议。

军委扩大会议由彭德怀主持，到6月7日，会议人数由原来的360多人，增到1400多人。会议有二大任务，一是整风，二是整编，解决军队的建军原则、建军方针、战略方针三大问题。毛泽东、朱德、彭德怀、林彪、邓小平、刘伯承、贺龙、陈毅、罗荣桓、聂荣臻、叶剑英都参加了会并讲了话。第一阶

---

① 《刘伯承传》，当代中国出版社1992年版，第660页。

段，会议开得很平静。

党的副主席、中央军委副主席林彪却从会议一开始就含沙射影，煽风点火，对以后事态的恶化起了推波助澜的恶劣作用。他说："有人一提起学习就想到外国，专学外国的东西，以为只有外国的东西才是好的。这就是迷信，一定要打破迷信观点"，"不要一谈到外国的东西就津津有味，把本国的东西看作是'土包子'"，"我们的经验很丰富，不能把黄金当黄土甩掉了。"他还耸人听闻地说："有的单位不把毛主席军事著作作为军事基本教材，只作为参考材料，是不对的。有的单位连参考也没有列上，就更不应该。"

这些事是任何单位都不存在的，林彪这种莫须有的责备是别有用心的，他是不点名地攻击刘伯承元帅和叶剑英元帅，攻击军事学院和训练总监部。总监部虽然经过整顿，但内部对反教条主义有绝然不同的两种意见。这些情况被林彪知道了，便告到毛泽东主席那里，不久会议便转向了。

关于这里边的故事，一年后在批判彭德怀元帅的军委扩大会上，林彪自己表功式地说："参加成都会议回到北京后，一位同志到我那里去了，无意中谈到萧克……萧克有教条主义倾向。我才开始接触这个问题。当时军委扩大会议，马上就要开，但并没有确定以反教条主义为主题。我得到这个材料后（指有人向他讲了军事学院和训练总监部的问题），认为这个问题很重要，应该以这个为主题，军委扩大会议应该有个思想内容，把情况报告毛主席，毛主席认为……应该开展这个斗争。会议是毛主席决定的，材料是×××提供的，这才有去年以反教条主义为中心的军委扩大会议。这个会议是多少年来第一次大规模的会议，会后军队思想才有一个大的转变。中央、主席有决定，彭德怀才有180度大转弯来领导这次会议。"①

林彪认为有必要把这些事情向毛泽东作汇报——具有战略眼光的毛泽东主席，正在关注这方面的事情，如日中升的林彪使毛泽东相信问题的严重程度。

没有参加会议的毛泽东对会议进展情况了如指掌，不断发出各种指示。6月7日，国防部副部长黄克诚大将向会议传达了毛泽东在一份建议书上的指示："一方面有优良传统，另一方面，就整个历史说来，不占全军统治地位的另一个恶劣传统是存在的，即非马克思主义的、有时是反马克思主义的传统，

---

① 《彭德怀传》，当代中国出版社1993年版，第553页。

例如教条主义，军阀主义。"

两天后，黄克诚大将又传达毛泽东的新精神，他说，主席对我们的会议决心很大，开不好，大家就不要走。会议要扩大范围。他还传达了毛泽东新阐明的一个理论问题，毛泽东说："教条主义不懂得社会存在决定人的意识，意识又反过来影响（推动）社会存在。大国有大国的宪法，小国有小国的宪法，教条主义即不承认这条真理。苏军条令、规章制度，是在苏联土壤条件中产生的，这些人不承认中国的社会（客观）存在，不承认中国有它特殊的东西。"

毛泽东给会议定了调子，他下大决心要反对教条主义。会议主持人彭德怀立即调整部署，增加人数，从此，元帅们卷进一场争论的漩涡。

4. 争论升级，刘伯承成为焦点。陈毅气愤地说："你写啥子检讨嘛！要写，我替你写，写一百个字就行了。"

6月20日下午，中南海怀仁堂，1400多名军队高级领导干部到会，十大元帅全部出席，彭德怀代表由41人组成的主席团讲话，他一开始就提出了两条军事路线的斗争的问题，说在教条主义上有人反对毛泽东同志的建军思想和战略方针。他说，"在教条主义问题上，我是有责任的"，但"这是有原因的。有些原因我可以说，有些原因我不能说。没有教条主义，至少也有官僚主义，我不逃避这个责任。"为什么不早点提出反教条主义呢？他说："我这个人是没有学问的，是丘八学校和农民学校出身，出身寒微，是难以使人信服的。就是他们所说的，反教条主义的人都是没有学问的。在这方面我有自卑感。"

彭德怀是早就有反对教条主义的思想。1957年苏联国防部长朱可夫元帅被解职，联系匈牙利事件，彭德怀指出，匈牙利军队是有着十多年建军历史的军队，是现代化装备，也是正规化的，但一有风吹草动就垮台了，这是为什么呢？其中根本的原因就是有教条主义，政治没有挂帅，思想没有领先，这个惨痛的国际教训，我们一定要记取。朱可夫事件暴露了苏军在这方面的弱点。我们所以要严肃地批判教条主义，就是为了把我军优良传统牢固地传下去。不然的话，当我们这批老骨头逐渐死去以后，我军就有可能像匈牙利军队那样变质垮台的危险。

这次主席下了决心，彭德怀心里有了底，他专门把当天的会议简报送给毛泽东，主席很重视，批示道："刘（少奇）、邓、朱、周、陈云同志，此件值得一阅。阅后退彭。"毛泽东感到他应该出来说话了。

21日，毛泽东第一次在大会上讲话，他说，他这几年对军事没有抓。军事工作基本上做得好，有成绩，也有缺点。军委有责任，中央也有责任。大家对军委、对彭德怀同志的批评，也就是对他的批评。他还对反教条主义发表意见。隔日，他把军委委员和各组组长召集到中南海他的游泳池畔，座谈两个多小时。中间他插话说，说军队中没有教条主义是不存在的，究竟有多少，这次军委会议要实事求是地加以分析研究，不要夸大，也不要缩小，要坚持真理，修正错误。

到29日，毛泽东讲到军队院校工作，他批评说："现在学校奇怪得很，中国革命战争自己的经验不讲，专门讲'十大打击'，而我们几十个打击也有，却不讲。应该主要讲自己的，另外参考人家的。"他直接点名批评说："不知道军事学院、训总到底有多少马克思列宁主义。马列主义本来是行动的指南，而他们当作死条条来啃，马克思、列宁在的话，一定批评他们是教条主义。"他还讲了一些错误评论刘伯承功过的话。

由是，7月1日起，大会便全部集中到反对教条主义上，刘伯承成为主要批评对象，有人提出要他作检讨。对此，毛泽东特别关照说："让刘伯承同志好好休息，可以不来参加会议作检讨，表示个态度就可以了。"刘伯承的老搭档，党的总书记邓小平在大会上发言时，特意讲了要公道地对待刘伯承同志。他说，我是非常尊重他的，伯承同志这几年工作不是都做得不好，也不是过去不好。不能说他多年来做的不是好事。如果这样说，不公道。他特别说："刘伯承同志工作积极认真，对组织是尊重的。他今年已66岁了，又有病，不要搞得太紧张。"

对刘伯承的遭遇，罗荣桓元帅也极为关注。刘伯承到京后，与罗荣桓元帅一家是邻居，罗荣桓立即登门问候，两位老帅促膝长谈。这天得知刘帅被要求到大会作检讨，刘伯承的夫人汪荣华又高血压病复发，罗荣桓得知这些事情后，立即叫他的夫人林月琴陪汪去医院看病，同时让林转告汪，叫她告诉刘帅，不要紧张，没有什么大不了的，要注意保重身体。有些事说一说就行了。这种事（指搞批判的政治运动）在我们这个党内是常会碰到的。耿直、豪爽的陈毅元帅，看到刘帅这个样子，心里更是难受，他赶到北京医院，为刘伯承打抱不平，气愤地说："你写啥子检讨嘛！要写，我替你写，写一百个字就行了。"

眼病越来越严重，走路又不方便的刘伯承元帅会不会公开检讨呢？

5. 年近古稀残病交加的刘伯承被搀扶着步履蹒跚地迈上主席台。历史发现并纠正了时代的错误。

早在应召赴京的过程中，刘伯承思绪翻滚，中央和军委关于反教条主义的决定像一块巨石压在他的心头，连续的失眠使他得了青光眼，眼压高达73度，唯一管用的左眼随时都有失明的危险。但一向严于律己、严于责己的刘伯承必须当着全军高级将领的面作检讨。

7月10日，中南海怀仁堂，在极其严肃而又令人感到压抑的气氛中，66岁的刘伯承，拖着病残的身体，迈着蹒跚的、沉重的步子，在勤务人员的搀扶下走向主席台。顿时会场爆发雷鸣般的掌声，许多人被他的这种坚韧不拔的精神感动得热泪盈眶。刘伯承用他那一只还在生病的左眼，硬是支撑着宣读完亲手起草的检讨书。他表示拥护毛泽东主席的指示，感谢同志们的批评，又作了过头的、违心的自我批评，又实事求是地说明了一些事情的真相，全面汇报了学院的工作。他用事实向大会说明，军事学院的工作，是遵照中共中央军委和毛泽东的指示去做的，并不是自己的经验不讲，专门讲"十大打击"，更不是像林彪所说的"专学外国的东西，以为只有外国的东西才是好的"，"把本国的东西当作'土包子'"，"把黄金当黄土甩掉了"。

检讨结束了，批判却仍在继续。7月19日，彭德怀宣读了充分反映他的观点和态度的总结发言，他错误地指责说："在军事训练部门和某些院校中，极少数同志具有资产阶级的军事思想，他们一直坚持反马克思主义的军事路线，抗拒中央和军委关于反教条主义的指示，严重地阻碍了反教条主义运动的开展。"并指名批评个别干部是"从严重的资产阶级个人野心出发，进行反党反领导的宗派活动，企图改变我们军队的面貌"。

受1957年反"右派"以后党内军内"左"的思潮严重影响，彭德怀当时认为他讲得比较有力量。

人们对于他在会议中的态度和作用，有着各种不同的、甚至是互相对立的看法，他成了一个有争议的人物。对于他在这桩历史公案中的评价，后人认为彭德怀元帅对会议的错误应负更多的责任。而不久之后又过了4年，被"罢官"在吴家花园给毛泽东写那封长信的时候，彭德怀开始省悟了，渐渐认识到，他的总结发言和对刘伯承和萧克等人的批判是错了，是"言过其实"的，会后对萧克和训总一批干部的组织处理，"并非出于我的本意"。为此，他曾专门嘱托他的侄儿彭起超,在有机会时一定代他向萧克道歉。

尽管彭德怀认识到时代的错误,但他已没有能力为此事平反,随后而来的十年"文化大革命"将这件冤案淹没。然而,历史还是公正地纠正了时代的错误。

1973年8月,军委副主席、总参谋长,临危受命的邓小平在一封因这一事件受牵连的申诉信上批示:"这是一件历史公案,拖了多少年。原来这件事是某某和林彪联合整伯承同志的。"1980年,邓小平在一次谈话中操着浓重的四川口音说:"那次反教条主义是错误的。"后来,中央明确表示,邓小平的意见,"也是党中央的一致意见"。1986年10月,已是中央军委主席的邓小平在《悼伯承》一文中指出:"1958年批判他搞教条主义,那是不公正的。"

徐向前元帅说:"建国以后,办了很多学校,有很大成绩,但后来吃了两个大亏,一个是反正规化吃了亏,一个是反教条主义吃了亏。"

聂荣臻元帅也说:"向苏联学习,主席讲就照他们的办,就向他们学习……后头反教条主义,把这个问题推到刘帅身上,这是不合适的。"

在刘伯承的追悼会上,当时的党的总书记胡耀邦同志代表党和人民对这场反教条主义问题作了正确结论,他说:"那次反教条主义是错误的。"

第三篇

友情　斗争

一、彭德怀与朱德

彭德怀说:"我一生有许多故事,几天几夜也说不完。"这说不完的故事就包括他与朱德之间的知交,朱德与彭德怀有着兄弟一样自然的心气相通之感

1."台塌了,搭起来再干!"

朱德与彭德怀结识于 1928 年 12 月的井冈山。

那年的深冬,刚刚成立的工农革命军第四军在朱德、毛泽东率领下迎来了彭德怀和他的红五军。在宁冈新城的城隍庙红军驻地,彭德怀与他所久仰的、另一位红军创始人朱德第一次握手。

朱德与彭德怀,都是农民之子,两个人身上都有着根深蒂固的农民情结,他们都是从穷乡僻壤走出来的非同寻常的历史伟人,淳朴、善良、寡欲又老实的农民,贫穷、困苦、受欺的生活,是他们生命的根基和源头,对农民的思想情感和喜怒哀乐都能够给以最深切的理解和最体贴入微的同情。不同的是,彭德怀是由一个沿街乞讨的叫化子,地主家的放牛娃,受人剥削的煤矿工,旧式军队中的普通一兵,一步一步走向了红军,走向了共产党旗下。朱德,佃农的儿子,从私塾走出,步入讲武堂,奋身军界,成为护国名将,又远渡重洋,追求真理,走向南昌起义的弥漫硝烟,走向了红军……朱德与彭德怀走到了一起。

当井冈山会师时,彭德怀对"朱毛红军",对他的两位即将和他并肩战斗的战友,仰慕已久。他自己后来回忆说,早在 1927 年冬,他就注意到了井冈山。1928 年 7 月领导平江起义胜利后,他就想打通湘东,与赣西朱毛红军取得联络,造成罗霄山脉整个的割据,促进湘鄂赣粤四省的总暴动。白手起家的彭德怀,虽然没有高深的文化理论知识,但生活的磨炼和战斗经历使他明白,要同拥有现代化交通工具和通信联络手段的强敌作战,没有巩固的根据地是不行的,而建立根据地,又必须实行耕者有其田的土地纲领。彭德怀凭着他那敏感

的农民式的直觉,悟出了斗争的真谛。而建立根据地,在实践行动上解决了这个问题的就是井冈山,就是"朱毛红军"。

彭德怀非常敬仰朱德和毛泽东,处处以朱毛红军为榜样,甚至想亲自去井冈山"取经",弄清中国革命的性质,分田的办法等。起义后,他率领红五军,不畏万难千险,历时近5个月,转战数千里,突破敌军的重重围追阻截,终于实现了上井冈山同朱德、毛泽东会见的愿望。那时,朱德44岁,已过不惑之年,彭德怀正是而立之年。

井冈山"朱毛红军",按红军序列编为红四军,朱德为军长,毛泽东为政治委员,毛泽东又是中共中央派来的党代表。"朱毛红军"是中国工农红军的第一支骨干部队,它在四围白色恐怖中建立井冈山红色区域,在全国人民中树立革命信仰,为建设新型的人民军队和夺取中国革命的胜利,创造了经验,开辟了道路。在群雄并起的红军初创时期,朱毛红军是一支颇有影响且有代表性的部队,彭德怀率红五军"加盟",使这支闻名遐迩的铁军,更为壮大。

得知彭德怀率部队南进井冈山,朱德和毛泽东非常兴奋,特派何长工和毕占云率200多名战士下山,到莲花城北的大山中隐蔽等待,迎接远道而来的彭德怀和红五军。那是一段令人难忘的日子。后来,挂甲吴家花园的彭德怀元帅回忆起这段往事:"在莲花城北约四十里处,红四军前委毛主席派何长工同志率约二三百人,先我到达该地,在道侧两翼大山埋伏。约花了一个多小时,彼此才沟通,他们才知道是红五军派来联络的部队,他们的任务也是要北进同五军取得联络的。莲花城有反军一个团驻守,我们于夜间从莲花县城西绕过,直插砻市(即现在宁冈县城),到达该地是在广暴纪念前几日。先在砻市会见了朱德军长,第二日到茨坪会见了毛党代表。"

12月11日,两军会师不久即是广州起义一周年,在新城召开庆祝两军胜利会师大会。毛泽东、朱德在大会上讲话,热情欢迎红五军的到来。彭德怀也发表讲话,尊称红四军是红五军的老大哥,号召红五军指战员向四军学习。

大会进行得正热烈高潮时,临时搭起的讲台忽然坍了,队伍中顿时有些骚动,议论纷纷,有人说这预示着不吉利,怎么刚刚会师就坍了呢?这时,朱德军长微笑着站了起来,大声说:"不要紧,台坍了搭起来再干嘛!"

朱德将战士们鼓舞起来,大家听了一起热烈鼓掌,很快就恢复了原来的热烈情绪,庆祝大会继续进行。

这个偶然的事故和朱德不怕台坍的讲话，对彭德怀影响至深，以后他几次在斗争的最危险时刻引用这件事和朱德的讲话，来鼓舞和激励部属和自己。

"台坍了，搭起来再干！"这，成了他的战斗格言。

1943年5月，日军包围了彭德怀和左权参谋长率领的部队机关，在突围中左权中弹血染青山，壮烈殉国，部队被冲散了。沉浸在万分悲痛中的彭德怀，在皓月当空，万籁无声的夜晚，向随他突围出来的十几位干部和百余名战士讲话，他那重锤铿锵、震人心弦的呼喊响彻晴空：

"同志们，台坍了不要紧，搭起来再干！"他挥动着粗壮的右臂接着说下去，"这是总司令说的。""1928年红五军上井冈山，在宁冈和红四军召开会师大会，主席台突然塌了，好多人议论：不吉利，怎么台子刚搭起来就塌了呢？这时候，朱总司令站起来，说'同志们，台坍了不要紧，搭起来再干嘛！'"彭德怀的话使危难中的八路军将士倍受鼓舞。两天后，彭德怀召集起突围失散的人员，号召说："同志们，让我们擦干眼泪，咬紧牙关，为参谋长报仇！为牺牲的战友报仇！为惨死的同胞报仇！"

分而能合，散而能聚。台没有塌，暂时被拆散，马上又搭起来了。

彭德怀与朱德会见后，一见如故，很快成为亲密战友。1930年8月，中国工农红军第一方面军宣告成立，在成立大会上，彭德怀提议由原红一军团领导人为新建立的红一方面军的主要负责人，表明了他对朱德和毛泽东的衷心敬佩。这次大会上，朱德当选为总司令，毛泽东为总政委和方面军总前委书记，彭德怀为方面军副总司令。从此以后，彭德怀即在朱、毛为首的总前委领导之下进行工作，继续艰苦卓绝的斗争。

2."慈总严副"奏和弦。

在抗日烽火中，朱德和彭德怀真正开始搭档共事，一个是八路军总司令，一个是八路军副总司令。他俩被人们爱称为"朱老总""彭老总"。

1937年9月，日军向华北发动大规模进攻，战局十分危急，朱德与彭德怀率领八路军东渡黄河，抵山西五台县之南茹村，部署和指挥一一五师林彪、聂荣臻首战平型关，威震敌胆，尔后共同指挥八路军配合友军进行忻口战役。1938年初，国共第二次合作的黄金时代，朱德、彭德怀分别担任第二战区东路军正、副总指挥，除统率我党领导的一二九师主力和一一五师三四四旅、山西新军决死纵队外，还指挥着国民党的第十四军团、第三军、第四十七军、第九十四师、第一六九师、第十四军的第十四师等。3月24日，朱德、彭德怀在沁县以南的小东岭召开东路军将领会议，过去在战场上交手的人，今日济济一堂，共商御敌大计。朱德致开幕词，彭德怀作关于东路军作战纲领的报告，这次会议，是山西战场上抗日民族统一战线规模最大的一次高级军事会议，也是以中国共产党和毛泽东的战略思想为指导的一次会议。

中国军队在朱德、彭德怀指挥下，利用太行天险，建立起新的抗战支点，而由两位老总统领的八路军抗击着在华日军的2/5以上。

不久，国民党顽固派发动反共高潮，朱德、彭德怀根据毛泽东的指示，取得反摩擦斗争的伟大胜利，打退了第一次反共高潮。

抗日战争开始，红军改编为八路军时，由于国民党的干涉，八路军曾一度取消了政治委员制度，将政治部改为政训处，降低了政治工作的地位和职权，削弱了共产党对军队的领导，有的地方甚至出现了军阀主义的不良倾向。鉴于此，朱德、彭德怀与任弼时立即向中共中央建议，团以上部队（包括独立营）恢复党代表制，旅设立政治处，师政治处改为政治部。中央立即答复："关于恢复政治委员及政治机关原有制度，我们完全同意，请即速执行。惟党代表名义不妥，仍应为政治委员。"于是，朱德、彭德怀分别委任聂荣臻、关向应、张浩（后为邓小平）为一一五、一二〇、一二九师政治委员，还委任了一批旅、团政委，于1937年10月2日报告了中央。10月16日，中共中央和中央军委决定成立军委总政治部，任弼时为主任，邓小平为副主任，对外以八路军总政治部的名义出现。这一系列组织措施，使削弱政治工作的倾向迅速得到了纠正。

朱德与彭德怀在作战指挥上配合默契，在生活上相互体贴，互相关心，战友情谊日益加深。彭德怀在讲话中常提到朱德的榜样，他对比自己年长10岁、坚强刚毅的总司令由衷敬佩。面容温和、性格宽厚的朱德，和面带威严、性格刚毅的彭德怀，同以普通一兵的生活待遇，指挥八路军的千军万马，驰骋于华北，坚持于敌后。

按照艾格妮丝·史沫特莱的看法，这时的朱德，"身高大概是五英尺八英寸，既不丑陋，也不漂亮，更不会使人获得任何英勇、暴躁的感觉。圆头、剪得短短的黑发间杂着白发，前额很宽，而且略微隆起，颧骨也颇突出。一对有力的上下颚，衬着大嘴，在堆满欢迎的笑容时，露出了洁白的牙齿。鼻子宽短，面色黝黑，看起来完全是一副普通面孔。要不是因为他身穿制服的话，很容易把他当作中国哪个村子里的农民老大爷，而忽略过去。"

这位被外人称为"农民老大爷""伙夫头"的总司令，与鲁莽、直率、爱骂人的严厉的彭老总，合作得十分愉快，他们或在一起阅读电报文件，或在一起研讨军情，摆好作战地图共筹帷幄，或在崎岖的太行山道上驱驰，驻马咏怀，相互酬唱，有时又为节省马力而一起爬山越岭，总部人员称之为"慈总严副"。

"慈总严副"，实为中国革命战争史上一曲动人的指挥和弦。

"严副"彭德怀除分工负责协助朱德指挥作战外，还受总司令之托，掌管八路军的供给和抗日根据地的财政经济工作。八路军出师华北后，常因经费不继而受困窘。虽是国共合作，实际上常是伴有虎狼夹击的岁月，战火摧残着肥沃的土地，钢铁炼就的共产党人、八路军将士克服重重困难，中央领导人和八路军的高级将领和战士群众同甘共苦。

一向严格自律的朱德从不搞特殊，全军之首、年高德劭的朱德，坚持与彭德怀、左权一样，只拿和师旅长一样每月5元钱，这使彭德怀十分感动。朱德自己说："我们自己要发扬吃苦耐劳的长处，对同志的说服就容易了。"

1939年3月，由于根据地和八路军总部财政困难，总部决定当月全军只发给每人鞋袜费5角，到5月每人只发给津贴费1元。这个月的30日，彭德怀在晋东南纪念"五卅"大会上发表演说，号召指战员们向总司令学习，向总司令致敬。他挥动右臂，放开洪钟大嗓，说道："我们共产党人是不怕困难的，……在八路军本月每人只发津贴1元，我们的总司令，今年50多岁了，也只领得1元。有人说，八路军特殊……这就是我们的特殊，这个特殊我们永远保持！"

彭德怀的激情演说感染了大家，与会各界代表，莫不为之动容，有的感动地流下了眼泪。

彭德怀一直非常关心朱德的衣食住行，惦记着总司令的生命安全。1940年初，朱德与彭德怀正在华北指挥部队与蒋介石的朱怀冰部展开反摩擦斗争。4月2日，远在延安的毛泽东密电朱德、彭德怀，希望朱德早日动身前往洛阳，与卫立煌谈判，以停止国共摩擦，然后秘密返回延安，筹备中共第七次代表大会。4月中旬，朱德从王家峪八路军总部启程，将越过白晋铁路敌人的封锁线，经中条山国民党防区赴洛阳。为此，彭德怀严密布置。

四个月前，彭德怀曾从这条路回总部，阎锡山的部队四处打枪抓人，现在局势虽趋好转，但仍时好时坏。彭德怀不放心，亲自安排好朱德从总部到洛阳的路线和沿途的警卫工作，抽调了一个较强的连队作为护送朱德的随行卫士。

朱德启程前，彭德怀特意把随从朱德的周桓找到自己屋里，亲自交代一番，叮嘱怎样照顾好总司令的行路安全和饮食起居。谈完又特意叮嘱周桓说："总司令年纪大了，一路上要多加小心。有紧急情况，要先轻轻叫醒，等总司令坐起来，再报告。如有急电，先把蜡烛点好，再请总司令起来看；等总司令处理完毕再离开。……"

若干年后，周桓回忆起这一情景时说："叱咤风云的彭老总对总司令的关怀这样细致入微，感动得我一时竟说不出话来。"

1943年9月彭德怀应中央的召唤从麻田镇动身赴延安，和朱总司令重聚在一起，此后住在延安杨家岭、枣园，协助毛泽东、朱德继续指导华北敌后抗战。

党的七大，朱德、彭德怀同时当选为中共中央委员，随后又一同当选为中央政治局委员，朱德还被选为中央书记处书记，成为中国共产党第一代成熟的领导核心。1945年8月23日，中共中央政治局扩大会议，朱德和彭德怀经毛泽东提名，一同被选任为中共中央军委副主席，彭德怀兼总参谋长，至1947年3月，彭德怀一直在中央军委协助毛泽东、朱德等运筹帷幄，决策军机，他胸怀全局、审时度势，根据中共中央的战略方针，具体指导推动了有关地区和部队的斗争。在延安，彭德怀与朱德一起度过了解放战争初期那段艰难的岁月。

3. 风雨同舟，割不断的战友深情。

1952年5月，从抗美援朝前线回国休养出院后的彭德怀，住进中南海永福堂。

中南海，这是中国共产党和新生的人民共和国核心领导人的住地，是搏动着党和国家的心脏的地方。永福堂的西边不远就是朱德的住所，东南边隔着春耦斋是毛泽东住的菊香书屋和举行中央会议的颐年堂。7月，彭德怀担任军委副主席，主持军委日常工作，而朱德一直是军委副主席，两个老搭档、老战友，不仅住得近，而且再一次合作共事，并肩筹划建军大业，为建设我军现代化、正规化革命军队做出了杰出贡献。

朱德和彭德怀是知交，又是战友、诗友，在战场上是生死与共的战友，在棋盘却又是彼此喜爱的对手。

1953年春季的一天，朱德这位解放军总司令邀上中共中央总书记邓小平等几位四川老乡，又叫上刚刚从硝烟弥漫的朝鲜战场回来不久的彭德怀这位"湖南佬"，一道来到北京十三陵郊游。外出时，他们带上打猎的枪和望远镜，还不忘带上行军床、小马扎、象棋之类体育消遣用品。下车后，年轻人都跑到远处游玩去了，几位老同志也慢慢走散，朱德、彭德怀、邓小平形影不离。

"还干啥子么？"——朱德立住脚。

"摆么。"——彭德怀也站住不走了。

这种对话含有某种默契，这是两位老战友多年来形成的交往习惯。

卫士们一听两位老总的对话，立刻支起行军床，放下两个马扎，摆好战场，朱德戴上他的老花镜。

砰！执红子的朱德走了当头炮，虽是老步子，然气势不凡，棋子随着行军床的弹簧跳了三跳。彭德怀不走马，也走当头炮，对着干的架势，如同他的打仗，喜欢进攻，拼杀。邓小平踱着步子走过来，站在一边，背着手看，不言不语。

朱德与彭德怀彼此十分相知，所以当暴风雨来临时，朱德顶着风浪照样和彭德怀来往。

1959年庐山会议，彭德怀上书，对1958年"大跃进"以来的"左"倾错误提出尖锐的批评。这封信反映了客观实际和群众呼声，基本内容是正确的，作为政治局委员向党的主席坦陈己见，也完全符合党的组织原则，但它引起毛泽东的强烈不满，毛泽东在全体会议上发表长篇讲话，批评彭德怀的信是"资产阶级的动摇性"，是"右倾性质"，要进行严肃批判。于是会议的方向陡然发生逆转，由纠正"左"倾错误转向批判彭德怀的"右倾错误"。会议气氛顿时紧张起来。

在这种风云突变的情况下，朱德对彭德怀虽然也进行了批评，但是他仍很注意分寸，没有乱扣帽子，并且一再肯定彭德怀的信的积极一面和他的优良作风。他太熟悉彭德怀了，从性格到为人，到彭德怀和毛泽东一波三折的交往关系，到彭德怀跟定共产党毛泽东的铁的决心，有的他就是见证人，他相信彭德怀。

7月25日，在第四小组会上，朱德当着彭德怀的面说："彭总的信起了好作用，但是彭总的看法是错误的。""彭总的一个缺点，是有股傲气，今后应注意改掉。"接着他又赞扬说："生活方面，注意节约，艰苦卓绝，谁也比不上他。只要能纠正错误认识，是可以把工作做得更好的。"

第二天，彭德怀在大会上作了"检查"。当天，在分组讨论彭德怀的检查时，具有长者风度的朱德认为一向倔强的彭老总能作这样的一个检查，已属不易，对写信问题的批评应该到此告一段落了。带着这一想法，朱德发言说："彭总发言的态度好，我相信他是畅快的，彭总的发言中有一句话，'江山易改，本性难移'这是农民意识。在座的天天在前进，哪有不改的！他的主观性、片面性就是这样来的。大家对彭总的批评是对的，彭总今天对大家的批评也比较听得进去了。过去就听不进去，谈起来就吵。我相信经过这次会议，统一了思想，统一了认识，就不会把错误当作包袱背起来了。"

这表现了朱德的良好愿望和他对战友同志的厚爱。毛泽东对朱德的发言很不满意，在8月份的中央政治局常委会议上，他批评朱德的发言"未抓到痒处"。

朱德与彭德怀的战友深情一如既往。一天晚饭后，朱德要去看望彭德怀，他身边的工作人员都觉得这个时候去不合适，替他担心，怕他被牵连进去，因而进行了劝阻。朱德听了同志们的劝说后，边踱步边沉思，最后还是以光明磊落的态度，义无反顾地去看望了自己的亲密战友。

回到北京后，彭德怀交出崭新的蔚蓝色元帅服，从中南海永福堂迁到西山吴家花园。朱德心中仍念念不忘自己的老相知，他亲自去看望彭德怀，和他对弈。那天，两位老战友紧紧拥抱在一起。彭德怀格外兴奋和激动，他向朱德讲述了自己的学习、劳动情况后，就领朱德去参观他的"试验田"、蔬菜棚、饲养室、果木园。他兴致勃勃地对朱德说："总司令，等这些鲜货一下来，我给你和恩来、小平、陈云他们送去，让他们也尝尝我的劳动成果！"参观完毕，朱德又与老战友下了一盘棋，这才互道珍重，握手告别。为了不连累这位长兄，彭德怀要朱德以后不要再来了。因他当时的处境也不好，在庐山会议之前和会议期间，朱德也曾严肃地批评过"大跃进"和公社化运动中的"左"的错误，在这次会议上也被视为"右倾"而受到错误批判，并被迫作了"检讨"。会后，根据中共中央政治局的决定，对中央军委作了重新调整，毛泽东为主席，林彪当选为副主席，并主持军委日常工作，朱德只是一个常委。

二、朱德和林彪

十大元帅中，年龄最大的是朱德，年龄最小的是林彪。新中国成立以前，林彪一直是朱德的下属，待羽毛丰满了，"林副统帅"说：朱德没当过一天总司令

1. 红四军领导人之间发生意见分歧，林彪给毛泽东写信，打朱德的黑枪。若干年之后，已是"副统帅"的林彪声称，井冈山是他与毛泽东会师。

说起来，林彪也是老资格。他是黄埔四期的学生，算是蒋介石的门生，但他没法与朱德比，从南昌起义，到井冈山会师，到解放战争，是他跟随朱德，而不是朱德跟随他。

南昌起义，朱德是主要领导人之一，林彪曾在朱德亲自指挥下战斗。起义失败后，林彪随朱德、陈毅率领的起义军到达井冈山，与毛泽东领导的秋收起义部队胜利会师。那一年，朱德42岁，林彪只有24岁，一个是井冈山红军的军事首长——红四军军长，一个是七连连长。朱德对林彪并不是很熟悉，自尊心极强、打仗也有一套的林彪却常爱挑朱德的"毛病"。

井冈山会师一年以后，红四军内部展开了一场激烈的争论，红四军领导人毛泽东、朱德、陈毅之间，在一些重大问题上也产生了严重分歧。也许是受过正规训练的缘故，林彪瘦小的躯体中蕴藏着过人的计谋，打仗有一套一套的点子，所以深受毛泽东的赏识，被逐步提升为营长、团长、纵队司令员。但是，不知为什么，林彪时常对朱德军长有意见，常散布一些流言蜚语，朱德平时同士兵的关系历来很亲密，林彪却指责说这是"拉拢下层"。

领导人之间的争论，给林彪可乘之机。1929年6月初，部队来到福建一个叫白砂的地方，准备召开红四军前委会议。就在会议召开前几个小时，林彪上书毛泽东，攻击朱德，挑拨毛泽东与朱德之间的关系。他对毛泽东说：

"现在四军里实有少数同志的领袖欲望非常高涨，虚荣心极端发展。这些同志又比较在群众中是有地位的。因此，他们利用各种封建形式成一无形结合

（派），专门吹牛皮的攻击别的同志。这种现象是破坏党的团结一致的，是不利于革命的，但是许多党员还不能看出这种错误现象起而纠正，并且被这些少数有领袖欲望的同志所蒙蔽阴谋，和这些少数有领袖欲望的同志的意见，这是一个可叹息的现象。"

当时，朱德与毛泽东，在前委之下是否设立军委问题上有分歧。在白砂会议上，毛泽东公开了林彪的信，林彪仍感不够味，又即席发言，说他的信是专为军委问题而写的，并指名说："朱德用手段拉拢部下，企图成立军委以脱离前委羁绊。"

对于林彪的指责，朱德没有放在心上。但他还是希望消除"误解"，他在会议发言中解释说："有人（指林彪）说我放大炮，说大话，说过要红遍福建、江西，打到武汉、南京（去），解放全中国。这不是'放大炮'、'说大话'、'吹牛皮'，这是为了鼓舞革命斗志，向前看，向远看，对革命前途要充满信心。又有人说我拉拢下层，常和下面官兵混在一起。这不是拉拢下层，搞什么小组织活动，这是为了和下级打成一片，便于及时了解下面情况。"

林彪的错误行为，受到了党组织的批评。随后不久召开的红四军"七大"，陈毅主持拟定的决议案，特别点名批评林彪写这样内容的信"是不对的"，警告他"不要离开党而谈党的严重问题，因为这样不但不能解决党内纠纷而更之加重"。更有信内的词句，"未免过分估量，失之推量。这是错误的。"

如果说，那时的林彪，年轻气盛，缺乏经验，幼稚，那么，他后来的行为却不能原谅。

30多年后，已成为"副统帅"的林彪，红口白牙，把毛泽东、朱德井冈山会师，说成毛泽东、林彪会师，"朱德的扁担"变成了"林彪的扁担"。

朱德对此仍不计较，只是淡淡地说："在井冈山的时候，他林彪才是一个营长哟，怎么能说井冈山会师是他林彪和毛主席会师呢！历史就是历史，他们胡闹不行的。长征时，李作鹏是个小机要员。邱作会呢？只是个担担子的挑夫……后来官做大了，与我不来往了，见了我连理都不理了！他们的架子大得很哟，连我都不认识了！"

林彪叛逃摔死后，长期在朱德身边工作的郭文田问起这件事。当时，他问总司令："小时候我就知道毛主席和朱总司令在井冈山会师，还有"朱德的扁担"的故事，至今我还记得清清楚楚，怎么后来忽然跑出个林彪来？"

朱德说:"那时候,林彪也在井冈山,大概是个连长吧?不过,不应该说是他去会师的。"

郭文田打抱不平地说:"人家那么胡说,那你怎么也不吭气呢?"

朱德意味深长地说:"哎!叫我说什么呢?历史就是历史,是非自有公论。这些事,全国人民都知道,世界上不少的人也知道,你不是也知道嘛,我还讲他干什么?我只能维护党的团结。"

2. 无声的原则争论。林彪说朱德违背了政治建军原则,朱德一笑置之,高参雷英夫钦佩不已:"您的'海量'确实世间少有。"

从红军到八路军,到改称人民解放军,共产党领导的军队没有一天不渴望自己强大,做梦都想着有现代化的精良装备。可是,梦想毕竟是梦想,共产党的军队就这样一个基础,只能靠小米加步枪。但是在烽火连天的战争年代,中国共产党人为如何建军打胜仗,一直在不停地探索。抗日战争,作为八路军总司令,朱德除指挥作战,还进行理论上的探索和宣传,有时却引起林彪莫名其妙的攻击。

1943年8月18日,中国共产党的机关报——延安《解放日报》军事副刊上登载了朱德的一篇重要文章《军事教育必须从实际出发》。文章是叶剑英总参谋长的军事秘书兼军事副刊编辑雷英夫起草的,朱总司令审阅、定稿的。文章的基本思想是要用实事求是的态度对待军事教育,把旺盛的士气与掌握良好的技术结合起来。文章写道:"军事教育和其他事情一样,必须从实际出发,采取实事求是的态度,不然不仅于事无补,有时反有害于事。""如果我们能够进一步掌握技术,把旺盛的士气同掌握技术结合起来,那么,我军的士气必会更加高涨,作战能力和信心必然会更加提高,给敌人的杀伤必然会更大,自己的损失则会更少。"①

文章的基本观点和思想是符合实际的,是正确的。但就是这样一篇文章,却引起林彪的注意,他感到文章有问题,在一次高级干部会议上,指名批评,说这是单纯军事观点,违背了我军政治建军的原则。

会后,林彪回到八路军总部王家坪,要雷英夫跑步去见他,劈头就对气喘吁吁的雷英夫训斥起来,他拍着报纸说:"刚才我在高级干部会上已经批了这是单纯军事观点,缺乏对政治原则上考虑。"林彪声音不高不低却非常严厉,

---

① 《朱德军事文选》,解放军出版社1997年版,第460页。

批评雷英夫帮朱总写的这篇文章犯有原则错误。

单纯军事观点,这是毛泽东在井冈山时期就多次批评过的非无产阶级思想,是一个原则性的问题,当时正在准备中国共产党第七次代表大会,人们对这类问题非常敏感,有人指责党中央领导人、八路军总司令犯了原则性错误,这对朱德非常不利。

被毛泽东称赞为"洛阳才子"的雷英夫,听林彪训斥,吓出一身冷汗,紧张、害怕顿时包围了他。从林彪那里出来,雷英夫直奔朱德和叶剑英的办公地,把林彪对他的训斥详细作了汇报,他为使朱总司令受到林彪的攻击而深感内疚,不停地向两位首长作自我批评。

朱德对什么是"单纯军事观点"特别清楚,他相信雷英夫起草的这篇文章,不是单纯军事观点,也没有犯什么原则错误。他可以反驳,他应反驳,但他没有,他也没有批评雷英夫,还笑着劝雷英夫,不要紧张,不要害怕。他爽朗地对雷英夫说,在我们党内军内,谁有不同意见,都可以说,没有关系。真理是驳不倒的,谁手里有真理,历史自有公论,群众的眼睛是亮的。雷英夫如释负重,对朱德的这种宽广胸怀非常佩服,情不自禁地说:"毛主席在长征路上赞扬朱总司令是'度量大如海,意志坚如钢',您的'海量'确实世间少有。"

朱德虽然对人宽怀大度,但对原则性问题却不含糊,对林彪的这种错误的批评,他在两年后"七大"军事报告《论解放区战场》中进行了科学的答辩,这篇著名报告得到了全党、全军的一致拥护,是建党建军的杰出文献。朱德在报告中严肃指出:"过去我们军队中,有不尊重体力和技术的倾向,似乎以为军队只要有了政治觉悟就够了,这是错误的","我们有了政治觉悟再加上体力好,技术好,就可以打更大的仗,更少伤亡。"

3."你这个总司令,从来就没有当过一天总司令。不要看你没有本事,一天到晚笑嘻嘻的,实际上你很不老实,有野心,总想当领袖……"林彪指着朱德的鼻子大放厥词。

林彪在十元帅中年龄最小,却爬得最快,到了1958年,便加官至上了"中共中央副主席",他一直是中共中央军委副主席,在军队里也很有发言权。到了1959年7月,他又被毛泽东请上庐山,见风使舵,顺着毛泽东,又推波助澜,说彭德怀是野心家、阴谋家、伪君子,并警告说:"只有毛主席能当大英雄,别人谁也不要想当英雄,你我离得远的很,不要打这个主意。"深得毛泽东的信任和嘉许。

不"想"当英雄的林彪却受到了重用,当了"英雄",下山之前,他便多了一个头衔,取代彭德怀,当上了国防部长,并且主持军委的日常工作,成了军队的实权人物。他的内心便多出几分傲慢,从不和别人交往的林彪这时连朱总司令都不放在眼里。

庐山会议彭德怀受到错误批判,朱德的态度是实事求是,认为不应搞得过火。

朱德的举动引起毛泽东的不快。对这种事林彪最为关心,想及朱德在这次会议上的表现,林彪的胆子越来越大。庐山会议之后,为继续批判彭德怀,8月18日至9月12日,在北京召开军委扩大会议,会议扩大到了师级领导干部,可谓空前:大军区领导除留一名值班外,全部参加;省军区司令员、政委和野战军军长、政委全部参加,全军师以上单位各派两名正职干部参加。

会议主要是批判彭德怀和黄克诚,也捎带着批判朱德总司令,最起劲的要算是林彪。

在一次全体会议上,当着上千名全军高级干部,林彪在主席台上,指着朱德说:"你这个总司令,从来没有当过一天总司令。不要看你没有本事,一天到晚笑嘻嘻的,实际上你很不老实,有野心,总想当领袖。……"

有野心的人总攻击没有野心的人有野心。

林彪的恶毒攻击,使身经百战的将领们深感震惊,他们都为朱德感到气愤。

伟大、忠厚、善良的总司令却泰然处之,不但没有发火,反而笑着对林彪说:"那就请你批评好了。"

林彪没有想到朱德这样大度,原本想他一定会发怒,竟一时不知说什么是好。

朱德为什么要这样?

康克清有一次在身边的工作人员提起这件事,道破天机,轻松地说:"他(指朱德)这个人的心胸是很宽宏的,人家说他连一天总司令也没有当过,他只是一笑,说这对别人一点损害也没有,只是否定了他自己。"

有人这样评说此事:"林彪的诬蔑,对总司令来说正如尺雾障天,无亏于大,寸云点日,无损于明。然而,面对那样的恶劣行径,能平静自如,知其必败,这是何等豪迈的气概。"

三、刘伯承和陈毅

联袂征战，收尽人生辉煌；风雨同舟，情深似海天。刘伯承与陈毅，两位四川老乡，半个世纪的相濡以沫，生死与共，还有那走南闯北几十年未改的乡音。

1. 南昌起义擎红旗，千里遥祝新孙吴。在延安，陈毅与刘伯承在毛泽东身边相逢。

刘伯承和陈毅相识于 1926 年的四川兵运中。那年初冬，受李大钊派遣，到雾都重庆专职共青团和青年工作的陈毅，结识了戴一副近视眼镜的刘伯承。这时的刘伯承具有双重身份，他受国民党执监联席会议委托，以国民党中央党部特派员身份到四川负责军事工作，同时他又受中共中央的指派，到四川秘密从事军事运动，担任顺泸起义总指挥。

刚刚接触军事工作不久的陈毅，热心参与起义的组织和领导，和刘伯承一起研究行动方案，他们曾计划起义发动后把分驻于泸州、合川、顺庆等地的 8 个旅集中到顺庆，创建革命根据地，由刘伯承任总指挥，陈毅任政治部主任。起义失败后，刘伯承经陕西、河南达到武汉，公开身份是武汉政府委任的暂编第十五军军长，秘密从事共产党活动，南昌起义在即，协助周恩来参与南昌起义事宜。陈毅不久也来到武汉，先到武汉中央军事政治学校，秘密担任校党委书记，不久张发奎叛变，陈毅便辗转来到南昌，在抚州城里见到了正领导起义军的周恩来和刘伯承。

起义失败后，刘伯承赴苏联研读军事，回国后不久，受中共中央派遣进入中央革命根据地，与毛泽东、朱德、周恩来战斗在一起，先后出任红军学校校长兼政委及红军总参谋长，此时刘伯承已以共产党的孙吴而著称，身经百战，又经过正规军事学院受训，如虎添翼。而陈毅为支援中央红军行军作战，正率领正规红军和地方部队战斗在后方，出任中央革命军事委员会江西省军区总指挥兼政委，他曾经与朱德、毛泽东一起在井冈山进行艰难的探索，取得了宝贵的实践经验，日趋成熟。

　　作为红军的高级将领，刘伯承与陈毅在硝烟战火的生死线共同经历洗礼，加深了解，增进友谊，彼此敬佩。

　　1934年秋，中央红军长征开始，刘伯承随朱德、周恩来、毛泽东历经千难万险；陈毅因重伤未愈，留在南方坚持斗争。从此以后两位战友很长时间分开了，直到抗日战争爆发，陈毅下山，才通过电台取得联系，1944年2月中央召开整风会议并筹备党的"七大"，离别10年的老乡才在延安得以相逢。

　　10年，漫长而充满艰辛的岁月，刘伯承与陈毅在各自战略区杀敌抗日，系念之情却未间断，在指挥作战间隙，彼此思念，相互牵挂，听到对方的胜利喜讯，感到由衷的高兴。1942年12月，中共中央在太行山根据地为转战千里、威震幽燕的八路军一二九师师长刘伯承将军举行五十诞辰庆祝活动，表彰他的革命功绩，鼓舞敌后军民士气。

　　在遥远的江南，已是新四军代军长的陈毅，通过无线电波，向他的老战友发来了充满深情厚谊、充满敬仰关切的热情洋溢的贺诗《祝刘伯承将军五十寿辰》：

将军老益壮，
戎马三十年。
论兵新孙吴，
守土古范韩。
苦学入梦寐，
劳生历艰难。
弹触一目眇，
枪伤遍体瘢。
斗争更坚决，
冬青耐岁寒。
君在黄河北，
我在淮泗南。
军前专征伐，
敌后拯黎元。

举怀祝远道，

康强慎食眠。

此时的陈毅，在江南正指挥新四军度过最艰难的时刻，天生一副潇洒豪爽、谈笑风生的陈代军长已是威风八面，威震华夏。武，能挥师千军万马；文，则诗兴常发，文章顿成。陈毅的这首贺诗，生动刻画了共产党八路军的军事家、当代孙武吴起刘伯承。刘伯承的军事指挥艺术更加炉火纯青，文韬武略，雅儒温厚，讲起战略战术精妙高深。

1943年11月，刘伯承和陈毅相继接到中共中央的通知，要他们迅速赶赴延安参加整风运动。那是毛泽东和党中央的又一个重大战略举措。毛泽东和中央准备从10月开始组织高级干部重新学习和研究党的历史，总结几十年血与火凝结出的经验教训。第二年的3月，他俩相继到达延安。

在分别10年后又在毛泽东主席的身边相逢，日夜想念的老战友十分激动，两人经常在一起深入交谈，革命形势，理论学习，党内整风，甚至家庭、子女的情况，都是他们交谈的话题，充满韵味的四川话故事一个接一个。

刘伯承和陈毅，在延安一住就是一年半。1944年6月，毛泽东起草了一份《关于部队整训的指示》，请陈毅、刘伯承、聂荣臻共同修改，想听听这三位在前线亲自带兵打仗、独当一面的统帅的意见。三位老战友老四川（聂荣臻也是四川人）一起讨论毛泽东的草拟稿，提出很多很好的意见。毛泽东参考他们提出的意见，重新修改了文件，又写信说：

"陈、刘、聂三位同志：

"此件根据你们意见已补充了，虽长三千字，但较充实些。唯其中民兵、干部、训练方法等项，具体办法是否恰当，请再一阅，提出意见，凡不大妥当者，均请指明，以便修改。"

通过修改文件，显示了陈毅、刘伯承、聂荣臻的战略智慧。这件中央指示，几经毛泽东和陈、刘、聂修改，于7月1日颁布，成为中共建军史上一个重要文献。

在"七大"会议上，刘伯承代表晋冀鲁豫根据地发言，陈毅代表华中和新四军发言，根据毛泽东的提名，两位老总都当选为中央委员。

在延安期间，有一件小事很能说明刘伯承与陈毅的战友情谊。当时，毛泽东要陈毅来延安,其中的一个想法是要让陈毅应付一下外事交流,这样陈毅的名字便经常见诸报端,而刘伯承是秘密来到延安的,党内重大事件都是秘密进行的,刘伯承的到来没有向外界公开,有些大的外事活动未曾通知刘伯承参加,这件事被陈毅知道了,便在给毛泽东的信中提出建议,希望安排刘伯承在一些大的活动场面露面。毛泽东复信表示完全赞同,说,"有的场合应该请刘伯承出席,如有时我没想到,就由你通知"。

1945年8月,参加完党的七届一中全会,刘伯承与陈毅一起经历了一次冒险行动。

七届一中全会刚一结束,在延安参加中央会议的各区高级指挥官领受任务迅速返回前线。

延安只有简易飞机场,却没有自己的飞机。

8月25日,没有自己飞机的延安机场,停着一架美军DC-9军用运输机,飞行员是美国人,这架即将起飞的美军飞机乘坐的全是中国人,并且全都是中国共产党各区的前线最高指挥官,其中就有刘伯承和即将上任的新四军军长陈毅。

连舱门都没有的飞机摇摇晃晃地飞起来,20多位八路军、新四军高级将领每人背着一个降落伞,开始了这次事后想起来就有些后怕的冒险飞行。飞机掠过黄土高原,飞临太行山脉,当天在太行山黎城县的长宁机场着陆,一二九师李达参谋长派出一个骑兵排前来警戒和迎接。

握手告别,刘伯承和邓小平立即奔赴晋冀鲁豫军区领导机关驻地——赤岸。陈毅则跋涉数百里,奔赴新的战斗岗位。不久,两位战友又统率大军,在中原、华东两个紧邻的战场上并肩作战。从此,刘伯承、陈毅、邓小平,华东野战军、中原野战军,人员、电报往来频繁,相互支持,互相合作,配合作战,顶住了蒋介石全面进攻,使中原和华东战争逐渐向好的方向发展。1947年秋,毛泽东命令"刘邓大军"千里跃进大别山,像一把尖刀插向敌人裸露出来的胸膛,揭开了战略决战的序幕,而刘伯承、陈毅、邓小平从此开始了天凑地合般的并肩作战,刘伯承与陈毅之间的战斗友谊更加深厚。

2. 华野统帅加盟中原,中野、华野1+1>2,刘伯承和陈毅同舟共济,度过人生中最辉煌的时期。

刘伯承与陈毅一生交往最辉煌的时期要数决战淮海,"吃"夹生饭的日子。

刘邓大军千里战略跃进大别山时，陈毅和粟裕指挥的华东野战军在豫皖苏地区实施战略展开，牵制敌人，配合刘邓挺进和经略中原。这一着妙棋是毛泽东整个战略构思的一部分。

解放战争到第二个年头，蒋介石的全面进攻计划被粉碎，便施以重点进攻战略，一个拳头向山东的陈毅，一个拳头向陕甘宁的毛泽东、彭德怀，毛泽东则开始在中原摆弄一个品字形阵势，中间突破，如一把尖刀刺向蒋军的胸膛，后面的左右翼牵制周围的敌人。毛泽东选中了刘邓作为品字的尖刀，选中陈毅、粟裕的华东野战军和陈赓、谢富治兵团，作为品字的两翼。随后刘邓大军的成功，无疑有陈毅他们的功劳一份。

不久，战争形势的发展将刘伯承、陈毅、邓小平组合成一个不可分割的整体，那是一段令人难忘的日子。

经略中原8个月，刘邓大军终于在中原大地生根开花，重建中原解放区，建立了鄂豫、皖西、豫皖苏、豫陕鄂、桐柏、江汉等6个军区，中原局辖区很大，领导力量却相对薄弱，3部分野战军在20万人以上，情况复杂，要巩固根据地，要打仗，并且是两大野战军配合作战，任务十分繁重。一句话，中原急需加强领导力量。

1948年4月2日，刘伯承和邓小平联合致电中央，请调陈毅来中原工作。以陈毅为中原局第一副书记，组织中原军区，陈毅或为中原军区副司令员兼中原野战军司令员，或为军区、野战军第二政委，或为军区第二政委兼野战军政委，并且"不管那种形式，陈毅同志华野职务不变"。刘邓考虑得十分周到。

毛泽东、党中央对这么大的人事变动极为重视，毛泽东的主张，中央的考虑，刘邓的建议，须权衡，陈毅、粟裕的意见也极为重要。毛泽东征求粟裕的意见，粟裕力陈"华东离不开陈军长"。

战争形势逼迫中央作出决定，5月5日，刘邓再次电催中央，请调陈毅来中原，建议陈毅任中原局第二书记，中原军区副司令员兼中野司令员。中共中央、中央军委综合考虑各种情况，于5月9日，调整了华北、中原两解放区辖区，改组了中原局：以邓小平任中原局第一书记、中原军区和中原野战军政委，陈毅任第二书记。刘伯承任中原军区及中原野战军司令员，陈毅为军区及野战军第一副司令员，仍兼华东野战军司令员及政委。

刘伯承、陈毅两位亲密的老战友又携手共事了，两人的配合也进入了一个新境界。

陈毅一行于 5 月 30 日，由濮阳出发前往中原军区刘伯承、邓小平所在地——宝丰。此时的他还身负另外一个重大使命，受中央委托向中原军政干部传达中央十二月会议精神，所以后来刘伯承称他为"军委代表"，这是后话。

陈毅时刻想着中原的两位老战友，想着中原兄弟部队。陈毅心里清楚，相对于中野来说，华野要"富足"一些。刘邓大军无后方作战，在大别山经历了难以想象的艰难困苦，当严冬到来之时，十万将士依然薄衣单被，刘邓首长都要亲自动手缝制棉衣，其他方面也就可想而知了。陈毅深深为这种精神所感动，他希望华野的物资能分一半给中野。可是，他这次赴任，行程逾千里，长途跋涉，还要防备敌人袭扰，没有办法携带大宗物资，便嘱咐保健医生带几箱最好的西药和医疗器材，给中原的首长们用。

在宝丰的刘邓对陈毅的到来非常高兴，非常重视。陈毅一行刚下太行山，刘伯承、邓小平就派陈赓率警卫部队专程到太行山南部的晋城迎候。由于路上不太安宁，时有土顽活动，为了保证陈毅他们的安全，陈赓奉刘邓之命，派纵队副司令率两个旅的部队，从洛阳的龙门到宝丰，将沿途的土匪进行了一次"清扫"，陈赓自己亲自带警卫连，把陈毅接过黄河，迎进洛阳。中野各纵队的领导也都从宝丰赶到洛阳迎候陈毅。

6 月 14 日下午，陈毅一行到达宝丰县西北酒务地区皂角树村，刘伯承和邓小平早已迎候在村外。陈毅与刘、邓自 1945 年 8 月那次冒险飞行之后，虽有电报来往不断，作战配合十分默契，却近两年没有会面，阔别重逢，百事兴隆，三人彻夜畅谈。刘邓将陈毅安排和自己住在一起，并专门给老战友腾出一间宽敞的房子，离作战科只有十几步远，方便工作。

陈毅来中原报到后的第一件事便是向中原局、中野机关和附近驻军团以上干部，传达中央和毛泽东十二月会议以来的一系列指示和方针政策。陈毅非常谦虚地说："我来这边参加工作，我们大家同在刘邓领导下工作。"刘伯承向大家介绍时，则称陈毅是"军委派来的代表"。还在陈毅到来之前，刘邓就在机关介绍了陈毅的革命经历，号召大家向陈总学习。陈毅在传达时特别提到毛泽东主席的一段话。他说，毛主席亲自讲："我在大别山各兵团没有站住脚，我们不敢开这个会，我也不敢讲这个话，不敢讲伟大的转折点，蒋介石可以打倒。这篇文章要等一年半载再写。因为中原部队站住了脚，胜利靠得住，现在我们才要开会分析、估计，大胆地写文章，向全国人民号召，准备在几年内取得胜利。"

陈毅感到应该让刘邓和跟随他们跃进大别山的部队，分享这份迟到的喜悦。

陈毅从刘邓那里看到很多感人事情。刘邓没有办公室，不设秘书处，也不编设个人秘书，陈毅便叫自己的秘书去了中原军区秘书科。刘陈邓三位战区统帅每天办公的地点就是作战科。他们大部分时间就是在这里度过的，日夜处理军政大事，精神高度紧张，工作极其繁忙。

刘伯承、陈毅、邓小平三人相处得十分融洽和亲密，这也为作战胜利打下了基础。在起草给中央、毛泽东或军委的电文时，他们都是相互谦虚传改。需三个人共同署名时，邓小平起草的电稿署"刘陈邓"，陈毅起草的电文署的都是"刘邓陈"。在档案馆里，至今还能看到他们这种代表谦虚美德、亲密无间的电文手迹。

以往每逢中野机关开会时，刘邓一般都作简短的总结或补充发言，而陈毅来后，凡陈总作完报告或讲话后，请刘邓指示时，刘邓就不再补充发言，总是说按陈司令员讲的去办。

三位首长，三个"四川佬"，不仅工作配合亲切，而且生活习惯也有很多相似之处，都爱吃辣椒，从不改变的四川口音。三人都有早起的习惯，44岁的邓小平起得最早，身体特别的好，即使寒冬腊月也洗冷水澡。比邓小平大10岁的刘伯承每天起来都要先喝一缸冷的盐开水，随后便问警卫员，今天天气如何？刮什么风？云往哪个方向去？大军统帅时刻关心着与战事密切相关的天气变化。刘伯承即使在前线也保持着晨读的习惯，他那时已是有名的军事翻译家。这位精通俄文的战区统帅，依然是"苦学入梦寐"，起床后打一趟拳，就拿一个小板凳，坐到树林边去读俄文，雷打不动，天天如此。比刘伯承小7岁的陈毅早起也打一趟拳，然后散步思考问题，一言不发，不许别人打扰。

白天三人一起投入紧张繁忙的军政事务，作战指挥之中，共筹帷幄，决胜千里之外。

晚饭后一段时间，是他们一天中最轻松的时候，一起或散步或围坐，谈天说地，内容十分广泛，政治、军事、文学、历史、战局发展、敌我比较、士兵生活、风土人情、家乡故事，当年留法、留苏的回忆，轶闻趣事，乃至各自的家庭。三个人都是演说家的风度。陈毅，潇洒豪爽，幽默机智，谈笑风生，妙语如珠。刘伯承雅儒温厚，雅俗并至，那种四川歇后语加幽默形象的比喻，常常出语惊人，令四座喷饭。精明干练的邓小平，也是谈笑风生，幽默风趣。三位老四川的谈古论今常常吸引一大批"听众"，引起一阵阵笑声。

刘陈邓在生活上相互体贴。刘邓没有保健医生，陈毅的医生就成了三个人共同的保健大夫。陈毅到来之前，中野的医疗条件很差，刘伯承生病都常吃中药，陈毅便嘱咐医生将带去的好药给刘邓等首长服用，而他自己却常去找中野的卫生部长用针灸治疗。

刘伯承、邓小平同样十分关心陈毅。有一次，炊事员做了一碗鸡丝面送给刘伯承。这在当时艰苦环境中很难弄到的，刘伯承便问"邓政委、陈司令员有没有？"听说都送了，他才安心地吃下去。

有一次，刘伯承和陈毅一起给驻地分散的团以上干部作整党整军动员报告。刘伯承请陈毅先讲。陈毅朗声笑起来，说："哪里话，你是最高司令官。"刘伯承说："不，现在是整党，你是党的书记，你不讲哪个讲？大家欢迎。"一阵雷鸣般的掌声随即响起，陈毅示意大家停止鼓掌，忙说："要得，我遵命。"陈毅再一次特别赞扬了刘邓大军带头中央突破，起了扭转战局的决定性作用。他兴奋地说，现在中原、华东两支野战军联合作战，逐鹿中原，他和伯承、小平同志都感到光荣之至！说到这里，他随口吟出两句诗："中原还逐鹿，投笔事戎轩。"然后他扭头问刘伯承，"好像是魏征的诗，是不是？"刘伯承微微一笑，答："你是文武双全的将才，不会记错，是魏征的。魏征是冀南馆陶人，正在陈再道原来管辖的地盘上呢。"

1948年深秋，淮海决战，组成刘伯承、陈毅、邓小平、粟裕、谭震林五人总前委，邓小平任总前委书记，刘伯承、陈毅、邓小平三人为常委，临机处置一切。

60万对80万，一锅夹生饭。

前委设在宿县西北一个叫小李家的村子里，只有二三十户人家。总指挥部设在村里的一个大院子里，三个常委住在村边一个偏僻的小院里。三个人住着一个里外间，为了照顾年大体弱的刘伯承，陈毅和邓小平将他安置在里间，他们两人住外间，安上两张行军床，对面而卧。一部电话机拉了很大一段线，可以扯到外面去讲话，总前委的三位巨头，就是在这个农家小院，指挥敌我双方兵力逾百万、决定中国革命之命运的淮海大决战！

战事紧张繁忙。以往刘陈邓在作战部署下达后都略事休息，由李达参谋长掌握战局进展，遇有特殊情况再请示他们。这次却不同，分量太大太重，一昼夜24小时一定要保持有一位首长亲自掌握全局，由三人轮流值班。邓、陈一直像对待兄长一样尊敬和照顾刘伯承。考虑到这一点，刘伯承抢先提出三人一视同仁，平等待遇。这一提议当然被否决，最后商定，由邓、陈轮流，遇有特殊情况时，可以在夜里把刘伯承叫起来一起商议。

邓小平又有新的要求，对刘、陈说："两位司令员，我比你们小几岁，身体也比你们好一些，具体工作让我多做些，夜间值班我也多值些。"刘、陈爽朗地哈哈大笑。陈毅说："我们既要竭尽全力，恪尽职守，又要尊重政委的意见。但值夜班的权利一定要我们二人分享！"

在研究重大军事行动方案时，陈毅总是先发言，连珠炮似的讲完后就说："我的意见讲完了，请主帅（指刘伯承）最后决定！"刘伯承总是谦虚地笑着说："大家商量，大家商量。"旁边的人也跟着笑，陈毅却十分严肃地说："莫笑！下决心只有主帅，不能大家下。司令员是你，我是副司令！"

刘、陈、邓，就是这样亲密无间地并肩战斗在淮海前线。

刘、陈、邓作战指挥不分你我，调兵遣将对两个野战军也难分彼此。身兼华野司令员、政委的陈毅，对重武器不足的中野敢于围歼人数与己接近的美制机械化强敌，深为感动和钦佩。他心里也有底。既然邓小平一再表明："破釜沉舟，不怕倾家荡产"，哪怕中野部队打光，也要取得淮海战役的胜利。那么，他陈毅"腰缠万贯"，只要中野需要，他当然要人有人，要炮有炮。在围歼黄维兵团的作战中，华野的三个纵队、外加特种兵纵队的炮兵，全力支援中野。

围歼黄维兵团战役结束打扫战场时，华野个别部队，为争战利品，与中野部队发生争执，问题闹到统帅部，陈毅在电话里对华野那位指挥员说："你听着！这次战斗中缴获的武器，包括你们已经拿到手的，立即全部交给中野部队！你没有看到兄弟部队的困难吗！谁违反这一条，要给以严厉的处分！"他又补充说，"不光你的武器给他们，战斗结束后，把你们也交给中野！分什么彼此，都是共产党、毛主席领导的军队嘛！"后来，刘邓率第二野战军进军西南时，急需熟悉故土的四川籍军政干部，担任第三野战军司令员兼政委的陈毅，下令三野部队："只要是四川人，愿意去四川的，都可以到二野去！"

3. 刘伯承从陈毅手中接过庄严的军旗，院长的希望始终未能如愿。……刘伯承说："陈老总是钓鱼的，每次来钓我都上钩，把我钓走，我只好舍命陪君子了。"

1950年，任西南军政委员会主席和第二野战军司令员的刘伯承，奉命回京筹建全军最高学府，起初叫陆军大学，后改为军事学院，校址选在南京，刘伯承任院长。有了院长还须有政委，刘伯承希望陈毅来兼这个职务。

一次，向周恩来总理汇报筹建工作，当谈话结束，刘伯承等人准备离开的时候，周恩来又亲切地问刘伯承："刘老，你看还有什么事情吗？"刘伯承用试探的口气提出："总理，我想，校址既然设在南京，能不能让陈老总来兼政委呢？"此时，陈毅作为上海市市长，华东军区和第三野战军司令员，军区党委书记正往来于沪宁之间，兼顾上海市和华东军区两方面工作。刘伯承的希望十分清楚。

周恩来笑笑说："我明白你的意思，陈毅是华东军区司令员，你让他兼政委，找他要人、要钱、要房子就好说了，是这个意思吧？"

"是啊！我有这个意思。"刘伯承坦率而又略有腼腆地回答。

1951年1月，军事学院举行成立大会，场面极为隆重，毛泽东、朱德为军事学院题词，中央军委发来祝词、送来贺幛，并委派华东军区司令员陈毅为代表，出席成立典礼，军委各总部、各军兵种、各大军区、中国人民志愿军和一些野战军，以及华东局党委机关也送来了贺幛，并派代表参加了这规模宏大的盛典。

陈毅首先代表中央军委授旗，站在那面鲜艳的"八一"军旗下，陈毅庄严地说："今天中国人民解放军军事学院举行成立授旗阅兵式。我代表中央人民革命军事委员会，将我们中国人民解放军伟大的光荣的'八一'旗帜，授予刘院长伯承同志和军事学院全体同志。……"

陈毅讲话之后，身穿黄呢军服的刘伯承以标准的军人姿态，正步走到军旗面前，先跪下一条腿，双手捧起军旗的下角，吻了一下，然后站起身来，从陈毅手里接过军旗，致答词。他激动地说：

"我接受了我们军事学院的战斗旗帜之后，让我在您面前，向我们中央人民政府和军事委员会提出保证：我们全院人员将永远保持这面尊严的富有光荣的斗争历史传统的旗帜，作为我们军人的英勇与荣誉的象征。……"

那一刻，大会的两位主角，并肩战斗近半个世纪的军事家战友，眼里滚动着激动幸福的泪花。

刘院长讲完话，双手擎着军旗，健步走下检阅台，登上敞篷吉普车，在全副武装的警卫战士护卫下，乘车绕场一周，向全场展示火红的校旗。接着举行威武整齐的阅兵式和分列式，刘伯承与陈毅一同乘车，检阅了全院各方队，然后回到检阅台。在登检阅台的时候，刘伯承与陈毅相互礼让，刘伯承请陈毅先上，陈毅推刘伯承先上。最后，两人挽臂携手，一同走上检阅台。晚上，刘伯承和陈毅一同参加了学院成立大会，刘伯承致开幕词，陈毅代表中央军委发表热情洋溢的讲话。

举家迁住南京，刘伯承和陈毅同住一个城市，心情特别舒畅，为能为党和军队培养高级军政领导感到兴奋，为能与老战友重聚一起感到由衷高兴。他希望陈毅和他一起办好这座军校，多次动员陈毅尽快出任军事学院政委。

陈毅也希望再次和老战友携手，这是他平生最愉快的事情之一。可是他太忙，已身兼数职，上海、华东，军内、党内，内地、海防，他都要管，无法再到军事学院任职。但他一再向刘伯承表示，军事学院的一切工作，他和华东军区将全力支持，要干部给干部，要房子随便挑。在此后的工作中，陈毅在人力、物力各方面都给刘伯承他们毫无保留的帮助。军事学院与华东军区经常进行学术、思想和经验交流，军区干部常到军事学院听刘伯承的军事报告，军区的各种活动，都通知学院参加，学员们常到军区听陈老总的政治报告。刘伯承一直在等待陈毅能够到任，军事学院政委的位置一直空着，直到一个月以后，陈毅确实来不成了，中央军委才宣布刘伯承兼任军事学院政委。

虽没能在一起共事，陈毅仍是一如既往无微不至地关心刘伯承，他对刘伯承的习惯了解得非常清楚。他知道刘伯承仍在坚持学俄文，便专门从上海买了一台从法国进口的钢丝录音机送给刘伯承，还给他录下了苏联专家讲授的《联共（布）党史》课的结束语部分，在录音带的前面，陈毅录了一段话，是他专门说给刘伯承的："这台录音机，可以帮助你这个'三角板'学好俄语。"在陈毅看来，刘伯承的俄文水平如一个四方块，就缺发音、会话"这一个角"。

刘伯承当了院长，除了工作学习没有什么业余爱好，陈毅就想方设法让他多休息，常劝刘伯承说："你眼睛不好，年纪也大了，不要这么拼命，出去玩玩可以延续生命，多为党干些年。"陈毅常常邀刘伯承到江南名城，如苏州、无锡、镇江旅游散心。对此,刘伯承十分幽默地说:"陈老总是钓鱼的,每次来钓我都上钩,把我钓走,我只好舍命陪君子了。"

在1958年那次"反教条主义历史公案"中,陈毅看到刘伯承坚持要带病作检讨,便亲自跑到北京医院去看望,极力安慰他,要他宽心治病,不要把自己搞垮了,看到残疾多病的刘伯承还要写检查,陈毅心里非常难受,气愤地说:"你写啥子检查嘛!要写,我替你写,写一百个字就行了。"

陈毅对刘伯承的工作也是十分关心。1951年夏,为与抗美援朝相联系,刘伯承带着学员外出进行江河进攻战斗实兵演习。陈毅十分兴奋,陪同前往。两人一起审定了演习方案,选择了与朝鲜地形相似的安徽凤阳县临淮关地区,共同检阅了一次由坦克兵、炮兵、空降兵、工兵等诸兵种合成的步兵师河川进攻战,探讨了现代合同战斗的指挥与实施。1956年1月,军事学院建院五周年,已是国务院副总理兼外交部长的陈毅,以军委副主席的身份和谭震林、罗瑞卿一起陪同毛泽东主席视察军事学院。

4. 生死离别,刘伯承抚摸着陈毅的身体,肝胆欲裂:"陈老总啊,我刘瞎子离不开你这根'拐杖'哟!"

"文革"伊始,陈毅和徐向前、叶剑英、聂荣臻等老帅们一起团结起来,维护军队和党的稳定。刘伯承以自己衰残多病的身体,在力所能及的范围内,协助和支持陈毅、叶剑英、徐向前、聂荣臻几位元帅的工作,对革命事业依然忠心耿耿,一如往日。

1969年秋,林彪背着中央和毛泽东擅自以"战略疏散"为名,将在京的朱德、董必武、陈云、陈毅、徐向前、聂荣臻等统统赶到外地,刘伯承被告之去武汉。接到通知的当天,刘伯承向周恩来总理提出,如果真的要打仗,我愿意留在北京,给军委和总部当个参谋。如不行,就服从组织决定。10月20日,他处理了文件资料后才去武汉。以后,又赴上海,继续治疗视力极其微弱的左眼。陈毅元帅则被赶到石家庄,在一家工厂里锻炼,不久便经常腹痛。由于林彪、江青一伙的干扰,检查是癌症时,陈毅的病已进入晚期。

1971年9月初的一天,得知陈毅病重,刘伯承撑着衰弱的病体,让人搀扶着来到301医院,走进陈毅的病房。他的视力已经模糊,颤微微地走到病床前,摸着陈老总骨瘦如柴的身体,不禁老泪纵横。两位老帅在这种非常情况下相见,千言万语,从何说起?陈毅用微弱的声音说:"伯承同志,外头不像样子哟。""我是看不见的了。"刘伯承一语双关地说。陈毅长长地叹了口气:"看不见倒好。看见了,心头很烦,很痛苦哟!"两位同生死共患难多年的老帅,此时此刻,仍忧国忧民,心中如焚。

"九一三"事件后,陈毅竭尽生命之力做最后的冲击,从此卧床不起。1972年1月6日深夜11时55分,比刘伯承小9岁的陈毅永远停止了呼吸和心跳。

刘伯承双目已完全失明,他没想到战友竟先自己而去,对老战友的深切思念,使他沉浸在无比悲痛之中。他执意要去向陈毅作遗体告别。人未进门,哭声先传了进去。他恨自己双目失明,不能最后见一见老战友的遗容,他一边跑,一边大声呼唤:"陈老总,你在哪里?陈老总,你在哪里?"他两手伸向前面,就像往常一样想要去拉陈毅那对热情的大手。

可是,静静地仰卧着的陈毅,再也听不见战友的呼唤,再也无法用爽朗的笑声来迎接亲密的战友了,陈毅确实先他而去。

刘伯承走近床边,俯下身去,以手代眼,颤抖着从老战友枯瘦的面颊一直抚摸到冰冷的胸部,嘴里发出痛切的呼唤:"陈老总啊,我刘瞎子离不开你这根'拐杖'哟!"说完八旬元戎肝胆欲裂,痛不欲生,失明的眼睛中,流淌着痛苦的眼泪,代替那深沉的万语千言……

四、刘伯承和聂荣臻

这两位"四川佬",都出过洋,担任过黄埔军校的领导工作,大革命风浪中并肩搏击,万里长征,同生死,共患难,抗日战争、解放战争在各自的战略区指挥千军万马……60年写不尽的手足之情

1. 上海滩,刘伯承奉命秘密回国,"新闻记者"聂荣臻前来接头……

1987年11月,聂荣臻发表了《痛悼伯承》一文,全国各大报纸都在显著位置刊登了这篇纪念文章。聂荣臻元帅写道:

"10月7日傍晚,秘书以沉痛的语调告诉了我伯承同志不幸逝世的消息,痛失战友的悲伤萦回在我的心头。伯承同志长期卧床,近来病情恶化,我是知道的,但这突如其来的噩耗,仍催人泪下。

"大革命时期,我与伯承相聚于武汉,至今已60个年头……"

刘伯承与聂荣臻的交往故事曲折动人。

1927年7月,泸州举事失败后,起义领导人刘伯承辗转来到武汉,前来寻找中共中央。此时,聂荣臻正随北伐军到达汉口,在中共中央军委工作,军委不指挥军队,只负责组织和联络工作。聂荣臻经手分配了刘伯承的工作,因要组织南昌起义,两人便一同奔赴南昌。刘伯承任起义参谋团参谋长,与贺龙指挥第二十军攻占朱培德的第五方面军总指挥部,并负责解决敌第九军第七十九团和第八十团。聂荣臻担任十一军党代表和前敌军委书记,向驻马回岭的第二十五师传达前敌委员会决定并领导该部起义。

起义失败后,刘伯承被中共中央派到苏联学习军事。聂荣臻则到广州,参与组织广州起义。广州起义失败,聂荣臻先后到香港、顺直省委从事兵运工作,1930年5月来到上海中共中央特科。这是党中央的情报和保卫工作机关,聂荣臻主要担负打入敌人内部,及时了解敌情,以保卫党中央和地下工作同志的安全,营救被捕同志和镇压叛徒、特务。

1927年的中共中央仍处于地下秘密状态,中央领导机构设在上海,特科的

工作同样十分艰难和危险。后来聂荣臻元帅回忆说:"当时在特科搞具体领导工作的,除了我以外,还有陈赓、李强等同志。特科的工作是紧张活跃的。我们派了像李克农、钱壮飞、胡底等这样一些好同志打进敌人的要害部门。所以,往往敌人还没有出动,我们就知道哪个机关或哪位同志已经暴露,就立即通知转移,敌人经常扑空。甚至连蒋介石调动军队向我军进攻的情报,有时也能得到。在白区斗争中,叛徒最危险。在获得了确切证据以后,我们就对叛徒进行镇压,这是不得已的事情,否则我们在白区就难以生存和斗争。我们的重要任务就是镇压叛徒和特务。

"在上海地下工作期间,我仍是以新闻记者身份作掩护的。因为新闻记者可以到处跑,行动很方便。"

特科还有一项任务,就是负责接待安排由国外返回国内工作的同志。1930年初夏,刘伯承经满洲里秘密回国,8月初到了上海。受中央军委指派,聂荣臻以记者身份,到码头与刘伯承接头。两位四川老乡在上海滩重逢,格外亲切,彻夜长谈阔别情形。

刘伯承到上海后,很快受到中共中央的重用,被委任中共中央军委参谋长,同时担任翻译苏联军事作战理论文章的重要任务。不久,聂荣臻也到了军委。这样,刘伯承和聂荣臻都成了中共中央领导人、中央军委书记周恩来的助手。

当时的上海滩,是冒险家的乐园,白色恐怖的世界。刘伯承被安排在上海愚园路一幢两层小楼里,化名林直木,对外称林教授,聂荣臻经常和叶剑英、李卓然等一起来讨论问题。刘伯承的寓所,实际上成了中国共产党最早的地下翻译所。

白色恐怖下的上海,到处是特务,个人安全极不保险,经常被敌人盯梢。一次聂荣臻遇到叛徒盯梢,机智的"记者"在人群里挤来挤去,进了百货公司,上了自动扶梯,发现那个叛徒也跟了上来,于是他便向人多的地方挤,尔后又上了自动扶梯。就这样三转两转,才把那个叛徒甩掉了。为保护刘伯承,聂荣臻经常为他出点子,介绍地下工作的经验。聂荣臻的夫人张瑞华则经常化装成阔小姐、贵夫人,为刘伯承传送军事书报和有关军事情报,掩护刘伯承进行工作。

为安全起见,善于谋略的刘伯承四次搬迁住处,就是这样也时常受到特务和暗探的骚扰，随时都有被抓捕的危险。一次，刘伯承按照预定时间，来到约定地点取译稿。突然间，他发现联系人被人盯梢，想回避已经来不及了。刘伯承十分镇静地走上前，接过译稿，迅速换上早已准备好的假封面，并用暗号告知对方：后面有"尾巴"。然后，自己从容地走了一段路，满不在乎地倚在路旁的电线杆上，翻看起译稿来，并不时观察周围动静，那条"尾巴"不一会儿走上来瞟了一眼，见封面是一"色情小说"，以为自己搞错了，便灰溜溜地走了。

紧张而充满危险的几个月，刘伯承和叶剑英共同翻译了《苏军步兵战斗条令》《苏军政治工作条例》《游击队怎样动作》等，最后由周恩来主持，刘伯承、聂荣臻、傅钟参加，字斟句酌地讨论定稿。

40多年后，聂荣臻回忆起当时的情形仍历历在目："到军委工作不久，我和刘伯承、叶剑英、傅钟、李卓然等同志一起，商量翻译条令的问题。恩来同志对此也很赞成。当时，江西前线不断传来我军胜利的消息。我们认为，翻译一本苏军的步兵战斗条令和政治工作条例，对前线会有所帮助。伯承、剑英、傅钟、李卓然同志都是由苏联学习回来的，有一定的专业知识和俄文基础。所以，组成两个摊子，由伯承、剑英同志负责翻译步兵战斗条令；由傅钟、李卓然同志负责翻译政治工作条例。军委从各方面给予支持。经过一段时间的努力，这两本书都翻译出来了，并送到了各个根据地。这就成了我军的第一个条令和条例。"

聂荣臻还与刘伯承一起协助周恩来，向中央根据地和其他根据地提供作战情报。"我们通过各种途径，搜集国民党的军事情报。"聂荣臻回忆说："国民党打算在什么时候用多少兵力，向我们什么地方进攻，一般说，我们都能及时了解，通报给各革命根据地。开始中央根据地没有电台，给前方的情报都是用密写方式派交通员送去的。第二次反'围剿'之后，我们缴获了电台，沟通了江西与上海的无线电联系，各种情报就可以及时地源源不断地提供给前方。我们提供的情报，对前方的军事斗争，起了配合作用。"

1931年4月，中共中央军委特科发生了一件意外的重大事件：特科负责人顾顺章被捕叛变。顾顺章的叛变投敌，给军委和整个党的秘密工作都带来了极大危险。顾顺章曾是中共中央政治局候补委员，又长期负责特科工作，对我中央机关的情况和中央负责同志的情况，了解得一清二楚，最为要紧的是中央领导同志常在他家里碰头，所以，连他的家属、亲戚，都认识许多中央负责同志。刘伯承、聂荣臻更是联络接头的常客，形势十分危险。

"万幸的是——聂荣臻后来在他的回忆录中写道——我们在南京特务机关心脏中，安插了钱壮飞同志，从而使我们党避免了一场大灾难，钱壮飞同志非常能干，得知顾顺章被捕叛变的消息后，因为情况万分紧迫，就立即亲自回到上海，向中央报告。"

"我得到情报后，急忙赶到恩来同志家里，不凑巧，他出去了，我就告诉邓大姐，顾顺章叛变了，你们要赶快搬家。"①

情况非常严重，必须赶在敌人动手之前，采取妥善措施。周恩来亲自领导了这一工作，把中央所有的办事机关实施安全转移，所有与顾顺章熟悉的领导同志都搬了家，所有与顾顺章有联系的关系都切断了。头两三天里，紧张极了，夜以继日地战斗，终于把一切该做的工作都做完了。等敌人动手的时候，在上海的中共中央重要人物都已安全转移。结果，敌人一一扑空，什么也没有捞着。

但是，顾顺章带着特务千方百计搜捕上海的共产党，刘伯承、聂荣臻随时都有被捕被杀的危险。为保护他们的安全，这年年底，中央决定，刘伯承、聂荣臻分别奔赴江西中央苏区，刘伯承先担任红军学校校长，不久任军委总参谋长，协助总司令朱德、政治委员周恩来在前方指挥作战。聂荣臻则分到红一军团任政委，与林彪搭档。在第四次、第五次反"围剿"作战中，刘伯承多次来到红一军团与聂荣臻等人一起研究作战和政治工作问题，合作十分愉快。

2. 风雪长征路，刘伯承与聂荣臻搭档率领先遣队，联手挥师杀开一条血路，最先遇到的却是棘手的原始部落。

由于"左"倾路线占据中央统治地位，在秘密的战略转移初期，中央红军实力锐减，毛泽东受排挤离开了中央和红军领导岗位，刘伯承被撤掉红军总参谋长职务。1934年12月，中央在迭遭挫折的危情下，在黎平召开军事会议，在朱德、周恩来等坚持下，采纳毛泽东的意见，放弃到湘西会合的原定计划，改向敌人力量薄弱的贵州前进。会议还顶住李德顾问的反对，恢复了刘伯承的职务，并让他兼任中央纵队司令员。而聂荣臻因脚化脓，坐担架行军，有时就跟着刘伯承的中央纵队行动。

---

① 《聂荣臻回忆录》，解放军出版社2007年版，第100页。

1935年1月初，刘伯承和聂荣臻一起指挥部队智取遵义，为尔后召开具有历史意义的遵义会议创造了条件。遵义会议上，刘伯承和聂荣臻都坚定地站在毛泽东一边，同"左"倾路线进行了针锋相对的较量。两人还根据自己的观察，联名提出中央红军北渡长江与四方面军在川西会合，建立川西根据地。他们认为，四川条件比贵州好得多，是西南首富，有利于红军活动和发展，这一带交通闭塞，当地军阀有强烈的排外情绪，蒋介石的部队难以入川，川陕的四方面军又可以接应。这一建议被中央接受，并正式定为日后红军的根本战略方针。

遵义会议之后，为甩掉蒋介石主力从贵州东、南两个方向对我中央红军的尾追，刘伯承、聂荣臻协助毛泽东、朱德指挥四渡赤水等著名战役。5月12日，中央召开政治局扩大会议，决定继续北上，越过大渡河，夺取西昌，实现在川西北与第四方面军会合的目标。会议决定组成红军先遣队，这副重担落在了刘伯承和聂荣臻肩上，刘伯承任司令，聂荣臻任政委。红军先遣队，利用刘伯承在川军中的声望和刘、聂熟悉地理民情等有利条件，两位红军高级将领再度联手，率领先遣队斩关夺隘，为中央红军北上杀出一条血路。

摆在刘伯承、聂荣臻他们面前的第一关，就是穿过危险的彝族区，那是刘伯承与聂荣臻共同经历的一段惊心动魄的故事。聂荣臻在他的回忆录这样写道：

"先遣队的任务，通俗点说，就是逢敌开路，遇河搭桥，特别是前面将要通过彝族区，一定要将彝民的工作做好。保证中央红军安全顺利通过。

"中央军委派伯承同志来，能和伯承同志共同完成这项任务，我很高兴。他不仅是个老军人，而且是个老四川；尤其在军事上富有阅历，遇事能深谋远虑，作风上又细致入微；他很注意调查研究，凡事请示报告，从不妄作主张。他过去曾经到过川西一带，对当地地理风俗人情又比较熟。当时那个地方的彝族是奴隶制社会，分为'白骨头'、'黑骨头'，我都是听他讲的。我虽然也是四川人，但年少出川，对川西北情况几乎可以说是毫无所知。受领任务以后，先遣队于5月21日占领了冕宁，这是一座县城，守敌已经逃跑。监狱里关了不少彝族首领。原来这是国民党统治少数民族的一种手段，彝族人民如果不听他们的话，就杀这些头头，平时就当作人质。我们放了他们，还请这些头头们喝了酒，气氛就缓和得多了。有的彝族头头懂得点汉语，我们问他，也告诉了我们一些情况，有的还表示愿意给我们带路。但国民党对少数民族的残酷统治，使他们对汉人充满了敌对情绪，民族隔阂很深，对红军是个什么样的队伍，执行的是什么政策，全不了解，所以并没有真心对待我们，仍然使先遣队碰到了许多困难；只是由于我们坚持了党的民族政策，处理得当，才比较顺利地完成了通过彝族区的任务。"

　　这种惊险行动仅仅是个开头。聂荣臻接着回忆说："五月二十二日，先遣队开始进入大凉山彝族区。其边沿就是冕宁以北50多里的袁居海子边。知道通过彝族区在当时民族隔阂很深的情况下是不容易的，语言不通，风俗习惯不一样，地形道路根本不清楚，所以我们很慎重，由工作队派伯霖同志专门去打听了情况，知道这里彝族有好几个部落。我们刚进彝族区，就有两个比较大的部落，一个叫沽基家，一个叫罗洪族。这两个部落当时正在'打冤家'。我们一到就听见几声土炮响，一打听，原来就是他们两家在那里打。听说红军来了，沽基家想要红军帮他'打冤家'，所以对我们表示友好。而罗洪族则跟我们敌对，想袭击我们，我们打了几发信号弹，把他们吓跑了。我们当然无意于去支持这一方打另一方。可是，当时为了通过彝族区，我们决定利用这个矛盾。于是丁伯霖同志便把沽基家的首领小叶丹请了来，由伯承同志出面，与他边喝酒边谈判，谈了很久。伯承同志很有办法，双方谈得很投机。对方提出，要求结拜为金兰之盟，还拿了一只公鸡来，在湖边上宰了，伯承就和小叶丹喝了鸡血酒，从而打开了一条通过彝族区道路。当时我也在场，听不懂他们说些什么，只知道意思是说，哪个不忠实，就和这只公鸡一样，最后达成了协议，沽基家愿意护送我们过彝族区。但此时已经中午过后，我听说彝族区有一百多里路，得一天时间才能通过。于是我和伯承同志商量，虽然与沽基家已达成协议，但还有别的部落，糊里糊涂地往里乱闯，太危险。伯承同意我的意见，最后决定不走，不仅不走，走到前面的队伍还命令他们跟我们一起，像司马懿似的，来一个'倒退三十里'，又回到了一个叫大桥的地方。这是彝族和汉族交界、两族杂居的小集镇，我们就在那里宿营。"①

　　第二天，在沽基家派人护送下，刘伯承、聂荣臻继续率领部队向彝族区进发。这个地区一些别的部落的彝民站在大路两旁伸手向红军要钱，人高马大，

---

① 《聂荣臻回忆录》，解放军出版社2007年版，第208～209页。

如凶神恶煞一般，高声喊叫着，张牙舞爪："拿钱来！拿钱来！"由于有小叶丹的护送，刘伯承和聂荣臻他们又有准备，队伍始终保持整齐队形，没有理那些彝民，就顺利地通过了彝族区，天黑前便到达擦罗。这里距当年石达开败兵的安顺场已经不远，红军将在那里一拼。

刘伯承、聂荣臻通过彝族区时还有一些让人后怕的小插曲。聂荣臻在他的回忆录里写道："我们通过不久，我们带的那个工兵连还有一些后卫队人员，因为带着一些笨重的工兵器材，行军时掉了队，在后面一个山凹子里被千余彝民截住，彝民将他们所带的器物全部掠去，连身上穿的衣服也被剥得光光的。幸亏我们规定不准开枪，彝民也只是掳获衣物，并未加害红军。这些战士气得直掉眼泪，没有还手，就光着身子跑来了。于是我们对部队再次进行了党的民族政策教育。我们走在半路上，还遇到过国民党冕宁县的县长，带着他一家人，被剥得光光的。见了我们，跪下来，要我们救救他们，说都是汉人，宁肯死在这里，也不愿受侮辱啊。那时，大家对国民党都很恨，就没有管他。以后，把丁伯霖同志留下，与沽基家首领继续保持联系，因此我后续大部队通过的时候，沽基家仍对我们友好，给予了种种方便，护送我们过了彝族区。"

尽管事情过去半个世纪，想起和刘伯承这段交往故事，聂荣臻依旧感慨万千："这多亏了伯承同志，要不是他在，这种局面我还真是很难对付哩。"

3. 蒋介石扬言要把朱毛红军变成第二个石达开。站在安顺场面对水深流急、令人生畏的大渡河，刘伯承、聂荣臻心急如焚。

先遣队在刘伯承、聂荣臻率领下于5月24日到达有名的安顺场渡口附近，这是他们面临的第二道难关。

大渡河安顺场渡口已有蒋介石的部队把守。如果只是一股敌人并不可怕，要命的是这可恶的大渡河：它的两岸都是横断山脉，崇山峻岭。在安顺场渡口，河宽300多米，流速每秒4米，水深30多米，河底乱石嵯峨，形成无数漩涡，即使是水性再好的人也不能泅渡。因水深流急，不能架桥，船横渡时，要先拉牵到上游2里以外，放船后，要有经验的艄公掌舵，10多名船工篙橹齐施，与流速形成一股合力，使船体沿一条斜线冲到对岸。对岸渡口有石级，如对不正，碰到两侧石壁上，就会船毁人亡。这就是刘伯承、聂荣臻最先要渡过的大渡河。

渡河最重要的就是要尽快搞到船。主攻任务交给了杨得志一团的一营。刘

伯承、聂荣臻派人找来一营营长孙继先。见面后没等孙继先开口,聂荣臻先问:

"孙继先,你知道石达开吗?"

"不知道。"孙营长如实回答。

"石达开是太平天国的翼王,率领2万多人来到大渡河边的安顺场,也就是我们今天到的这个地方,可没有渡过去,在清兵的追击下,全军覆没了。现在蒋介石派飞机撒下传单来,说前有大渡河,后有金沙江,国民党有几十万大军围追堵截,朱毛红军插翅难逃。要让我们变成第二个石达开。"

"管他十达开、九达开,我们一定能过河,我们一定能胜利。"孙继先说得十分干脆。

"我们会不会成为石达开,这就看你们的了。"刘伯承既是压担子又是鼓励地对孙继先说。

"请总参谋长交代任务!"孙继先请战道。

"安顺场守敌不多,也是一个营,虽是刘文辉的部队,但只是当地胞哥一类人组成的民团武装。你马上率领一营去完成两个任务:第一,部队占了安顺场后,迅速找船,再点一堆火;第二,把一切渡河工作准备好后,再点一堆火,我们后续部队马上就到。明白吗?"

孙继先说声"明白了",转身而去。

刘伯承和聂荣臻冒雨在晚上来到主攻营,天黑路滑,刘伯承的眼睛视力已经比较差,细心的聂荣臻用一个刚缴获不久的法国手电筒给他照路,这种体贴战友的真挚情怀胜过亲生兄弟,使刘伯承十分感动。

刘伯承和聂荣臻决定第二天拂晓发起强渡。可是已是25日凌晨3点多了,仍不见孙继先点火发信号。刘伯承和聂荣臻心急如焚,没有船就过不了河。他们亲自赶到河边,一边走一边喊:"孙继先!孙继先到哪里去了?"孙继先突然说:"我在这里。"刘伯承说:"孙继先啊!你该死!你为什么不发信号?"找着船的孙继先光顾推船了,忘了点火发信号,船找到了,刘伯承和聂荣臻心里一块石头落地。

拂晓强渡开始,刘伯承与聂荣臻一起,站在河岸的一个高坡上,旁边就是架着重机枪的阵地。两位红军高级将领亲身经历了这个惊心动魄的历史场面。战斗发起后,6挺重机枪、几十挺轻机枪掩护,从不同的角度向对岸敌人密集射击。红军17勇士乘着唯一的那条小船,在惊涛骇浪中,冲到了河对岸。刘伯承和聂荣臻不顾个人安危,故意暴露目标,吸引敌人,干部战士们都争着朝前站,把他们挤到后边安全的地方。几十年后,鬓发斑白的聂荣臻元帅回忆起这段故事时仍然按捺不住地兴奋:"看到那个场面,我和伯承同志的心头都充满了激动,为我们英勇无畏的红军感到骄傲!"

渡河的速度很慢很慢。第二天中午,毛泽东、朱德、周恩来便赶到了,林彪也到了。毛泽东召集刘伯承和聂荣臻研究战情,当他得知渡河困难异常,就当即决定要迅速夺取泸定桥。此时敌人李韫珩的五十三师已渡过金沙江朝红军追来,行动晚一步就可能过不了河。便命令刘伯承和聂荣臻率领红一师和干部团从东岸北上赶向泸定桥,林彪带红二师和一军团军团部以及五军团,从西岸赶向泸定桥。毛泽东严肃地说,这是一个战略性措施,只有夺取泸定桥,红军大部队才能过大渡河,避免石达开的命运,才能到川西去与四方面军会合。万一两路不能会合,被分割,刘、聂就率部队单独走,到四川去搞个局面。

刘伯承和聂荣臻于27日登上彼岸,向泸定桥急进。防守河对岸的敌人,只是被红军驱赶走了,但没有走很远,而刘、聂他们并不知道。他们带着部队没走多远就天黑了,找到一处村庄宿了营。第二天天亮一看,才发现刘文辉守军和自己住在同一个村上,红军在山坡的这一边,国民党军在山坡的那一边,噼里啪啦打了一仗,又经历了一场惊险!

刘伯承、聂荣臻率队伍沿大渡河的东岸继续北上,以便从东岸去策应从西岸准备攻占泸定桥的部队。为占据主动,刘伯承对聂荣臻说:你在后边跟部队一起走,我先带一部分人占领前面的隘口,那里大约有敌人一个营的兵力。聂荣臻不肯让他先行,说这样很危险,但刘伯承执意要先走,聂荣臻就只好随着大部队走。

聂荣臻边走边审问俘虏,得知,跟在红军后边的是敌人刘文辉的一个营,山后另有敌人一个旅,就在红军行进右侧的山地上。这一新动向立即引起聂荣臻的警觉,他立刻派人转告刘伯承,并提示说:"你不能那样走。如不先夺取右侧这几个高地,我们就过不去,如若敌人居高临下,来一个反扑,就有把我们压到大渡河里去的危险。"

刘伯承根据聂荣臻的情报和建议,果断改变计划,决定三团背水仰攻,一鼓作气占领了右侧那几个山头,击溃了敌人那个旅,从而保障了红军侧翼的安全，又保证了两岸二师四团不受敌人隔河的射击。

刘、聂带领红军以急行军的速度，行走如飞，日夜兼程，一边快速前进，一边消灭途中碰到的敌人，接连打了好几个胜仗，于29日晨赶到泸定桥西岸。泸定桥下，江水汹涌咆哮，桥已被拆得七零八落，只剩下九根光溜溜的铁索，悬挂在令人头晕目眩的激流之上。先头部队于下午17时拿下泸定桥，攻占泸定城。

刘伯承和聂荣臻冒雨从大渡河东岸赶到泸定城时，已是深夜凌晨两点钟。此时，聂荣臻本来已生病，正在发高烧，可是为了查看泸定桥情况，以确定怎样行动，仍坚持和刘伯承一道去看看泸定桥。杨成武提着马灯，陪着两位首长从桥东走到桥西。他们对每根铁索甚至铁环都看得十分仔细，当从桥西折回桥中央时，刘伯承停住脚步，手扶栏杆，俯视咆哮翻滚的激流，按捺不住心中的激动，情不自禁地在桥上连跺三脚，感慨地说："泸定桥！泸定桥！我们为你花了多少精力，费了多少心血！现在，我们胜利了！我们胜利了！"刘伯承过去在这里打过仗，深知泸定桥的险要，夺取这座桥的不易，感想自然更深。被此情此景所感染，聂荣臻也无比激动地说："我们胜利了！我们胜利了！"

先遣队夺得泸定桥，为毛泽东率领的后续部队铺平了前进的道路，红军完全甩掉了追击的国民党中央军。

强渡大渡河是红军长征中的丰碑，也是刘伯承、聂荣臻两位生死相交的战友并肩战斗，默契配合的丰碑。半个世纪之后，当后人在江边建立大渡河纪念馆，树立石碑、塑像时，特地请聂荣臻元帅题词。回想起红军战士强渡大渡河、飞夺泸定桥的英雄气概，回想起与刘伯承元帅结下的生死之交，聂荣臻挥笔写下情文并茂、铿锵有力的小诗："安顺急抢渡，大渡勇夺桥，两军夹江上，泸定决分晓。"

4. 患难时节，刘伯承安慰聂荣臻："老兄，你受苦了。"生死离别，轮椅上的聂荣臻清泪两行。

长征胜利后，刘伯承与聂荣臻虽说很少在一起共事，但同是作为共产党的高级将领、野战军统帅，经常此呼彼应，亲密无间地配合作战。虽各在自己的战略区，却时常借中央开会之机获得短期会晤。抗日战争时期，刘伯承和邓小平领导的一二九师开辟晋冀鲁豫抗日根据地，与聂荣臻领导开辟的晋察冀抗日根据地紧紧连接，在八路军总部统一部署下，刘伯承、邓小平、聂荣臻、贺龙等精诚合作，百团鏖兵，轰动世界，创造了世界反法西斯战争中的伟大壮举。解放战争，刘邓大军逐鹿中原，千里跃进大别山，又与第三野战军配合，决战淮海，强渡长江，解放大西南，建立了不朽功勋。聂荣臻率部转战长城内外，与林彪、罗荣桓一起指挥平津战役，主持和平解放北平，同样是功勋卓著。

新中国成立不久，作为总参谋长，聂荣臻全力支持刘伯承筹建人民解放军最高学府——军事学院。

刚一解放，在西南的刘伯承听说中央准备让他出任总参谋长，他认为自己不合适，请求辞去中共中央西南局第二书记、西南军政委员会主席的职务，参与筹建陆大。刘伯承的请求信受到中央重视，不久便送到代理总参谋长聂荣臻的案头。为慎重起见，聂荣臻特地前去重庆给刘伯承送信，派遣华北军政大学副教育长陶汉章专程前往。他将陶汉章叫到自己的办公室，对他说："你在红二方面军时就认识刘伯承同志，所以送信的差使让你去。"陶汉章到达重庆，向刘伯承亲手递上毛泽东、朱德的亲笔信。

刘伯承读完信，摘下眼镜，高兴地对陶汉章说："古语说得好，'君命召，不俟驾而行'啊！请你转告聂老总，就说我愉快地接受了这个任务。我把这里的工作给小平同志和贺老总交代一下就走，不日即到京复命。"

几天之后，陶汉章向刘伯承辞行，刘伯承再次请他向聂荣臻转述自己坚决服从调动，愿意去办学校的愉快心情。还特地托他捎回一些四川榨菜、豆瓣酱之类的土特产食品，说："朱老总、聂老总都是四川佬，这些东西又便宜又好吃，他们一定喜欢。"

不久，抗美援朝战争开始，1950年10月23日，毛泽东主席急电刘伯承："伯承同志，此间恩来、总司令、荣桓、荣臻和我，希望你速来京主持筹建陆大，你意如何？"

不日，刘伯承来京着手筹建陆大，两位老四川，老战友又重聚北京。

"文化大革命"开始不久，刘伯承和聂荣臻一起住在京郊西山脚下的玉泉山，叶剑英也住在这里，陈毅和徐向前经常来看望他们，五老帅经常在一起研究如何稳定军队，最大限度地减少"造反派"造成的损失。

不久，发生了所谓的"二月逆流"，老帅们遭到文攻武斗。不久，聂荣臻便病倒了，住进了301医院。正在301医院治疗眼病的刘伯承闻讯，不顾左眼接近失明，摸索着来到聂荣臻的病房。刘伯承紧紧握住聂荣臻的手，千言万语一时不知从何谈起。良久，才说出一句，"老弟，这下你受苦了，给弄到反党集团里面去了。"这在平常只不过是很普通的一句安慰话，可在那种险恶的政治环境下，它的意义和分量是难以估算的。事过19年后，聂荣臻仍满怀感激地说："当时我身处逆境，老战友的这种安慰是多么珍贵！"

1986年10月14日，刘伯承遗体告别仪式，"十万军帐哭刘公"，已87岁高龄、行动不便的聂荣臻，右臂裹着黑纱，坐着轮椅车，由工作人员推着攀上40多级台阶来到吊唁大厅。1973年以后，刘伯承长期卧床不起，聂荣臻多次到医院看望他，总希望他有所恢复，能跟他多说几句话，久久不忍离去。如今，物是人非，聂荣臻看着老战友的遗体悲从中来，怎能不心碎，两行清泪潸然滚落腮边。不久，聂荣臻便公开发表了开头提到的那篇《痛悼伯承》。

五、罗荣桓和林彪

他俩是战争年代的老搭档。在红四军共度艰难,虽然在八路军一一五师失之交臂,后来有幸一起率四野龙虎纵横天下,可是新中国成立后之后却在建军问题上数度交锋,多少辉煌业绩,又多少历史恩怨

1. 林彪没有了搭档,来了个戴眼镜的大学生。毛泽东说:"罗荣桓在四军,不是跟林彪团结得很好嘛!"

井冈山,1930年春。

黄埔四期出身的林彪,凭他特有的军事指挥才能,从排长到连长、营长、团长、纵队司令员、红四军军长,稳稳当当一步步向上走,年纪又轻,深受毛泽东的赏识。可是,林彪个性很强,性格孤僻,偏狭,与人合不来,从他担任红军第二十八团团长以后,与各届党代表大都搞不到一起。按照聂荣臻元帅的说法,林彪是独断专行,排挤同级政工干部,当连长时看不起营长,当营长时又反对团长,与他搭档的团党代表何挺颖,在一次战斗负伤后,被他扔下不管而牺牲。二十八团改编为一纵队后,谢唯俊为党代表,林彪看不起谢,对他横竖不满意,常到毛泽东那里告状,直至把谢挤走了事。难怪毛毛在《我的父亲邓小平》中这样写道:"说来也怪,十大元帅,父亲与九人关系都很好,可唯独就是与林彪从不来往。话也说回来,这主要是因为,林彪性情太古怪,是他从来不与任何人来往。"可见林彪这种古怪性格到他成为元帅时,仍是积习难改。

在红军初创时期,这种缺陷并没有妨碍他受到重用,1930年2月的陂头会议以后,朱德、毛泽东不再兼任红四军军长和政委的职务,经毛泽东提议,前委决定,由毛泽东一手提拔起的年仅24岁的林彪,担任了红四军军长,红四军政委、军委书记,由中央巡视员潘心源兼任,由于潘心源不能到职,遂任命熊寿祺代理军委书记,不久,熊又去上海出席全国红军代表会议。

这样,毛泽东只好重新为林彪物色搭档。毛泽东深知林彪的为人,他知道

这个人不好选，四军的党代表，必须立场坚定，观念正确，有丰富的政治工作经验，同时，与林彪共事，还要胸襟宽广，气量如海，能容人善容人，既要有坚定不移的组织原则性，在非原则问题上又善于忍让、谅解、善于团结人。毛泽东反复掂量，颇费苦心，选中了罗荣桓。到了6月，组建红一军团，罗荣桓走马上任红一军团四军代理政委。

罗荣桓，曾就读于武昌中山大学，跟随毛泽东参加过秋收起义，一直担任基层党代表，古田会议时作为基层领导被选为前委委员，此前为红四军二纵队党代表。这位大学生出身的政治领导干部，戴一副眼镜，文质彬彬，善于做政治思想工作，沉静稳重，深受同志们喜爱，虽不露锋芒，默默无闻，但还是被毛泽东发现了。古田会议期间，毛泽东用手指着罗荣桓对前委秘书冯文彬说："这个同志是个人才，是一位很好的领导干部，对这个同志，我们发现晚了。"毛泽东还曾对人说，罗荣桓对是非，对正确和错误，鉴别得特别分明。

一个是将才难得，一个是发现恨晚，两个人都深受毛泽东喜爱，一武一文，毛泽东希望他们合作愉快，也有不少人为罗荣桓捏了一把汗。

罗荣桓与林彪，相识于1928年的井冈山，两人接触不多，彼此不是很了解，只不过罗荣桓对林彪知道得多些，因为那时林彪已小有名气，都知道他指挥打仗很有一套。罗荣桓到四军政委的位置上，对林彪如何对待自己考虑不多，只是感到，应该支持军事首长，搞好四军的工作，多打胜仗。

林彪这个人，平时主要精力都放在军事指挥上，专心于打仗，对于部队的思想建设、后勤等方面的工作过问得很少，他也很希望能有人在这方面多做些工作。罗荣桓上任后，十分尊重林彪在军事指挥上的长处，为了使林彪集中精力考虑军事和作战问题，充分发挥其将才特长，罗荣桓经常把思想教育、后勤保障、宣传群众等工作，都揽过来，任劳任怨、兢兢业业做好，减除林彪的后顾之忧。

作为红军的高级领导干部，罗荣桓没有一点官架子，他经常深入纵队调查研究，和官兵们吃住在一起，耐心细致地做思想政治工作，妥善解决部队普遍存在的开小差问题、团结问题和生活问题，在生活条件极为艰苦的情况下，开展多种多样的文娱体育活动，帮助各级青年委员在军、纵队、团普遍建立起共青团组织。在罗荣桓的精心领导下，四军的政治工作、军事训练、供给工作井井有条。罗荣桓遇事总是先与林彪商量，大事讲原则，小事讲宽容，从不争你高我低，不搞无原则纠纷，与林彪配合得不错。林彪呢，除了负责作战指挥外，对部队的日常工作索性不怎么过问了，放心让罗荣桓去干。一直在关注四军工作、关心罗荣桓与林彪成长的毛泽东，看到这两位年轻气盛、血气方刚、才华横溢的年轻人配合得十分默契，高兴地笑了，对身边的同志说："罗荣桓在四军，不是跟林彪团结得很好嘛！"

同年8月，在红五军活动的中央巡视员潘心源，已返上海中共中央所在地，不可能到四军任职。于是，朱德、毛泽东正式任命罗荣桓为红四军政委。

2. 合作一一五师，林彪几次要求中央另派政委，罗荣桓听说后平静地说："我们干革命，不是为了当官，不应该计较地位高低，更不要向党伸手。"

1937年"七七"卢沟桥事变，红军改编为国民革命军第八路军，编为一一五师、一二〇师和一二九师三个整编师，中央军委和毛泽东在考虑一一五师领导人选时，以林彪为师长，聂荣臻为副师长兼政委，罗荣桓为政治部主任，他们三位在红军时期长期合作共事，这次又一起奔赴抗日前线，然而林彪和罗荣桓作为搭档，却失之交臂。

部队改编后不久，林彪和聂荣臻奉命到洛川参加中央政治局扩大会议，罗荣桓主持全师1.5万多人的誓师大会，带领指战员庄严宣誓："为了民族，为了国家，为了同胞，为了子孙，我们坚决抗战到底！"尔后，罗荣桓率陈光的三四三旅，由陕西三原东渡黄河，进入山西，到达平原东站；根据中央军委、毛泽东和八路军总部的指示，已赶往部队的林彪、聂荣臻率主力北上要隘平型关，阻击日军进攻。月底的平型关战役，使林彪名扬天下，成为抗战名将。与此同时，罗荣桓带领政治部的大部分干部，赴晋冀两省交界处的阜平、曲阳、灵寿一带发动群众，进驻阜平，解放曲阳，像一把尖刀一样插向敌人的翼侧。

10月下旬，奉中央军委之命，一一五师兵分二路，林彪率一一五师主力南下，罗荣桓率师部随后走，由聂荣臻率2000多人，留下创建晋察冀抗日根据地。师直机关临别"分家"时，是由罗荣桓负责的。几十年后，聂荣臻元帅在他的《回忆录》中写道："我对他（罗荣桓）说，你来分好，你公平。司令部、政治部、供给部、卫生部几个部门由你决定。哪些人走，哪些人留下，你有决定权，我不争一个人。罗荣桓同志对我非常支持。他亲自挑选了一些人，留下的同志虽然人数不多，但很得力。"

林彪南下后，罗荣桓协助聂荣臻筹建晋察冀军区，尔后率师政治部来到中国佛教四大名山之一的山西省五台县东冶镇，发动群众，筹粮筹款，扩大兵员，补充主力，于1938年初到达晋西南洪洞县马牧村，与林彪率领的师司令部会合。由于聂荣臻留在晋察冀，一一五师政治工作的重任，自然就落在罗荣桓的肩上，师政治委员的位置空着。中央军委、毛泽东和八路军总部都在考虑这个人选，林彪也在考虑，按照他的意见，罗荣桓不能出任这个职务，他不想与罗荣桓成为搭档。1938年1月29日，八路军总部致电中共中央说："林彪屡次要求另派政委。"

罗荣桓得知此事，只淡淡一笑，照样埋头干他的工作，仍然是任劳任怨，兢兢业业，以革命事业为重，以大局为重，不计较个人得失，勇敢地担起全师政治工作的担子，他还常对同志们说：我们干革命，不是为了当官，不应该计较地位高低，更不要向党伸手。

不久，赫赫有名的林彪退出了抗日战场，还差点丧命。原来，平型关战役，林彪、聂荣臻他们缴获了大批日军物资、枪弹，林彪自己分得的战利品是一件黄色军呢大衣，正是这件考究的大衣，给林彪带来不幸。

1938年3月2日傍晚，林彪率师直属队经过山西阎锡山十九军防区，当时国共合作，八路军借国民党军的防区走走路是可以的。可是，林彪和随行人员中的几个人，穿着缴获的日本军大衣，骑着日本洋马，十九军的哨兵误以为是日本鬼子奔入防区，举枪就打，枪声一响，林彪中弹落马，子弹从胸部穿过，伤势非常严重。紧急突发事件报告到师部，罗荣桓感到事关重大，当即报告八路军总部和中央军委。

当晚深夜24时，军委主席毛泽东与军委参谋长滕代远联名致电罗荣桓："林之职务暂时由你兼代"。可是，就在毛泽东和滕代远电报到达前几小时，总部已决定由陈光代理师长。就是在这种情况下，罗荣桓怀着对党对毛主席负责的态度，挑选精干人员将林彪转送延安。随后，党中央为了挽救林彪的生命，由毛泽东提议，中央决定，派飞机将林彪送往苏联治疗。

林彪走后，一一五师的全面工作，实际上仍由罗荣桓负责，1938年底，中央正式任命罗荣桓为一一五师政治委员。不久，移师山东，开创新的抗日根据地。

3. 国共两军交战东北，毛泽东命令林彪调兵锦州。林彪提出自己的作战方案，罗荣桓认为"林总"的方案可行。

1945年9月19日，回国不久的林彪，奉党中央和毛泽东之命，率萧劲光、江华、邓华等高级将领，正骑马飞奔在濮阳到山东的大道上，准备去山东接替罗荣桓。早在抗战期间，罗荣桓就得了重病，常常尿血，还伴有高烧，中央决定让罗荣桓去治疗，由林彪主持山东的工作。就在这时，林彪突然接到中共中央"万万火急"电报，命令他们立即转道奔赴东北，林彪二话没说，调转马头，踏上北去的征程。几乎就在同一时间，在山东的罗荣桓，也接到中央和毛泽东让他率山东主力赴东北的命令，山东的工作由陈毅接管。因陈毅正在来山东途中，山东大反攻正在紧张进行中，罗荣桓一时无法抽身去东北。10月24日，中央再电罗荣桓，令他"率轻便机关，日内去东北"。

10月中旬，林彪一行踏上东北的黑土地！

11月初，罗荣桓一行也踏上东北的黑土地！

从此，林彪、罗荣桓共同统率东北野战军，纵横天下，所向无敌。

林彪、罗荣桓到达东北，军事上首先碰到的问题，是如何抗击东北国民党强悍精锐兵力的进攻，如何执行党中央和毛泽东的指示和命令。

11月11日至13日，蒋介石的美式装备机械化部队第十三军、半机械化的第五十二军，铺天盖地向山海关压来。林彪、罗荣桓立即整兵阻敌。

11月15日，毛泽东从延安的窑洞致电林彪和彭真，命令东北部队之李运昌、杨国夫两部坚守山海关、绥中之线，节节抗击，消耗疲惫敌人，而令黄克诚、梁兴初两部从冷口、界岭口分路荫蔽开至锦州、锦西、兴城三角地区，休整部队，补充枪弹，熟悉地理民情，创造战场，演习夜战，待敌进至绥中地区或兴城地区，业已疲劳消耗至相当程度，则我可集中最大兵力，于最有利之时间、地点，举行反攻，分作几次战斗，歼灭敌人。毛泽东特别指示由"林彪或荣桓亲去指挥"。

就在收到此电的第二天，由于国民党军仍源源不断地由美国军舰从各地运到秦皇岛，敌我力量更为悬殊，我守关部队主动撤离东边大门——山海关。面对险情，中共东北局紧急决定林彪去前线指挥作战。11月19日，林彪从沈阳带领轻便指挥机关出发，为了使指挥得力，通信联络灵便，罗荣桓十分爽快地把随他从山东来的苏静、李作鹏等主要机关工作人员和电台，交给林彪带走。

国民党军的两个军，在杜聿明督战下，进军迅速：17日进占山海关，18日占领绥中，11月22日，进占东北要冲兴城、锦西和葫芦岛。东北局势迅速恶化，那条蓝色的箭头仍在向北迅猛移动。这时，中共中央在刘少奇主持下（毛泽东在养病）致电东北局："顽十三军、五十二军向锦州急进，望集中营口、沈阳主力到锦州方面协同黄（克诚）、梁（兴初）两部以主力全部或一部歼灭该顽。"

就在收到此电之前的21日，林彪接受黄克诚的建议，从辽西前线致电中共中央和东北局，提出新的作战方案："目前我军应避免被敌各个击破，应避免仓皇应战，应准备放弃锦州以北二三百里，让敌拉长分散后，再选弱点突击。"因为此时，敌人凭借其精良装备，初战锐气，正长驱直入；我军远道而来，立足未稳，部队疲劳，弹炮不足，几乎两手空空，指挥机关还没有健全，各部队从苏北、山东、冀热辽等根据地涌向东北，电报密码不统一，通信联络不畅，不易集结部队。在这种情况下，要歼灭进犯的强敌，和敌人硬碰硬，极为困难，胜利希望极小。

彭真、罗荣桓都和林彪一样，真切感受到了东北部队所面临的困难和压力，此时攻击锦州不是一着妙棋，电报所提方案比较符合实际情况，遂复电同意林彪的意见。很快，中央军委批准了林彪的这一建议。11月26日，林彪命令部队主动放弃锦州。后来的形势发展证明，此时避免锦州之战的决策是完全正确的。

从此，罗荣桓与林彪开始新的合作，在整个解放战争期间，"林罗"不断被人神化，成了智慧、勇敢、胜利的代名词。

4. 战锦方为大问题。罗荣桓强压怒火，冷静地据理力争。林彪紧皱双眉，悄悄出关。"政委"的位置又成问题。

不知多少来往电报磋商，不知费去多少口舌，从毛泽东主席、中央军委，到东北野战军的搭档，终于说服"林总"下定决心攻打锦州。

1948年9月30日，林彪终于定下决心启程南下，将"东总"迁往前线。林彪（代号101）和刘亚楼（代号103）率东北野战机关从双城出发，为保密起见，火车先北上哈尔滨，避敌耳目，罗荣桓（代号102）悄悄在一个不起眼的货站走进自己的车厢。在道里江桥畔，突然发现国民党特务的潜伏电台，火车遂朝东南开到拉林站，尔后又突然掉头北返，过三棵树江桥，经由江北联络线转向滨洲线，经这么一个大迁回，从昂昂溪悄然南下，夜行昼停，于10月2日清晨到达吉林双辽县郑家屯附近。

正准备吃早饭，突然发现一架飞机由东而来，刘亚楼命令所有人员立即下车分散隐蔽。敌机在高空盘旋几圈，胡乱扫射一阵就飞走了。

"是不是继续前进？"作战科长尹健请示刘亚楼。

"我已经请示过'101'，他决定暂时不走，要机关人员在附近村落分散隐蔽防空。你告诉他们架好电台与军委和各纵队联络，看看有没有什么新的情况。"

晚上10点，尹健又来请示参谋长：

"103，是否可以行动了？"

"有新情况，要等军委回电再说。"刘亚楼低声说，"告诉电台注意收听军委的来电！"

"东总"的列车一夜没动地方。罗荣桓很纳闷。

第二天一清早，罗荣桓的秘书问林彪的秘书："指挥所为什么不前进了？"

"总司令正考虑准备回头打长春。"林彪的那位秘书低声说。

不一会儿，刘亚楼来到罗荣桓的车厢。罗荣桓刚刚起床。刘亚楼急促地说：

"102，前线来电，报告葫芦岛敌人新增援了4个师。101考虑部队只带了单程汽油，怕锦州攻不下来，大量汽车、坦克和重炮撤不走，易受沈阳、锦西、葫芦岛三方援敌夹击。101已经电报军委。"

罗荣桓一听顿时紧张起来，急忙接过电报，电文说：

"得到新五军及九十五师海运葫芦岛的消息后，本晚我们在研究情况和考虑行动问题。估计攻锦州时，守敌8个师虽战力不强，但亦须相当时间才能完全解决战斗。在战斗未能解决以前，敌必在锦西葫芦岛地区留下一两个师守备。抽五十四军、九十五军等五六个师的兵力，采取集团行动向锦州推进。我阻援部队不一定能堵住该敌，则该敌可能与守敌会合。两锦间敌阵地间隙不过五六十里，无隙可乘。锦州如能迅速攻下，则仍以攻锦州为好，省得部队往返拖延时间。长春之敌数月来经我围困，我已收容逃兵1.8万人左右，外围战斗五千余。估计长春守敌现约8万人，士气必甚低，我军经数月整补，数量质量均大大加强。故目前如攻长春，则较六月间准备攻长春时的把握大为增加。但须多迟延半月到 20 天时间。以上两个行动方案，我们正在考虑中，并请军委同时考虑与指示。"

"东总"的电报，一般都由林彪口述，秘书记录，署名"林罗刘""林罗刘谭""林罗赵"，经常是电报发走了，再送给"罗刘"等看。

怒气冲冲的罗荣桓，拿着电报；顾不上洗脸吃饭，立即拉刘亚楼闯进"林总"的车厢，见到一向独断专行的林彪，罗荣桓尽量压住火气，劈头问道：

"101 给军委发电报，要考虑回师打长春？"

"是的。"林彪不紧不慢地嚼着炒熟的黄豆，然后停下来说，"关内敌人又增添了四个师海运葫芦岛。葫芦岛和锦西的敌人有十万兵力。锦州城里敌人八个师，工事坚固，不是短时间拿得下来的。锦州一打响，援兵不一定堵得住，这样我们就会陷于被动。不如回去打长春可靠一些。"

罗荣桓气得满脸涨红：

"为了打锦州，中央三令五申，现在几十万部队拉到辽西，锦州外围已经肃清，部队战斗情绪高涨，忽然不打了，干部战士会怎么想？怎么向中央交代？"

"敌情变了……"林彪开始辩解。

"敌情变化并不大。况且，打锦州的计划是中央军委、毛主席已经批准了的，主席要我们敢打没有打过的大歼灭战，我们的决心不能动摇。"罗荣桓再次提醒中央和毛泽东的命令。

"谁动摇呀？敌情变了嘛！"

林彪的这句话，使罗荣桓想起以前他们两人关于是否打锦州的争论，那次罗荣桓劝林彪坚持攻锦，林彪像训斥一个孩子似的不耐烦地说："打锦州！打锦州！你人在东北，了解情况，也跟着喊打锦州？"罗荣桓心平气和地说："毛主席对东北情况了如指掌，他从全国战略决策出发。我们不打锦州，就会影响全国解放战争的进程。"

现在又听到林彪说敌情变化，罗荣桓加重语气说：

"101，你考虑了没有，这样会影响整个战局的！"

"我是向军委建议，锦州能迅速拿下还是打锦州，但是从目前情况看，打长春较有把握，两个方案正在考虑中，请军委同时考虑指示嘛！"

"电报中强调打锦州困难，强调打长春有利，明显地想回师打长春，我看军委是不会同意的。攻锦州计划已经展开,我认为打锦州还是有把握的。此时回师打长春实为下策。"

林彪皱着眉头半天没再说话,站起来踱着步,问刘亚楼:

"103 的意见呢?"

"同意 102 的意见。"刘亚楼表态说,"还是打锦州好。"

林彪沉思一会儿,让秘书追回电报,但电报早就发出去了。

"怎么办?"刘亚楼看看两位统帅,忙问。

林彪没有反应。

"我们不要等军委回电,重新表个态,说明我们仍然要打锦州。"

林彪这才点点头,可仍默不作声,以往给军委和毛泽东去电,总是由林彪口述,秘书记录,然后由他过目修改。罗荣桓感到林彪不会主动口述,便同林彪、刘亚楼研究一番,自己亲自起草电文:"我们拟仍攻锦州……"

10 月 16 日,东北野战军激战 31 小时,全歼锦州范汉杰集团 12 万人,生俘范汉杰、卢浚泉以下将官 43 人。

辽沈战役结束后,罗荣桓在沈阳主持草拟给中共中央、毛泽东的作战情况综合报告。报告中说:"后由蒋介石飞沈亲自指挥,从华北抽调独九十五师、六十二军全部、九十二军之二十一师陆续经海运葫芦岛登陆,加上锦葫原有之 4 个师共计 9 个师,企图由锦西向北驰援锦州,这曾使我们攻击锦州之决心一度发生顾虑。……但这一过程共两三小时即确定仍坚持原来之决心不变。……"

稿子刚起草好,恰巧林彪进了屋,罗荣桓便将报告稿递给他看,并特意指着一段文字说:"这一段,写我们在打锦州问题上曾一度有顾虑,很快就纠正了,你看怎么样?"正在为辽沈战役胜利而兴高采烈的林彪,听了罗荣桓的话,又看了看他所指的这段文字,一声没吭,把稿子往桌子上一搁,转身走了出去。11 月 8 日,这份综合报告以"林、罗、刘"的名义,上报中央。

攻打锦州所带来的不愉快,不久便产生了后遗症。平津战役,罗荣桓对林彪错误决策、做法一如既往提出批评,这更引起林彪的不满。平津战役,中央和毛泽东决定由林彪、罗荣桓、聂荣臻三人组成平津前线的总前委,林彪为书记。战役结束后,大军很快就要南下。这时,东北野战军改称第四野战军,林彪曾向聂荣臻提出,请他到第四野战军来当政委。聂荣臻感到林彪的话有些不对劲,回答说:"四野的政委我看还是罗荣桓同志比我更合适。我已经参加军委的工作，又兼了平津卫戍司令，工作也离不开。至于晋察冀的其他干部随你挑选。"林彪见难以说服聂荣臻，也只好作罢。

5. 老搭档被任命总政治部主任，林彪硬压着不让宣布，罗荣桓说："看来我这个主任还是不合法的。"分歧扩大，副统帅恶狠狠地说："什么林（彪）、罗（荣桓），林罗要分开，林罗从来不是一起的。"

罗荣桓虽然被任命为四野政委，原也打算随大军南下，但北平解放后他便又病倒了，不得不留在天津治疗。1950年4月，由毛泽东提议，已是最高人民检察署检察长的罗荣桓，被中央任命为总政治部主任，直到1956年再次身患重病，辞去总政治部主任及总干部部长的职务，由谭政大将接替。而此时的林彪，早已是军委副主席，到1958年又增选为党的副主席，成为中央颇具实力的人物。两位老搭档虽说不在一起办公，但打交道的机会逐渐多起来。说起两个人的关系，新中国成立以后，罗、林两家一开始还常有来往，后来随着林彪越爬越高，罗荣桓对他渐渐疏远，有时到某地，知道林彪也在，只是约了同行的贺龙、聂荣臻等去作一次礼节性拜访。

1959年7月，彭德怀元帅上书毛泽东，遭受批判，罗荣桓因病请假。受毛泽东委托，彭真从庐山打电话给罗荣桓，详细通报了会议情况，最后，彭真说：毛主席准备让林彪接替彭德怀国防部长的职务，并征求未出席会议同志的意见。罗荣桓没有过多地考虑，便说，国防部长外事任务较重，林彪身体不好，似不宜担任这一职务，由贺龙同志担任比较合适。而此时的林彪，因为善于讨毛泽东的欢心，又一直受毛泽东赏识，特别是这次批判彭德怀有功，毛泽东没有采纳罗荣桓的意见，不久组成新的中央军委，林彪出任国防部长并主持军委日常工作。罗荣桓仍是军委委员，具体抓民兵建设。一向深居简出的林彪，活动逐渐多起来。罗荣桓算是在他的眼皮底下工作，由于看不上林彪搞吹捧那一套，他同林的分歧也就越来越大。

1960年秋，林彪开始对总政治部主任谭政发动进攻，认为谭政主持总政工作的内容和方法，都同他这位副主席格格不入，罗列诸多"罪状"，甚至说谭政是彭德怀"军事俱乐部"里的"政治部主任"，将谭政降为总政治部副主任。谁能合林彪的心意呢？谁担得起总政治部主任这副担子？毛泽东把总参谋长罗瑞卿和总政治部副主任萧华请到他家里来商量，最后又选中首任总政治部部主任罗荣桓。可是毛泽东的任命并不合林彪的心意，这一消息，林彪一直不让在报纸上公布,不知用心何在。直到1963年,新华社要发表解放军领导人的名单,罗瑞卿和萧华都主张应该公布罗荣桓的任命,林彪还是不同意。罗荣桓知道后,十分感慨地说:"看来我这个总政治部主任还是不合法的。"

而在当时,罗荣桓对再次被任命总政治部主任,很感意外,但他还是服从了中央和毛泽东的决定,愉快地接受了任务,但他根本没有料到"林总"会对他刮无形的风暴。

罗荣桓第二次走马上任,正值国家处于严重的经济困难,"左"的风潮带来很多失误。11月初,总参动员部部长傅秋涛,到罗主任家里汇报民兵工作座谈会情况,他反映说,某省一位副司令员带着动员处长等人,到某县检查工作,了解到该县非正常死亡人数,回来却没有向党委反映,有一个秘书问动员处长为什么不反映,处长说:"首长不敢反映,我也不反映。"罗荣桓听后心情十分沉重,一夜没合眼。第二天,中央发出《关于农村人民公社当前政策问题的紧急指示》,指示"坚决反对:(一)贪污,(二)浪费,(三)官僚主义。彻底纠正共产风、浮夸风和命令风。反对干部特殊化。反对干部引用私人、徇私舞弊、打骂群众的国民党作风。"

罗荣桓当即与萧华研究,以总政治部名义向中央建议:各地驻军除接受当地党委领导,在当地党委领导下直接参加一些地方工作,虚心学习地方工作经验外,还应经常关心地方工作,及时向当地党委反映驻地附近人民群众的政治思想动态,地方工作中执行中央指示的情况和急需解决的问题。军队各级政治机关应把这一工作当成是自己执行工作队任务的一项重要内容。

建议很快得到中央书记处的同意,却引起林彪的不快。林彪有过规定,因他有病,不常在京,总参谋长、总政治部主任可以不经过他而直接向中央和毛主席请求。可是,谁如果真的做了,谁就要倒霉。林彪看到罗荣桓的建议,给毛泽东写报告,一面说"这个建议的出发点是好的",一面又说,"这个通令发下去后,各地驻军与地方党委的关系容易弄坏,对于党的统一领导等不利……"罗荣桓的正确意见没有照准,毛泽东指示纠正几个"风";又指示"照林彪同志意见办理"。

林彪认为这是罗荣桓对他的不敬,爱翻旧账的"林总"几个月后又重提此事。

此事不久,罗荣桓与林彪又在学毛著问题上产生分歧。林彪提出学毛主席著作的"三十字方针",他常说"什么事总要搞个数目字",这次他概括的"三十字方针"说,学毛著要"带着问题学,活学活用,学用结合,急用先学,立竿见影,在'用'字上狠下功夫"。罗荣桓则强调要系统学,学习立场、观点、方法。

1961年4月30日上午,军委常委在三座门俱乐部召开第二十六次会议,议程之一是讨论《合成军队战斗条例概则》(草案),罗荣桓在会前审阅这份草案时,看到这样专业化的军事文件上也套用了"带着问题学"那几句话,便决定带病参加会议。

会议由林彪主持,贺龙、叶剑英等出席了会议,讨论到《概则》草案时,主持人问大家还有何意见,过了一会儿,罗荣桓提出异议:

"'带着问题学'毛选,这句话要考虑,这句话有毛病。"

"这句话在哪里呀?"听到罗主任对这句发明权归他的话提出意见,林彪明知故问。

罗荣桓请人将"概则"中有关段落读了一遍。

林彪感到很难堪,可又不便发作,就又问道:

"那你说应该怎么学呀?"

"应当是学习毛主席著作的精神实质。'带着问题学'这句话改掉为好。"罗荣桓坦率地用商量口气回答说。

林彪半晌不吭声,等了几分钟见没人发言,只好说:"不好,就去掉嘛!"

罗荣桓坚持自己的看法:"还是去掉好。学习毛主席著作一定要从根本上学,融汇贯通,要学习立场、观点、方法,紧密联系实际。……"

"好吧,散会!"没等罗荣桓说完,林彪便打断他的话,宣布散会,接着站起身拂袖而去。

罗荣桓对林彪的突然发作非常恼火,几天没能恢复情绪,有时还自言自语:"讨论问题嘛,为什么这个样子!""难道学几条语录,就能把部队建设搞好?"罗荣桓想的是如何搞好部队建设,可林彪想的是罗荣桓对他怎么怎么样。

一天,林彪听一位海军干部汇报工作,中间总参谋长罗瑞卿来到,林彪咬牙切齿地说:

"罗荣桓的思想可不对头呢!他躲着我,主张军队向地方开炮,这不是反党吗?"

罗瑞卿等都以沉默表示不同意。第二天一大早,林彪又打电话关照罗瑞卿说,为保护罗荣桓的健康,他昨天对罗荣桓的"批评"现在不要公开,也不要向任何人讲。不久,林彪又对另一位干部讲,罗荣桓反对"带着问题学"就是反对毛主席。一个是反对党,一个是反对毛主席,两项大帽子压在了罗荣桓的头顶上。

除了对林彪这种吹捧做法持反对意见外,罗荣桓在政治和业务关系上,同林彪也有很大分歧。

林彪按照他自己"什么事总要搞个数目字"的习惯,提出"四个第一",即"人的因素第一,政治工作第一,思想工作第一,活的思想第一",这就把政治工作强调到了不适当的地位。这一提法得到毛泽东的首肯,并写进了中央军委的决议里,罗荣桓只能尽力从好的方面来理解和解释。但实践证明,这样往往引起一些错误认识,只强调政治挂帅而不提政治工作对业务的保证作用,政治工作脱离实际,搞形式主义。罗荣桓坚持政治工作要保证业务的完成,知识分子,院校教育,既要"红",又要"专"。罗荣桓还对林彪的其他一些错误提法,提出不同看法和意见,引起林彪对他越来越不满。有一天,"林总"终于恶狠狠地说:"什么林(彪)、罗(荣桓),林罗要分开,林罗从来不是一起的。"

罗荣桓逝世后,叶剑英元帅赋诗道:"毕生战斗明敌我,人类庄严一典型。大业方兴公竟逝,哀歌声里起雷霆。"1975年,叶剑英在他的寓所请邓小平、聂荣臻、罗荣桓的夫人林月琴和贺龙夫人薛明吃饭,他和邓小平、聂荣臻多次提到林彪是靠小本本起家的,罗荣桓反对林彪那一套是完全正确的。后来,在1978年全军政治工作会议上,他又回忆说:"罗荣桓同志在世时,就同林彪作过针锋相对的斗争。……"

六、聂荣臻和林彪

十大元帅中，与林彪共事最多的，除罗荣桓外，就是聂荣臻。聂荣臻与林彪的交往，是在合作与分歧中徘徊，最后分道扬镳

1. 漳州火线上的分歧。

1932年4月，红一军团在毛泽东的直接指挥下，攻克漳州，红一军团军团长是林彪，政治委员是聂荣臻，随后，林彪和聂荣臻根据毛泽东的指示，分兵发动群众打土豪、扩兵、筹粮筹款，四军分散在漳州、石码、长泰一带，三军在漳浦，十五军在天宝、南靖地区。当时，红军里有很严格的纪律要求，可是住漳浦的一些部队，有的在林彪纵容下，对政策的执行一度搞得很乱，甚至把一些财主弄到大街上游行拷打。按照毛泽东规定的政策，红军进城后商店照常开业，不能影响老百姓的正常营生，政策规定："对敌产我们没收，仍打土豪，可是对一般工商业，我们只是通过商会向他们筹款。"为了制止这些违反政策、脱离群众的现象，聂荣臻与林彪之间"发生了我们共事史上的第一次争吵"（聂荣臻语）。

聂荣臻与林彪是老相识新搭档，聂荣臻在他的回忆录中，曾两次提到他们最初相识的情形：

"我在黄埔军校就认识林彪。北伐到武汉，林彪由黄埔军校毕业分配到独立团实习，就是经过我的手分配的。这次我和林彪一起被派到一军团工作，在我当时看来，林彪正年轻，世故也比较少一些，虽然气盛，但只要做好工作，还是可以团结共事的。我对他所持的态度是，尽量支持他的工作，遇到非原则问题，即使有不同的看法，也不多争论。但是遇到原则问题就不能让步。"[①]

这次，聂荣臻心里想的是，如何执行好红军的政策。他和林彪的这次分歧，按照他的说法："的确是原则分歧，是我们红军这个执行政治任务的武装

---

① 《聂荣臻回忆录》，解放军出版社2007年版，第117页。

集团执行什么样政策的问题。这将直接影响到当时民心的向背，关系到新开辟的新区能否巩固和发展。"于是，他决定说服林彪。

一天，聂荣臻对林彪直截了当地说："对一些不肯出钱的老财，给他们一定的惩戒是必要的，但我反对把他们弄到大街上去拷打的搞法。"

聂荣臻接着解释说：

"这种搞法不光不会得到一般市民的同情，甚至也得不到工人、农民的同情。其结果只会是：铺子关门了，人也逃走了，筹款筹不到，政治影响反而会搞得很坏。"

林彪不顾红军的政策，一心想着筹钱筹粮，根本就没想这么多，他反问聂荣臻：

"我们究竟要不要钱？没有钱就不能打仗。"

"我们既要钱，又要政治。我们是红军，如果政治影响搞坏了，即使你搞到再多的钱，你甚至把漳州所有的老财的财产都没收了，都毫无意义。"聂荣臻语气坚定地回答说。

经聂荣臻劝说，林彪嘴上不说，心里确已服了，最后无话可讲，只好同意聂荣臻的建议，争论的结果，"林彪有所收敛，部队经过教育，也杜绝了只顾弄钱不讲政策的倾向。"

2. 聂荣臻的忧虑。

第五次反"围剿"期间，"左"倾冒险主义者把持军政大权，让李德这种不懂中国战争的人，排斥毛泽东、朱德等深得红军信任的统帅，执行单纯防御方针，以弱小的红军与强大国民党军碉堡对碉堡，实行"短促出击"，光在内线顶牛，拼消耗，六路分兵，两个拳头打人。在红一军团，军事首长林彪执行"短促突击"特别积极，指挥部队今天在这里突一突，明天又在那里突一突，把自己的力量都突光了，敌人却没有消灭多少。

眼看部队一天天垮下来，聂荣臻心里十分忧虑和苦闷。他想，这样打下去，在战役上不能解决问题，在战术上也难以取得突破，虽说也有一些小的胜利，但却不能像朱德、周恩来指挥的第四次反"围剿"那样，很快发展成为一个战役的胜利，只是徒然消耗弹药和兵力而已，最后的结果必然要失败。一天，他对左权参谋长痛痛快快地谈了自己长时间闷在心里的这些想法，稍感宽松了一些。他的这些想法也只能给左权说说而已，但解决不了问题。他知道，即便给林彪讲了，也不解决问题，还可能出麻烦。因为林彪对"短促出击"那套很热衷，还在 6 月 17 日发表了《论短促出击》的文章，正受到李德等人的重视，聂荣臻不放心对林彪掏这些心里话。

大约在 1934 年 2 月上旬，掌握着红一方面军命运的李德，来到红一军团，召开干部大会，大讲一通阵地战呀，短促出击呀，什么的。不知道是李德讲得不对，还是听者水平有限，红一军团的将领都说听不懂。有人便去请教林彪，林彪表白式地说："你们不懂，这种打法我也不懂，但不懂就学嘛！"为了紧跟形势，在政治上急于表态，林彪不久便发表了那篇文章。这使聂荣臻对林彪有了更进一步的了解，他认为林彪这一动作，"不仅是谈战术，实际上是他这时的一个政治上的态度。"半个世纪之后，聂荣臻在回忆录里这样写道：

"在中央革命根据地两年半多的征战中，我一方面看到他打仗还行，有时候有股子猛劲，有时候对战术问题也肯动脑筋。另一方面，也发现了他品质上有重大毛病……如在漳浦筹款时违反政策，发表了《论短促出击》的文章，搞政治投机。这些都引起了我对他政治品质的警惕。但林彪当时才 27 岁，性格基本上是内向的，平时不大讲话，与他推心置腹地交换意见很困难，又是处在第五次反'围剿'环境特别困难的时期，党内领导层的斗争情况也很复杂。团结对敌，渡过难关，这是大局。所以我没有再从坏处去想他，也没有同他交换意见。"

3. "死亡线"上的争论。

在秘密的战略转移——长征之初，林彪和聂荣臻指挥红一军团近 2 万多人，担负保护中央军委纵队的重大使命，挥泪告别哺育他们多年的瑞金根据地，作为先遣队，到达兴国迟滞和抗击国民党军周浑元纵队的进攻，掩护各路红军到预定地域集结。此时，周浑元在红军即将经过的地方，建立起三道"钢铁封锁线"，碉堡和碉堡之间，沟壕相通，火力相连。1934 年 11 月初，前两道封锁线，红一军团在林彪、聂荣臻指挥下巧妙地穿过了，问题就出现在这第三道上。

周浑元的第三道封锁线，设在粤汉铁路沿湘粤边湖南境内良田到宜章之间，这一带地方火车和公路网纵横交错，现代化的敌人来回调运兵力非常方便，四处修有碉堡，并且敌人已判明红一方面军正在突围。蒋介石的嫡系部队已从后边江西、福建追了上来，广东敌人则赶往乐昌，在红军前面堵截。红一军团正是受命派一个部队控制粤汉铁路东北约 10 多公里的制高点——九峰山，防备广东军阀先期占领粤汉线上的乐昌以后,向红军发动袭击和堵截,以便掩护中央纵队从九峰山以北到五指峰之间安全通过。可是,一军团军团长不去指挥部队占领九峰山,而是一直走平原,想一下子冲过乐昌,却不顾后面的中央纵队。而聂荣臻坚持原则,坚决要求执行军委命令。于是,在这样危险时刻,红一军团的两位主要领导人,发生了长征路上的第一次争吵,一次关系红军未来命运的争吵。在红一军团的指挥部里,聂荣臻和林彪,当着参谋长左权的面,争得面红耳赤。

起初,林彪提出要部队直接前往乐昌,他指着地图说:"部队不要占领九峰山,而应迅速跨过平原,直接到达乐昌。"

听林彪突然提出要改变军委行动方案,聂荣臻心头一怔,立即问道:"为什么不占领九峰山?"

林彪不紧不慢地回答:"敌人还没有到达乐昌,只有趁这个机会,直出乐昌,先敌到达,部队才能安全通过。"

聂荣臻立即反问道:"那中央纵队怎么办?朱德总司令已几次来电,要求我们抢占九峰山,以掩护中央纵队和各军团从九峰山以北安全通过,命令不能不执行。你提出这样的方案,那可不行!第一,我也估计敌人可能还没有到达乐昌。可是,我们离乐昌还有一段路程。我们的两只脚怎么能跟敌人的车轮比呢?就算敌人现在还没有到乐昌,等我们用两只脚走到乐昌,也可能和敌人在乐昌碰上了。第二,我们也不能只管自己在平原上跑过乐昌就算完,还有中央军委纵队在后面,我们担任的是掩护任务。如果我们不占领九峰山,敌人把后面的部队截断怎么办?"

林彪亮出他的牌子,说:"我是军事指挥员!"

聂荣臻坚决给予反驳:"这是个原则问题,作为政治委员,对军委命令的执行,是负有责任的。我坚决主张按军委命令行事。"

林彪仍然毫不退让:"部队如何行动,必须听我指挥。"

聂荣臻态度更为强硬:"原则问题必须由组织来决定,上级的命令任何人都必须无条件执行,这是纪律。"

争论越来越激烈。

一直待在一旁的左权参谋长,感到劝这个也不是,劝那个也不行,为缓和紧张气氛,解决矛盾,建议派陈光带一个连到乐昌去侦察一下。

聂荣臻说："侦察也可以，不侦察也可以，你去侦察时，敌人可能还没有到，等你侦察回来，敌人可能就到了。担任如此重大的掩护任务，我们可不能干这些没有把握的事。我同意派人去侦察，但部队继续前进，一定要遵照军委的命令行事，一定要派部队控制九峰山。"

林彪同意派人去侦察，但要等侦察回来部队才能行动。不久，陈光侦察回来报告说，在乐昌大道上已经看到敌人，正在向北开进。这才使争论平息下来，林彪不再坚持自己的主张，在聂荣臻的一再劝说下，决定迅速占领九峰山。11月6日下午3点，军团部前进到麻坑圩，林彪亲自利用敌人的电话线，装作国民党军的口气，给乐昌大道上赖田民团团长打电话，这个团长告诉说，红军到了何处，他不知道，乐昌前天已到了粤军邓龙光部的三个团，一团今天开往九峰山去了。这时，林彪才着急起来，立即命令部队昼夜直奔九峰山。

聂荣臻在回忆录里这样写道："我平时总认为林彪不是不能打仗之人。有时他也能打。他善于组织大部队伏击和突然袭击。可是由于他政治上存在很大弱点——个人主义严重，对党不是很忠诚，有时就使他在军事指挥上产生了极端不负责任的行为。这次在突破敌人第三道封锁线时就表现得很明显。"

4. 撤换毛泽东风波。

1935年1月的遵义会议，重新确立了毛泽东在中共中央和红军的领导地位，尔后打了一连串的胜仗，却是在四川、贵州和西康一带转圈圈，声东击西，忽进忽退，一再回旋，疲劳、疾病、饥寒像三把刀子一样，一天天削弱红军的战斗力。遵义会议后，教条主义、宗派主义者们又不服气，从四渡赤水起就怨声载道，牢骚满腹，风传毛泽东指挥也不行，要求撤换领导。

林彪和聂荣臻率领的红一军团，是打先锋、啃硬骨头的先锋军团，走的路也多，吃的苦也多，这使林彪的怨气更大，促使他带头起来参加倡议撤换毛泽东。聂荣臻在回忆录里写道："四渡赤水以后到会理期间，在中央红军领导层，泛起一股小小的风潮，算是遵义会议后一股小小的余波。遵义会议以后，教条宗派主义者们并不服气，暗中还有不少活动。忽然流传说毛泽东同志指挥也不行了，要求撤换领导。林彪就是起来带头倡议的一个。"

当时，聂荣臻的想法是，"本来，我们在遵义会议以后打了不少胜仗，部队机动多了。但也不可能每仗必胜，军事上哪有尽如人意的事情。为了隐蔽自己的企图和调动敌人，更重要的是为了甩掉敌人，更不可能不多跑一点路；有时敌变我变，事后看起来很可能是跑了一点冤枉路。这也难免。"

林彪不停地埋怨，好几次违抗中央军委的命令，说毛泽东使红军尽走"弓背路"。说"部队应该走弓弦，走捷径。"他直截了当地对聂荣臻说："这样会把部队拖垮的，像他这样领导指挥还行!？"

作为搭档，聂荣臻试图使林彪放弃这种片面看法："我不同意你的看法。我们好比落在了敌人的口袋里，如果不声东击西，高度机动，如何出得来!？"

林彪我行我素，执意要毛泽东下台，在会理会议之前，他给三军团军团长彭德怀打电话，对他说："蒋介石和龙云的追兵现在虽然暂时摆脱了，但他们是不会停止追击的。我们前有川军阻截，后面追兵又要赶上，只在这块狭小地区，是很不利的。现在的领导不成了，你出来指挥吧。再这样下去，就要失败。我们服从你领导，你下命令，我们跟你走。"林彪的要求被彭德怀当场回绝。

林彪的这个电话，是在军团部里公开打的，聂荣臻正好在场。等林彪打完，聂荣臻对他这种无政府主义煽动做法提出了严肃批评，质问道："你是什么地位？你怎么可以指定总司令，撤换统帅？我们的军队是党的军队，不是个人的军队。谁要造反，办不到!"他警告林彪："如果你擅自下令部队行动，我也可以以政治委员的名义下指令给部队不执行。"红一军团军、政领导人针锋相对，聂荣臻对林彪毫不退让。

可是林彪仍一意孤行，坚持自己的主张，看彭德怀电话里表示不同意，就给"总负责"洛甫写了一封信，大概意思是说，近一两个月来，部队走的路太多，太疲劳，在云贵川绕来绕去，走了很多冤枉路。是否换一个人指挥，改变一下这种状况。不然，像这样下去，会把部队拖垮。建议毛泽东、周恩来、朱德最好主持军中大计，不作具体指挥，前敌指挥最好由彭德怀负责。

林彪拿着这封信要聂荣臻签个名，以便增加信的分量。聂荣臻又严词拒绝了他的这一要求："革命到了这样紧急关头，你不要毛主席领导，谁来领导？你刚参加了遵义会议，你现在又来反对遵义会议。你这个态度是不对的。先不讲别的，仅就这一点，你也是违反纪律的。并且你跟毛主席最久。过去在中央根据地，在毛主席领导下，敌人几次'围剿'都粉碎了，打了很多胜仗。你过去保存了一个小本子又一个小本子，总是一说就把本上的统计数字翻出来，说你缴的枪最多了。现在，你应该相信毛主席，只有毛主席才能挽救危局。现在，你要我在你写的信上签字，我不仅不签，我还反对你签字上送。我今天没有把你说服，你可以上送，但你自己负责。"

聂荣臻最终没有能够说服林彪，林彪气呼呼单独写上自己的名字送上去了。

林彪的这封信给另一位元帅——彭德怀带来了不应有的噩运。不久，会理会议上，毛泽东批评林彪说："你懂什么，你不过是个娃娃。"又严厉批评彭德怀说："林彪的信就是你鼓动起来的！"毛泽东的这一猜测，成了他后来在庐山批判彭德怀的证据。彭德怀元帅在他的《自述》中写道：

"此事到1959年庐山会议时，毛主席又重提此事，林彪同志庄严申明了：那封信与彭德怀同志无关，他写信彭不知道。"

5. 临别前的交锋。

1936年5月，中央红军在毛泽东、朱德等人率领下返回陕北，准备西征抗日，林彪被调往红军大学担任校长，由参谋长左权代理他的军团长一职，聂荣臻仍然留任政委。分别前，林彪与聂荣臻相互征求对方的意见，以便更好地开展工作，这已是红军的老传统。

两人交谈时，林彪对于他们之间过去发生的一些争论，仍然耿耿于怀，归结说："我们在一起搞了好几年，现在要分手了。过去我们之所以发生分歧，你是从组织上来考虑的，我是从政治上考虑的。"

听他这么归结，聂荣臻有些不快，本来有些意见聂荣臻不愿再提，林彪自己却总是说自己是正确的。本来，他对林彪在前不久大相寺会议上的态度就有些看法。5月14日，红一方面军在大相寺召开团以上干部大会，总结前一阶段东征的经验教训，动员西征。聂荣臻和林彪带着一军团团以上干部参加了会议，毛泽东、洛甫、博古、彭德怀都出席会议，毛泽东作总结报告。会议在总结东征的成绩和缺点时，谈到不足，指出一军团的主要缺点是存在本位主义倾向，原因是东征时，十五军团在北线打仗伤亡比较大，同时又是在山区活动，筹款、扩兵都比较困难，毛泽东便致电林彪和聂荣臻，要一军团拨一部兵力去支援十五军团。关于这件事，聂荣臻在回忆录里写道："林彪气呼呼地把电报一摔，说：有鸟的几个兵！我拿过电报来，找到下边一些同志了解了一些情况。下边的同志也都反映有困难。一军团有的连队也不充实，有的连原有的班的建制都编不全。我当时也想不拨或少拨一点，也有本位主义思想。后来我们打了个电报给毛泽东同志，请求免拨。"

就因为这，毛泽东点名批评了一军团。听到这一批评，聂荣臻勇敢承认了错误，主动作了自我批评，他说："这一缺点，主要应该由我负。因为我是政治委员，这个'舵'没有掌好。而且，我知道这对全军也有很大的教育意义。所以，应该受批评。"但是，作为军事首长，林彪坐在那里却一声不吭，一点自我批评精神都没有，一军团犯这样的本位主义起因于他。

林彪的这种表现，使聂荣臻有些看不起他，这次就要分别了，他又说出这样的话来，好像一切都是他正确。而聂荣臻却想，事情反正已经过去了，特别在他临走之前，应该多看到他在一军团工作上的建树，就没有向他提出来。

听了林彪的归结，又想想不久前发生的事情，聂荣臻还是宽容地对他说："你这个说法不对。你把政治上和组织上绝对对立起来，完全不对头。我们之间争论的许多问题，都是政治问题。你现在要走了，现在又扯这些问题，扯几天也扯不清。还是等以后有机会再慢慢扯吧。今天我们主要是欢送你。"

6. 合作平型关。

1937年8月，中共中央军委正式任命林彪为一一五师师长，聂荣臻任该师政治委员。就这样，分别一年以后，两位搭档又重新聚到一起，统军1.5万余人。在洛川参加完庄严的抗日誓师大会，林彪和聂荣臻一起奔赴前线。当时，陕北连降大雨，道路泥泞，两位老搭档骑马并行前进，顺着洛川通往古城西安的公路，冒雨赶路，他们两人浑身上下都浇得水淋淋的。8月底到达西安，见到先期到达的周恩来。然后，林彪先行一步，聂荣臻与周恩来一起到达山西前线。

此时，日军进攻迅猛，国民党军节节败退，张家口、大同相继失陷。根据八路军总部决定，一一五师立即开赴晋东北，迎击来势汹汹的侵略者。

9月23日，林彪与聂荣臻在平型关东南的上寨镇再次会合，就是在这里，聂荣臻与林彪的密切合作，所做出的重大举措，产生了重大影响，取得中华民族抗战以来第一次重大胜利。

说起来，聂荣臻和林彪的共事有时也是很愉快的，分歧归分歧，工作是主要的，否则就不会取得一次又一次胜利，很多次都是两人共同去前线，一起察看地形，制定作战方案，有时甚至经历险境。1933年春的草台岗战斗，就有过一次历险，聂荣臻回忆说："战斗最激烈的时候，敌人的飞机来助威，到处扔炸弹，当时我和林彪还有七师师长彭雄同志和一个管理科长在前沿阵地指挥位置，林彪正在写作战命令，一个炸弹下来，气浪把他吹到了山坡下，管理科长负了伤，我和彭雄也被吹倒在地。我们起来拍拍身上的尘土，继续指挥战斗。"

还有一次，是在1936年2月东征开始时，聂荣臻说："在霍县城外，有一处大军阀的宅第，十分阔绰，我们军团部驻在那里。敌人飞机来轰炸，我们刚一离开那所房子，那所房子就被敌机炸掉了。真险！"像这样的事情还很多。

后来，聂荣臻说："总起来说，我对他的错误作过一些斗争，但在当时，我所抱的态度是，除了原则分歧以外，为了党的事业，作为同事，应该支持他的工作。"

这次林彪与聂荣臻正在筹划一个大动作。9月中旬，日军分兵三路向华北展开全面进攻，其中一一五师的当面之敌，是敌左翼第五师团，该部云集怀来、宣化，分两路西进，一路经蔚县、广灵前进，一路经怀安、阳原向浑源出击，企图一举突破平型关，与大同之敌会师雁门关。

在林彪与聂荣臻会合前，林彪已带领作战部门察看了地形。此时，日军第五师团已推进到广灵、灵丘、涞源一线，国民党军退守雁门关、茹越口、平型关一带内长城防线，平型关是日军进击的必经之路，也是八路军迎击日军的要隘，是日军下一步要夺取的重点。林彪决心在此伏击敌人。

两位搭档相见，在这民族危难、战斗前夕，感到格外亲切，互相问候一番。聂荣臻告诉林彪，部队全都带上来了，然后问："前边的情况怎么样？"

林彪充满信心地说："敌人的大队人马正向平型关方向运动，这里的地形不错，可以打一仗。"然后，他摊开地图，同几位参谋一起，向聂荣臻详细介绍了平型关周围的地形和初步的作战设想。平型关山口至灵丘县东河南镇，是一条东北向西南伸延的狭窄沟道，地势最险要的是沟道中段，长十多里，沟深数十丈不等，沟底通道仅能通过一辆汽车。这确实是一个伏击敌人的理想地域。林彪说，准备在平型关东北关沟至东河南镇之间，利用公路两侧居高临下的有利地形伏击日军。然后，林彪回过头征询聂荣臻的意见。荣臻说："可以在这里打一仗，居高临下伏击敌人，这是很便宜的事。"他又解释说："现在不是打不打的问题，而是要考虑怎样打得好，这是我们同日本侵略军的第一次交锋，全国人民都看着我们，这个仗必须打好，打出八路军的威风来，给全国人民的抗日情绪来一个振奋！"

随后，林彪和聂荣臻召开干部动员大会，聂荣臻又亲自察看了地形。战斗开始前，林彪和聂荣臻将师指挥所搬到沟东南边的一个小山头上，站在这指挥所，用望远镜可以纵观全沟。战斗紧张而激烈，聂荣臻在他的回忆录里写下了他的亲身经历：

"战斗一开始，全线部队即居高临下地向敌军展开猛烈袭击，一下子把它的指挥系统打乱了。山沟里，汽车撞汽车，人挤人，异常混乱。我同林彪研究了一下，决定把敌军切成几段，分段吃掉它，随机下达了命令。

"立刻，巨大的冲杀声响彻山谷，战士们勇猛地向公路冲击，同敌人展开了短兵相接的白刃肉搏战。侵华战争初期的日军与后期的不同，他们经过严格的军国主义训练，抵抗得十分顽强，虽然失去了指挥，仍分散着跟我们厮拼。有的爬在车轮下和沟坎上射击，有的向坡上爬，妄图夺取阵地。战斗始终打得很激烈，甚至出现了敌军的伤兵与我们的伤员打成一团的情况，互相用牙齿咬，用拳头打。敌人虽然很顽强，但它无法抵住我军的猛烈进攻，不能摆脱失败的命运，一部分歼灭了，一部分向东跑池逃跑了。"

平型关大捷，是林彪、聂荣臻合作共事最为精彩的部分之一。

7. "杨余傅事件"的弦外之音。

1968年3月22日，中央突然出了一个"杨余傅事件"，使动荡的中国政坛又添增一缕乌云，而中国的两位元帅林彪和聂荣臻，一个是毛泽东的"亲密战友"、接班人，军委第一副主席，一个是军委副主席，主管国防科技，他们在这一特大冤案中，有着一段不同寻常的交锋。这件事聂荣臻元帅有亲笔实录：

"1968年3月22日，突然发布了两个命令，一个是说杨成武、余立金、傅崇碧犯有极严重错误，决定撤销他们的所有职务。另一个命令是任命黄永胜为总参谋长。由于林彪别有用心和有意封锁，以致军队如此重大的人事变更，我们几位军委副主席都毫无所闻。至于这一事件何时策划，怎样酝酿的，那就更是不得而知了。……

"3月24日，在人民大会堂召开了驻京机关部队一万多人参加的大会。林彪在会上讲：'……杨成武同余立金勾结要篡夺空军的领导权，要打倒吴法宪。杨成武同傅崇碧勾结要打倒谢富治。杨成武的个人野心，还想排挤……黄永胜以及比他的地位不相上下的人。'这些当然都是无稽之谈。林彪还造谣说……

"谢在大会前两天，杨成武、余立金、傅崇碧同志即被拘留监禁，以后遭受了残酷的折磨，杨成武同志一家先后被整死了三口人。

"3月24日的大会我没有参加，因为3月8日我的心脏病突然发作，而且是最严重的一次，搞了60多个小时才恢复正常……会议情况是叶剑英同志回来后告诉我的。……

"尤其意味深长的是,林彪在讲话中特别提到杨成武的错误主要是山头主义、宗派主义,又说了一通晋察冀只是解放军的一部分,意思是说杨成武在搞'晋察冀山头主义'。林彪讲话以后,康生接着讲话说:'我相信杨成武的背后还有后台的,还有黑后台的'。他们一唱一和,配合默契,就是要挖出晋察冀的'黑后台'。那我当然是首当其冲了。

"当我得知这些情况以后,感到问题是严重的。果然,从4月1日起,应该给我的一些文件、电报停发了。这说明他们已经开始行动了。我对秘书说:'不管他,文件他们爱发不发。'杨余傅事件'究竟是怎么回事,我还弄不清楚,我也不知道谁是'黑后台'!'4月6日,我给叶群打电话问:'你们说的黑后台究竟指的是谁?'叶群在电话里说:'并没有点名嘛'。她没有说黑后台就是指我,但也没说我不是黑后台。当时社会上'炮轰聂荣臻'轰得很厉害。叶群的意思是,反正外面在轰,让人家轰嘛,轰倒谁就是谁。

"4月7日,我给毛泽东同志写了一封信,说明自己对杨成武同志的看法和历史上同杨成武同志在一起工作的情况。信上我还要求同毛泽东同志面谈一次。4月10日,周恩来同志着秘书打来电话,告诉我说,毛泽东同志在我写的信上批了十六个字:'荣臻同志,信已收到,安心养病,勿信谣言。'听了这个批语,我已经明白,林彪搞的这一套并不是毛泽东同志的意思。不久以后,毛泽东同志又当面对我说,如果讲杨成武的后台,第一个就是我,第二个才轮到你。

"4月16日,我到林彪那里去了一趟,我问林彪:'杨成武究竟有什么问题,为什么要把他打倒?'林彪支支吾吾,勉强地说:'杨成武不到我这里来。'意思是不大听话了。我说:'他不到你这里来,你是副主席嘛,打个电话他不就来了!'当时我感到非常可笑,这也竟然成为被打倒理由,说明他们一手策划的'杨余傅事件',是根本站不住脚的。

"1973年12月21日,毛泽东同志对参加军委会议的同志说,'杨余傅事件'弄错了,这是林彪搞的。1974年7月,毛泽东同志又亲自批准为杨成武、余立金、傅崇碧同志平反恢复名誉。此后不久,他们被释放出来,并先后恢复工作。1979年3月,中央又发出专门文件,为'杨余傅事件'公开平反。"①

---

① 《聂荣臻回忆录》,解放军出版社2007年版,第673~675页。

第四篇

诗词唱和

一、陈毅、叶剑英与毛泽东的诗交

　　十元帅中,有两位与毛泽东诗词交往较多,一个是陈毅,另一个是叶剑英。在这个艺术世界,毛泽东和陈、叶二人则是极好的诗友

　　1. 倾心甚,看回天身手,绝代风骚。毛泽东为陈毅改诗在中国诗坛传为佳话,陈毅,元帅、诗人、外交家,对毛泽东的诗才推崇备致,也常借诗词抒发对领袖的热爱。

　　1964年春,陈毅作为国务院副总理兼外交部长,陪同周恩来访问了亚非欧十四国,到冬季,陈毅又连续访问了亚非六国。"偶然得暇便长吟"的诗人陈毅,在这两次紧张的出访时间里,用诗记录下了他一路感想。回国后,正赶上第三届全国人大盛会,会议期间,毛泽东有一次问陈毅,最近怎么看不到你写的诗发表呢?陈毅笑着回答说:一年来我走访了近二十个国家,随手写了十几篇诗,现在还没有定稿,等改好之后,我想呈送主席,请主席大笔斧正,行不行?毛泽东听罢,高兴地说,好!好!

　　随后,陈毅便将记叙出访的诗作了加工修改,于1965年春呈寄毛泽东。因为怕过多占用主席的时间,陈毅只仔细抄呈了写于六国之行时的七首。到夏天,陈毅陪同周恩来出访北非归来不久,就收到毛泽东的亲笔回信,这封信可以说影响了整整一代诗才。大诗人毛泽东在信中讲得十分谦虚,也十分准确。他向陈毅谈了自己对诗歌的一些看法,并对陈毅的《六国之行》第一首作了修改,又题一诗名:《西行》。信的前半部分是这样写的:

陈毅同志:
　　你叫我改诗,我不能改。因为我对五言律,从来没有学习过,也没有发表过一首五言律。你的大作,大气磅礴。只是在字面上(形式上)感觉于律诗稍有未合。因律诗要讲平仄,不讲平仄,即非律诗。我看你于此道,同我一样,还未入门。我偶尔写过几首七律,没有一

首是我自己满意的。如同你会写自由诗一样,我则对于长短句的词学稍懂一点,剑英善七律,董老善五律,你要学律诗,可向他们请教。

西 行

万里西行急,乘风御太空。

不因鹏翼展,哪得鸟途通。

海酿千钟酒,山栽万仞葱。

风雷驱大地,是处有亲朋。

只给你改了一首,还很不满意,其余不能改了。

接下来,毛泽东给陈毅讲了写诗要用比兴之法,要从民歌中汲取养料等论诗之言。

这封信于1977年12月30日发表在首都各大报刊上,同时发表在1978年《诗刊》第一期上,毛泽东的诗论在中国诗坛广为传颂,极为推崇。

这封信,是毛泽东与陈毅这两位诗友之间诗情的浓缩和结晶,而《西行》一诗,则是他们合作的象征。《西行》的基本主意属于陈毅,但经毛泽东精心雕刻之后,从形式到内容都有很大提高。像"鹏翼展""鸟途通""千钟酒""万仞葱",都是毛泽东的神来之笔。完全可以肯定,这首诗已成为毛泽东与陈毅共同的创作。而从信中看出,毛泽东对陈毅在诗才方面相当熟悉。

陈毅极为珍爱毛泽东的这封回信。1971年他身患重病动了大手术,住院期间还一直把毛泽东的这封信放在身边。就是在病房里,他的家人第一次看到毛泽东这封谈诗的信。当夫人张茜问他应该怎样整理他的诗稿时,他嘱咐说,要按主席信中的指示精神办,即在遵守古典诗词的格律方面作进一步的加工。毛泽东在信中说:"李贺诗很值得一读,不知你有兴趣否?"陈毅立即找来李贺的诗,当时家里只是在《四部丛刊》缩印本中有一部《李贺歌诗编》,他认真读过多遍。由于字太小,看起来很吃力,便叫他的长子设法去买一本字号大一些的李贺诗选。

毛泽东与陈毅的诗词交往由来已久,可以说贯穿于两位领袖一生的血乳交融。

陈毅自己多次向子女谈起他和毛泽东的诗交。

陈毅说,早在井冈山斗争时期,他就知道毛泽东擅长写旧体诗词。毛泽东当年写《西江月·井冈山》(1928年秋)、《如梦令·元旦》(1930年1月)等光辉词章时,陈毅是最早的读者之一。他曾把毛泽东抄给他的诗词珍藏在身边,时时吟诵。后来因为南方三年游击战争的环境太艰苦,几次遇险,没有办法保存,才十分可惜地散失了。

陈毅提到的这两词都和他紧密相联。湘南八月失败,陈毅记忆犹新,毛泽东率部凭险抵抗,黄洋界保卫战大捷,保住了井冈山根据地,于是有了《西江月·井冈山》,词,高昂雄壮,轻松乐观,引起陈毅的共鸣。红四军"七大"后,毛泽东离开他心爱的红军队伍,到"九大"古田会议重新回到红四军,再任前委书记,心境两样,其中滋味,陈毅和毛泽东最能体会到。两位井冈山红军领袖,战友情深融进诗词的艺术佳境里。

1960年春日,陈毅亲笔抄录毛泽东的《西江月·井冈山》一词。他在题记中写道:"此词作于一九二八年夏,当时我军主力赴湘南,敌军企图袭取井冈山,毛主席亲率一个营将敌击退。此词表现出我军以少胜众不可震撼的英勇气概,是役井冈山根据地赖以保全,有扭转战局的作用。读此词令人增长志气,可视敌军如土芥。我认为新中国人民应有此气概,而且已经有此气概,真可喜可贺。至此词选调之当,遣辞之工,描绘之切,乃其余事。例如在战争中常有炮声雷鸣而敌已开始逃跑,此敌之起身炮也,此我之送行炮也,不可不知。"

陈毅也有不少诗章记述了他和毛泽东、朱德在1929年的经历。那年一月初,湖南、江西两省的敌第三次"会剿"井冈山根据地,毛泽东、朱德、陈毅他们率红四军主力向赣南、闽西进军,起初,由于敌我力量对比悬殊,红四军遭受围追堵截,多次濒临险境。二月,大柏地一仗获胜,经葛坳突围,到达东固,与江西红军二、四团会师。为此,陈毅写下四首五言绝句:

红四军首次葛坳突围赴东固口占

大军突敌围,关山渡若飞。
今朝何处去?昨夜梦未归。

带梦催上马,睡意斗寒风。
军号声凄厉,春月似张弓。

尖兵报有敌,后队转向东。
急行四十里,敌截已扑空。

> 东固山势高，峰峦如屏障。
> 此是东井冈，会师天下壮。

从 1929 年春到秋，红四军三次进军闽西，路行千里，占领汀州、龙岩城，节节胜利，群情振奋。期间，陈毅和毛泽东都有诗作，记录他们共同的战斗经历。第二次入闽，陈毅为红军的胜利而激动，于 6 月写下《反攻下汀州龙岩》：

> 闽赣路千里，春花笑吐红。
> 败军气犹壮，一鼓下汀龙。

后来收入诗集出版时，"败军气犹壮"，改为"铁军真是铁"，更为真实地刻画出"朱毛红军"的品格。

到秋天，毛泽东也赋词抒怀：

清　平　乐

> 风云突变，军阀重开战。洒向人间都是怨，一枕黄粱再现。
> 红旗越过汀江，直下龙岩上杭。收拾金瓯一片，分田分地真忙。

1963 年，成集出版时，毛泽东加上了"蒋桂战争"词题。

从 1934 年 10 月送别中央红军和毛泽东长征，到 1943 年 11 月奉命赴延安向中央和毛泽东汇报工作，九死一生的陈毅时刻惦记、思念战友和领袖："长夜无灯凝望眠""大军遥祝渡金沙""秦陇消息请谁问""吾济南线系安危""八载睽离望关陕，五年风雨仗延安""万里长征不计程，指津自有北辰星。"千山万水相隔，凝练着陈毅对毛泽东拥戴、祝福、思念和惦念之情。在赴延安前夕，想到即将见到分别 9 年的毛泽东，陈毅纵情高歌"众星何灿烂，北斗任延安，大海有波涛，飞上清凉山。"

解放战争初期，毛泽东雄视百代的光辉诗篇《沁园春·雪》从重庆流传到全国，和韵之作布满天下，赞美者有之，反对者也有之。陈毅当时在山东前线指挥作战，战事繁重，他仍满怀激情写下了《沁园春·山东雪压境，读毛主席柳亚子咏雪唱和词有作》，称颂毛泽东的词是"豪情盖世"的"绝代风骚"，赞扬毛泽东领导的人民革命战争具有旋转乾坤的"回天身手"：

沁园春·和咏雪词

　　两阕新词，毛唱柳和，诵之意飘。想豪情盖世，雄风浩浩；诗怀如海，怒浪滔滔。政暇论文，文文问政，妙句拈来着眼高。倾心甚，看回天身手，绝代风骚。

　　山河齐鲁多娇，看霁雪初明泰岱腰。正辽东鹤舞，涤瑕荡垢；江淮斤运，砌玉浮雕。池冻铺银，麦苗露翠，冬尽春来兴倍饶。齐欢喜，待桃红柳绿，放眼明朝。

陈毅对毛泽东的《沁园春·雪》一直推崇备至。陈毅的长子陈昊苏曾回忆说，他12岁的时候，父亲指着家中悬挂的字轴，给他上古典诗词的启蒙课，字轴上写的就是毛主席的咏雪词。父亲称这首词是中国无产阶级诗歌的雄伟高峰，给他留下了很深的印象。

1948年1月初，陈毅经长途跋涉来到陕北米脂县的杨家沟，当时是中共中央所在地。毛泽东热情欢迎陈毅的到来，两人握着手，一个说陕北，一个谈山东。当陈毅讲到孟良崮、莱芜两战役时，毛泽东忙问："又写诗了吧？你打了胜仗总是要写诗的。"

"写了，对孟良崮、莱芜两个战役都写了。"说着陈毅朗诵起他写的诗。毛泽东连声赞赏说："好诗，好诗。"

陈毅在杨家沟毛泽东身边整整住了一个月，和毛泽东一起促膝谈心，听主席纵论战局、阐发战略思想、讲解战略方针。在毛泽东无拘无束的畅谈中，他进一步领略了这位全局驾驭者的风采，不能不佩服这位领袖所虑之深，所谋之远。别后，陈毅写诗一首：

失　题

　　小住杨沟一月长，
　　评衡"左右"费思量。
　　弯弓盘马故不发，

> 只缘擒贼要擒王。
>
> 北国摧枯势若狂,
> 中原逐鹿更当行。
> 五年胜利今可卜,
> 稳渡长江遣粟郎。

整个解放战争期间,陈毅常常在诗文里赞颂毛泽东的统帅和领袖风采,在他眼里:"华东战局看神变,陕北军机运妙韬"。"反攻形势见远略,动员群众赖雄才。"

开国大典,陈毅和毛泽东一起登上天安门城楼。感慨万千的陈毅赋诗一首《开国小言》,其中写道:"元首耀北辰,元戎雄泰岱。群英共检阅,盛业开万代。"

1957年1月,毛泽东关于诗的一封信和旧体诗词18首公开发表。这对陈毅来说也是一件大事。陈毅在1956年冬生了一场大病,在南方休养了3个多月,回京的那天晚上,他不顾旅途辛劳,一见到家人,没有讲别的事情,就滔滔不绝地谈起毛泽东新近发表的18首诗词。张茜给孩子们从头到尾讲解了《水调歌头·游泳》这首词:

> 才饮长沙水,又食武昌鱼。万里长江横渡,极目楚天舒。不管风吹浪打,胜似闲庭信步,今日得宽余。子在川上曰:逝者如斯夫!
> 风樯动,龟蛇静,起宏图。一桥飞架南北,天堑变通途。更立西江石壁,截断巫山云雨,高峡出平湖。神女应无恙,当惊世界殊。

陈毅接着教育孩子们说:毛主席已是60多岁的高龄,但他的革命豪情仍像中流击水的当年一样。你们这些孩子,从小就要向毛主席学习,"不管风吹浪打,胜似闲庭信步",要在大风大浪中培养和锻炼革命意志。1960年冬,陈毅写《冬夜杂咏》时,其中《长江》一首,特别歌颂了毛泽东激水长江的壮举:"有人雄今古,游泳渡长江。云此得宽余,宇宙莽苍苍。"抒发了他对毛泽东主席的衷心敬仰。他问昊苏"有人"指的是谁,昊苏回答说是毛主席,并且说这首诗是根据毛主席的游泳词而来的。陈毅听了很高兴。

1959年10月,陈毅重访延安毛主席旧居枣园时,当年的峥嵘岁月如在眼前闪现,浓郁的诗情在他笔下奔涌,谱成感人至深的《枣园曲》:

……试追寻,领导高处,深知人心有向背,敢后发制人歼强虏。论功业,空前古。

先生雅量多风趣,常巾履萧然酣睡,直过卓午。起来集会谈工作,每过凌晨更鼓。喜四面山花无数,延河水伴秧歌唱,看诗词大国推盟主。我重来,欢起舞。

陈毅的精神世界充满对毛泽东的热爱崇敬。

陈毅特别珍爱毛泽东的手书诗词,经常把文物出版社精心印制的毛泽东诗词手稿拿给孩子们学习,要求孩子们反复观摩,吸取教益。1966年春,他利用休假时间,将毛主席诗词37首工工整整地抄录下来。这份毛泽东诗词已经成为永远珍藏的墨宝了。

毛泽东也非常欣赏陈毅的诗才和诗词。1957年,毛泽东诗词18首及谈诗信的发表,促进了诗歌创作的繁荣,陈毅也开始把一些旧作发表出来。同时,他还带病写了一些新诗。这年国庆节,在天安门城楼上,毛泽东和陈毅谈到诗歌方面的事情。回到家里,陈毅兴奋地告诉家人,毛主席读了他最近发表的那些诗,如《赣南游击词》《诗四首》(即《赠同志》和《梅岭三章》)、《游玉泉山纪实》,以及那组白话诗,认为"有些诗味"。据陈昊苏的印象,这大概是毛泽东对陈毅的诗词作出的最早的评价,恐怕毛泽东就是在那时得出"你会写自由诗"的印象。

受到毛泽东的鼓励,陈毅当然很高兴。但他并不以此为满足。他说:毛主席诗词是我们学习的典范。至于我的诗,还要反复整理加工,才能拿出去。他希望自己在新体诗的写作上有所创新,甚至计划用诗的形式来写长篇革命回忆录。可惜,工作的繁忙不允许他完成这项宏大的计划。

1971年8月,身患绝症的陈毅有一次和陈昊苏谈唐诗。话题是以毛泽东引用过的李白《梁甫吟》中"杞国无事忧天倾"而起。当时,中国政治形势十分险恶,林彪一伙正密谋策划谋害毛泽东,陈毅心头仍笼罩着"二月逆流"的阴影，他的心情极其沉重。陈毅从头至尾为儿子讲解了这篇《梁甫吟》，接着又讲了杜甫的《秋兴八首》和韩愈的《衡岳》。陈毅说，这三篇都是作者处于逆境时发出的心声。但各有特点。李白善用夸张，浪漫主义十足，直截了当地发牢骚："我欲攀龙见明主"，"白日不照吾精诚"。杜甫工于格律，寓情于悲秋之中，含蓄地表明忧国忧民的苦心："每依北斗望京华"，"百年世事不胜悲"。韩愈兼崇李杜，这一篇写景抒情都不弱于李杜，还蒙上一层神秘的色彩，主题也是吐露胸中的不平："窜逐蛮荒幸不死"，"神纵欲福难为功"。这与陈毅当时心情相似。讲到这里，陈毅联系全党正在开展的批修整风运动，说：我们是无产阶级，是革命的乐观主义者，我们不管遇到什么样的困难和挫折；也不论阶级敌人的进攻如何猖狂，都不要有消极情绪。要记住毛主席的话，不学那"无事忧天"的杞国人。

　　陈毅在病中仍坚持工作，他希望对自己的诗词作修改加工、整理定稿，通过一部编年体的诗词选集来反映他战斗的生平。由于不停地参加政治斗争，特别是奋不顾身地参加批判林彪反党集团的斗争，他的这一愿望竟来不及实现，只好将它留给了夫人张茜。

　　陈毅逝世一个月，张茜按照他的嘱托，写信给毛泽东，呈上陈毅1946年写的赞颂毛泽东咏雪词的《沁园春》及1954年写的《水调歌头·自叙》，并报告了整理编辑陈毅诗词作品的打算。

　　2. 毛泽东十分赏识叶剑英的诗才，称他善七律，对他的诗有很高的赞誉，曾亲录叶的诗赠教子女，而在叶剑英的心目中，毛泽东是他的师长。

　　毛泽东不仅欣赏"叶参座"的军事才能和过人的胆略，也十分推崇他的诗词和诗才。长征中，毛泽东赋诗称赞叶剑英："诸葛一生唯谨慎，吕端大事不糊涂。"毛泽东曾多次向别人介绍和赞赏叶剑英的诗，他曾说，"董老的诗醇厚谨严，陈毅的诗豪放奔腾，剑英的诗酣醇劲爽，形象亲切，律对精严，他们都值得我学习"。他在给陈毅写信谈诗时说："剑英善七律，董老善五律，你要学律诗，可向他们请教。"

　　聂荣臻元帅在为《叶帅诗词探胜》一书写的序中称："剑英同志是当代中国诗坛泰斗之一，他的七律与董老的五律齐名，为毛泽东同志所推崇。"

　　毛泽东十分欣赏和熟悉叶剑英的诗词。1948年，毛泽东有一次见到叶剑英，就向他索取近作诗词。

　　1965年夏天，叶剑英来到大连棒槌岛。当时，苏联国内政治形势发生逆

转,中苏两国关系恶化,国际斗争形势错综复杂,有感于此,叶剑英写下了他那篇著名的七律:

望 远

忧患元元忆逝翁,
红旗缥缈没遥空。
昏鸦三匝迷枯树,
回雁兼程溯旧踪。
赤道雕弓能射虎,
椰林匕首能屠龙。
景升父子皆豚犬,
旋转还凭革命功。

诗成之后,叶剑英特意把它呈送毛泽东请他批改。毛泽东阅后非常高兴,十分赞赏,他除了将题目改为《远望》外,只字未动,并随即推荐给《光明日报》的副刊《东风》发表。

同年12月26日,毛泽东72岁寿辰之际,毛岸青和邵华前送祝寿,毛泽东当即挥毫,亲笔抄录此诗,赠给儿子和儿媳。虽然毛泽东读此诗已是数月前的事,可他读后默记下来,这次竟不看原诗,一气呵成,一字不错,可见他对叶剑英的诗谙熟之深了。抄背完后,毛泽东指点该诗一字一句地讲给毛岸青和邵华听,其中毛泽东非常欣赏"景升父子皆豚犬,旋转还凭革命功"两句。后来,毛岸青和邵华特将毛泽东录写的《远望》影印件送给叶剑英。叶剑英非常高兴,将原件送到荣宝斋裱糊起来,留作纪念。这件事,到1977年时叶剑英元帅亲自作了说明,他说:

"《远望》一诗,为刺责'北极熊'蜕化变修而作,时在一九六五年秋。

"一九七六年十二月二十八日,我收到毛岸英、邵华两同志信,信云:

"叶伯伯:记得一九六六年元旦前,我们去看望父亲,父亲挥笔写了伯伯《远望》诗一首,以教育、鼓励我们革命。

"随信惠我影印件一份。我特意借得原件,请王冶秋同志加工制版,以为永久珍藏的纪念。"

1973年7月27日，周恩来主持中央政治局扩大会议，根据中央组织部提出的数百名"解放"干部名单，一个一个讨论通过。由于"四人帮"的横加阻挠，抓住所谓"专案"问题，纠缠不休，不予通过。叶剑英看到这一情景，非常气愤，顺手在一张纸条上写下《会场素描》这首隐喻诗："一匹复一匹，过桥真费力。感谢牵骡人，驱驮赴前敌。"毛泽东很欣赏这首诗，并将它交给当时的中央领导成员传阅。

1975年5月3日，毛泽东召集在京的中央政治局委员谈话，谈到"长沙水"和"武昌鱼"以及"孙权搬家南京"的典故，忽然想起辛弃疾的《南乡子·登京口北固亭有怀》那首词。问：叶帅你还记得那首词吗？叶剑英未加思索，脱口而出："何处望神州？满眼风光北固楼。千古兴亡多少事？悠悠。不尽长江滚滚流。年少方兜鍪，坐断江南战未休。天下英雄谁敌手？曹刘。生子当如孙仲谋。"毛泽东听后十分满意，指着叶剑英赞赏地说："此人有些文化。"

毛泽东到了垂暮之年，还不时谈到叶剑英的诗。有一次他与当其侍讲古典文学的芦荻谈话中谈到，叶剑英的诗酣醇劲爽，形象亲切，律对精严。

毛泽东与叶剑英确实是极好的诗友，彼此倾慕，推崇对方的诗词和诗才。

毛泽东对许多叶诗常吟诵，叶剑英对毛泽东的诗词更是推崇备致，十分热爱，甚至到了酷爱的程度。

早在红军时期和延安时代，叶剑英就喜爱吟诵传抄毛泽东的诗词，并奉之为上品。1957年1月，《诗刊》第一次公开发表了毛泽东韵18首诗词，叶剑英读后兴奋异常。虽然其中许多篇他早已熟悉，但仍反复吟诵，爱不释手。后来，他亲笔工工整整抄录毛泽东的词《蝶恋花·答李淑一》。1976年元旦，中央人民广播电台播放毛泽东1965年写的两首词：《水调歌头·重上井冈山》和《念奴娇·鸟儿问答》，这是第一次公开发表。年近八旬的叶剑英在自己的寓所里静心聆听，反复吟诵："久有凌云志，重上井冈山……三十八年过去，弹指一挥间……世上无难事，只要肯登攀。""鲲鹏展翅，九万里，翻动扶摇羊角。……土豆烧熟了，再加牛肉。不须放屁，试看天地翻覆。"心潮澎湃。

叶剑英时常用诗词歌颂毛泽东。1963年3月26日，叶剑英写下《观光韶山》：

六亿同胞呼万岁，

五洲志士称导师。

> 欲溯河源到星宿,
>
> 韶山风物耐人思。

深刻地表达了作者对毛泽东发自内心的爱戴之情。

1965年,叶剑英重读毛泽东的军事名篇《论持久战》,诗兴勃发,欣然命笔,写下了《重读毛主席〈论持久战〉》七律一首:

> 百万倭奴压海陬,
>
> 神州沉陆使人愁。
>
> 内战内行资强虏,
>
> 敌后敌前费运筹。
>
> 唱罢凯歌来灞上,
>
> 集中全力破名头。
>
> 一篇持久重新读,
>
> 眼底吴钩看不休。

宏伟气魄的诗句,唱出了毛泽东运筹帷幄之中、决胜于千里之外的雄才大略,歌颂了领袖统率大军、领导中国人民赶走日本侵略者,推翻蒋家王朝,建立新中国的丰功伟绩。抒发出对毛泽东的无比崇敬。

1977年5月14日,叶剑英八十寿辰,他在《八十书怀》七律诗中,饱蘸深情地写道:

> 导师创业垂千古,
>
> 侪辈跟随愧望尘。
>
> 亿万愚公齐破立,
>
> 五洲权霸共沉沦。

对毛泽东的崇敬之情跃然纸上,溢于言表。毛泽东若地下有知,该当自慰。

二、朱德和陈毅的诗交

郭郎妙笔留春在，总座新诗气如磐。朱德和陈毅同是威名震世的元帅，又都是蜚声中外的诗人，戎马生涯，用诗词记载着两人百年的生死与共，血乳交融

1. 救世奇勋谁与识，鸿沟再划古今同。服务人民三十载，七旬会见九州同。

朱德和陈毅相识于1926年那场如火如荼的川军兵运，受中共中央之命一起在四川军阀杨森军中做军事工作。一年后一同参与指挥南昌起义，发动湘南起义，携手率部走向井冈山，与毛泽东率领的秋收起义队伍胜利会师，组成红军第四军。朱德任军长，陈毅任政治部主任，与毛泽东一起经历艰苦战斗生活的磨难，共同创造了中国共产党最强大的红色队伍。两人都当过红四军党的前委书记，尔后率部三下闽西，转战赣南。在粉碎国民党军五次"围剿"战争中，朱德任总司令，与毛泽东、周恩来一起指挥弱小的红军与强大的敌人巧妙周旋。陈毅则带领地方武装，配合主力作战，并为巩固后方作出了重要贡献。

1933年二三月间，红一方面军被"左"倾路线控制，红军领袖毛泽东被迫离开领导岗位。朱德同周恩来顶住"左"倾错误的干扰，指挥红军在乐安、宜黄两战两捷，歼灭蒋介石嫡系部队近三个整编师，俘敌1万余人。此时，陈毅正带领江西军区直属部队，在独立师、独立团和地方游击队等地方部队的配合下，发动战区群众支援主力部队。当他得知朱德、周恩来率主力红军打了大胜仗时，不禁诗兴顿发，欣然命笔吟唱一首七言《禾安宜黄道中闻捷》：

千崖万壑供野宿，羊肠鸟道笑津迷。
半夜松涛动山岳，中天月色照须眉。
工农儿子惯征战，四契铁围奇中奇。

1934年秋，朱德与周恩来、毛泽东一起率主力红军开始长征，病重中的陈毅奉命留下坚持南方游击战争，朱德始终关注着这位"最善于打败仗"的战友，在最艰难的岁月里时常怀念豪迈、爽朗的陈毅。陈毅也常以诗表示对朱德、毛泽东、周恩来的怀念之情，在他眼里，"大军西去气如虹"，又时常想"秦陇消息倩谁问"。通信装备奇缺，两地难以传递消息，彼此只能在心里默默地祝福。

　　抗战爆发，陈毅出山，参与指挥江南新四军，与日伪顽浴血奋战。1940年10月，陈毅和粟裕指挥发起黄桥战役，取得抗战以来新四军最大的胜利。喜讯传到延安，任八路军总司令、中央军委副主席的朱德为战友取得的重大胜利感到由衷高兴。震惊中外的"皖南事变"爆发后，用鲜血谱写《梅岭三章》的陈毅，临危受命，被中央军委任命为新四军代军长，率部取得讨逆之战和陈道口战役胜利，江南胜利捷报频传延安，朱德喜不自胜，特吟作七律一首《我为陈毅将军而作》：

> 江南转战又江东，大将年年建大功。
> 家国危亡看子弟，河山欲碎见英雄。
> 尽收勇士归麾下，压倒倭儿入笼中。
> 救世奇勋谁与识，鸿沟再划古今同。

　　总司令笔走风雷，满纸烽烟，壮丽隽永，气势磅礴，盛赞战友的辉煌业绩，情切切，意真真。随后，朱德又将此诗抄示"怀安诗社"同人，让延安的战友们共享胜利的喜悦。真可谓"一片深情，尽见于辞"。

　　解放战争开始后，陈毅作为华东野战军统帅，在前线指挥战事，朱德则在陕北协助毛泽东运筹帷幄。1946年11月，在美帝国主义的支援下蒋介石发动全面内战，调集重兵云压各解放区，中共最高统帅部和各战略区陷入危境。这年12月1日，正值朱德六十寿辰，中共中央决定为总司令祝寿。在这个严峻的历史时刻为自己的总司令祝寿，自然把朱德的名字同中国人民的命运联结在一起，有着一种特殊的心情，形成一种巨大的精神力量。为此，毛泽东主席亲自题词："朱德同志六十大寿，人民的光荣"；周恩来副主席写下热情洋溢的祝词，中共中央、各中央局、刘少奇、林伯渠、刘伯承、邓小平、贺龙、聂荣臻、叶剑英等也都为朱德的生日题词、撰文、致电表示祝贺。从 11 月 29 日起，延安全城悬旗三天，党、政、军、农、工、商、学各界纷纷举行庆祝活动。远在山东的陈毅，显然正面临着初战不利的严重形势，在连续后撤、集中兵力捕捉战机以改变战局的紧张繁忙中，也没有忘记总司令的喜庆寿辰，特地写下《祝朱德总司令六旬大庆》一诗，遥祝人民的幸福：

> 高峰泰岱万山丛，
> 大海盛德在能容。
> 服务人民三十载，
> 七旬会见九州同。

老诗人臧克家称赞陈毅是一个热情似沸水、诗句如洪钟的诗人，这首诗更是表现了他对总司令的热爱之情。在这里，陈毅对共同战斗 20 多年的老战友深怀钦佩之情，也描绘了总司令那博大、质朴、崇高、豪迈的伟大人格。这是对总司令由衷的赞美。陈毅深知，朱德从入党那一刻起，便将一切交给了党，交给了人民。南昌起义失败后，朱德于危难中挺身而出，重新组织队伍辗转湘南万山丛中，作为副手的陈毅，协助朱德整编部队，实现与毛泽东胜利会师。尔后，两人共同探索发展之路，亲身感受到总司令的伟大。

半个世纪后，陈毅回忆起这段难忘的岁月，仍历历在目，清楚地记得总司令那登高一呼的威严与英勇："革命的跟我走，不革命的可以回家。大革命失败了，不勉强。跟我走的只有 200 条枪，但我们有办法。1927 年中国革命等于 1905 年的俄国革命，俄国革命 1905 年失败后是黑暗的，但黑暗是暂时的，到 1917 年革命终于成功了。中国革命现在失败了，现在也是黑暗的，但黑暗同样遮不住光明，只要保持实力，革命就有办法，革命就能成功。"陈毅高度称赞说："朱德总司令在最黑暗的日子里，在群众情绪低到零度，灰心丧气的时候，指出光明的前途，增加群众的革命信念，这是总司令的伟大。""总司令之所以能够成为人民军队的领袖，是自然的，绝不是偶然的。"

陈毅从给总司令的祝寿中获得力量，看到"七旬会见九州同"的曙光。而革命战争因为有了像朱德、毛泽东这样杰出的领袖和统帅，因为有了可靠的人民群众的支援，此后仅用三年的工夫，便以摧枯拉朽之势，打垮了强大的国民党军。1949年，朱德发出向全国进军的命令，毛泽东向全世界庄严宣告："中国人民从此站起来了！"

那一年，朱德63岁，陈毅48岁。

陈毅非常喜欢自己这首为朱总贺寿的诗，就在朱德站在天安门城楼上发布向全国进军的命令之前，已担任新中国第一任上海市市长的陈毅，将此诗书赠徐平羽同志。

2. 南征诸将建奇功，胜算全操在掌中。总戎令下风扫雷，大度自然是英雄。

1947年3月，朱德受中共中央和毛泽东委托，和刘少奇一起由从延安来到河北平山县领导中央工委的工作。7月间，毛泽东命名"刘邓大军"，实施大别山千里战略跃进，拉开了解放战争战略反攻的帷幕。11月，为筹划战略决战大动作，陈毅在结束沙土集战役后，由豫皖苏前线赴平山县向中央工委汇报工作，见到了朱德。自1945年党的"七大"匆匆相见，一转眼又是两年，陈毅指挥华东野战军粉碎了敌人的"重点进攻"，朱德协助毛泽东统摄全局，运筹反攻大计，战争形势发生了有利于我党我军的重大变化，人民军队已是胜利在望。两位老战友于此时重逢，彻夜抵掌深谈，回首艰难历程，前瞻光明未来，怎不令人勃发诗兴。陈毅抑制不住内心的激动，赋诗《平山呈朱德同志》：

> 滹沱河畔与君晤，
> 指点江山气象殊。
> 南指中原传屡捷，
> 石门北望庆新都。

南指北望，纵论战局，洋溢着胜利的喜悦，充满着赞美之誉。可谓豪气贯日月，英风动大地。

平山会晤后，陈毅携带中央工委的意见，前往陕北统帅部出席中央"十二月工作会议"，与毛泽东、周恩来等共商大计。几乎是同时，远在平山的朱德，借用杜甫《秋兴八首》的原韵，谱写了一组脍炙人口的《感事八首》，透过沉沉夜色，展望辉煌曙光，其压卷之作是有关陈毅的《寄南征诸将》：

> 南征诸将建奇功,
> 胜算全操在掌中。
> 国贼军心惊落叶,
> 雄师士气胜秋风。
> 独裁政体沉云黑,
> 解放旌旗满地红。
> 锦绣河山收拾好,
> 万民尽作主人翁。

高瞻远瞩,统观全局,浩气薄云,脚踏实地,描绘了解放战争的浩大声势,可谓横扫千军笔阵开,史诗句句挟风雷。在这里,朱德对即将参加逐鹿中原的刘邓大军、陈(毅)粟(裕)大军以及陈(赓)谢(富治)兵团给予高度评价,并寄于厚望。而在此后的大决战中,陈毅与刘伯承、邓小平、粟裕等野战军统帅一起所建树的功业,是无愧于这种赞誉的。不久,朱德将《感事八首》书赠陈毅。

1948年2月,陈毅小住杨家沟,聆听毛泽东主席的教诲,满怀信心回到中原前线,即同粟裕一起率华野一部在濮阳开展新式整军运动,迎接前所未有的历史大决战。5月,受中共中央和毛泽东的委托,朱德亲临中原前线,传达中共中央新战略方针,并代表党中央出席濮阳会议,在会上作了重要报告,提出"钓大鱼""耍龙灯"等形象生动的灵活战法。在欢迎朱总司令的大会上,陈毅作了《向朱总司令学习》的讲话,盛赞总司令的伟大,他称朱德"是中国革命中著名的、伟大的军事家,是中国人民解放军的主要创造者和组织者之一",并发自肺腑地号召指挥员学习总司令的伟大人格。

陈毅陪同朱德到达濮阳的第二天,便把华野缴获的国民党整编第七十四师师长张灵甫的勃朗宁手枪和铝合金制折叠桌椅奉赠总司令。后来朱德一直保存着这套桌椅,直到他逝世前20天,才亲自批示捐赠给平山西柏坡革命博物馆展出。

朱德的到来,不仅使华东野战军将士深受鼓舞,而且让陈毅激动、兴奋不已,赋作七绝四首,"呈朱总司令以志其亲临南线之快":

（一）
读罢新诗兴不残，又将远举付深谈。
总戎令下风扫雷，立马吴山更图南。
（二）
首夏清和花事残，为讨不庭向江南。
郭郎妙笔留春在，总座新诗气如磐。
（三）
战局几回抵掌谈，反复指点计艰难，
北线迩来传屡捷，逐鹿自古在中原。
（四）
耻杀无辜得天下，东征西怨万方从。
温温不作惊人语，大度自然是真雄。

陈毅这首情文兼备的绝唱，在某种意义上可称得上是与总司令的唱和。远举付深谈，使"立马吴山更图南"的战略前景更为明晰，轮廓出中原大战的宏大气势，也深感自己在解放战争战略决战中的历史责任。"从总戎令下风扫雷"，到"反复指点计艰难"，以及"总座新诗气如磐"，自然就有了那最末两句的肺腑流动，这也是描绘总司令风流神采的绝妙好句。

一年之后，开国大典，陈毅与毛泽东、朱德站在一起，亲身感受到新中国春天的气息，耳闻目睹毛泽东、朱德的声音传遍中华大地，感慨万千，回到上海后激动的心情难于言表，挥笔写下赞美诗：

元首耀北辰，
元戎雄泰岱。
群英共检阅，
盛业开万代。

3. 元帅诗人纵论诗歌，陈毅一本正经：总司令是总司令，总司令的诗有总司令的诗的本色。

1941年冬，陈毅对他自己的诗曾有过一种"说法"："我本来是不会打仗的，是想当作家的；但革命要我拿起了枪，我就跟着毛泽东学会了打仗；将来革命胜利了我还是要用笔来战斗的。"

其实，朱德和陈毅，两位威震四海的元帅，又都是才情横溢的诗人，一手握着枪，指挥着千军万马，一手握着笔，战斗在时代的风顶浪尖。

告别戎马倥偬，诗人以新的篇章倾吐心声，党的心声，人民的心声，人民军队的心声，尤其是以数量不等的山水诗为新时代留下了一幅艺术画卷。

广东肇庆原阅让楼，是"叶挺独立团"团部旧址，朱德和陈毅与叶挺将军都是情笃意深的战友，他们与叶挺共同参与、指挥南昌起义，陈毅曾与叶挺率新四军转战大江南北，为共产党江南抗战立下了汗马之功。新中国成立后，朱德和陈毅都先后视察肇庆，游七星岩，又同以《游七星岩》为题，挥笔草就五言诗句，朱德还特意题下"七星岩"大字匾额。朱德的诗写道：

七星降人间，仙姿实可攀。
久居高要地，仍是发冲冠。
开心才见胆，破腹任人钻。
腹中天地阔，常有渡人船。

一篇记游诗，展现了总司令的高尚情操，也正如他自己所说："我们共产党人是改造社会、改造世界的人物，即使你做得最好，贡献最大，也不过做了你应该做的事情，有什么可以骄傲的呢？我们共产党人胸襟要广阔，气量要宏大，要求自己比要求别人要严格些，有功先归群众，有过勇于承担。"应像这七星岩一样"腹中天地阔，常有渡人船"。

陈毅的《游七星岩》，则以"攀崖试腰脚，垂钓话濠梁"的佳境，借用典故，传达了作者心中的英雄豪气。

元帅写诗，咏诗，也极为关怀诗歌的发展，关怀诗坛。新四军时，军长陈毅支持创办湖海诗社；延安时期，朱德参加"怀安诗社"，诗兴盎然。解放了，人民有了自己的诗坛，有了自己的《诗刊》，毛泽东、朱德、陈毅都热情扶持《诗刊》的成长。

1962年4月19日，人民大会堂，新中国50多位诗人才子，济济一堂，朱德、陈毅以中央领导人和诗人的双重身份到会。

那次盛会，是陈毅提议，为纪念毛泽东《在延安文艺座谈会上的讲话》而召开的。

朱德第一个讲话。

朱德的讲话一如他的人格，"温温不作惊人语"，但却字字千金。具有长者风度的新中国第一元帅谈诗仍离不开他那纯真的追求：

"我们要写社会主义建设事业前进的真事、真相、真话；写真事，说真话，我看写出来的东西就很漂亮了。再进一步，将来广大群众做出更伟大的事业来，也就能写出更好的东西来了。""我们的伟大事业，光荣事业，将来的革命前途，给人们看，给我们的后代人看。我看大家是要担负这个责任的，并且是有可能担负起这个责任的。"

朱德对后辈寄于厚望。76岁的总司令，文才横溢的元帅，依然是那样谦逊，他接着说：

"我个人遇着什么事情，也常常写两句，既不成文，也不成诗，但话是说出来了。今后和各位同志交个朋友，也想同大家合作……我经常写得不好，不敢拿出来，也就写得少了。今后想胆子大些……"

朱德元帅谈到现代诗歌应该从民族传统中汲取营养，他说："中国几千年历史中，好东西确实不少，无论在文化上、经济上、政治上，都有我们自己的特点。我们这六亿多人能够团聚着生活下来，就总有自己的特点，自己的长处。有些人有返古复旧的想法，那是不对的，但是有些东西现在还是很需要，可以继承，甚至还可以遗传到共产主义时代去。把新旧掺和起来，推陈出新。陈的东西改造一下，新的东西吸收下来。做事情没有根总觉站不稳，什么事都从根上发生，一切都要从根上做起来，这样才能站稳脚。"

陈毅在郭沫若之后讲话，豪放、耿直的陈毅元帅站起来，意兴浓烈，侃侃而谈：

"刚才总司令讲要把新旧（诗体）糅合起来，这也是我们的主张。我写诗，就想在中国的旧体诗和新体诗中取其所长，弃其所短，使自己的诗能有些进步。"

对于陈毅来说，这已经不是第一次在众多大诗人面前论诗了。1959年4月，也是"诗刊社"举办的诗歌座谈会，陈毅第一个讲，多是语录式的警句：

"诗要讲含蓄，一泄无余，也不是好诗！"

"诗比散文更流利。标语口号不能成为诗。"

诗歌创作"三分人才七分装"。

"我们要有自己的东西,不要捡人家的东西,拾人牙慧。中国诗,没有创造,就完蛋!"

"艺术就是艺术。写诗就是写诗。"

等等。

这一次,陈毅仍是侃侃而谈。会议厅传出阵阵掌声,朱德和陈毅两位老帅的精彩发言赢得了诗人们的心,身为党和国家的领导人,他们仍能以完全平等的姿态,关心扶持诗歌创作的繁荣,在中国诗坛传为佳话。

而在收获季节,两位老帅的诗兴也越来越广泛越深厚。1963年9月,经邓小平主持的中央书记处批准,党和国家领导人的第一部诗集、也是十大元帅中第一部诗集——《朱德诗选集》,由人民文学出版社出版发行。在出版之前不久的一个星期天上午,李一氓去西山玉泉山向陈毅汇报工作,在休息时正好遇到在湖边散步的朱总司令。朱德知道李一氓也是他的四川老乡,又碰巧是星期天,便对他们说:"两个老乡,那好,中午到我那里吃午饭。"

吃完午饭临走时,朱德拿出他的诗稿的清抄本,说:"你们两个看看,修改修改。"

陈毅便伸手接过来。李一氓回城里时,陈毅把诗稿交给他,说:"你拿去先看一看。"接着又叮嘱说:"你可不要乱动手,总司令是总司令,总司令的诗有总司令的诗的本色。"话虽短,却道出了陈毅与朱德诗交关系非同寻常。

朱德的诗代表一部历史,一个广大的集体,陈毅的诗在某种意义上也是如此。

4. 患难心更近。陈毅辞世,已多年没有写诗的朱德,在大恸之中,提笔草挽诗。

"十年动乱",对于两位至交元帅同样是一场劫难。身为国务院副总理兼外交部长的陈毅,因不满林彪、江青等人对军队的冲击而愤起抗争,竟被扣上"二月逆流黑干将"的罪名,屡遭磨难。人民解放军的红司令朱德,竟被诬蔑为"黑司令""大军阀"。

两位老帅见面的机会少了,但即使在路上散步相遇,朱德总像检阅部队那样,腰背挺直,步履刚劲,陈毅向帽边抬起右手,朱德含笑颔首答礼。这一对南昌起义后一同带领部队，历经千辛万苦走上井冈山的老战友，只要交流一下目光，便能心领神会，特别是在这种政治风浪充满暗流的非常时期，两位老帅的心贴得更近了。

陈毅勇敢地站出来，在公开场合为朱德主持公道，他慷慨激昂地向阴谋家们猛烈开火：

"现在有些人，作风不正派！你要上去，你就上去嘛，不要踩着别人嘛，不要拿别人鲜血去染红自己的顶子……"

"朱老总今年81岁了，历史上就是'朱毛'、'朱毛'，现在说朱老总是军阀，要打倒，这不是给党脸上抹黑？一揪就是祖宗三代，人家不骂共产党过河拆桥呀？！人家会说，你们共产党怎么连80岁的老人都容不下！"

陈毅被诬陷为"二月逆流黑干将"后，朱德愤然地说："一切问题都要弄清，怎么处理主席有一整套政策，批评从严，处理按主席路线。"

在进行顽强抗争的同时，陈毅时常回忆起他与朱总司令并肩战斗、沉吟诗草的美好往事。他在给长子讲解杜甫的《秋兴》一诗时，兴致勃勃地讲起总司令曾用《秋兴》原韵写过一组解放战争战场即景诗。他要长子找来读一读，并满怀深情地说："这组诗出自战场总司令的手笔，是历史研究的珍品。"几十年的风雨同舟，几十年的诗交，在行将告别人世的最后年头，陈毅对朱德的真挚情谊是何等感人。那一年，陈毅70岁，已身患癌症。

也是那一年的夏季，朱德、陈毅、聂荣臻三人一同来到避暑胜地北戴河。陈毅与朱德一起度过了最后一个酷暑。

在此之前，朱德、陈毅都在解放军301医院治疗，病房里政治空气十分深厚，说者无趣，听者无味，很难说什么。有一次晚饭后，朱德与陈毅在走廊里缓缓散了会儿步，然后，落座在护士办公室门口的一对沙发上。仿佛是商量好的，40分钟过去了，两位老帅并排而坐，谁也没开口说一句话。

北戴河，蓝天无垠，碧海万顷，白帆点点，海鸥翩翩，松涛相随，没人监视，没有冷眼恶语，几十年不凡经历后，从哪里都能扯出一段话题。三位老战友，晴天，朝同出，暮同归，徘徊于海滨浴场，留下脚印行行；雨日，他们相约登上居于山顶的军委疗养院顶楼，搬几只藤椅，推开阻碍视线的纱窗向遥远的海天瞭望，仿佛透过碧海蓝天看到历史的印迹。那些日子，一阵阵坦荡、豪放的笑声，被拂面的海风送出去很远很远，吟诗唱和，三位功勋卓著的老帅暂时忘却了人世间的烦恼。

暂时的平静过去,不久突然出了个"九一三"事件,语录不离手,万岁不离口的"副统帅"摔死在沙漠里。人民大会堂,托着病痛的身体,陈毅两次作长篇发言,把深藏心中多年、党内极少有人知晓的林彪在红军时期的历史真实面目,一一彻底揭露出来。

经过这次竭尽生命全力的殊死搏斗后,陈毅元帅终于病倒了,从此再也没有下过床,再也不能写诗。

得知陈毅病重的消息后,朱德急得坐卧不安,两顿没吃饭。由于自己身体有病,不能常去看望,他就让身边的工作人员每天给他报告陈毅的病情。

1972年1月6日,71岁的陈老总与世长辞。因病住院治疗的朱老总,不顾86岁的高龄和正发高烧的病体,拄着拐杖亲自跑去向陈毅遗体告别。凝望着比自己小15岁的老战友、老朋友,意志坚如钢的朱德老人热泪纵横,呜咽出声,颤抖着行了一个庄严的军礼,又深深地鞠躬,向这位与自己有着45年情谊的至交告别。

朱德哀恸难禁,既为这位豪爽耿直、才华横溢的战友,也为多灾多难的共和国。回到病房,他还流着泪,不停地说:"陈毅同志好啊,他死得太早了。"这发自老人肺腑的话语,表达着最热切的赞誉和最深切的惋惜。以后的几天里,朱德常常独自坐在那里叹息,十分哀痛。

陈毅追悼会那天,朱德正发着高烧,体温高达39度。医生不同意他去参加追悼会。朱德流着泪说:我们是生死与共、相处多年的老战友了,我为什么就不能去呢?医生还想解释,朱德执拗地说:"我死不了!""我为什么不能去?我的身体没有事。"工作人员搬来康克清当救兵,还没等康克清说完话,朱德就有些生气地说:"追悼会我要去的。这事你不要管。"他见工作人员站在那里不动,便自己准备东西,还一边自言自语地说:"我去,不要你们去,我自己去。"

没有人能够说服这位"倔强"的老人,只好请医院领导以组织上的名义出面:"你是我们的首长,我们理应听你的话。可现在你是我们的病人,在治疗上,你应尊重我们的意见。我们是要对你负责的呀!"听医院领导这么说,朱德只好作罢,仍然不停地落泪。

那一天,毛泽东的专车开往八宝山陈毅元帅的灵堂,毛泽东清泪两行,话语格外沉痛,他哽咽着说:"我也来悼念陈毅同志,陈毅同志是一个好同志!"朱德听到这些赞语后感到十分欣慰。他让康克清把陈毅的夫人张茜请来,深有感情地安慰她,鼓励她,谈了好久。临别,朱德含着悲痛的泪水对张茜说:"你的责任重大,要保重身体,要教育好孩子,接好革命的班。"张茜强忍悲痛,不肯在朱德面前流露出来。她反而安慰总司令说:"陈毅同志已故了,他先走了,你老人家不要太悲痛,要多保重,你身体好,全国人民都高兴。"

　　陈毅的逝世,使朱德很长时间心情一直极为沉重和悲痛。一天,他亲手选了一帧宣纸,很长时间没有写诗的老帅,在大恸之中,心声凝为诗章,挥毫写下了《悼陈毅同志》这首挽诗:

一生为革命,
盖棺方定论。
重道又亲师,
路线根端正。

三、叶剑英和朱德、陈毅的诗交

叶剑英与朱德都曾经是延安时期"怀安诗社"的成员,叶剑英与陈毅则堪称是外交家,威震寰宇的"儒将"。叶剑英与朱德、陈毅有很深的诗情交往

1. 朱总司令《出太行》,叶参座奉和。

1940年5月,受毛泽东的重托,八路军总司令朱德从前线八路军总部晋西南王家峪去洛阳与国民党谈判。5月4日,要通过日军封锁线,国民党第九军派人前来迎接。当朱德一行正准备越过封锁线时,日军忽然打来五六十发炮弹,因此到黄昏后才重新前进。当天夜晚10点顺利通过博爱到晋城的公路晋庙铺的封锁线。这里离日军驻地只有五六里路远,白天还有200多日本鬼子停留在此地。朱德一行冒着危险通过封锁线后,由当地的百姓作向导,走小路西行。一路上,经过高山峻岭,深谷浅溪,月色昏暗,只有星光稀微,隐约照人。第二天凌晨到达马街,第九军一个营在这里迎候。5日,抵达河南济源县,夜宿在该县刘坪小村,这里已是太行山的尽头,到了黄河岸边。

第二天就要离开这片血战近三年的太行山脉了,朱德不由得心潮起伏,思绪万千。日军大举进攻,国民党军节节败退,八路军虽不断发展壮大,可是由于国民党当局的限制和敌人的经济封锁、军事破坏,部队的物资、经费、弹药供应异常困难,与此同时,国民党蒋介石掀起第一次反共高潮,不断制造摩擦。在这种风云险恶的条件下,朱德由敌后到洛阳与蒋介石谈判,劝说其放下屠杀共产党的屠刀,专心对付日本侵略者,朱德的使命确实艰巨而重大,想到这些,他赋诗抒怀,写下了这首著名的七绝:《出太行》,诗前小序曰:"一九四〇年五月,经洛阳去重庆谈判,中途返延安。是时抗战紧急,内战又起,国人皆忧。"

群峰壁立太行头,
天险黄河一望收;

> 两岸烽烟红似火,
> 此行当可慰同仇。

不久,朱德到达重庆,与在重庆八路军办事处工作的叶剑英相见,并把这首《出太行》赠给叶剑英。叶剑英此时正在重庆协助周恩来从事统战工作,处在与国民党联合与斗争的最深处,对国民党的两面手法深有体会。他读到这首诗以后,也有感而发,特作诗奉和:

> 将军莫唱大刀头,
> 沦陷山河寸寸收。
> 勒马太行烟雾外,
> 伊谁与我赋同仇。

朱德读了这首七绝后,备加赞赏,特意亲笔录下赠人。

2. 叶剑英感发《过五台山》,朱德奉和赋三首。

解放战争打到第二年,蒋介石全面进攻解放区的计划宣告破产,便伸出两个拳头,一个指向山东解放区,一个指向陕甘宁边区,中共中央所在地延安危在旦夕,毛泽东和四大书记决定把中央和军委两大机关分成三路:毛泽东、周恩来、任弼时主持中央工作,继续留在陕北指挥作战;朱德与刘少奇等组成中央工作委员会,进入河北省平山县,进行中央委托的工作;由叶剑英与杨尚昆等组成中央后方委员会(简称后委)进驻晋西北地区,统筹中央的后方工作,后委办公地设在临县三交镇。

1947年12月,叶剑英西渡黄河,到达陕北米脂县出席中央工作会议。此时的中国战场,国民党军已危如累卵,人民解放军不断发展壮大,刘邓大军千里跃进大别山后已在中原地区完成战略展开,陈毅和粟裕指挥的华东野战军粉碎了国民党军对山东解放区的重点进攻,陕北胡宗南的十几万大军抵不过毛泽东、彭德怀指挥的二三万人,林彪、罗荣桓在东北大地站稳脚跟,国共战略决战的序幕即将拉开。中国处在一个转折点上。各解放区按照中央的统一部署展开伟大的土改运动,以解放广大的人民群众,实行更大范围的人民战争。但在土改过程中,某些地区出现了一些过火行动。为此,中共中央在米脂杨家沟召开工作会议，着重讨论并通过毛泽东关于《目前形势和我们的任务》的报告，研究土改中若干政策问题。

会议结束后，叶剑英于1948年1月从米脂县回到三交。在回三交的路上，途经五台县，到五台山检查工作。五台山海拔3000米，佛寺林立，是中国历史上三大佛教中心之一。叶剑英看到寺庙因某些过火的土改行为而遭致破坏，感慨良多，写下《过五台山》诗三首：

一

千年古刹千年债，
万个金身万姓粮。
打破禅关警破梦，
未妨仇恨是清狂。

二

荒凉殿宇有啼鸦，
稀世藏经灰化也。
昔日壮严金佛像，
而今流落万人家。

三

南台山上白云低，
人在云中路径迷。
可有神工能扫雾，
让吾放眼到平西。

叶剑英对觉醒的广大农民冲破封建罗网，斗争寺庙庄园地主，感到由衷喜悦；而目睹五台寺庙中许多金佛像和稀世藏经等珍贵历史文物，在土改中遭到破坏，感到十分惋惜。下山后，叶剑英对五台县的领导同志说，你们领导群众反对地主阶级，反对封建迷信都是对的。但是，反对封建剥削制度，破除封建迷信，同破坏历史文物是两码事，不能混为一谈。五台山的寺庙，是劳动人民修建的，体现了我国古代建筑艺术和风格，庙中的藏经等也是我们国家珍贵的文化遗产，破坏了十分可惜。你们应当采取措施，保护这些历史文物。

不久，叶剑英将这三首诗寄给在工委工作的朱总司令看，总司令读诗后对正在经历的历史大变革深有感触，他从更广阔的角度来看待五台山所发生的事，遂奉和三首：

一

广大神通难赖债，
强舍金身偿旧粮。
食尽农民千载粟？
清还一点不为狂。

二

禅宫寥落乱飞鸦，
扫地出门罪佛也。
修道院成休养院，
荣军个个好为家。

三

五台高耸白云飞，
天朗气清路不迷。
世人觉醒何须佛，
来自西天去自西。

朱德的和诗也是对叶剑英诗中疑虑的阐释。尤其是第三首，总司令从社会革命的唯物论高度，唱和人民群众当家作主的历史意义。"南台山上白云低，人在云中路径迷"。朱德所看到的则是"五台高耸白云飞，天朗气清路不迷"。诗人告示，要以人民解放、国家解放的"天朗气清"的美好氛围来看待事物。"可有神工能扫雾，让吾放眼到平西。"朱德和诗解禅机："世人觉醒何须佛，来自西天去自西。"这是共产党人对神佛的否定，让从天竺来的神佛滚回天竺去吧！两位老帅的诗反映他们在革命胜利前夜的想往。

3. 陈毅礼物相赠，"叶参座"以诗戏之。

新中国初建的日子里，陈毅是第一任上海市市长，他在上海、华东主持工作，叶剑英在华南和中南主持工作，均是肩负重任、为政一方的地方大员。

1954年奉中共中央和毛泽东主席之命，陈毅从上海、华东进入中央，举家迁入北京，担任国务院副总理，后兼外交部长，协助周恩来主持外交工作；叶剑英则离开华南和中南的领导岗位，调入中央，开始投身军队和国防现代化建设事业。叶剑英被毛泽东称为"叶参座"。

陈毅：元帅，诗人，外交家，军事家；

叶剑英：元帅，诗人，儒将，军事家。

柳亚子说陈毅"兼资文武此全才"，聂荣臻元帅赞誉叶剑英是"当代中国诗坛泰斗之一"，毛泽东推崇叶剑英"善七律"，要陈毅向叶剑英请教。

这年12月，在中共中央军委扩大会议上，同是中央军委副主席的陈毅和叶剑英欢聚在一起。会议期间，陈毅以精美的鲨鱼皮包送给叶剑英，叶剑英即席戏作小诗一首。诗前有一序文："在军委扩大会上，陈总以鲨鱼皮包赠我，即席戏作。"那诗曰：

> 故人赠我以皮包，
> 何以报之芒果好。
> 芒果迢迢在远方，
> 何以致之将铁鸟。

叶剑英的诗，兴之所至，心有所应，或有感触，或极为兴奋。这首随意赋予的小诗反映了两位老战友之间亲密无间的情谊，两人在一起总是无拘无束。

4. "十年浩劫"中，叶剑英特赠《虞美人》，陈毅盛赞"绝妙好词"。

1966年"文革"开始，陈毅和叶剑英的抵触情绪越来越大。10月，在林彪、江青等人唆使煽动下，"批判资产阶级反动路线"的浪潮席卷中国大地，从中央到地方，工、农、学、商方方面面的主要负责人都受到冲击。不久，风潮刮到军队这块禁地，11月8日，军队院校一些"造反派"头头，纠集一些不明真相的人冲击国防部。13日，受中央军委委托，叶剑英、陈毅出席8万人军队院校代表大会，针对学生冲中南海、国防部的举动，提出了严厉的批评，反对逐步升级、无限上纲、口号越"左"越好的做法。

11月29日，陈毅、叶剑英与徐向前、聂荣臻，四位元帅一起向发烧的中国大地大泼冷水。

陈毅、叶剑英的举动激怒了"中央文革小组",引起林彪的不快,陈毅们很快遭到"造反派"组织的批判。

此时,中央书记处已不复存在,邓小平已被错误地"打倒",国家的事务像一盘散沙,常由周恩来召集党、政、军首脑人物及"中央文革小组"成员的一揽子会议。这天下午,照例是由周恩来总理主持召开碰头会,研究有关运动问题,陈毅、叶剑英对这类会议不感兴趣,但又不能不去,还要斗争。每次开会,总是"中央文革小组"的几位"左派"包场,康生、张春桥等人,无限上纲恶意攻击的言辞,目中无人的骂街腔调,听多了,令人腻烦,让人讨厌。

"文革小组"们唾沫四溅。

周恩来一向精力充沛却打起瞌睡。

叶剑英紧锁双眉,似听非听,不一会儿递给坐在旁边的陈毅一张信笺,朝他努努嘴,没有说话,陈毅心领神会,戴上眼镜,哟,是首词:

《虞美人·赠陈毅同志》
串连炮打何时了,
官罢知多少。
赫赫沙场旧威风,
顶住青年小将几回冲!
严关过尽艰难在,
思想幡然改。
全心全意一为公,
共产宏图大道正朝东。

好词!大胆针砭时弊,坦荡直抒胸怀。陈毅深知叶剑英,这位被毛泽东称赞为"吕端大事不糊涂"的叶公,每临大事赋大任,雄才大略,具有非凡的学识、胆识与谋略。陈毅在心里默默读着词章,他提笔在上面飞速地画了几个字,又递回叶剑英面前。叶剑英定睛细看,在自己的词章旁边,陈毅元帅批了四个龙飞凤舞的大字"绝妙好词!"站在最后的感叹号,画得又粗又重,像陈毅伸起了大拇指!叶剑英那一直紧绷着的面孔上终于绽出一丝笑意,他会心地笑了。

陈毅病重，叶剑英赋诗以慰。

老帅们的抗争被诬蔑为"二月逆流"，陈毅被诬为"二月逆流"的黑干将，他和叶剑英都遭到炮轰和围攻，受到批判。1969年10月，"副统帅"林彪借战备为名，把老帅们统统赶出京城，叶剑英辗转于长沙、岳阳、湘潭、广州等地，陈毅和张茜一起来到石家庄。

从1970年初秋开始，陈毅元帅在石家庄经常感到腹部隐痛并伴有腹泻，但直到10月下旬，才在周恩来的亲自过问下，回到北京住进301医院。由于林彪死党的阻挡，陈毅住院56天，竟无一次会诊。1971年1月16日，陈毅做阑尾切除手术，才发现患有肠癌，并已有局部转移，陈毅元帅得了绝症，被耽误了81天。

1971年"九一三"事件，林彪仓皇北逃，摔死在蒙古温都尔汗。陈毅不顾越来越严重的病情，两次出席批林座谈会，并作了长篇发言。叶剑英得知林贼罪恶下场，当即愤怒提笔，写了一首《斥林彪》诗：

铁鸟南飞叛未成，
庐山终古显威灵。
仓皇北窜埋沙碛，
地下应惭汉李陵。

写好后，他将此诗抄赠陈老总。

经过最后的拼搏，陈毅从此卧床不起。在陈毅生命最后的日子里，叶剑英几乎每天都来医院探望，他看着陈老总极为虚弱的病体，不忍心让陈毅劳神，便经常只是在病房里稍坐一会儿便起身告辞。可是，叶剑英总是又不忍心将老战友一人留在医院里，走出病房后又停在走廊里，双手背在身后，垂头不语，步履沉重地长久徘徊在病房门前。这沉重的脚步，凝结了老战友多少真挚友情和忧心惦念！

陈毅的病情越来越重，叶剑英总想为他做点什么，1971年12月初，他将陈毅女儿姗姗从军医学校调到301医院，参加了陈毅抢救小组工作。12月19日，他抑制着忧伤和痛苦，满怀深情地写下了《慰陈毅同志》诗一首，诗前有一小序："毅公卧病，诗以慰之。"

　　　　君子坦荡荡，
　　　　于人曰浩然。
　　　　赣南危不屈，
　　　　福建错能悛。
　　　　斯人有斯疾，
　　　　闻道可闻禅。
　　　　信回天有力，
　　　　前路共巨艰。

　　病床上的陈毅已不能亲自朗读老战友的诗章，虽说这首诗是专门为他而作，希望给他以力量。听完女儿朗诵完这篇充满慰藉之情的五言绝句，陈毅那苍白的面孔上露出几丝笑意，他的眼睛湿润了，鼻子有些发酸。是啊，"信回天有力，前路共巨艰"，我陈毅多么想再站起来继续斗争啊！

　　陈老总先去，叶剑英诗悼陈毅。

　　随着陈毅病情越来越恶化，叶剑英越来越焦虑。深夜，陪护陈毅的姗姗几次被从睡梦中叫起去接电话：

　　"姗姗，你爸爸怎么样？"那头是叶剑英伯伯关切的声音，"他有什么话吗？"

　　"他白天又昏迷过一次。断断续续总重复着红军、党中央、路线斗争……"

　　对方哽塞、呜咽了，顿了顿才说："你好好照顾爸爸，他有什么话，告诉我。"

　　1972年1月5日，病榻上的陈毅问出了他一生中最后一句话："叶帅来了没有？"

　　真不巧，叶剑英刚刚离去。方才他在走廊里徘徊等待，陈毅一直昏睡不醒。下午4时20分，叶剑英闻讯赶到病房，望着生命垂危的老战友，泪流满面，一句话讲不出。他颤抖着双手从口袋里掏出一张纸，交给守坐在陈毅床前的姗姗，上面抄着毛泽东为所谓"二月逆流"平反的一段话。毛泽东说：现在再也不要讲二月逆流了。当时是"五一六"、王、关、戚。还有陈伯达，打击一大片，包括你（指周恩来）在内，当时那个情况，有些同志要讲一些话，是应该的,是公开讲的,在党的会议上为什么不可以讲?有些事情看来过了几年就清楚了。这是毛泽东在1970年11月中旬讲的一段话。1972年1月初,也就是陈毅说出那句最后问语之前不久,毛泽东对周恩来、叶剑英说:"二月逆流"经过时间的考验,根本没有这个事。不要再讲"二月逆流"了。他还说,"现在我有事,请你们去向陈毅同志传达一下"。为了慎重起见,周恩来、叶剑英当场核对记录后又念给毛泽东听了一遍,毛泽东说,对,就这样。叶剑英便立即赶往医院,他期望能让老战友在离开这个世界之前,知道这个来得太晚的"甄别",让老战友一生中,尤其是晚年备受创伤的心灵,得到一丝安慰。张茜被叶剑英真挚的友情深深打动,她噙着泪催促女儿姗姗:"快,快读给爸爸听。"

听到这里,陈毅黯淡的双眼微微动了一下,他在弥留之际听到自己想听到的话,感到十分欣慰,尽管这个消息来得太晚太晚。

1972年1月6日深夜11时55分,戎马一生,战功赫赫的军事家、外交家、诗人陈毅元帅永远停止了呼吸,叶剑英怀着对战友诗友的一往情深,多次去向陈毅遗体告别,安慰张茜和孩子们,每次去叶剑英总是痛哭失声,泪如雨下,几十年转战南北凝成的友谊刻骨铭心,满腔的义愤,痛彻的思念,化作诗章,叶剑英以最好的方式悼念陈毅,他在大恸中挥毫写下这首五言绝句:《悼陈毅同志》,诗前有一小序说:"陈毅同志逝世,诗以悼之。"

> 鬼域含沙射,
> 元良息仔肩。
> 儿曹当鹤立,
> 接力竟无前。

几年之后,叶剑英真的按照他所表达的"儿曹当鹤立,接力竟无前"的志向去书写历史,在粉碎"四人帮"的伟大斗争中发挥了关键作用,这也是对九泉之下的老战友陈毅的最好纪念和安慰。

第五篇

众星拱月

一、毛泽东与朱德

> 毛泽东和朱德，都是杰出的农民之子。他们的关系就像他们自己所评价的那样："朱毛不可分。"朱毛之间的深厚友谊保持了终生

毛泽东和朱德，都是杰出的农民之子。毛泽东与朱德，有许多相似之处，又有很大的不同。两人都是农民的儿子，他们身上都有一种农民情结，但朱德身处农民之中不引人注目，毛泽东则仿佛万绿丛中一点红，有一种说不出的风度。美国著名的女作家史沫特莱曾以敏锐的洞察力对二人作了比较。她说，毛泽东"是一个文笔具有雷霆万钧之力、观察深刻的作家——一个政治鼓动家、军事理论家，并且时常赋诗填词。从风采与气质两方面来看，朱德比毛泽东更像农民。两个人都坦率爽直，和他们所出身的农民一样，讲究实际，但毛泽东基本上还是知识分子，他那与常人不同的深思熟虑的思想始终考虑着中国革命的理论问题。毛泽东一方面具有女性的敏锐观察力和直觉力，另一方面也具有斩钉截铁的男子汉所有的一切自信心和果断力。两个人都勇敢倔强，坚韧不拔。这些特点在朱德尤为显著，他虽然在政治上有高超见解，但更是一个行动家和一个军事组织家。"

毛泽东与朱德的关系，就如毛泽东和朱德自己多次评价过的："朱毛不可分"，这个关系经过了时间的考验。朱德与毛泽东的团结与合作，为世人所称赞，朱德敬仰毛泽东，毛泽东爱护朱德。在长时间的并肩战斗和密切合作过程中，二人的关系也是比较微妙的。

井冈山，两位巨人握手，有了"朱毛红军"一说，并且广泛流传。毛泽东诙谐地说："背上驳壳枪，师长见军长"。师长是毛泽东，军长是朱德。红四军湘南"八月失败"后，毛泽东与朱德的关系出现了波折，走过一段弯路，他们在探索中由分歧走向同一，由争论走向和解，到古田会议，重新走到一起。后经第五次反"围剿"到遵义会议，与"左"倾路线的较量，确立了毛泽东在中共中央和中央军委的领导地位，这时，"朱毛不可分"的关系，牢固扎根于两

位领袖各自的心中,也成为世人皆知的秘密。另一个美国女作家海伦·福斯特说:"朱毛的合作不但不存在冲突,而且是相辅相成的。无论哪个方面朱德都没有政治野心。"

这种关系的建立,朱德自己后来时常提起。他说:"'朱毛不可分'的思想,我也不是一参加革命就有的。1927年南昌起义时,还没有这个思想;1928年井冈山会师时,我初步有了这个思想,但不够明确牢固;到遵义会议时,我才彻底的树立起这个思想,因为无数成功的经验和失败的教训,证明毛主席的路线是正确的,领导是高明的,毛主席的思想是马克思主义的,是最适合中国革命实际的指导思想。因此,我就下定决心,一心一意跟着毛主席干革命。拜毛主席为老师,拥护他担任我们党的领袖。"

有了遵义会议这个基础,"朱毛不可分"才经受住了与张国焘斗争的考验。张国焘要分裂中央,引诱朱德跟他一起另起炉灶,使尽手腕,却被朱德坚决拒绝,朱德坚定信心要跟毛泽东走,他鄙视张国焘,柔中带刚地对他说:"毛泽东同志是党中央的领导者,朱毛,朱毛,人家都以为'朱毛'是一个人,哪有朱反对毛的道理。你可以把我劈成两半,但是绝对割不断我和毛的关系。"

陕北会师毛泽东听后,由衷地敬佩朱德,赞扬他"度量大如海,意志坚如钢"。直到新中国成立以后,毛泽东还经常和陈毅谈起此事,盛赞朱总司令:"临大节而不辱"。

"度量大如海"的朱德,在"朱毛"关系上从不争功。他说,"朱毛红军"只是说明当时朱是红军总司令,毛主席是红军总政委,大家叫惯了就说"朱毛""朱毛"。其实,毛主席是领袖,是老师,我只是在党中央毛主席领导下干了一点具体工作的共产党员。

毛泽东一直十分尊敬、爱护朱德。朱德常说,他这个总司令,是党和毛主席树起来的。朱德和毛泽东一样,在党内一直是主要领导人之一,在军内他永远是"总司令"。遵义会议后,毛泽东带头树"朱总司令"这面旗帜,抗日战争,朱德是八路军总司令,解放战争他又是人民解放军的总司令。1946年底,为鼓舞士气,也是为表示对总司令的爱戴,毛泽东提议全党全军在延安,在各战略区,为朱德举行盛大的祝寿活动,祝福他的六十寿辰。新中国成立后,朱德一直是党和国家主要领导人,一直是人民解放军的红司令。

"文革"期间,毛泽东力保朱德,使他免遭更大的灾难。有人攻击朱德是

"大军阀""黑司令",北京街头、中南海内贴满了"打倒朱德!炮轰朱德!"的大字报。毛泽东明确指示:要保护朱德。他亲自向周恩来交代说:"朱德还是要保的。"一次,他和北京卫戍司令傅崇碧谈话,关切地问:"朱德同志的大字报还有没有?"傅如实汇报说:"有,还有人要打倒朱总司令。"毛泽东说:"这不好,朱毛,朱毛,朱德和毛泽东是分不开的嘛!"1967年2月,林彪等人在北京组织各种群众成立"批朱联络站",准备在北京工人体育场召开万人"批朱大会",扬言把朱德拉到现场批斗。毛泽东得知后立即命令制止,说朱德同志是红司令,如果要开批判会,我就出席作陪。

在林彪、江青一伙的攻击和诬蔑下,正是由毛泽东出面保护,朱德才免遭更大的劫难。1973年12月,毛泽东和朱德一起参加中央军委会议,阔别多日的两位历史巨人又见面了,毛泽东用手拍着身边的沙发请朱德挨着自己坐下,很动情地对朱德说:"红司令,红司令你可好吗?"朱德操着四川口音兴奋地说:"我很好。"毛泽东习惯地从小茶几上拿起一支雪茄烟,若有所思地划着火柴点燃香烟,吸了一口,环顾四周,又继续对朱德说:"有人说你是'黑司令',我不高兴。我说是红司令,红司令。"他重复着"红司令,红司令",又说:"没有朱,哪有毛,朱毛朱毛,朱在毛先嘛。"

朱德听了毛泽东的这番话,禁不住激动地流下了热泪。朱、毛之间的深厚友谊保持了终生。一个是第一元帅,一个是没有授衔的大元帅。

1976年夏秋,两位历史巨人相继逝世,时间相隔如此之近,给朱毛关系抹上了一层神秘色彩。得知朱德逝世,毛泽东痛苦地说:"朱老总怎么这么快就去了?!"

二、毛泽东与彭德怀

"谁敢横刀立马,唯我彭大将军。"这是毛对彭的赞誉。在彭的眼里,毛是大哥、先生、领袖,他敬仰毛一直到生命的最后一刻

和毛泽东、朱德一样,彭德怀也有根深蒂固的农民情结,淳朴与憨厚、倔强与执拗、大爱与大恨多元组合的性格,有关羽式的忠,却又是在斗争中求统一,在探讨中求团结。

"谁敢横刀立马,唯我彭大将军。"这是毛泽东专门写给彭德怀的两句赞誉诗,也是彭德怀在毛泽东心目中不灭的形象。在彭德怀的眼里,毛泽东是大哥、先生、领袖。他自己说,他对毛泽东的认识,由革命队伍里的大哥,进而看作是自己的老师,最后尊之为崇敬的领袖。

毛泽东与彭德怀,在漫长的革命战争中结下了相当深厚的友谊。彭德怀对毛泽东的敬仰,一直到生命的最后一刻都没有改变。

毛泽东与彭德怀的政治关系,有过愉快的合作,也有难以弥合的裂痕,在政治风浪中曾产生几多历史误会。

彭德怀与毛泽东的交往,带有浓厚的朋友味道。转战陕北时,全党早已叫惯了"毛主席",唯独这位彭大将军不时还要直呼一声"老毛"。他可能是党内改口最晚的一位。举止真诚而随便的彭德怀和毛泽东谈起话来,也常常手势翻飞,声震屋宇,如打机关枪一般。而此时的毛泽东好像受到感染,谈兴大发,眉飞色舞,喜笑颜开,完全是老朋友"侃大山"。这种关系到庐山会议后,便一去不复还。此后彭德怀见到毛泽东,变得沉默寡言,甚至有些拘谨。

十大元帅中,有五位是毛泽东在井冈山时期的战友:朱德、彭德怀、林彪、陈毅、罗荣桓。彭德怀是五人中与毛泽东结识最晚的一位,但彭德怀对毛泽东早有敬佩之情,会师后,彭德怀自己说:"直接接触了毛泽东同志,使我对他更加敬仰"。

1930年10月,红一方面军在行动方向问题上发生了争论,毛泽东对中共

中央长江局军事部负责人带来的指示提出异议，建议红军东渡赣江，但彭德怀领导的红三军团多是赣江以西的人，多数人不同意执行毛泽东的命令，彭德怀坚决支持毛泽东的正确意见，在会议气氛相当紧张时刻，勇敢地站出来，果断地说："现在最要紧的是消灭进攻之敌，谁有意见，待过江后再讨论。我彭德怀是一定过江的，前委的决定是正确的，红军要打遍全中国，让全国工农弟兄都过好日子，不要只恋着自己家乡那块苏区。"

毛泽东后来常提到彭德怀这一关键性作用。1965年9月，受到错误批判后到西南当三线建委副总指挥的彭德怀，应邀来到毛泽东中南海的家，毛泽东再次谈到这个问题，说："在立三路线时，三军团的干部反对过赣江，你说要过赣江，一言为定即过了赣江。"彭德怀这次的"一言为定"，对红军粉碎蒋介石对中央苏区的第一次围剿有重要意义。

不久发生"富田事变"，有人挑拨毛泽东与彭德怀的关系，被机智的彭德怀发现，及时揭露了坏人的阴谋。这件事更增加毛对彭的信任。

历史性的遵义会议，彭德怀痛斥李德"崽卖爷田心不痛"，深切感到毛泽东的英明，那是他第一次参加中央的会议，彭德怀十分激动。

毛泽东与彭德怀政治关系的一个裂痕，是在遵义会议后不久。红一军团军团长林彪上书中央，要求毛泽东下台，让彭德怀指挥红军。毛泽东认为这是彭德怀鼓动林彪干的，在随后的会理会议，对彭德怀进行了严肃的批评。这个黑锅彭德怀一直背到1959年的庐山会议，直到这时林彪才声明那封信是他自作主张写的。但为时已晚，毛泽东认为彭德怀在这件事情上是不能原谅的。庐山会议，毛泽东认定他和彭德怀的关系，是三七开，合得来为三，合不来为七，与这件事不无关系。

彭德怀会理会议受到不公正待遇，可他并不计较。不久，张国焘企图利用这一点拉拢彭德怀起来反对毛泽东，要彭跟他一起干，被彭严辞拒绝。红军长征到达陕北，1935年10月彭德怀指挥红军击败追敌马家军的骑兵后，受到毛泽东的赞誉，毛泽东写下了开头提到的那首诗，赠给彭德怀，彭德怀把"唯我彭大将军"一句，改为"唯我英勇红军"。长征结束，毛泽东与彭德怀的至交也达到一个高潮。

受到毛泽东赞许的彭大将军，在抗日战争中被委以重任，先是担任八路军副总司令，随后又来到延安协助毛泽东、朱德、周恩来指挥作战。这段艰苦的

8年岁月，毛泽东与彭德怀的关系再次受到考验。震动中外的百团大战，彭德怀是前线总指挥，战绩辉煌，影响很大，但也有些缺点，带来一些副作用，又是在没有得到军委批准的情况下发起的。到1945年延安整风时，以此为导火线，彭德怀受到错误批判，会上有人提出彭德怀领导平江起义是"入股革命"，一贯反对毛泽东，执行王明投降主义路线，背着中央发动"百团大战"，帮了蒋介石的忙等等。那次彭德怀心里非常难过。但整风的结果，彭德怀仍受到重用，他已成为人民军队的杰出将才，中国共产党的著名领导人物。经毛泽东提议，彭德怀被选为中央政治局委员，与朱德、刘少奇、周恩来一起被任命为中共中央军委副主席，彭德怀还兼总参谋长，至1947年3月，彭德怀一直在中央军委协助毛泽东、朱德等运筹帷幄。

解放战争是毛泽东与彭德怀关系比较密切的时期，彭德怀依然称毛泽东为"老毛"。彭德怀临危受命，在延安陕北敌人重兵压境的危境中，率领不到3万兵力与25万敌人周旋，连打几个胜仗，一点一点把敌人吃掉，并创造了西北新式整军运动，深受毛泽东嘉奖。毛泽东从没忘记彭德怀在西北战场的巨大贡献，他多次说，彭用那么一点兵力，打败国民党胡宗南等那样强大的军队，简直不可思议！

抗美援朝及其以后的一段时期，是彭德怀一生中最为精彩的部分，也是毛泽东与彭德怀在政治关系、个人私交上最为融洽的时期。

彭德怀支持毛泽东等少数人的意见，主张出兵援朝，毛泽东点将，他又临危受命义不容辞。那一仗后，毛泽东和彭德怀成为世界公认的大军事家。1952年夏起，百战归来的彭德怀不断被委以重任，起先是任军委副主席主持军委日常工作，1954年9月，任国务院副总理兼国防部长，国防委员会副主席。同月恢复中共中央军事委员会，毛泽东任主席，彭德怀任副主席，实际上，毛泽东把党和国家关于军事方面的工作全部交给了彭德怀。这一阶段，二人的私人交往也颇多，彭德怀经常抽空到毛泽东那里"侃大山"，无所不谈，两个人的关系也比较亲密。

庐山会议，是彭德怀政治生命的转折点，并且是向坏的方向转，也是毛泽东与彭德怀个人关系恶化的开始。那次会议上，毛泽东问彭德怀："我同你的关系，合作，不合作，三七开，融洽三成，搞不来七成，三十一年，是否如此？"彭德怀不同意，勉强说是对半开，毛泽东坚持三七开。彭德怀被冠以多种罪名，撤掉国防部长职务，交出元帅服，挂甲吴家花园。

三年经济困难，毛泽东渐渐冷静下来，他对彭德怀的问题开始有个新认识，派彭去西南"三线"干些实际工作，将来还可以带兵打仗，以便恢复名誉，毛泽东亲口对彭说："也许真理在你那边。"毛与彭的关系有所缓和。

但好景不长，不到一年，"文革"开始，彭德怀首当其冲被批判。再遭厄运，毛泽东曾说彭德怀的问题"让历史做结论"。

从去"三线"后直到1974年11月29日病逝，彭德怀和毛泽东再也没有见过面，有很长一段时间，大约是8年时间，毛泽东和彭德怀都住在北京，同一个城市。

1978年12月，彭德怀一案彻底平反，沉冤昭雪。

三、毛泽东与林彪

林彪是毛最器重的将领之一。和平时期,"林副统帅"职务荣居高位,便露出了"真面目"。毛幽幽地说:"名曰树我,不知树谁人。"结果,林彪折戟沉沙,遗臭万年。

1972年1月,陈毅元帅的追悼会,毛泽东对西哈努克亲王说:"今天向你通报一件事,我那位'亲密战友'林彪,去年9月13日,坐一架飞机要跑到苏联去,但在温都尔汗摔死了。""我就一个'亲密战友',还要暗害我。阴谋暴露后,他自己叛逃摔死了。难道你们在座的不是我的亲密战友吗?"

十元帅中林彪最年轻,也是最受毛泽东器重的将领之一。从他上井冈山,直到"文化大革命"期间,不论是反对毛泽东,还是拥护毛泽东,毛泽东把林彪看作年轻人,赋予重任,青云直上,直至最后被党章法定为毛泽东的接班人。但林彪有他自己的想法和打算,职位越高,他的野心越膨胀,发展到抢班夺权,谋害毛泽东。

初上井冈山,经过黄埔训练,参加过南昌起义的林彪便崭露头脚,显示其超群的作战指挥才能,深受井冈山红军统帅毛泽东的信赖,从连长、营长、团长到纵队司令员,林彪的晋升没有沟坎。1930年6月,毛泽东把战斗力最强、井冈山锻炼出来的红四军交给了年仅24岁的林彪,林彪成了红军中最年轻的军长。

红军时期,林彪基本上还是支持和拥护毛泽东的战略意图,服从毛泽东的领导和指挥。但是林彪也经常提出一些问题,有时直接反对毛泽东。

上井冈山不久,国民党军不断向此地发重兵。毛泽东、朱德他们屡遭挫折,林彪便有些消极悲观,提出红旗能打多久,毛泽东写信对此提出严肃批评。1948年,正在东北指挥千军万马与国民党军决战的林彪向中央提出,希望公开刊行毛泽东这封信时不要提他的姓名,毛泽东同意了这个请求,于是人们在《毛泽东选集》里看到的是《星星之火,可以燎原》,指名批评林彪的地方作了删改。

遵义会议以后,毛泽东为调动敌人,带领中央红军和敌人兜圈子,并且打了不少胜仗,但部队消耗很大,这引起林彪的不快,他觉得应走捷径,牢骚满腹,便上书中央,请毛泽东、朱德、周恩来下台由三军团军团长彭德怀来指挥。毛泽东得知此事后,只是批评林彪说:"你懂得什么?你不过是个娃娃。"

直罗镇战役后,林彪对中央的路线表示不满,看到陕北尽是荒凉衰败的景象,很是悲观,他写信给中央,要求把红军主要干部调出,由他带到陕南去打游击,毛泽东看了信后,当即提出批评,认为林彪同中央有分歧,必须改变主意。但林彪仍坚持自己的意见,仍期待中央批准他去打游击战争。

但这一切都不妨碍他受到毛泽东的器重,在毛泽东眼里,林彪还是个年轻人,总觉得人才难得,所以北上挥师抗日时,毛泽东将一一五师交给了他和聂荣臻。林彪和聂荣臻不负毛泽东所望,平型关一仗旗开得胜,取得中国人民抗日以来第一个大胜仗。震动世界,林彪也成了抗日名将。不久,林彪被误伤,毛泽东派人将他送往苏联治疗。

林彪从苏联回国,毛泽东直接要他去西安、重庆见蒋介石,做点统战工作。自皖南事变后,国共关系降到抗战以来的最低点,毛泽东希望以此来改善两党关系,而林彪正好具备做这项工作的有利条件。第一,他是蒋介石的学生;第二,他又是举世闻名的平型关大捷的指挥;第三,他刚刚从苏联回国,有国际和苏联背景。1943年7月16日,林彪从重庆回到延安,毛泽东破例亲自到机场迎接,可见毛泽东对林彪的重视。毛泽东对自己有一个不成文的规定,对党外人士热情周到,对党内同志则不拘礼节,朱德总司令从前线回来,周恩来、任弼时从苏联回来,他都没有这样迎接,林彪一下车,毛泽东迎上去和他握手,拉着他回到窑洞去,毛泽东还亲自吩咐伙房为林彪搞饭吃,让他住在杨家岭,靠近他。

抗战胜利,毛泽东派林彪去掌握东北大局,担任东北局书记、东北民主联军总司令,虽说在打锦问题上他再三犹豫,但辽沈决战,以6.9万人的伤亡,歼灭国民党军47万多人,林彪、罗荣桓等人的杰出指挥,受到毛泽东的称赞。而在4年的时间里,东北解放军由10万人发展壮大成百万雄师,成为五大战略区中力量最为强大的一支。那时林彪有"东北王"之称。解放战争时期真正决定蒋家王朝灭亡命运的三大决战,有两大战役林彪担任了前线主要指挥者,然后，他又率四野挥师渡江，解放中南。

1950年8~9月间，研究商讨抗美援朝大计时，毛泽东希望林彪领兵出征，只是由于林本人不同意出兵朝鲜，推脱有病，才由彭德怀挂帅。1958年，国际形势骤然紧张，党中央、毛泽东把对战争的考虑摆到了重要位置。为此，在毛泽东提议下，林彪在当年5月被增补为中央政治局常委、副主席，上升为党和国家的领导人，与毛、刘、周、朱、陈（云）、邓一起被列为七大领袖，画像被并排挂在一起，群众称之为毛刘周朱陈林邓。毛泽东让林担任党的副主席，却并没有给他分配具体工作，而是让他好好养病，准备应付第三次世界大战。毛泽东高瞻远瞩，也说明他对林彪的军事才能何等看重。

庐山会议是彭德怀政治生命的转折点，也是林彪爬升的好机会，毛泽东召林彪上山。善于钻营、见风使舵的林彪推波助澜，毛泽东提议由林彪接替彭德怀的国防部长，并主持军委日常工作，从此，林彪既是党内领袖，又握有实际军权。到1968年，借"文化大革命"之机，林彪由1958年时的第六位，跃过陈云、朱德、周恩来、刘少奇而成为第二把手，借神化毛泽东和韬晦之计，成了"林副统帅"。

党徒日多，羽毛渐丰的"林副统帅"，企图在国家职务上荣居高位，能通过第四届全国大会，名正言顺地当上国家主席，使尽手段，导演庐山丑剧，被毛泽东识破，认为他们"大有炸平庐山，停止地球转动之势"。对于林彪神化毛泽东，洞若观火的毛泽东幽幽地说："名曰树我，不知树谁人。"

文的不灵，便动武的，林彪企图谋害毛泽东，为篡权可见其心之狠毒。最后叛逃外国。对此，毛泽东说："天要下雨，娘要嫁人，由他去吧。"结果林彪等人折戟沉沙，遗臭万年。

四、毛泽东与刘伯承

> 有"常胜将军"之美誉的刘伯承被毛泽东称为"龙下凡"。刘伯承深刻理解毛泽东的战略方针,打了许多胜仗,毛泽东说,刘伯承打仗是有功的

刘伯承被看作是中国"三个半"战略家之一,有"常胜将军"之美誉,常受命于危难之时。他一生戎马,数度出生入死,身体九处负伤,又都化险为夷。刘伯承被毛泽东称为"龙下凡"。

毛泽东和刘伯承在性格、秉赋、气质、才智、志趣、修养等方面,有许多相似或相近的地方。

毛泽东和刘伯承相识于1931年底。那一年,从苏联回国不久的刘伯承,由上海来到中央苏区,被毛泽东任命为红军学校校长兼政委,毛泽东希望他能把这所学校办成自己的"红埔",源源不断地向红军输送优秀指挥员。

但是不久,刘伯承做出一件让他检讨了一辈子的事,可谓一举手铸成一生恨。

8月上旬,苏区中央局前线同后方负责人发生了意见分歧。后方负责人要求红一方面军在强敌进攻面前,主动出击,攻城打援,取得速胜。周恩来、毛泽东、朱德、王稼祥等前线指挥者提出异议,致电说:"在目前敌情与方面军现有力量条件下,攻城打增援部队是无把握的,若因求战心切,鲁莽从事,结果反会费时无功,徒劳兵力,欲速反慢,而造成更不利局面。"10日上旬,宁都会议,苏区中央局成员全体出席,严厉批评前线的部署是"纯粹防御路线",是右倾,毛泽东是否留在前方成为问题,会上发生了激烈争论,周、朱、王坚持将毛留在前方继续指挥,但多数人不同意。刘伯承支持了多数人的意见。不久,毛泽东离开前线,被撤销红一方面军总政委职务。当时,刘伯承也批评红军中有"游击主义",对中国革命战争的特点和规律,还缺乏全面正确的认识,此后反"围剿"战争实践,使刘伯承逐渐认识到毛泽东的主张是正确的。到遵

义会议前，他已完全赞同毛泽东的战略方针，支持和拥护毛泽东的领导。毛泽东对此并不计较。

但刘伯承自己却感到这是一次严重错误。后来1945年党的"七大"上，刘伯承主动解剖自己："从我本身上来说，我自己反省我的历史，我自入党那天起，就叫我'听招呼'。因为我是从旧军队里出来的，我自己晓得，我不是'既不能令，又不能受命'的这样一种人。……我在党内将近20年了，犯了一次严重的错误，就是宁都会议（四次'围剿'前中央召集的）。由于我政治上落后，单纯军事观点，从战术上看问题。所以对于当时的中央局的负责同志起了支援作用……这个错误促使我自己反省。"

毛泽东对刘伯承继续委以重任。1934年12月中共中央政治局召开的黎平会议，会上毛泽东等力主重新起用刘伯承当总参谋长，得到会议通过。随后，刘伯承在长征途中成了毛泽东在军事上的得力助手。特别是遵义会议后，毛泽东、朱德命刘伯承和聂荣臻一起，率中央红军先遣队，作为开路先锋，为后续主力杀出一条血路，刘伯承和聂荣臻不负毛、朱期望。突破乌江、智取遵义、抢夺娄山关、巧渡金沙江与小叶丹彝海结盟，顺利通过彝族居住区，尔后强渡大渡河，走通了石达开没有走通的路，受到毛泽东的高度评价，说：刘伯承是条龙，能把红军渡过江。

随后刘伯承和朱德一起同张国焘进行了顽强的抗争，拒绝承认张国焘的"中央"，因此而被张撤销了总参谋长的职务。

抗日战争爆发，刘伯承出任一二九师师长，一干就是8年。8年中刘伯承出生入死，打了很多漂亮仗，但也出过一些差错。1937年8月，中共中央为北上抗日，举行洛川会议，毛泽东提出了独立自主的抗日游击战争的正确战略。初次对日作战，缺乏经验，党内和军队内许多人对此没能深刻理解，以致华北军分会在《对目前华北战争形势与我军任务的指示》中，在战略指导方针上，提出了"运动游击战"的概念，这是与毛泽东提出的战略方针不相一致的。

刘伯承虽说不是这一概念的主要提出者，但作为华北军分会的成员，他多次主动承担了责任，检讨了一辈子。在庄严的"七大"上，他对此也作了深刻检讨。说："在我自己认识说来，我是不了解毛主席讲的，基本上应以游击战为主，而不放松有利条件下的运动战这个条件。我的错误就在于不了解游击战为主，运动战为辅。后来军分会那个小册子，又把运动战放在前头，游击战放在后头，叫做'运动游击战'。所以说对于毛主席的思想的了解是不清楚的，说把运动战放在前头就放在前头。……"

解放战争，是刘伯承一生中最为光彩的部分。1945年9月，毛泽东应蒋介石之邀，冒险去重庆谈判，刘伯承极不放心。为配合毛泽东的谈判，刘伯承和邓小平指挥晋冀鲁豫的部队，就手打了个上党战役。在战役动员会上，刘伯承说："……上党这一仗非打不可，而且必须打好。我们在这里打得越好，对毛主席在重庆的谈判就越有利，我们打得越好，毛主席就越安全。为了毛主席的安全，这一仗我们一定要打好。"

那一仗，整整用了一个月，共歼阎锡山的13个师3.5万人，击毙国民党第七集团军副总司令，生俘敌第十九军军长及5个师长等高级将领。

毛泽东回延安后，在《关于重庆谈判》的报告中，特别提到上党之役。他说："和平这一条写在协定上面，但是事实上并没有实现。现在有些地方的仗打得相当大，例如在山西的上党区。太行山、太岳山、中条山的中间，有一个脚盆，就是上党区。在那个脚盆里，有鱼有肉，阎锡山派了十三个师去抢。我们的方针也是老早定了的，就是针锋相对，寸土必争，这一回，我们'对'了，'争'了，而且'对'得很好，'争'得很好。就是说，把他们的十三个师全部消灭。"

国共两党的战略决战，始于东北的辽沈战役，帷幕开启则是毛泽东命名"刘邓大军"，千里跃进大别山。那是毛泽东宏伟战略计划的第一步，他把这一重担交给了刘邓，交给了"刘邓大军"。

战略决战的第二幕是淮海战役，毛泽东把这副重担压给了刘（伯承）、陈（毅）、邓（小平），压给了中原和华东两个野战军。60万对80万，一锅夹生饭，硬是让他们给吃下去了，毛泽东如是说。

新中国成立后，毛泽东和刘伯承的关系比较顺利，但也有波折。

最初他任中共中央西南局第二书记、西南军政委员会主席，不久中央和毛泽东准备调他进京，出任中国人民解放军总参谋长。有人向他透露了这一消息，他幽默而风趣地说："我年纪大了，跑不动了，还当啥子总参谋。总参谋长我已经当过四次了，总没有当好嘛！这次就不要再去当啰。我还是去办学校，搞教育，当教书先生吧！"他选择了办军校这一行。

毛泽东对此十分赞同，亲自写信希望他尽快到北京进行筹建。志愿军入朝作战第 4 天，毛泽东又给他发去急电："伯承同志，此间恩来、总司令、荣桓和我，希望你速来京主持筹建陆大，你意如何？"接到此电，正在交接工作的刘伯承再也坐不住了，把西南的繁忙公务迅速交结完毕，便登上了飞往北京的客机。

毛泽东对筹建第一座高等军事学府非常重视，指定周恩来具体负责，他自己对陆大（建立时改为军事学院）筹建作出指示。军事学院开学奠礼，他亲笔题词："努力学习，保卫国防"。以后又多次到学院视察。

1955 年，刘伯承来京出席党的会议，向毛主席反映：由于学员的不断扩大，学员人数不断增加，军事学院教员队伍已经出现严重缺额。在朝鲜停战和大军区改划之时，本想从全军选调，但未能如愿。因此，刘伯承请毛主席批准，从军事学院毕业学员和其他军队院校的毕业学员中间选留一批作教员。

毛泽东风趣地说："这个办法很好，但是，你为什么不早喊呢？"

刘伯承回答："我很早就喊了嘛！每次给中央和军委的工作报告，都论及此事。"

毛泽东说："你喊的声音还是不大嘛！"

刘伯承高兴地笑了，说："那好，以后我就大声喊。"

刘伯承回到南京真的喊起来，向中央军委和毛泽东递交了《关于军事学院情况及提请补充教员的报告》，他恳求说："为了解决学院教员队伍严重缺额的情况，请军委授我一个权力，不管是从哪里来的学员，只要学有专长，能胜任教学工作，我都可以选留教员。"

毛泽东很快就批准了这个报告。

军事学院成立 5 周年前夕，毛泽东在陈毅、谭震林、罗瑞卿等陪同下，来到军事学院视察并祝贺。他向刘伯承详细询问了学院组织、训练等方面的情况，亲切接见了院和各部、学、教授会的领导干部，并让刘伯承一一介绍，他一一握手。接见后，毛泽东即席讲话，高兴地对大家说，党中央派刘伯承当军事学院院长是知人善任。希望大家在刘伯承领导下，把军事学院办得更好，把培养训练全军中、高级干部的工作做得更出色。

毛泽东还兴致勃勃地视察了校园。当他看到院内有一个设备完善的室内游泳馆时，立刻"游兴"大发，入水畅游一个多小时。出水后，他兴犹未尽，很认真地对刘伯承说："传达我的命令，大将除外，从上将到少校，都要学会游泳。明年和我一起横渡长江。"

1958年的那场反教条主义风波，国防部的一纸报告，使毛泽东错误地将刘伯承批评为教条主义者。

1959年9月，中央军委成立战略小组，经毛泽东提议，任命刘伯承为组长，刘伯承又成了中央军委和毛泽东的好参谋。毛泽东对刘伯承的身体十分关心，1972年刘伯承双目失明后，健康状况日渐下降，不得不住院进行长期治疗，因个别医生诊断失误，药不对症，致使病情逆转。毛泽东得知后亲自过问，委托周恩来立即妥善处理。1973年，毛泽东在一次谈话中指出，刘伯承打仗是有功的。这可谓给他们之间的关系画上了一个圆满的句号。

五、毛泽东与贺龙

毛泽东称"贺龙是一位聪明的同志。"贺龙总是尊称毛泽东为"毛大帅",他们的关系一直很和谐,很融洽

十大元帅中,贺龙与毛泽东相见最晚,但直到"文革"开始后不久,毛泽东与贺龙的关系却一直很和谐,很融洽,贺龙总是尊称毛泽东为"毛大帅",贺龙给毛泽东的印象是:"贺龙是一位聪明的同志"。

毛泽东与贺龙,相识于长征结束后三大主力红军在陕北的会师。

在相见以前,两位红军领导人在心里已非常熟悉。可以说,毛泽东知道贺龙这个人,在十大元帅中又是最早的。1916年贺龙组织农民起来造反,用两把菜刀闹革命,成立护国军独立营,率领队伍占领县城,开仓分粮,使受苦受难的农民度过了春荒。贺龙的英雄事迹在湖南乃至全中国都产生了很大影响。

当时,正在长沙读书的毛泽东十分佩服贺龙,他认为贺是一位传奇式的人物,一位农民起义军的领袖和英雄。到后来毛自己领导秋收起义,进行"三湾改编"时,还用贺龙两把菜刀闹革命的故事鼓舞士气,可见贺龙的事迹对毛印象之深。这也奠定了两个人亲密交往的基础。

名扬四海的英雄贺龙,对毛泽东的名字和事迹也早已熟知,他对毛泽东十分敬仰。贺龙自己说,他投奔共产党干革命的原因之一就是"对毛主席的敬仰"。他说:"自从1916年以后,在我湖南人中就听说有毛泽东,诲人不倦,常与青年学生或群众讲话,湖南的学生都说毛泽东是天才,是革命领袖,而和我说这些的人,又是我们县里有学问的人。因而我对毛泽东敬仰得很,认为他是一个了不起的人物。"在中国共产党成立之前,毛泽东和贺龙已彼此了解,互相敬慕不已。1931年初,贺龙又说:"我是有'老板'的,我的'老板'就是中国共产党,就是朱(德)、毛(泽东)、彭(德怀)、黄(公略)。"贺龙已把毛泽东、朱德等视为红军的领导人。

1936年7月,贺龙、任弼时率领红二、六军团长征抵达四川甘孜,与红四

方面军会师，随后按中央指示，以红二、六军团组成红二方面军，贺龙任总指挥，并得知了张国焘的分裂罪恶，张国焘派人给他和红二方面军送去《国焘讲座》反党小册子。被他烧毁。他极力反对张国焘的分裂活动，对二方面军的干部说："我们大家都要听毛主席的，跟着毛主席的脚步走。谁要不听从毛主席，反对毛主席，他是天王老子也不行。"三个方面军会师前，贺龙兴奋极了，十分动情地说："这下子真要见到毛主席了，以后的路就好走了。我们都集合在毛主席的大旗下面，革命一定会发展，一定会胜利。"不久，这两位神交已久的风云人物终于相会了。

三军会师不久，"西安事变"爆发，毛泽东主持召开党和军队主要领导人会议，研究处理方针和策略，许多人都很激动，要求杀掉蒋介石。毛泽东说："不能杀。绝对不能与国民党再打起来，无论如何也不能打，要和平解决。"贺龙双手赞成毛泽东的主张。事后，贺龙每每回忆起当时的情景，就对毛泽东的高见表露出由衷佩服。

抗日战争，贺龙率八路军一二〇师挺进晋绥边区敌后，威震敌胆，战功卓著。但贺龙总说："这是因为我们的毛大帅有本领。"贺龙时刻想着党中央和毛泽东，为帮助"毛大帅"解决延安的经济困难，贺龙不断从敌后收集物资，送往延安。毛泽东对这种顾全大局的高尚风格大加赞扬。延安整风时，针对王明执行错误路线，贺龙公开发言说：王明是个学生，他懂什么？他再骑在毛主席的头上，我就要打倒他。他还提出：毛泽东方向就是我们党的方向。这个讲话轰动了整个延安。

当时，陕甘宁边区受到南面、西面的国民党顽固派和东面日寇的三面威胁，党中央、毛泽东决定组建陕甘宁晋绥五省联防军令部，统一领导指挥五省内的八路军，保卫陕甘宁、保卫党中央，同时坚持晋绥抗战。主持如此大的局面，非有大将之才难以胜利，毛泽东选中了贺龙，任命他为陕甘宁晋绥联防军司令员，并既认真又玩笑地摸着自己的脑袋对他说："党中央和我的这个就交给你了。"

抗战胜利后，毛泽东冒险去重庆和蒋介石谈判，远在晋绥前线的贺龙对毛泽东的安全极为担心，一向睡眠很好的贺龙，一连几夜失眠，多次打电报给朱德等中央领导人，表示他的忧虑："毛泽东主席赴渝安全有无保证，我们不明了情况，望告之。"朱德等回电说：毛泽东赴渝谈判完全必要，安全保证也是有的。又说，目前，在前线最能配合与帮助谈判的事情，就是在自卫原则下打几个胜仗。希望能组织一两次胜利的战斗，以配合毛主席的谈判。

早在决定去重庆之前，毛泽东在延安对贺龙谈了他的打算，贺龙一直认为这是蒋介石的一种阴谋诡计，他非常担心毛泽东赴渝的安全，毛泽东赴渝前，致电告诉他："你所打的胜仗越多，谈判成功的可能性就越大，我回延安的可能性也就越大。"所以，这次看到朱德等人的回电，贺龙当即表示："好哇，我们相信中央的判断，现在，我们能做的，就是争取打几个好仗，用实际行动配合毛主席去重庆。"

1946年8月，国民党军队派飞机轰炸延安，身在前线的贺龙十分担心中央、毛泽东的安全，致电毛泽东和朱德说："惊悉国民党飞机轰炸延安，晋绥军民群情激愤，都认为这是国民党反动派对我整个解放区及全中国人民宣战，为其实行全国性内战之警号，龙等誓率全边区500万军民，在你俩正确领导下为人民利益坚决自卫，必使和平民主实现而后已。特电谨致慰问。"

1947年3月，陕北形势吃紧，毛泽东把整个陕北的后方保障托付给了贺龙。当时，毛泽东和中央的生活异常困难，也很危险，有一段时间，毛泽东等人只用黑豆充饥。贺龙在晋绥地区的条件也极其艰难，但他一直惦记着毛泽东。当从战场上缴获到两匹好马后，立即派人送给毛泽东，供毛泽东行军时作坐骑。有时同志们给他搞到一点腊肉，或为他捉到一两条鲜鱼，他都舍不得吃，立即派人过黄河送给毛泽东。一次他带病出席中央会议，出发前，贺龙让警卫员找出水果糖，并对他说："毛主席离开延安，整天和敌人周旋，生活一定很艰苦。你把这包水果糖带上，送给主席。"这1斤水果糖是1年前有位同志特地送给贺龙的，他一直舍不得吃。保存一年送给了毛泽东。

1948年3月，毛泽东率中央机关，东渡黄河，前往河北，途经山西，来到晋绥军区贺龙的司令部。贺龙得知后立即率边区领导人前往迎接。他把自己住的窑洞腾出来，让毛泽东休息和办公用。贺龙陪毛泽东给晋绥解放区高级干部讲话，开座谈会，观看文艺节目。贺龙亲自布置会场，甚至毛泽东用的桌子椅子他都亲自试试，看行不行，每天晚上，贺龙亲自带领警卫战士，为毛泽东站岗放哨，一直守护在毛泽东的身边。

贺龙对毛泽东怀有一颗忠心赤胆，真心实意地崇敬毛泽东。信仰毛泽东思想，毕生维护着毛泽东的最高权威和领导；毛泽东对贺龙十分器重，对他的才能十分欣赏。1948年夏，贺龙从西北来到西柏坡参加中央召开的财政工作和政治局会议。有一次，在谈论对待富农的政策问题时，毛泽东指出，贺龙同志对个别问题的看法有片面性，希望他好好地、全面地考虑问题的实质。几天后，贺龙专门到毛泽东那里深谈了一次。毛泽东彻底弄清了全部问题和贺龙的思想情况，一再对同志们说："贺龙是一位聪明的同志。尤其是他坦率、直爽、不隐讳；知错就纠，知过就改。"一直到进入北京后，毛泽东还多次说过："贺龙是一位聪明的同志。"

新中国成立后，毛泽东更加爱护和器重贺龙。贺龙先后担任西南军区司令员、国务院副总理、中央军委副主席、国防委员会副主席、国防工委主任、国家体委主任。1959年的庐山会议，毛泽东对贺龙作了很高的评价，说贺龙对敌斗争坚决，忠于党，忠于人民，有这三条就好。这三条不能驳，对人民有功。随后中央组成新的军委，毛泽东为军委主席，设三个副主席，贺龙为第二副主席。1960年，林彪因病请假，毛泽东委托贺龙主持军委日常工作，直至"文化大革命"开始。这段时间贺龙同毛泽东一直保持融洽关系，贺龙因工作成绩显著，常受到毛泽东的赞赏，并常常伴随毛泽东左右。1964年，为贯彻毛泽东关于加强部队军事训练的指示，在贺龙主持下全军开展了大练兵运动，取得了丰硕成果，毛泽东在一份反映比武情况的简报上批道："此等好事，能不能让我也看看。"6月中旬，贺龙陪同毛泽东、周恩来、朱德等领导人观看了部队射击表演。毛泽东看后兴犹未尽，问贺龙："有夜间的吗？"贺龙答道："现在每个团都有'夜老虎连'。晚上就看'夜老虎连'的表演。"毛泽东点点头说："好，就是要搞夜战，搞近战，训练部队晚上行军，晚上打仗。"毛泽东看了"夜老虎连"的表演后，十分满意，亲自找贺龙谈了几次，指示要在全军推广"尖子"的经验，并赞赏贺龙主持军委工作以来搞得好。

同年10月，苏联领导人赫鲁晓夫下台。11月，应苏共中央和苏联政府的邀请，以周恩来为团长、贺龙为副团长的中国党政代表团去苏联参加十月革命纪念活动，以改善日益恶化的中苏两党和两国的关系。可是苏共领导却继续坚持反华政策。7日晚，贺龙穿着漂亮的元帅服与周恩来等一起出席苏联政府在克里姆林宫举行的国庆宴会。席间，苏联国防部长马利诺夫斯基先是向周恩来挑衅，碰了钉子。随后又走到贺龙面前，别有用心地对贺龙说："贺龙同志的元帅服很漂亮，这已经不像当年的布棉袄了。"贺龙说："还是当年的棉衣好，我舍不得它!"马利诺夫斯基放肆地说:"我也认为棉衣好,元帅服是浮华虚饰。我们的元帅服被斯大林玷污了,你们也会把毛泽东搞掉的,只是时间未到。"贺龙听后,勃然大怒,眼睛一瞪,指着对方的鼻子反驳说:"你的话完全是错误的,我根本不能同意……"说完气愤地走到周恩来身边,报告了刚才马利诺夫斯基的言行。周恩来立即让人找来米高扬,严辞指出:马利诺夫斯基是在胡说八道。米高扬当即表示:"这绝对不代表我们的路线。他多喝了几杯酒,才说这样的蠢话。……"第二天,苏共主要领导人勃列日涅夫等拜会中国代表团时,中方郑重提出:马利诺夫斯基在宴会上的挑衅,是对中国人民伟大领袖毛泽东同志的侮辱,是对中国共产党、中国人民和中国党政代表团的侮辱。这种事连赫鲁晓夫在位时也未曾发生过。你们欢迎我们来的目的,是不是为了当众侮辱我们,要煽动反对毛泽东同志?要知道,这根本是妄想,丝毫不能损害毛主席在中国党内的崇高威望。勃列日涅夫再次以中央委员会的名义向周恩来、贺龙道歉,并一再声明:这绝不代表苏共主席团的看法,并让马利诺夫斯基向中方正式道歉。周恩来、贺龙表示,你们说马利诺夫斯基是酒后失言,我们认为是"酒后吐真言",他反映了一部分人的情绪,决不是一件小事。因此,必须先解决这个问题,才能谈及其他问题。为表示抗议,中国党政代表团提前回国。由于中国代表团坚持有理、有利、有节的斗争,维护了中国共产党、中国政府、中国人民和毛泽东主席的尊严,所以,当周恩来、贺龙率代表团回来时,毛泽东破例亲自到机场迎接。

贺龙被信任却遭到林彪的嫉妒,"文革"伊始,林彪便指使吴法宪写信给毛泽东,状告贺龙"要篡党夺权"。毛泽东相信贺龙,把他找到中南海,先把吴的诬告信拿给他看。毛笑着说:"我对你是了解的。我对你还是过去的三条:忠于党、忠于人民,对敌斗争狠,能联系群众。"贺龙看了信问毛:"是不是找他们谈谈?"毛泽东说:"有什么好谈的?我当你的保皇派。"

不久,由于林彪的诬陷,毛泽东偏听偏信,使贺龙受到了不公正的对待,贺龙被林彪一伙迫害致死,时间是1969年6月。对贺龙之死,毛泽东内心感到负有责任,1973年2月底他对张春桥说:"我看贺龙没有问题,策反的人,贺把他杀了。""我有缺点,听一面之词。"但张春桥既不向中央政治局传达,也不为贺龙平反。12月,八大军区司令员对调,毛泽东在军委常委扩大会上讲话,再次指示要为贺龙平反:"我看贺龙搞错了,我要负责呢。""当时我对他讲,你呢,不同。你是一个方面军的旗帜,要保护你。总理也保护他呢。""要翻案呢,不然少了贺龙不好呢。""都是林彪搞的,我听了林彪一面之词,所以我犯了错误。"1974年9月,毛泽东再次催问:"贺龙恢复名誉搞好了没有,不要核对材料了。"

在毛泽东一再催促下,1974年9月29日,中央发出了《为贺龙同志恢复名誉》的通知;1975年6月9日,周恩来总理抱病参加了八宝山贺龙骨灰安放仪式;1982年10月,中共中央专门下发文件《关于为贺龙同志彻底平反的决定》。

六、毛泽东与陈毅

> 毛泽东十分喜爱陈毅的气质、风度和才气，他们是很好的诗友。
> 陈毅在毛泽东面前无拘无束，毛泽东也能够与之敞开胸怀

陈毅元帅，文武全才，既是横刀立马的将军，又是享誉中外的诗人，一位颇具大将风度的外交家，一位具有诗人气质的儒将。毛泽东十分喜爱这个全才，他的气质，他的风度，他的才气。

毛泽东和陈毅的关系不同寻常。陈毅是毛泽东所喜爱的帅才，20世纪70年代毛泽东只参加过一次追悼会，那就是陈毅元帅的追悼会。

陈毅与毛泽东交往最随便，许多高级干部见到毛泽东总是毕恭毕敬，不敢随便说笑，而陈毅在毛泽东面前，从来不拘言笑，每次见面，陈毅总是来个立正敬礼，大声说道："报告主席，陈毅前来报到！"或者说："主席，我来了。"毛泽东一让座，将手一挥："坐么，坐下说。"陈毅就放开了，毛泽东的屋子便热闹起来，两人便海阔天空地聊起来，从工作、学习谈到历史、文学，他们还还是诗友，谈起诗来，自然更是投机。

陈毅是毛泽东面前最无拘无束的几个人之一，也是毛泽东能够与之敞开胸怀的不多的几个人之一。

陈毅和毛泽东一起共事45年，有一致也有分歧，甚至还有过争吵，但分歧的时候少，同一的时候多。

陈毅把与毛泽东等党的领袖人物长期共事看成是自己巨大的荣幸。1929年红四军第七次至第九次党代表大会期间，他就经历了对毛泽东在红军中的领袖地位由有所保留到竭诚拥护的转变过程，此后，在长期革命斗争中，他一直是毛泽东最坚定的拥护者之一，在晚年，他发现领袖意志与群众的利益发生偏离便勇敢地提出自己的意见。

陈毅是毛泽东在井冈山时期的老战友。那时，陈毅、毛泽东、朱德都是红四军党的领导人。1928年湘南"八月失败"，红四军争论四起，毛泽东、朱德

二人之间在有关红军的一些重大问题上产生了认识上的分歧。作为领导核心成员之一，陈毅对两位主要领导人的意见分歧采取了各打五十大板的中间立场。他的出发点是想造成团结对敌的局面，在客观上则形成对毛泽东正确领导的削弱，恰在这时，他又取代了毛泽东在红四军前委中的领导职务，"过渡内阁"的主持者。红四军"七大"后毛泽东离开部队，到三蛟指导后方工作。陈毅从上海"党中央训练班"回来，赞同毛泽东的主张，支持和拥护毛泽东领导指挥红四军，并说："我把他赶走的，我再把他请回来。"

1929年的古田会议，陈毅、毛泽东和朱德一起，共同维护了红四军党和军队的团结，巩固了毛泽东在红四军的领导地位。后来，陈毅自己曾谈到：领袖不是天生的，是在群众运动中锻炼成长由群众认识的，我就是这样，开始我并不认为毛主席是领袖，经过湘南失败，经过红四军"七大"，最后认识了毛泽东的正确。

在上海停留期间，中央组织部曾从人事关系出发考虑把陈毅调往别的地区工作，而陈毅却说：我要回福建去完成把毛泽东同志请回红四军的使命，以后则随时听从中央调遣，到哪里工作都行。古田会议之后，他把这一情况如实地向回到红四军前委的毛泽东作了汇报。毛泽东说：你哪里也不要去，就留在我这里工作。陈毅与毛泽东在艰苦的战争环境和健康的党内斗争中达成了真诚的理解和友谊，这在很大程度上决定了陈毅以后的命运，也决定了陈毅与毛泽东的亲密关系。

"富田事变"打"AB团"，陈毅被怀疑为改组派和社会民主党，只是由于毛泽东的信任和保护，才幸免于难。此后，毛泽东被剥夺过在红军中的领导权，在与张国焘的较量中度过平生最黑暗的时刻。被留下来坚持南方游击战争的陈毅也经历了九死一生的磨难，苏区处在白色恐怖之下，伤病交加的陈毅曾在草丛中潜伏了20多天，写下了著名的诗篇《梅岭三章》。

陈毅和毛泽东，自长征开始不久便失去联系，直到1937年抗日战争爆发，陈毅才从报纸上得到毛泽东和党中央的消息。在此期间，陈毅以"长夜无灯凝望眼"的诗句，来表达自己对党中央和毛泽东的思念。

新四军成立时，陈毅被任命为新四军军分会副书记、中共东南分局委员、新四军第一支队司令员。在新四军中，陈毅是坚决贯彻毛泽东正确路线的主要代表。1939年冬，毛泽东任命陈毅为新成立的新四军江南指挥部总指挥，统一领导指挥新四军江南部队。

不久,陈毅和副总指挥粟裕率部北渡长江,改为苏北指挥部,陈仍任总指挥。国民党军韩德勤欲将陈毅部消灭于立足未稳之时,苏北形势骤然紧张,毛泽东对陈毅部极其关怀,命八路军黄克诚部迅速南下,新四军五支队东渡运河前往增援,并指示陈毅部依托黄桥,坚持独立作战半个月,还指示中原局帮助和支援陈毅。陈毅根据毛泽东的指示,排除干扰,组织打了黄桥战役,歼敌1万余人,与八路军黄克诚部胜利会师。毛泽东对陈毅在苏北通过巩固和扩大统一战线,迅速打开抗日局面的成就给予很高评价,把陈毅的经验转发全军团以上干部学习。

"皖南事变"后,毛泽东任命陈毅为新四军代军长,刘少奇为政委。1942年,刘返回延安,由饶漱石代理政委。饶缺乏政治、军事经验,陈毅对这位代政委不太满意,饶漱石因此对陈毅怀恨在心。到1943年底,饶借整风之机,搞阴谋斗争陈毅,并给毛泽东发电报,说陈毅反对毛泽东,反对政治委员制度,要求撤换陈毅。陈毅如实向中央报告,并重新检讨了自己说话随便等缺点和错误。毛泽东信任陈毅,要他来延安汇报工作,并参加"七大"。

第二年春,陈毅抵达延安,和相别十年的毛泽东热情握手。见面后,陈毅要求毛泽东召开中央会议,谈一谈新四军的问题。毛泽东却给他浇了冷水,对他说:"如果你谈三年游击战争的经验,谈华中抗战的经验,那很好,我可以召集一个会议,请你谈三天三夜。至于与小饶的问题,我看还是不要提,一句话也不要提。关于这件事,华中曾经有个电报发到中央来。这电报在,如果你要看,我可以给你看,但是我看还是暂时不要看为好。"陈毅说:"那我就不看,华中的事也就不谈。"毛泽东满意地说:"我欢迎你这个态度。"

但陈毅心中的疙瘩并没有解开。几天后,善于知人的毛泽东对陈毅说:"经过一个多礼拜的考虑,我以为你的基本态度是好的。你现在可以给华中发一个电报,向他们作一个自我批评。我也同时发一个电报去讲一讲,这个问题就打一个结,你看如何?"陈毅诚恳地说:"这样好,我照办。"

当天毛泽东和陈毅一同发电报给华中,毛在电报中说,陈、饶争论属于工作关系性质,不属于路线的性质,这个问题已经解决了,不应再提。关于内战时期在闽西区域的争论,属于个别问题的性质,并非路线的争论,而且早已正确地解决了。关于抗战时期皖南、苏南的工作,陈毅是执行中央路线的,不能与项英同志一概而论。无论在内战时期与抗战时期，陈毅同志都是有功劳的，未犯路线错误的。

这年底，陈毅致信毛泽东，谈了来延安的感受，毛泽东看后非常高兴，回复称赞说："一切不公平之事，必须使之归于公平，以利团结对敌。有所见时，请随时告我。""你的思想一通百通，无挂无碍，从此到处是坦途了。随时准备坚持真理，又随时准备修正错误，没有什么行不通的。每一个根据地及他处只要有几十个领导骨干打通了这个关节，一切问题就可迎刃而解。"

从此以后，毛泽东对陈毅更为欣赏和器重。"七大"一过，毛泽东要陈毅重返华东，对他说：你到华东，什么事也不要做，只须待在司令部里下下围棋，摆摆"龙门阵"即可。毛泽东感到，将来要开辟华东战场，非陈毅压阵不可。陈毅欣然赴命。回到华东，有人问他对毛泽东的印象，他说：毛泽东进步太大了，我是望尘莫及。

1947年5月，陕北党中央和毛泽东最为困难的时刻，陈毅准备在华东发起孟良崮战役，中央和毛泽东也都认为，这一仗关系到华东乃至全国的战局，很快便回电批准了他的作战计划，但因陈毅正率部在行军途中，未能及时接到。毛泽东彻夜不眠等候回音。直到陈毅复电说已收到军委的电报，才放心去睡觉，并高兴地说："陈毅这个同志，只要接到命令，没有不全力执行的。"这一仗，全歼蒋介石的王牌部队整编第七十四师，大获全胜。不久，陈毅奉命到米脂杨家沟向毛泽东汇报华东野战军的工作。毛泽东对华东部队的作战很满意，对陈说："你们作战是可以放心的。"

此后，毛泽东点将，陈毅与刘伯承、邓小平指挥千军万马，从淮海决战到百万雄师过大江，为人民解放事业建立了不朽功勋。

新中国成立之初，毛泽东慎重考虑，任命陈毅为大上海一市之长，战场老将走进十里洋场，希望像当年全党抢东北一样接管上海，政绩突出。此后陈毅一直受到毛泽东和周恩来的器重。在解决饶漱石问题之后，毛泽东更加信任陈毅。1953年底，陈毅由上海到北京出席全国军事系统党的高干会议，到达北京的第四天，毛泽东把陈毅叫到玉泉山别墅去谈话，当问到陈毅所了解的饶漱石的情况时，陈毅顾虑已到中央任组织部长的饶漱石，便没有说真心话，毛泽东表情淡漠。告辞出来，陈向中央机关的一位主要负责人说起此事，被告之："主席问你，是为了听你说真实情况！"深有触动的陈毅当即返回毛泽东房里，向他说明自己的思想过程,然后把自己所接触所怀疑的饶的言行和盘托出。毛泽东听后变得高兴起来,点头欣赏。并把已掌握的高岗、饶漱石阴谋活动的情况告诉了陈毅。几天后又专门找陈毅去谈话,专谈高岗、饶漱石问题,主要是华东军政委员会主席任命一事。那是1949年10月,各大区都由司令员兼任大区军政委员会主席,毛泽东坚持让陈毅任华东军政委员会主席,陈感到自己是华东军区司令员又是上海市市长,已够忙了,推辞说让饶漱石来当。毛便让华东局讨论。由北京回上海后,陈毅向饶说明情况,饶说,你不担任我担任,未经华东局讨论,就用华东局名义报中央。后来,饶到北京,毛问起此事,饶撒谎说:华东局几个同志都不同意陈毅担任,只好由我来担任。

弄清这些情况,毛泽东风趣而深刻地告诫陈毅:"不要伤风",不要失去灵敏的嗅觉,要警惕非法活动。并说:"你推让,是不对的。谦逊并非在任何情况下都是好的。野心家就不让。让给他就使党受损失。"

4月1日,华东局扩大会议开幕,陈毅发言。后来毛泽东在中央会议上,当着众多的中央委员和政治局委员,表扬了陈毅的发言。这对毛泽东来说是个例外。6月22日,毛泽东专邀陈毅到玉泉山共进晚餐,谈论工作,气氛十分融洽。告别时,毛泽东对陈毅说:"路遥知马力,事久见人心。"

不久,陈毅到了中央,相隔24年之后,陈毅重新回到毛泽东的身边,成为新中国党和国家的领导人,而且是一身兼数职。可见,毛泽东对陈毅是多么信任。

"文革"期间,毛泽东多次保了陈毅。陈毅公开说:"我过去几次反对过毛主席,但比来比去,还是毛主席对,我决定跟毛主席走。"一次在天安门城楼上接见红卫兵,毛泽东和陈毅亲切握手,拉着他一起照相,然后说:"陈老总,我保你!"陈毅给毛泽东敬了军礼,回答说:"不用主席保,我能过关!我是共产党员,我靠我的工作,能取得群众的信任!"毛泽东点点头,满意地笑了。另一次,接见红卫兵,毛泽东拉着陈毅到休息室里,关切地问:"陈老总,最近怎么样?"陈答道:"主席,我有错误,历史上我反对过您两次。"毛泽东不等陈毅说完,摆了摆手说:"哎!你就是第三次反对我,我也同你合作!我保你!"陈再三表示:"主席,我要争取自己过关。"

后来毛泽东听了张春桥等人歪曲汇报,听了一面之词,有了"二月逆流"之说,再后来毛泽东又亲自为"二月逆流"平反,让周恩来、叶剑英通知病中的陈毅元帅。陈毅去世,毛泽东在审阅陈毅的悼词时,圈掉了"有功有过"四个字,在没有人提醒他何时为陈开追悼会的情况下,毛泽东拖着病体来到八宝山,清泪两行,沉痛地说:"我也来悼念陈毅同志,陈毅同志是一个好同志!""陈毅为中国革命、世界革命作出贡献,立了大功劳的,这已经作了结论了嘛!"还说:"林彪是反对我的,陈毅是支持我的。""他跟我吵过架,但我们在几十年的相处中,一直合作得很好!"

七、毛泽东与罗荣桓

毛泽东称罗荣桓是一辈子共事的人。罗荣桓追随毛泽东干革命，打天下，始终如一地拥护毛泽东的领导，直到生命的最后一息

1963年12月，弥留之际的罗荣桓元帅不断地重复说："我革命这么多年，选定一条，就是要跟着毛主席走。"

罗荣桓逝世的当天晚间，毛泽东在中南海颐年堂会议室召集会议听取汇报十年科学技术规划。开会前，毛泽东提议大家起立为罗荣桓默哀。默哀毕，毛泽东十分沉重地说："罗荣桓同志是1902年生的。这个同志有一个优点，很有原则，对敌人狠，对同志有意见，背后少说，当面多说，不背地议论人，一生始终如一。一个人几十年如一日不容易，原则性强，对党忠诚。对党的团结起了很大的作用。"

之后，毛泽东悲痛异常，数夜不眠，写下七律《吊罗荣桓同志》：

记得当年草上飞，红军队里每相违。
长征不是难堪日，战锦方为大问题。
斥鷃每闻欺大鸟，昆鸡长笑老鹰非。
君今不幸离人世，国有疑难可问谁？

毛泽东和罗荣桓的关系相当亲近，两人是知心的战友，毛称罗为一辈子共事的人。从秋收起义开始，罗荣桓就追随毛泽东干革命，打天下，始终如一地拥护毛泽东的领导，直到生命的最后一息。

毛泽东对罗荣桓非常了解，对他的工作能力、思想品质、为人处世非常熟悉，毛泽东对罗荣桓的评价很高，也很符合罗荣桓的实际。

抗战初期，罗荣桓被任命为八路军第一一五师政治部主任。开赴华北前线时，中央和毛泽东明令规定，家属不准随队前往。罗荣桓和林月琴刚结婚不

久，新婚燕尔，难舍儿女情长，八路军的高级将领同样如此。为此，毛泽东专门把罗荣桓的夫人林月琴找去谈话，向她介绍了罗荣桓参加革命的历史，对罗给予了高度评价，说，罗荣桓老实，原则性强。说到井冈山时期罗荣桓任连党代表，毛泽东解释说："为什么让荣桓去当党代表呢？就是因为他老实。"又说，他非常老实，可又很善于总结经验，他对是非、对正确和错误鉴别得特别分明。毛泽东接着说，在与王明"左"倾冒险主义错误的斗争中，罗荣桓表现了坚定的原则性，并且遭到撤职。虽蒙受冤屈，但他始终坚持共产主义的信念，仍旧老老实实地为党工作。毛泽东告诉林月琴说，罗荣桓能顾全大局，一向对己严，待人宽，政治工作就需要这样的干部。当然，老实人免不了受人欺负，这也没什么，历史总会正确地评定一个人的功过的。在世界上要办成几件事，没有老老实实的态度是不行的。马克思、恩格斯、列宁、斯大林是老实人，科学家是老实人。我们共产党人都要做老实人。最后，毛泽东关切地问林月琴：荣桓爱吃辣椒，你们一起生活是否习惯？并鼓励她说："长征路上你是宣传员，提着石灰桶刷标语，动员人家送郎参军，今天你自己要送郎上前线啰！"

罗荣桓一生老老实实追随毛泽东干革命，他憨厚忠诚，同时又善于坚持原则，是一个不可多得的帅才。1961年和1962年，毛泽东又两次谈到他和罗荣桓的关系，谈到他心中认识和熟悉的罗荣桓，并概括了十个方面。毛泽东说：

一、凡是我倒霉的时候，罗荣桓都是跟我一起倒霉的。

二、罗荣桓的品格，用十句话概括：无私利，不专断，抓大事，敢用人，提得起，看得破，做得完，撇得开，放得下。罗荣桓是同我一辈子共事的人。

三、山东只换上一个罗荣桓，山东全局的棋就下活了。山东的棋活了，全国的棋也就活了。山东把所有的战略重点线都抢占和包围了。只有山东全省是我们完整的，最重要的战略基地。北占东北，南下长江，都主要依靠山东。

四、罗荣桓在决定中国革命成败的地区，做好了决定中国革命成败的事业。

五、罗荣桓到山东的第一天，就想的是把山东全部拿回来，就想到为全国拿下来尽义务。

六、山东是执行中央十大政策的模范。罗荣桓一到山东，就在谁领导谁，谁团结谁，谁统一谁这个最根本的问题上，坚持正确路线。

七、罗荣桓在山东，一直抓依靠谁，团结谁，打击谁（的问题），什么是中心？就是发动群众，依靠群众，武装群众。

少奇同志到山东，支持的就是罗荣桓。

八、敌人蚕食了，是面向根据地，还是背向根据地，罗荣桓的翻边战术，不是战术，是战略。他掌握山东局面以后，敌人越蚕食，根据地越扩大。

九、罗荣桓是执行上级指示的模范，也是善于提不同意见的模范。百团大战不能说都不对；但是，罗荣桓不参加百团大战，集中力量抢占山东的地盘，这很了不起。罗荣桓领导的整风，把主要目的放在检查领导的思想作风路线，而且抵制了延安的"抢救运动"，这很难得。

十、罗荣桓最守纪律，连高岗都说，罗荣桓是党内的圣人，不敢找罗荣桓乱说。从高饶问题上看出，最正直的人，是罗荣桓、邓小平、陈云。

毛泽东这样评价一个将帅是很少见的。

毛泽东十分喜欢罗荣桓的为人，推崇他的人格，在生活上对他也非常关心和照顾。由于操劳过度，1942年冬在山东创建抗日根据地的罗荣桓患了严重的肾病，连续一个多月尿血不止，可他仍以顽强的意志带病坚持工作。在延安的毛泽东得知此事后，十分惦念，很快电示：身体重要，能否到新四军检查治疗？当时，陈毅的新四军条件比鲁南区强些，但仍是难以查出病因，便决定请示中央秘密到上海做彻底检查，中央复电同意。到第二天，突然接到毛泽东急电，提醒他们说：罗荣桓身上有枪疤，易被敌人发现，不宜去上海。这使罗荣桓十分感动，想不到毛泽东想得这样周到。

毛泽东一直惦记着罗荣桓的身体。1944年2月8日，他又专门写信去慰问，信上说："你的病况，中央同志大家关心。因来电所述病情甚为严重，故我们复电在山东医治，如不可能则去上海，实含若干冒险性质。究竟近情如何，是否完全不可能在山东医治，又是否完全不可能来延安而非去上海不可，如果去上海又如何去法，均望详告。"毛泽东像指挥作战一样无微不至地关怀罗荣桓的病情。工作第一的罗荣桓从心底感谢毛主席，他哪里也没有去，一边以超人的毅力同病魔作斗争，一边坚持繁重的工作。

1946年1月，奉党中央、毛泽东之命率部出关的罗荣桓病情恶化，毛泽东立即复电催他去医院检查，确诊为肾癌，必须做手术，当时在大连的苏军医院设备简单，不能做手术，毛泽东于1946年7月，亲自安排罗荣桓赴苏联莫斯科治疗,在克里姆林宫医院切除了长肿瘤的左肾。第二年6月,罗荣桓病未痊愈便赶回国内,先后任东北民主联军、东北军区副政委、东北野战军政委、第四野战军第一政委等职,参与指挥和领导东北解放战争。

平津战役结束后,罗荣桓正准备率部南下,由于高血压、心脏病、动脉硬化并发,只有一个右肾的罗荣桓,在同人谈话时突然晕倒。远在西柏坡的毛泽东闻讯后,立即派保健医生黄树则到天津为罗治病。毛专门给罗荣桓写了一封亲笔信,交黄带去。毛泽东在信中嘱罗荣桓在天津安心养病,暂不要南下,留得青山在,不怕没柴烧。黄见到罗荣桓后,立即向他转交了毛泽东的亲笔信。罗荣桓一见是毛泽东的亲笔信,立即拆阅,深为毛主席的关怀所感动。不久,罗的身体有了相当的恢复,第一个国庆节,毛泽东和罗荣桓共上天安门城楼,参加开国大典。

建国后,日理万机的毛泽东一直关心着罗荣桓的健康。1950年9月20日,毛泽东在罗荣桓署名上报的一份干部任命报告上写道:"荣桓同志,你宜少开会,甚至不开会,只和若干干部谈话及批阅文件,对你身体是否好些,否则难于持久,请考虑。"

1963年12月,罗荣桓病重,不久病危,毛泽东和刘少奇、朱德、陈云、邓小平对他的病情都非常关心,指示医院大力组织抢救。罗荣桓逝世三天后,毛泽东带领刘少奇、朱德、董必武、邓小平,以及在京的政治局委员、书记处书记、人大常委会副委员长、副总理、政协和国防委员会副主席以及解放军的高级将领,来到北京医院,向一辈子共事的亲密战友的遗体告别。

八、毛泽东与徐向前

　　毛泽东十分欣赏徐向前的军事才能，对他的功绩大加称赞。毛泽东对他的评价是："好人！好人！"

　　徐向前兼容书生与武将的内在气质，文雅、谦和，又坚韧、勇猛，在战场上所向披靡，是一个天才的军事家。"文革"时期。一向以"沉稳、内向、含蓄"著称的徐向前与林彪、江青一伙针锋相对。毛泽东对他的评价，是那种日久见人心的感觉："好人！好人！"

　　徐向前与毛泽东相见于1935年6月，那时徐向前是红四方面军的总指挥。1935年5月，徐向前等率红四方面军在理番，得知毛泽东等人率领的红一方面军即将在这里与红四方面军会师，心里非常高兴和激动，徐向前对毛泽东提出的"枪杆子里面出政权""农村包围城市"等著名理论早已熟悉，他从心底佩服和尊敬毛泽东。

　　为迎接毛泽东等率领的中央红军，徐向前领导组织部队准备了丰富的粮食和物品，他代表红四方面军领导人起草了致毛泽东等人的信件，详细介绍了川西北的敌我态势，并派一个警卫班前去送信，并嘱咐说："信一定要送到毛主席手里。"

　　7月中旬，两军会师不久，徐向前在芦花第一次见到毛泽东。虽说遵义会议后的几个月中中央红军人困马乏，毛泽东他们各个破衣烂衫，但毛泽东的安详大度，他那高超的军事艺术、严谨的工作作风，给徐向前留下了深刻的印象。当时，作为一支大军的统帅，毛泽东十分欣赏徐向前的军事才能，对他的功绩大加称赞。毛泽东十分关心敌情，详细询问徐向前，徐向前把周围敌人的兵力部署、各敌的作战特点及装备情况，一一作了介绍。为表彰徐在四方面军的杰出贡献，毛泽东代表中央政府亲自将一枚红星奖章授予徐向前。

　　会师后，徐向前对张国焘与中央、毛泽东的矛盾没有一点心理准备，但他同意毛泽东提出中央确立的北上战略方针，而当张国焘准备动手，毛泽东率部北上时，徐向前毫不迟疑地说道："哪有红军打红军的道理！"可谓字字千钧，避免了一场悲剧。

1936年10月，红军三大主力会师会宁，按照党中央先取宁复，后取甘西，打通苏联，实现西北抗日战争新局面的战略部署，徐向前奉中革军委命令率部西征。历经千辛，1937年6月中旬，徐向前只身一人回到延安，经毛泽东、朱德亲自安排，住在旧城东北角的一座窑洞里，距毛、朱住地不远。

毛泽东很快接见了徐向前。拉着他的手，亲切地说："向前，你受累了，辛苦，辛苦。祝贺你顺利归来！"说着，递给他一支烟，两人在轻松自然的气氛中交谈起来。

为了不勾起徐向前的惨痛回忆，对西路军奉命西征和失败这件事，毛泽东只简单地问了一下，但徐向前把他要说的话、自己的认识，都讲了出来。他是在代表西路军全体将士而不是代表他一个人向党中央汇报。他讲得很具体，也很实在，毛泽东听得很认真。讲起西路军的失败，徐向前心情极为沉重，他勇敢地讲了自己的责任。毛泽东十分理解徐向前，安慰他说："不要难过，留得青山在，不怕没柴烧。你能回来就好，有鸡就有蛋。"还说："西路军的广大干部和战士是英勇的，顽强的，经常没有饭吃，没有水喝，伤员没有医药。他们没有子弹，靠大刀、矛子就和敌人拼命，这种革命精神永远也不要丢掉。"告辞的时候，毛泽东再三告慰说："你好好休息一下，熟悉一下延安……"

洛川会议后，徐向前被任命为一二九师副师长。毛泽东给了他一项特殊使命。会议一结束，毛泽东就对他说："你是山西人，和阎锡山是同乡，下一步，你和恩来同志去太原，做做阎锡山的工作。"徐向前欣然受命。

1943年初春，毛泽东找到正忙于抓春耕生产的徐向前，他已是陕甘宁晋绥联防司令部副司令员兼参谋长。毛泽东对他说："向前同志，你去办抗日军政大学，怎么样啊？"徐向前认为自己没有办学经验，希望派别人去，但最后他还是愉快地服从了毛泽东的安排，成了抗日军政大学的校长，出色地完成了任务。

抗日战争胜利前夕，久战沙场的徐向前病倒了，毛泽东亲自到医院来看望。徐向前请求似的对毛泽东说："主席，日本鬼子快投降了，再不让我打仗就没仗可打了！"毛泽东亲切地安慰说："身体还未痊愈，还是继续安心静养，以后国民党是不会叫你闲着的。"1945年冬天，在病床上度过一个又一个危险关头的徐向前出院后，作为毛主席的客人，住到延安枣园，有时和毛泽东、朱德等中央领导人一起散步，讨论时局，商讨大计。1948年初春，大病初愈的徐向前出现在晋南前线的临汾城下，在此后两年多时间里，徐向前指挥数万之旅，对阎军作战，歼敌 25 万人，解放了山西全境。毛泽东对徐向前在战争中的创造、对他的指挥艺术，多次给予通报嘉奖。特别是在晋中战役中，以 6 万人对敌人 10 万人，消灭敌人 20 个团，受到毛泽东称赞。1948 年 9 月中央工作会议上，毛泽东见了徐向前特别高兴，对徐向前说："快快说，你们是怎么用 6 万人把 10 万人消灭的。"徐向前说："我们是按照你的思想嘛。"毛泽东说："不是靠我的思想，是你们打得好！"在此期间，徐向前的身体时好时坏，毛泽东对此极为关心。

1948 年 11 月，徐向前又病倒了，毛泽东在军委给徐向前的复电上又加上一句："如病情严重，应来中央医院，至要。"并委托周恩来指派四人医疗小组到前线为徐向前治疗。11 月 29 日，毛泽东代表全体中央政治局常委，起草致徐向前的电报："闻病极念，务望安心静养，不要挂念工作，前方指挥由周、胡、陈担负，你病情略好能够移动时，即来中央休养，待痊愈后再上前线。总之，治疗与休养是第一等重要，病好一切好办。"

新中国成立后，徐向前被任命为解放军总参谋长，并任华北军区副司令员，一直受到毛泽东的关怀和器重。1951 年 5 月，在征得医生同意后，毛泽东指名要徐向前出访苏联，去完成一项特殊使命。毛泽东把徐向前召到中南海，一见面便关切地问："近来身体好一些吗？我看气色比上一回好一些喽！"徐向前回答道："天气一暖和，就好多了。我感到可以工作啦。"毛泽东微笑着说："那你就作一次长途旅行吧，跑得远一点，坐趟火车去莫斯科。好像你还没有出过国吧，以前我也没有出过国，前年底去莫斯科住了两月，还是头一回哩，那是冬天，很冷，现在已经是立夏，你去身体不要紧吧？"徐向前十分感动地说："没有问题，请主席尽管放心，交给我任务，一定努力完成。"毛泽东向他讲了中央的决定和意图，要他去苏联谈判：一是购买武器装备；二是多搞点技术项目，发展自己的兵工厂。徐向前深感责任重大。他努力克服种种困难，出色完成了这项特殊任务。

"文革"之初，徐向前被毛泽东任命为全军文革组长，推进历史的旋涡，后来又成了所谓"二月逆流"的主角。但"疾风知劲草"，毛泽东在斗争中识别了林彪，也理解了包括徐向前在内的一大批老一辈革命家，为"二月逆流"平了反。在中南海接见各位老帅时，毛泽东握着徐向前元帅的手，满怀深情地连声说："好人！好人！"

九、毛泽东与聂荣臻

有"两弹之父"之称的聂荣臻深得毛泽东的信赖。革命时期的紧要关头，聂荣臻总是支持毛泽东的领导地位，这使毛泽东一生十分感动

曾是黄埔军校教官的聂荣臻，驰骋沙场，百战不殆，屡建奇勋。新中国成立后，被委以重任，曾任国务院副总理，主管国防工业，深得毛泽东信赖。

聂荣臻于1931年12月离开上海的中共中央机关，来到瑞金，在那里见到心中一直敬仰的毛泽东，从此，他便始终在毛泽东的直接领导下工作。起初，他在毛泽东领导的红一军团担任政治委员，与林彪搭档。长征中，他又与刘伯承率领中央红军先遣队，受毛泽东、朱德、周恩来的直接指挥，此后几十年的岁月，聂荣臻始终受到毛泽东的器重。

红军时期，聂荣臻逐渐显露出他的杰出军政领导指挥才能，并且始终维护毛泽东的领导地位，钦佩毛泽东，使毛泽东深为感动。

漳州战役，毛泽东直接指挥红一军团，聂荣臻沉稳而勇敢，与林彪通力合作，取得重大胜利。那一次，是聂荣臻第一次在毛泽东的直接领导下带兵打仗和做群众工作。之后，毛泽东制定了严格的群众纪律，给聂荣臻以深刻影响，聂荣臻坚决拥护毛泽东制定的纪律，并在实践中坚决贯彻执行，为此，还和林彪吵了一架。他从毛泽东那里学到了许多战术上的东西，也深刻理解了毛泽东提出的战略思想，在跟随毛泽东进行东征的作战中，对毛泽东的战略策略思想和指挥艺术十分佩服。同年10月，毛泽东被免去红军总政委职务，排挤出红军领导岗位，聂荣臻对此深感不平和忧虑。

长征中，红军突破敌人四道封锁线后，由出发时的8.6万多人锐减至3万多人。因脚伤坐担架随中央纵队行军的聂荣臻，一边行军一边思考前途问题，认识到：只要毛泽东的主张得势，革命就大发展。不让毛泽东出来领导，红军就很难摆脱被动局面。他和王稼祥交换这些意见，两人都认为：博古、李德等

人不行，必须改组领导。王稼祥提出："应该让毛泽东同志出来领导。"聂立即表示："我完全赞成，我也有这个想法。"遵义会议，聂荣臻发言支持毛泽东出来领导。

遵义会议后不久，林彪带头倡议要撤换毛泽东时，聂荣臻对林提出严肃批评，并竭力阻止他。这些事情给毛泽东留下了深刻的印象。

8年抗战期间，聂荣臻长期独立领导一个大战略区的党政军群工作，坚决贯彻执行毛泽东提出的一系列方针、政策和指示，充分发挥了自己的聪明才智，深得毛泽东的信任和器重。

出师平型关大捷，聂荣臻和林彪一样成为抗日名将。1937年11月，毛泽东任命聂荣臻为晋察冀军区司令员兼政委，率一一五师一部共3000人开辟晋察冀敌后抗日根据地。他遵照毛泽东关于坚持独立自主的山地游击战方针，领导边区军民英勇斗争，很快打开了边区斗争局面。1938年10月延安举行六届六中全会，毛泽东和大会主席团向聂荣臻和边区军民发电慰勉称赞说："依靠全党全军的努力，已经创造晋察冀边区成为敌后模范的抗日根据地及统一战线的模范区。这些都在华北抗战中已经和将要尽其极其重大的战略作用，而且你们的经验将成为全党全国在抗战中最有价值的指南。"毛泽东在会上高度评价和大力宣传聂荣臻在晋察冀创造的经验。

1939年1月，聂荣臻写出约10万字的晋察冀初创时期的情况报告，送给毛泽东和党中央，毛泽东对这个报告大为赞赏，决定把它单独成书出版，还亲题书名《抗日模范根据地——晋察冀边区》，并与朱德、王稼祥分别为这本书作序。毛泽东写信告诉聂荣臻说，这本书"十分宝贵"，准备在延安、重庆两处出版。

1943年9月，聂荣臻奉中央之命赴延安参加整风运动和党的"七大"。临行前，毛泽东特地急电聂荣臻，嘱他带一支部队，兵力起码400，以确保路上安全，这使聂荣臻内心充满感激。聂抵延安后，毛、周、刘、朱和任弼时、彭德怀等都亲自前来看望，久别重逢，很是高兴和激动，聂扼要汇报了几年来晋察冀的工作情况，毛泽东听后表示非常满意。

解放战争，聂荣臻一直领导华北地区党和军队的工作。1947年毛泽东率昆仑纵队转战陕北，聂荣臻时刻惦念着毛泽东的安全。1948年4月11日，毛泽东率中央机关来到聂荣臻的驻地，河北省阜平县城南庄。听说毛主席要来，聂荣臻立即派晋察冀中央局副秘书长周荣鑫带精干人员，赶到五台去迎接，他亲自走到村外五六里远的地方去等待。聂荣臻将自己住的房子腾出来，给毛泽东住。他和毛同住在一个小院里，每天都有接触，经常谈一些问题，有一次越谈兴致越浓，以至作了通宵长谈。两人从战局谈起，讲到王明路线、遵义会议、土改问题、晋察冀的经验以及建国后的设想。谈至午夜时分，一向不大喝酒的毛泽东，要聂荣臻搞一些酒来，二人边饮边谈，心情十分畅快。

这之后的一天，毛泽东问聂，因为他的身体不太好，斯大林要他去苏联休养，他是去好，还是不去好？聂荣臻想了想说："斯大林邀请你去莫斯科，这固然是一番好意，如果主席要去的话，我们可以护送到东北。但是，如果主席征求我的意见，我觉得还是不去为好。因为根据现在的情况，护送主席到东北，一般说没有问题。不过处在战争环境，难以有绝对把握。其次是你现在的健康状况已经相当差，再长途跋涉，就更不利，请主席三思。"后来，毛泽东决定不去苏联。

毛泽东在城南庄期间，发生了敌机轰炸事件，这让聂荣臻想起来就有些后怕。5月初的一天早晨，有几架敌机突然降临城南庄上空，聂荣臻快步走到毛泽东的房间，见他身穿蓝条毛巾睡衣正躺在床上休息。聂荣臻以很轻的急切的声音说："主席，敌人飞机要来轰炸，请你快到防空洞去！"毛泽东若无其事，镇静而风趣地说："不要紧，没什么了不起！无非是投下一点钢铁，正好打几把锄头开荒。"聂荣臻要为主席的安全负责，非常焦急，连声说："主席，敌人的飞机来了，你必须立刻离开这里，我要对你的安全负责。"毛泽东坐在床上还是不愿走。聂荣臻只好命警卫员取来担架，把毛泽东拉上担架，抬着毛泽东一溜烟奔向房后的防空洞。毛泽东和聂荣臻刚进防空洞，敌机就投下了炸弹，有一枚正好落在他们住的那个小院里。从敌机投弹情况，聂荣臻判断，敌人不仅知道毛泽东来了，还知道毛泽东住的地方，所以，聂荣臻让毛泽东搬到城南庄附近一个叫花山的小村子，这里比较隐蔽安全。敌机轰炸一事，一直是个谜，直到解放了大同、保定，通过查阅敌伪档案，才搞清了案子的真相。原来是敌人收买的两个特务给敌人送的情报。查清后，聂荣臻依法批准枪毙了这两个特务。事后，毛泽东见到聂荣臻，常指着自己的脑袋开玩笑说："没有你，我就没有了这个。"但是，想不到20年后，在八届十二中全会上，江青又别有用心地补发了一份简报，诬陷聂荣臻蓄意谋害毛泽东。由于毛泽东非常清楚这件事的原委，江青的诬陷才没有得逞。

北平解放后，聂荣臻一身兼六职，开始了他一生中最繁忙的时期，到1950年初，又任解放军代理总参谋长，在毛泽东的直接领导下，负责全军的作战和党的军事工作。毛泽东经常把聂荣臻叫去汇报，研究问题，特别是抗美援朝战争开始以后最初一段时间，聂荣臻经常出入毛泽东的书房。不久，聂荣臻因过度劳累，辞去代总长职务，休息养病。这一段时间，聂荣臻是毛泽东在军事工作中的左右手，他们交往频繁，合作密切，战友情谊也更加深厚。休养几年后，聂荣臻身体逐渐恢复了健康，毛泽东又委以重任，让他担任国务院副总理兼中央科学小组组长、国家科委主任、国防科委主任和中央军委副主席，让他领导核武器的研制工作，于是聂荣臻有了"两弹之父"的美誉。

"文化大革命"中，毛泽东几次保护聂荣臻元帅。1967年3月，林彪诬陷杨成武、余立金、傅崇碧犯有"极严重错误"，说杨成武在搞"晋察冀山头主义"，撤销了他们的一切职务，并且还要揪杨成武的"黑后台"，要整聂荣臻。4月7日，聂荣臻提笔给毛泽东写信，谈了自己对杨成武的看法。三天后，毛泽东在聂荣臻的信上批示说："荣臻同志，信已收到，安心养病，勿信谣言。"不久，聂荣臻见到毛泽东，毛泽东告诉他说："如果讲杨成武的后台，第一个就是我，第二个才轮到你。"毛泽东的保护，使聂荣臻免去了一场灾难。

一波未平，一波又起。1969年10月，林彪背着毛泽东以"第一个号令"将聂荣臻等疏散到京外，1970年2月聂荣臻患皮肤病，经周恩来同意，回京治疗。五一节，毛泽东在天安门城楼见到聂荣臻，关切地问聂荣臻：身体怎么样？聂荣臻如实向毛泽东反映了自己的病情，毛泽东当即对他说："你不要出去了，就在北京吧，北京好治病，出去干什么。"毛泽东又一次保护了聂荣臻。

十、毛泽东与叶剑英

> 毛泽东赞扬叶剑英是"诸葛一生唯谨慎，吕端大事不糊涂"。叶剑英是毛泽东的最佳"参座"

叶剑英，一代"儒将"，曾作为大总统的随员，亲自保卫过孙中山，筹办黄埔军校，参加讨陈东征，参谋北伐。文韬武略，智勇兼备，是毛泽东的最佳"参座"，与毛泽东一起经历过无数惊涛骇浪，具有运筹帷幄、转危为安的非凡胆略和智谋。

毛泽东与叶剑英的良好关系基础，是在长征后期就奠定下了的。毛泽东在"一生最黑暗的时刻"得到叶剑英的相助和支持，叶剑英截获张国焘的一纸电文，被毛泽东称之为挽救了党中央。那天夜里，毛泽东觉得，长征可能中途而废，天亮之前，红军也许就要自相残杀，毛泽东为之奋斗的一切都可能在这短短的一刻丧失殆尽。

这件事，毛泽东从延安一直讲到北京，讲到他去世，称永远不忘剑英这一功，赞扬叶剑英是"诸葛一生唯谨慎，吕端大事不糊涂"。1967年，毛泽东在一次谈话中说："叶剑英同志在关键的时候是立了大功的。如果没有他（毛泽东边说边摸摸脑袋）就没有这个了。"

那一次，叶剑英取得了毛泽东的无限信任，此后，毛泽东总是每临大事赋叶剑英以大任。

抗日战争，国共合作，与国民党打交道便成为共产党的一项重大工作，毛泽东先任命叶剑英为八路军的参谋长，然后派他随周恩来奔走于国统区，从事党的统战工作，一去就是4年，直到1941年春才回到延安，专职担任中央军委参谋长兼八路军总部参谋长，协助毛泽东主席、朱德总司令领导和指挥全国的抗日战争。此后，毛泽东见到叶剑英时，总称叶剑英为"参座"，而在谈到叶剑英时，他也习惯于亲切地称："我们的叶参座。"

1947年3月胡宗南进攻延安时，毛泽东决定把中央和军委两大机关分成三个部分：一部分由他和周恩来、任弼时率领转战陕北；一部分由刘少奇、朱德率领，组成中央工作委员会到河北平山县主持中央日常工作；一部分以叶剑英为首组成中央后方委员会，到晋西北活动。行前，毛泽东与他们约定，一旦他这一部分发生意外，由刘少奇部承担领导中国革命的征途；再万一刘等也出现意外，由叶剑英的后方工作委员会担起领导全党的责任。可见毛泽东对叶剑英是何等信任。

叶剑英领导的后方委员会成为毛泽东和党中央的好参谋部和固定指挥枢纽，毛泽东对他们的工作非常满意，并且自己在陕北危境中还惦记着叶剑英的后方委员会。

平津战役结束后，毛泽东任命叶剑英为北平军事管制委员会主任兼市长，准备接管北平，并在西柏坡亲自同叶剑英等人谈话，嘱咐说："这次接管北平，影响中外，你们务必办到如同沈阳、济南那样的接收和管理成绩，不要落在沈阳和济南之后，特别要注意，不要犯接收石家庄初期时的那些'左'的错误。"1949年3月25日，叶剑英激动地迎接毛泽东、朱德、刘少奇、周恩来等中央领导同志到达北平，并在西苑机场陪同毛泽东和朱德等检阅了人民解放军部队。

不久，毛泽东又把解放华南的重任赋予叶剑英，毛泽东又是当面交代任务，叶剑英说："我过去长期在军委和主席身边工作，时时得到主席的教诲，工作比较好办。这次到华南，要独当一面，可能比较吃力。"毛泽东信赖地说："北平市的接收和管理就搞得不错。广东情况更复杂一些，你去比较合适。你一定能胜此重任。"叶剑英紧紧握着毛泽东的手，激动地说："一定尽快解放广东，解放华南，为即将诞生的新中国，建立一座巩固的国防南大门。"

新中国成立后，毛泽东提名叶剑英为中国人民解放军元帅，任命他为解放军训练总监、国防委员会副主席、军委副主席等要职。

"文化大革命"后期，毛泽东对所谓"二月逆流"开始反思，为其平反。在此之前，1970年8月的庐山九届二中全会，林彪组织陈伯达一伙抢班夺权，毛泽东、周恩来、叶剑英和多数同志对陈伯达进行批判。毛泽东与周恩来、叶剑英连日研究批陈整风问题，并把调查陈伯达反革命历史和家庭情况的任务当面交给他们两个人。从此，叶剑英便在毛泽东直接领导下，再次站在斗争第一线，与林彪反革命集团展开针锋相对的斗争。"九一三"事件后，毛泽东便公开为叶剑英的

"二月逆流"平反，由叶剑英筹组军委办公会议，取代原军委办事组。10月3日，正式成立由叶剑英领导的军委办公会议，在中央军委领导下负责主持军委日常工作。毛泽东把军队的事情交给了叶剑英，再次对他高度信任。

1971年7月，中美关系开始解冻，基辛格博士第一次来中国访问，毛泽东、周恩来指示由叶剑英主持接待工作，从此叶剑英又多了一项外事工作。1972年2月，他参加接待美国总统尼克松，9月参加接待日本内阁总理田中角荣，1973年间，协助周恩来同基辛格举行了多次会谈。

周恩来、叶剑英被江青等人看作抢班夺权的极大障碍，江青诬蔑周、叶同基辛格会议是"丧权辱国""投降主义"，并分别召开会议，对他们二人进行围攻，胡说什么"这是第十一次路线斗争"，江青报告毛泽东，被毛泽东否定。

1972年起，周恩来的病势一天天加重，"四人帮"却对他的病情严加封锁，不上报毛泽东。叶剑英得知内情后，利用陪同毛泽东接见外宾的机会，带着总理的一瓶血尿，亲手交给毛泽东看，并详细报告了周恩来的病情。这时，毛泽东才具体了解了真情，感到问题严重，指示医院抓紧时间治疗。

四届人大第一次会议，经毛泽东提议，叶剑英被任命为国防部长，继续主持中央军委日常工作。不久，叶剑英写信给毛泽东说，鉴于1971年成立的军委办公会议成员情况的变化，为了加强对军队和战备工作的具体领导，建议把西沙作战后成立的军委六人小组扩大组成军委常委会，并增补刘伯承、徐向前、聂荣臻、粟裕等同志为常委委员。毛泽东批准了这个建议，中共中央以3号文件，取消军委办公会议，成立中央军委常委会，由叶剑英主持军委常委会。同年六七月间，受毛泽东委托，他和邓小平一起主持召开了具有重要历史意义的军委扩大会议，对全军二十几个大单位的领导班子进行调整配备。为后来粉碎江青"四人帮"反革命集团，稳定军队和国家形势，埋下了伏笔。

叶剑英身负毛泽东重托。1976年9月8日，毛泽东弥留之际，全体中央政治局委员守候在毛泽东的病房，排着队走到病榻前，看望老人家，准备和这位历史巨人告别。

病势垂危的毛泽东老人意识尚清醒，但已发不出音来。他的"叶参座"走过来了。叶剑英深情地望着这位自己一生追随的伟大领袖，昔日那叱咤风云、搏击长空的伟岸雄姿，那高大魁梧的身躯，竟变成如此消瘦；能看穿历史帷幕、洞察一切的炯炯双目，已黯然失神。看着毛泽东，叶剑英禁不住悲袭心头，热泪纵横。

双目微睁的毛泽东，看到站在他面前的叶剑英，眼睛突然亮了起来，并且活动手臂，轻轻招呼。这时的叶剑英，只顾伤心，泪眼模糊，并未察觉毛泽东这种轻微的动作。当他走出病房时，毛泽东忽又意识清醒，再次吃力地纵手示意，招呼他回来。在一旁的护士见此情景，马上跑到休息室找到叶剑英说："首长，主席招呼您去！"

叶剑英立即快步返回到毛泽东病榻前，倾听主席最后遗教。毛泽东睁大眼睛，注视着叶剑英，嘴唇微微张合，想要说什么，只是说不出来。毛泽东用最大的气力，紧紧握着叶剑英的手，不停地晃动，好大一阵，主席累了，闭上了眼睛。叶剑英握着毛泽东的手，等待着，他又急又悲，疑神注视，伫立良久，最后拖着沉重的脚步，离开病房。

毛泽东的第二次招呼使叶剑英陷入沉思，他想，主席的心脏还未停止跳动，头脑仍在不断地思考。他为什么第二次招呼我呢？他还有什么嘱托？叶剑英意识到，自己身上的担子更重了。

就在叶剑英离开病房不久，毛泽东的意识完全失去了知觉，9日零时10分，一颗伟大的心脏终于停止了跳动，一代伟人毛泽东停止了呼吸和思想。

叶剑英继承毛泽东的遗志，和老一辈革命家一起，投入新的战斗，那场战斗惊心动魄。

毛泽东与十元帅还有许多故事，历史伟人们的交往本身就是写不完的歌。

毛泽东与十元帅的交往，就是中国大地波澜壮阔的历史史诗，不仅是人情冷暖，还是一种历史模式。

毛泽东与十元帅的交往，可否被称为一种文化现象？一种现代中国文化现象？

毛泽东，作为千军万马的大统帅，作为世界公认、历史上少见的杰出军事家，没有接受大元帅军衔，特制的大元帅服一直让人保存着。大元帅与十元帅的关系、交往，有许多被百姓们关心的"说法"。

毛泽东与十元帅的交往，是历史地形成的，历史有历史的逻辑，毛泽东与十元帅的关系各有特色。

毛泽东与十元帅的交往，仍有许多破不开的谜。

后 记

还是在研究生时代，便想往着写出一部有关毛泽东与共和国元帅交往故事、雅俗共赏的小册子，十分虔诚地试着走近那个令人神往的历史殿堂。后来做了专业研究工作，搜集文献，潜心研探，反复琢磨，修改完稿。承蒙四川人民出版社领导和张明辉、李洪烈、罗晓春老师的厚爱，使本书有幸奉献给广大读者。

同时，在本书写作过程中，得到了谭一青博士的指导，在此深表谢忱。

王珏博士、李元鹏博士、李焕荣博士参与了资料搜集和学术研究。由于学识、水平有限，书中肯定会有欠妥之处，疏漏也会不少，恳请读者和专家不吝赐教。

作 者

2021年5月

主要参考文献

1. 中共中央文献研究室编：《毛泽东年谱》（1893—1949）（上、中、下卷），人民出版社、中央文献出版社 1993 年版。
2. 军事科学院、中共中央文献研究室编：《毛泽东军事文集》（第 1—6 卷），军事科学出版社、中央文献出版社 1993 年版。
3. 金冲及主编：《朱德传》，人民出版社、中央文献出版社 1993 年版。
4. 朱德著：《朱德诗选集》，人民文学出版社 1977 年版。
5. ［美］艾格妮丝·史沫特莱著：《伟大的道路——朱德的生平和时代》，生活·读书·新知三联书店 1979 年版。
6. 彭德怀著：《彭德怀自述》，人民出版社 1981 年版。
7. 彭德怀传记组编：《彭德怀传》，当代中国出版社 1993 年版。
8. 陈石平主编：《中国元帅刘伯承》，中共中央党校出版社 1992 年版。
9. 《回忆朱德》编辑组编：《回忆朱德》，中央文献出版社 1992 年版。
10. 彭德怀传记组编：《一个真正的人——彭德怀》，人民出版社 1994 年版。
11. 贺龙传记组编：《贺龙传》，当代中国出版社 1993 年版。
12. 水工编著：《中国元帅贺龙》，中共中央党校出版社 1995 年版。
13. 毛毛著：《我的父亲邓小平》（上），中央文献出版社 1993 年版。
14. 聂荣臻著：《聂荣臻回忆录》（上、中、下卷），解放军出版社 1983 年版。
15. 徐向前著：《历史的回顾》，解放军出版社 1987 年版。
16. 中国工农红军第四方面军史编写组编：《中国工农红军第四方面军战史》，解放军出版社 1991 年版。
17. 张素华等编著：《说不尽的毛泽东》（上、下卷），辽宁人民出版社 1995 年版。
18. 陈毅传记组编：《陈毅传》，当代中国出版社 1991 年版。

19. 徐向前传记组编：《徐向前传》，当代中国出版社 1991 年版。

20. 抗美援朝战争编写组编：《抗美援朝战争》，中国社会科学出版社 1990 年版。

21. 蒋洪斌著：《陈毅传》，上海人民出版社 1992 年版。

22. 叶剑英著：《叶剑英诗词选集》，人民文学出版社 1983 年版。

23. 陈毅著：《陈毅诗词选集》，人民文学出版社 1977 年版。

24. 少华、游胡著：《林彪这一生》，湖北人民出版社 1995 年版。

25. 中共中央文献研究室编：《回忆罗荣桓》，解放军出版社 1987 年版。

26. 罗荣桓传记组编：《罗荣桓元帅》，解放军出版社 1987 年版。

27. 聂荣臻传记组编：《聂荣臻传》，当代中国出版社 1994 年版。

28. 师哲著：《在历史巨人身边》，中央文献出版社 1991 年版。

29. 元帅风采录编写组编：《元帅风采录》，中央文献出版社 1993 年版。

30. 伍修权著：《往事沧桑》，上海文艺出版社 1986 年版。

31. 叶剑英传记组编：《叶剑英传》，当代中国出版社 1995 年版。

32. 中共中央文献研究室编：《萦思录——怀念叶剑英》，人民出版社 1987 年版。

33. 刘伯承传记组编：《刘伯承传》，当代中国出版社 1992 年版。

34. 陈昊苏著：《我们世纪的英雄——怀念我的父亲陈毅元帅》，内蒙古人民出版社 1992 年版。

35. 罗荣桓传记组编：《罗荣桓传》，当代中国出版社 1992 年版。

36. 罗英才、石言著：《探索——和毛泽东朱德在湘赣闽粤》，解放军文艺出版社 1993 年版。